审计学（第二版）

Auditing

郝振平 刘霄仑 编著

北京大学出版社
PEKING UNIVERSITY PRESS

图书在版编目(CIP)数据

审计学/郝振平,刘霄仑编著.—2版.—北京:北京大学出版社,2013.3
(21世纪经济与管理规划教材·会计学系列)
ISBN 978-7-301-22215-7

Ⅰ.①审… Ⅱ.①郝… ②刘… Ⅲ.①审计学-高等学校-教材 Ⅳ.①F239.0

中国版本图书馆CIP数据核字(2013)第036400号

书　　　名:审计学(第二版)
著作责任者:郝振平　刘霄仑　编著
策 划 编 辑:李　娟
责 任 编 辑:李　娟
标 准 书 号:ISBN 978-7-301-22215-7/F·3556
出 版 发 行:北京大学出版社
地　　　址:北京市海淀区成府路205号　100871
网　　　址:http://www.pup.cn
电 子 信 箱:em@pup.cn　　QQ:552063295
新 浪 微 博:@北京大学出版社　@北京大学出版社经管图书
电　　　话:邮购部 62752015　发行部 62750672　编辑部 62752926　出版部 62754962
印　刷　者:北京鑫海金澳胶印有限公司
经　销　者:新华书店
　　787毫米×1092毫米　16开本　24印张　552千字
　　2007年4月第1版
　　2013年3月第2版　2016年12月第2次印刷
印　　　数:3001—4500册
定　　　价:46.00元

丛书出版前言

作为一家综合性的大学出版社，北京大学出版社始终坚持为教学科研服务，为人才培养服务。呈现在您面前的这套《21世纪经济与管理规划教材》是由我国经济与管理领域颇具影响力和潜力的专家学者编写而成，力求结合中国实际，反映当前学科发展的前沿水平。

《21世纪经济与管理规划教材》面向各高等院校经济与管理专业的本科生，不仅涵盖了经济与管理类传统课程的教材，还包括根据学科发展不断开发的新兴课程教材；在注重系统性和综合性的同时，注重与研究生教育接轨、与国际接轨，培养学生的综合素质，帮助学生打下扎实的专业基础和掌握最新的学科前沿知识，以满足高等院校培养精英人才的需要。

针对目前国内本科层次教材质量参差不齐、国外教材适用性不强的问题，本系列教材在保持相对一致的风格和体例的基础上，力求吸收国内外同类教材的优点，增加支持先进教学手段和多元化教学方法的内容，如增加课堂讨论素材以适应启发式教学，增加本土化案例及相关知识链接，在增强教材可读性的同时给学生进一步学习提供指引。

为帮助教师取得更好的教学效果，本系列教材以精品课程建设标准严格要求各教材的编写，努力配备丰富、多元的教辅材料，如电子课件、习题答案、案例分析要点等。

为了使本系列教材具有持续的生命力，我们将积极与作者沟通，争取三年左右对教材不断进行修订。无论您是教师还是学生，您在使用本系列教材的过程中，如果发现任何问题或者有任何意见或者建议，欢迎及时与我们联系（发送邮件至 em@pup.cn）。我们会将您的宝贵意见或者建议及时反馈给作者，以便修订再版时进一步完善教材内容，更好地满足教师教学和学生学习的需要。

最后，感谢所有参与编写和为我们出谋划策提供帮助的专家学者，以及广大使用本系列教材的师生，希望本系列教材能够为我国高等院校经管专业教育贡献绵薄之力。

北京大学出版社
经济与管理图书事业部
2012年1月

总 序

北京大学出版社规划的《21世纪经济与管理规划教材》，邀请在各个学科有影响的资深教授组成编委会，力求推出一套“能够反映当前学科发展前沿水平，并能够结合中国实际的精品教材系列”。教材由若干系列组成，定位为经济与管理类专业的本科生和研究生教材。会计学是组成系列之一。

我们几位来自不同院校的教师，组成了会计学系列的编审委员会。

怎样完成一套会计学精品教材系列呢？作为多年从教的教师，虽然日常在一般议论中大家都很有想法，但真正落实起来，其实还是一项很不容易的任务。因为，编写教材毕竟不同于写学术论文那样着重强调学术观点的独特、新颖和原创性，也不同于完成研究报告那样具有专题性，更不同于为报刊撰写时评那样随意和洒脱。

我们经过多次讨论形成的基本认识是：第一，教材内容要与时俱进，适应我国经济发展迈向全球化和企业管理趋于现代化的要求；第二，教材要方便教师教学和学生阅读，所以规范性是其核心准则；第三，不在课程名称和体系线索方面标新立异，而把创新重心放在内容和形式两方面。

至于全套教材形成相对一致的风格和体例、规范教材编写要求、电子课件和教案的制作，以方便教师教学和学生自学，这些都是作为教材系列的当然技术要求。

基于上述认识，在教材系列的组成方面，还是经典基本要素，包括：会计学原理、中级财务会计、高级财务会计、审计学、财务管理学、管理会计学等课程教材。

这样一来，本教材系列的新颖性何在？

我们的设想是，在内容和形式两方面下工夫。在内容方面，力求既吸收国内外同类教材的优点，尽量体现教材的科学性、权威性和前瞻性，能够反映当前学科发展前沿水平，又结合中国的经济发展实际，适合师生的教、学需要；在形式方面注重可读性，避免枯燥。在阐释清楚会计、财务、审计专业知识的同时，尽可能多地引用中国上市公司及非营利机构的现实案例,链接相关经济政策、财经现象、热点和焦点问题,以有助于联系实际和拓宽思路。

为此,在具体编写时,每门教材实行主持人负责制,由一位主持教授负责,再联合一位或几位合作者共同完成。由主持教授先行拟订教材的编写体例和大纲,几位作者参加讨论并确定后,参照其展开编写工作。

理想的设计要变成现实,总会有一定的“变现差异”。本系列教材也不例外。我们期望有更多的大学教师采用这套教材,并且欢迎提出批评和建议,以利于持续改进。

会计学系列编委会

第二版前言

本书属于审计学原理性质的教材，讲解审计基本理论，概述审计基本实务，适合于大学本科生（并不限于会计学和审计学专业）、会计和审计硕士专业学位研究生、企业界人士以及对审计问题有兴趣的社会读者使用和阅读。

2010 年财政部印发了中国注册会计师协会修订后的 38 项新审计准则，并要求自 2012 年 1 月 1 日起施行，旨在规范注册会计师的执业行为，提高执业质量，维护社会公众利益，促进社会主义市场经济的发展。新审计准则的发布使我国注册会计师审计准则体系与国际惯例进一步趋同。为了能够反映最新审计准则的要求，本书作者对 2007 年出版的第一版书稿进行了修订和更新，完成了本书第二版书稿。

第二版全书仍分 13 章，包括审计职业及职业环境；会计师事务所审计业务的承接和出具的审计报告；注册会计师的职业道德和法律责任；审计目标、审计证据与工作底稿；审计计划、重要性和审计风险；内部控制测试和风险评估；审计方法和抽样技术；销售收入及收款循环的审计；采购及付款循环的审计；生产循环审计；筹资循环和投资循环的审计；货币资金与特殊项目的审计等。各章仍然保留了第一版的体系和风格，每章前有一个引例，使读者对该章要讲解的内容先有一个初步的了解。各章后有本章的练习思考题、案例分析题和小组讨论题，通过这些题目的练习、分析和讨论，加深读者对该章内容的理解和把握。

本书第一章至第七章由郝振平编写，第八章至第十三章由刘霄仑编写，第二版的修改和更新全部由郝振平完成。书中缺点错误在所难免，恳请读者批评指正。

作者

2013 年 1 月

目　录

第一章

审计职业及职业环境

本章目的

通过本章的学习，你应该掌握审计的性质和影响审计活动的主要因素，弄清什么是审计、为什么需要审计以及审计和审计师的类型。本书主要介绍由注册会计师执行的审计，因此本章将讨论会计师事务所的性质、中国注册会计师协会的作用和影响，阐述注册会计师审计与政府审计和内部审计的区别和联系，最后介绍注册会计师职业规范体系。

引例

毕业后去当审计师

小沈是大学四年级的学生，最近与一家会计师事务所签订了应聘协议，毕业后到这家事务所工作。他和几个同学正谈着各自找到的工作以及应聘过程的酸甜苦辣。小王问小沈，会计师事务所是不是做审计的，小李问，审计局和税务局都做审计，与会计师事务所有何不同，小赵说她以前的一位同学在一家保险公司做审计。小沈在会计师事务所实习过，对审计有一些感性认识。

小沈：会计师事务所主要接受委托进行审计，比如上市公司的财务报表就要经过注册会计师的审计。审计局做有政府资金或国家投资的组织机构的审计，这叫国家审计或政府审计。税务局根据一些涉税问题线索到企业去进行检查核实，这在我国一般不叫审计，叫税务稽查。保险公司自己做的审计叫内部审计。

小赵：审计是不是就是检查企业有没有问题，查出它的错误事项和舞弊行为。

小沈：审计并不能保证发现被审计单位所有的错误和舞弊事项。

小李：你说审计不能保证发现所有的错误和舞弊事项，这是什么意思？

小沈：你们可能听说过“黎明股份”、“银广夏”等事件，这些上市公司都经过审计，但注册会计师没能发现他们的舞弊行为。所以审计也有失误的时候，不是百分之百的保证。

小王：失误以后要受到惩罚吗？做审计是不是风险很大？

……

中国现在有将近2000家上市公司，这些公司的年度财务报告都要经过审计。许多非上市公司为了各种不同的目的，也要聘请审计师进行某种类型的审计。国家审计署和各地方的审计厅（局）每年都要向全国人大常委会或地方人大常委会报告一年的政府审计工作情况，说明审计工作中发现的问题，这些报告越来越引起社会各界的关注，如近年来随着政府工作透明度的提高，审计署向全国人大常委会所做的审计报告中曝光了一批违规挪用资金、乱管理、乱投资的事件，在社会上引起了比较大的反响，被称为是“审计风暴”①。经过审计，审计师经常为政府和企业各级管理部门提出各种提高经营效率和防止错误及舞弊事件发生的意见和建议，使审计发挥出更大的作用。

第一节　审计人员的类型和审计的种类及性质

一、注册会计师、政府审计人员、内部审计人员

就像引例中几位同学谈到的那样，目前在我们的社会中有几类审计人员，通过他们的

① 参见新华社“新华视点”记者沈路涛、邹声文、张旭东：“一份触目惊心的审计‘清单’”，新华网，北京2004年6月23日电。

工作,人们认识到审计职业在我们的经济生活中变得越来越重要,审计是市场经济发展中不可或缺的组成部分。现在人们都已比较熟悉,做审计的大致有注册会计师、政府审计人员、内部审计人员等几类人员。

做审计的就限于这三类人员吗?像前面小李问的一样,税务局不是也要到企业进行审计吗?确实在英文里,税务局进行的检查也用审计(audit)一词,税务审计也构成审计的一个分支,但在中国,我们一般用稽查或检查概括税务人员根据一些涉税线索进行的查账等活动,不过,像国外一些国家在无涉税线索的情况下开展例行税务审计的探讨已在我国展开。其他一些政府管理部门也有类似的监管检查活动,一般情况下不用审计一词来描述。所以,当前一般情况下审计一词基本专指注册会计师、政府审计人员、内部审计人员所开展的业务活动。

注册会计师以会计师事务所为单位从事审计业务,其主要职责是根据委托方的要求对被审计的公司、企业和其他类型的组织所编制的财务报表表示审计意见,或接受委托进行其他类型的审计。人们在使用"审计师"一词时,有时是指执业的注册会计师,有时则是指会计师事务所。另一个经常用来描述注册会计师的术语是"独立审计师"。

国家审计署是国务院组成部门,受国务院委托每年向人大常委会报告工作。各级政府部门以及其他相关组织的财政财务收支信息及其反映的政府履职活动和经济活动都由审计署及各级地方审计组织进行审计。经过多年的实践,国家审计系统的审计范围和种类都得到了相应的发展,除传统的财政财务收支审计和合规合法性审计外,又逐步发展了经济责任审计、资源环境审计以及经营效率性和效果性的效益审计等。

内部审计师由各个公司或其他组织自行聘用,某些大型企业可能雇用上百名内部审计人员。内部审计师的职责因其所在组织的性质和要求不同而有较大差别。有的内部审计部门只有一两名员工,并与纪检检察部门合并办公,因而把大部分时间用于日常的合规性审计;也有的内部审计部门拥有大量的员工,担负的职责许多已超出了财务审计的范围,有的内部审计师参与经营审计或拥有评价计算机系统的专业知识。

二、财务报表审计、经济效益审计、财经法纪审计

你也许听过有人问做什么审计,是做报表审计还是做效益审计?这告诉我们审计有不同的类别。最常见的是按审计的目的和内容划分的三种审计类别:财务报表审计、经济效益审计和财经法纪审计。西方国家常见的三种审计类别是:财务报表审计、经营审计和合规性审计。

(一)财务报表审计

实施财务报表审计是为了确定被审计单位全部财务报表(所验证的信息)是否按规定的标准来编报。通常该标准是指企业会计准则、企业会计制度以及其他公认会计原则和相关的法律法规。财务报表通常包括资产负债表、利润表、现金流量表以及报表附注。

(二)经济效益审计

对被审计单位实现经济效益的程度和途径所进行的审计,其目的是评价经济活动的合理性和有效性,借以改善经营管理,提高经济效益。根据审查的侧重点不同,经济效益

审计又可分为业务经营审计和管理审计。业务经营审计侧重于审查业务经营过程各个方面存在的问题,审查内容主要包括:经营目标是否可行、经营运行过程是否有效、各种人财物力是否充分利用,等等。它通过纠正错误和挖掘潜力,来促进经济效益的提高。管理审计侧重于审查管理工作的质量,审查内容主要包括:内部组织结构是否合理、制度是否健全、控制机能和信息系统是否完善,等等。它通过改善管理结构和管理水平,来促进经济效益的提高。

西方国家将经营审计概括为,为了评价某个单位的效率性和效果性而对该单位的经营程序和方法的某一方面所做的审查。在经营审计结束后,一般要向管理部门提出改进经营管理的建议。例如,评价新安装的工资业务计算机处理系统的效率性和正确性。

实施经济效益审计或经营审计并报告审计结果不像其他两类审计那样规范化。对经济效益、经营效率和效果的客观评价远比对合规性或者财务报表的编报是否符合公认会计原则的客观评价要困难得多。并且在经济效益审计或经营审计中,用于评价信息的既定标准也是一个非常主观的产物。

(三)财经法纪审计

针对违反财经法纪行为所进行的专项审计,旨在通过对严重侵占国家或组织资财,如贪污挪用、偷税漏税、获取非法收入和暴利,以及由于失职、渎职造成严重损失浪费等严重违反财经法纪的行为进行审查,借以维护国家、组织和全体社会公众的利益不受侵害,并促进反腐败和廉政建设。就审计的内容和目标来讲,财经法纪审计往往违纪金额较大,达到一定的立案标准,因此,财经法纪审计是专案性的审计。

西方国家合规性审计的目的是确定被审计者是否遵循了由上级主管制定的特定规则或条例,以及是否遵守了国家的法律法规。可能包括:确定会计人员是否遵循了公司规定的各项规章制度,审查工资率是否符合工资法规定的限额标准,或者审查与银行或其他贷款人签订的合同协议,以确定公司是否遵守了法定要求。合规性审计结果一般只报告给被审计单位内部的人员,而不是大范围的使用者。

三、审计的需求动因和审计的性质

(一)审计的需求动因

在我们的社会中为什么会有审计存在?我们为什么需要审计?这看似简单的问题其实并没有一个统一的答案。比较流行的观点是从受托责任观的角度解释审计的产生和发展。从我们已经进入信息时代的角度看,更进一步的解释是,我们之所以需要审计是因为我们越来越需要更加准确的财务信息和经济信息。

受托责任关系可以以股份公司为例加以说明。在股份公司中,股东是企业的所有者,从最初的权利关系看,股东有权自己直接监督检查公司的财务信息,如英国股份公司发展的早期,就是股东们选派自己的代表对公司管理人员提供的财务报告进行审查①。但是

---

① 参见 F. Clive de Paula and Frank A. Attwood, *Auditing Principles and Practice*, Priman Books Limited, 1982, p.12.

随着公司规模的扩大、股东人数的增多以及会计核算日益复杂,股东自己核实信息的做法变得不可行了。股东们必须聘用专职审计师。所以在市场经济条件下,较为普遍采用的监督检查方式是安排独立的专职审计师代表所有者对管理人员进行审计监督。

当资源财产所有者不能直接经营管理其所拥有的财富时就需要授权或委托他人代为经营和管理。由于这种所有权与经营管理权的分离以及相继出现的管理者内部分权制便产生了委托和受托关系,即受托经济责任关系。所有者为了保护资源财产的安全完整并力求增值就需要对经营管理者承担和履行经济责任的情况实行监督。在这种情况下,只有经过与责任双方不存在经济利害关系的人员对经营管理资料(如会计报告等)独立进行审查和评价,才能对经营管理者承担和履行经济责任的情况做出客观公正的确认,于是审计得以产生和发展。

不仅是在两权分离的情况下公司的直接投资者需要审计,经济社会中其他一些单位和个人也需要审计。我们以某银行经理制定对某企业的贷款决策为例进行说明。这一决策要取决于这样几个因素,如企业贷款的用途及前景、银行以前同企业之间的财务关系、企业财务报表所反映出的财务状况等。如果银行发放这笔贷款,那么所收取的利率主要由以下三部分组成:① 无风险利率。该利率大致相当于银行投资于与企业贷款期限相同的国库券所能获取的利息率。② 经营风险利率。经营风险反映的是企业由于经济或经营上的原因,如经济衰退、管理部门决策不当、出现意料之外的行业竞争等,而无法归还贷款的可能性。③ 信息风险利率。信息风险反映的是进行贷款决策所依赖的信息不正确的可能性。导致信息风险的原因之一,就是决策所依赖的财务报表不正确的可能性。

审计对无风险利率或经营风险利率没有影响,而对信息风险利率却有重大影响。如果银行经理认为借款人的财务报表已经经过审计,故信息风险不存在或很低,那么信息风险就可以排除或确定为很小,对借款人的利率就可以降低。即使信息风险不能完全排除,它的降低也会对借款人以合理的成本取得资金的能力产生重大影响。例如,假设某大型公司有总计约 1000 万元的带息债务,即使这些债务的利率只降低一个百分点,每年也可节约利息支出 10 万元。

为什么会产生信息风险呢? 为什么我们越来越感到信息风险的存在呢? 因为随着社会经济与企业经营活动的日益复杂,我们赖以决策的信息也变得日益复杂,因而得到不可靠信息的可能性大大增加。这其中的原因又可以分解为:信息的距离、信息提供者的偏见和动机、信息量过大和复杂交易业务的产生。

(1) 信息的距离。在现代社会中,随着社会经济与企业经营活动的日益复杂,人们之间的分工越来越细、规章制度越来越严密、事务处理程序和环节越来越多,决策者往往远离信息产生源,很难获取直接的第一手资料,而是必须依赖他人提供的间接信息。信息一旦由他人提供,就需要进行加工整理,这其间被有意或无意错报的可能性就会增大。

(2) 信息提供者的偏见和动机。如果信息由目标不同于决策者的人提供,就有可能出现有利于提供者的偏差。其原因可能是对未来事项的盲目乐观,或是有意以某种方式对信息使用者或决策者施加影响。无论是哪种情况,都将导致信息的错报。以贷款决策为例,在借款人提交给银行的财务报表中很可能存在有利于提高借款人获得贷款机会的偏差信息。错报形式可能是直接的金额错误,也可能是信息揭示的不充分或不完整性。

(3) 信息量过大。随着组织规模的扩大,其业务量也随之增大,相应地反映经济业务的信息量也与之剧增,这就增加了生成不当信息的可能性——这种不当信息很容易被大量的其他信息所掩盖。例如,某公司向供货商开支票付款时多付了200元,那么除非该部门设有比较完善的程序能够发现这类错误,否则这一错误很可能被忽视而沉淀起来。如果大量的小额错误没能被发现,其累积起来的合计金额就会相当可观。

(4) 复杂的交易业务。20世纪下半叶以来,随着经济的发展和各种技术水平的提高,各类组织之间的业务日趋复杂,从而加大了生成正确和准确信息的困难。例如,企业并购业务、融资租赁业务、衍生工具业务等就是一些容易产生错弊信息的复杂业务。

当然,在市场经济中,从事任何经营活动,风险总是不可避免的,信息风险也是这样。对待包括信息风险在内的各种风险,一个基本的态度应该是将其控制在一个合理的水平上。资源财产的所有者、债权人需要依赖审计控制信息风险,以便做出合理的决策。

就政府审计和内部审计来说,我们的直觉可能认为对它们的需求主要在于让它们查找错弊。其实错弊本身就是由不正确、不准确的信息掩盖起来的,这些信息会扰乱经济和经营秩序、误导有关决策者的判断,通过审计鉴证出反映实际情况的正确信息,其结果就会揭去错弊的伪装,还事实以真相。所以审计是准确信息需求的产物,社会经济的正常运行需要通过审计合理保证反映微观经济运行主体财务状况和经济实质的信息达到一定的准确度。查找错弊、惩治违规、提供建议、提高效益等需求都会在信息准确的基础上得到满足。

(二) 审计的性质

解释了审计的需求动因以后,我们再来讨论审计的性质。什么是审计呢?我们这样来定义审计:审计是由独立、合格的专职人员接受委托或根据授权,为确定被审计单位有关财务(或财政)及相关活动的信息与既定标准之间的相符程度而收集和分析审计证据,在此基础上做出审计评价、提出审计意见并进行报告的经济鉴证过程。这一定义包含了几个关键词汇和短语。下面我们做进一步的说明。

经济鉴证过程 审计是一种鉴证过程,这与科学证明和司法鉴定有相似之处,就是要通过证据来进行证明;审计是一种经济鉴证过程,属于经济活动的范畴,在社会生活中通过作用于反映财务及相关活动的信息而促进社会经济中各种活动的有序进行。

独立、合格的专职人员 实际承担责任的审计人员必须是独立、合格的专职人员,必须具备理解所采用标准的能力,掌握收集证据的知识和技能。审计师存在的价值在于提出的意见客观、公正,独立性是审计意见客观、公正的保证。审计独立性既要求形式上的独立,还要求精神状态上的独立,即在思想意思里将独立性作为努力的目标。独立性并不是绝对的,但必须达到必要的水平。作为合格的审计人员必须是经过系统的学习和训练、掌握了审计理论和从业技能的人员,一个基本的标志是通过了注册会计师统一考试并取得了一定年限的实务工作经验。

审计对象 这是指审计的客体,可以分为直接的对象和间接的对象,直接的审计客体是指反映财务(或财政)及相关活动的信息,间接的审计客体是指被审计单位。对于企业、事业单位来说,财务主要表现为一系列的财务收支活动,而对于政府部门来说则表现为财政收支活动。反映财政、财务收支活动的载体主要是会计资料,所以又可以说审计的直接对象是会计资料及相关资料。自20世纪下半叶以来,在传统的对财政、财务收支活动进行审计的基础上,审计人员进一步审查由此反映出的效率、效果、经济、经营业绩、环境影响、经济效益甚至社会效益等经济活动和管理活动的许多方面和领域,扩大和深化了审计对象的范围。在方法层面上,由直接审查反映财政、财务收支活动的会计及相关资料的账项基础审计,扩展到以内部控制为直接审查对象的制度基础审计。在科学技术不断发展的基础上,会计及相关资料的手工数据处理系统逐步被以计算机为基础的电子数据处理系统取代,审计对象的这种发展变化促进了计算机信息系统审计的发展。可以说审计对象是一个历史范畴。

信息和既定标准 审计师实施审计,首先要有可鉴证的信息,其次要有用来评价这些信息的标准。信息的形式是多种多样的,审计师要鉴证的是可数量化的信息,公司财务报表数据就是数量化的财务信息,是审计的对象。如上所述,审计师也对一些更加抽象的信息进行审计,如反映经营效率、经济效益或环境影响的信息等。

用以评价信息的标准也是多种多样的,选择哪种标准取决于审计的目的。例如,会计师事务所在年度财务报表审计中所采用的标准通常是企业会计准则和企业会计制度等。这就是说,在审计例如中国华联这样的公司的财务报表时,会计师事务所需要确定华联公司的财务报表是否是按企业会计准则和企业会计制度等规章制度的要求编制。在财务报表审计中,审计标准相对而言较易确定,而在经济效益审计、经济责任审计等审计类别中,审计标准的确定则是一个较为复杂的问题。

收集和分析证据 证据是审计师用来确定所审计的信息是否符合既定标准的任何证明性资料。证据的形式多种多样,包括被审计者的口头说明、审计师观察到的情况、以电子和声像形式存在的凭据以及各种经营活动中产生的文档资料等。审计的过程就是收集各种审计证据的过程。为了实现审计目标,必须取得具有充分证明力的证据。审计师不仅要有收集和取得审计证据的技能,而且要有分析和判断审计证据的能力,这是能否顺利完成审计任务的关键条件。

提出审计意见并进行报告 在对审计证据进行分析和判断的基础上,审计师要做出审计评价、提出审计意见、编写审计报告,就是把审计的结果通报给委托者或授权人。在证券市场上,审计报告随被审计公司的年度报告一起向社会公布,这样除委托者或授权人以外的社会各界都可以看到审计报告并据此进行决策,尤其是一些潜在的投资者可能会做出投资决策,他们也是审计报告的众多使用者之一,而且是无直接成本的受益者,这也是一种"搭便车"现象。审计报告有多种不同的形式和格式,注册会计师的审计报告有着固定的形式和格式,分别说明被审计信息与既定标准之间的相符状况和程度。

第二节 审计职业环境

一、证券市场的作用及不同的利益相关者在其中扮演的角色

我们通过证券市场上注册会计师的作用来对审计职业环境进行分析。证券市场是筹资投资(资金交换)的场所,即股票和债券的发行和买卖市场,又称资本市场,也就是长期

证券市场。注册会计师执行的审计在现代社会经济中主要在证券市场中发挥着重要作用。

证券市场有几种经济功能：首先，证券市场作为投资和筹资的场所，决定着经济资源的配置，资本买卖双方的相互作用决定了交易资产的价格和资产的收益率，从而决定了资源的分配和流向，证券市场的正常运行有利于社会资源的优化配置；其次，投资者能够通过证券市场实现长短期资金的互相转化，证券市场具有的流动性能够吸引投资者被迫或主动买卖各种证券，促使资源加速流转，提高资源利用效率；最后，证券市场能够提供有意义的信息，企业充分利用这种信息进行财务管理，有利于减少企业的交易成本和信息成本；国家宏观管理部门利用证券市场运行的信息，有助于提高宏观调控效率和决策水平。

证券市场中有各种各样的参与者和利益相关者，它的运行涉及许多不同的机构和个人。股票和债券等证券的发行者是证券市场中首要的参与者和利益相关者，它们通过发行证券筹集资金，是社会资源的接受者和运用者，证券发行需要投资银行或券商、律师、注册会计师、银行等中介机构为其服务；证券的购买者是证券市场中与发行者相对的参与者和利益相关者，它们通过购买证券提供资金、进行投资，主要目的是获得投资回报，为投资者服务的有证券公司、证券分析师等；证券交易所为证券买卖双方的交易提供了平台。证券购买者因购买股票或债券的不同区分为股东和债权人，股票在证券交易所流通的公司被称作上市公司。证券市场上存在着大量的机构投资者，如投资公司、基金管理公司等。筹得资金的证券发行者即公司从事生产经营活动还需要获得物质资源和人力资源，向发行者提供物质资源的成为公司的供应商，发行者获得的人力资源构成公司职工，供应商和职工及其工会是证券市场中间接的参与者和利益相关者。证券市场的运行涉及一些政府部门，直接的如证券监管机构，间接的如税务机关。有意购买证券的机构和个人成为证券市场中的潜在投资者，对证券市场和上市公司进行分析研究的机构和个人成为证券分析师以及以资本市场为背景的研究人员，对证券市场及各类事件进行追踪报道的有各种各样的新闻媒体，等。

证券发行者和证券购买者是证券市场中的主角，其他相关者，尤其是那些直接相关者，都是围绕着他们而衍生出来的。一般来说，证券发行者处于强势或优势地位，而购买者则往往处于弱势或劣势地位。政府的证券监管机构的政策措施需要向证券购买者倾斜，即要保护投资者的利益。在资本市场上证券发行者和证券购买者都有专门的研究人员为他们服务。主要为发行者服务的证券分析师，习惯上被称作“卖方分析师”，他们是投资银行或券商的雇员，而投资银行或券商的收入主要来自承销、推销证券或者买卖证券的佣金；另一类则是投资公司、基金管理公司的证券分析师与基金经理，以及为投资者和这些基金公司提供分析报告但不靠证券交易本身挣钱的独立证券分析师，他们被通称为“买方分析师”。因买方分析师的最终收入取决于其分析报告的准确程度，故他们在通常情况下有较为充分的激励和动机去对上市公司做客观的分析。

二、信息在证券市场中的作用和会计信息的决策有用性

如前所述，在证券市场上，众多的投资者虽然从理论上说是公司的所有者和委托人，但实际上往往处于弱势或劣势地位，一个重要的原因是信息不对称。政府的证券监管机

构需要采取措施保护投资者,措施之一就是建立信息披露制度、加强信息披露监管。

信息披露制度体现在三个层次的法律规范中:一是最高立法机关制定的证券基本法律;二是政府行政机关制定的有关证券市场的法规;三是证券监管机构制定的各类规章。此外,证券交易所及有关自律组织也制定市场规则或行业守则,它们对信息披露也有制约作用。上市公司的信息披露一般分为首次发行股票信息披露和上市后定期披露。这些信息是投资者进行投资决策的依据。为提高其中的财务信息的可信性,制度规定必须进行审计。信息披露制度和其他制度的作用就是维护一个公正、公平和公开的运行环境,建立一个健康、活跃的证券市场,为企业提供融资渠道、为资金持有者提供投资机会。规章制度健全、运行环境健康以后,市场参与者才能承担自我决策的经济后果。

财务报表的最重要功能是提供一个组织的财务状况、经营成果和现金流量的信息,同时还反映企业管理层对交托给它的资源的经管责任或受托责任的实施成果。证券市场上的投资者及分析专家是在对上市公司的会计信息及其他信息进行分析比较以后进行投资决策的。上市公司需要提供给市场足够数量和质量的信息来满足他们的需要。

以上所述的基本思想是财务报表应提供对报表使用者进行决策有用的信息,可概括为决策有用性。会计信息的决策有用性在于其与使用者的决策相关,并且信息本身要可靠,从决策有用性出发,会计信息的相关性和可靠性成为最主要的质量特征要求。

相关的信息应具有预测作用和确证作用。当信息通过帮助使用者评价过去、现在和未来事项或确认、更改他们过去的评价从而影响到他们的经济决策时,信息就具有相关性。相关的信息具有重要性特征,在某些情况下,单凭信息的性质就足以确定其相关性。如果信息的遗漏或错报会影响使用者根据财务报表所做的经济决策,信息就具有重要性。

有用的信息还必须是可靠的。当信息没有重要错误或偏见并且能够忠实反映其所拟反映或理当反映的情况以供使用者做依据时,信息就具备了可靠性。可靠的信息要具备这样一些特性:真实反映、实质重于形式、中立性、审慎性和完整性。这些都是会计信息应具有的质量特征。

三、公司治理过程和涉及的利益相关者

注册会计师审计自诞生以来,其执业环境一直在发生变化。这是因为企业的经营环境在持续发生变化,因而审计实务也在变化。审计是环境的产物,审计从业人员必须认识自己所处的执业环境,要能够顺势而为,适应环境变化的需要。

近年来审计执业环境的变化主要表现为:企业组织结构及其经营活动的方式日益复杂、全球化和科学技术的影响日益加深、会计准则要求的判断和估计日益增加、企业管理当局进行财务舞弊的动机和压力日益增大。这些变化给注册会计师审计带来风险,导致社会公众对审计有效性的信心产生了动摇。这是当前注册会计师职业环境的主要特征。

对于注册会计师来说,认识所处职业环境的核心是认识客户,其中一个重要方面是要弄清公司治理结构及其治理过程。公司治理结构可以概括为有关所有者、董事会和高级经理人员三个层次之间权力分配和制衡关系的一种制度安排,表现为明确界定股东会、董事会与监事会和经理人员权利、职责和功能的一种企业组织结构。从本质上讲,公司治理结构是企业所有权安排的具体化,是有关企业控制权和剩余索取权分配的一整套法律、文

化和制度性安排，这些安排决定了公司的目标和行为，决定了在公司的利益相关者中在什么状态下由谁来实施控制、如何控制、如何分担风险和如何分配收益等有关公司生存和发展的一系列重大问题。

公司治理过程可从两个方面进行分析，一是外部治理过程，即公司外部主体（如政府机构、中介组织、其他企业等）和市场监督约束机制发挥作用的过程，比如资本市场和职业经理人市场等市场机制对企业利益相关者的权力和利益的制约作用，例如兼并、收购和接管等市场机制对高级管理人员控制权的制约作用；二是内部治理过程，即公司内部通过组织程序明确所有者、董事会和高级经理人员等利益相关者之间权利分配、制约以及对公司经营施加影响的过程，具体表现为公司章程、董事会议事规则、决策程序与权力分配等一些企业内部制度安排能有效运行、发挥作用。

现行审计实务中将公司治理结构分为两个层次，即治理层和管理层。治理层是指对被审计单位战略方向以及管理层履行经营管理职责负有监督责任的人员或机构。治理层的责任包括对财务报告和披露过程的监督。管理层是指对被审计单位经营活动的执行负有管理责任的人员。管理层负责编制财务报表，并受到治理层的监督。注册会计师需要及时与治理层沟通，讨论与财务报表审计相关的事项，这些事项和治理层的责任相关。

被审计单位治理结构中的治理层需要注册会计师利用在了解被审计单位及其环境时获取的有关治理结构和治理过程的情况加以确定。实务发展的趋势是在公司治理结构中由董事会下属的审计委员会负责公司的审计事务、决定审计相关事项。审计委员会从公司董事会成员中推举产生，大多数审计委员会都由 3—7 名不承担公司管理责任的董事和独立董事组成。典型的审计委员会要决定下列事项：选择会计师事务所；确定会计师事务所提供服务的范围；定期与会计师事务所会面，讨论审计进程和审计发现的问题；帮助解决会计师事务所与管理部门之间的冲突，等等。如果被审计单位设有审计委员会，注册会计师就会着重与审计委员会沟通。

四、当前职业环境的新趋势——风险导向审计

最近几年，国内外一些公司相继出现了会计舞弊事件，如中国的银广夏、黎明股份，国外的安然、世通、帕马拉特等，提供审计服务的会计师事务所也牵涉其中，有的陷入旷日持久的法律诉讼，有的被迫关闭，如中天勤、沈阳华伦、安达信等。① 在这样的背景下，审计界加快了已开始探讨和试行的风险导向审计。最大限度地降低审计风险，已成为注册会计师行业面临的最大课题。国际国内先后制定颁布了有关指导风险导向审计的审计准则用以规范风险导向审计实务。

由于传统审计风险模型和审计方法有其局限性，国外一些大型会计师事务所开始探索新的审计方法。新的审计方法注重从企业宏观层面了解财务报表存在的重大错报风险，这就是国内外审计职业界所称的风险导向审计。风险导向审计作为一种重要的审计理念和方法，随着国内外审计失败事件的爆发，受到行业内外新的关注。

---

① 若想了解这些事件的详情，可上网利用搜索工具输入这些公司或事务所的名字进行搜索，能查到大量的有关这些事件的报道和介绍。

一些大型会计师事务所对风险导向审计方法的探索,引起了审计准则制定机构和有关方面的关注。早在 1998 年,由加拿大、英国和美国准则制定机构和学术机构成立的联合工作组,就开始研究和了解与风险导向审计方法发展相关的问题。2000 年,联合工作组发表了研究报告——《大型会计师事务所审计方法的发展》。该报告指出,基本的审计风险模型并没有完全失效,但需要改进。联合工作组同时建议准则制定机构根据研究结论修订现行审计准则。

在上述背景下,国际会计师联合会下属的国际审计与鉴证准则理事会、美国审计准则理事会各自成立了审计风险项目小组。由于两个准则制定机构面临相似的问题,具有提高审计质量的共同目的,因此两个项目小组后来进行了合并,成立了联合风险评估工作组,制定共同的审计风险准则,从源头上实现国际协调。

联合风险评估工作组于 2002 年 10 月发布了审计风险准则征求意见稿。2003 年 10 月,国际审计与鉴证准则理事会在东京的会议上对征求意见稿进行了最后修订,获得委员会通过,审计风险准则在 2004 年 12 月 15 日之后正式施行。

国际审计与鉴证准则理事会起草的审计风险准则,在很大程度上吸收了风险导向审计方法的优点,克服了其存在的缺陷,并保留了原有审计准则可取之处,受到国际职业界和社会公众的好评。新国际审计风险准则的颁行并没有改变财务报表审计目标和责任的基本定位,也没有改变现行的审计基本理论和方法,而只是为指导审计人员更好地实现审计目标和履行审计责任提供应对风险的指南。

在这样的国际背景下,中国注册会计师需要借鉴国际审计风险准则的基本原则和必要程序,应该注意从宏观上了解被审计单位及其环境,包括内部控制,以充分识别和评估财务报表重大错报的风险,针对评估的重大错报风险设计和实施相应的审计测试和审计程序。

从新国际审计风险准则的规定和实务发展趋势来看,中国注册会计师必须认识到,风险导向审计不是要不要做的问题,而是必须认真做好的问题。现代财务报表审计就是风险导向审计,即以重大错报风险为导向的审计。风险导向审计的两项主要的、同等重要的工作是:评估重大错报风险和降低重大错报风险。识别风险、评估风险是前提,检查风险、降低风险是实质。两者缺一不可,绝不能只重其一。

第三节　注册会计师审计的组织、管理及与其他审计的关系

一、会计师事务所的组织形式和内部结构

在中国,注册会计师必须组织或加入会计师事务所才能承办审计业务和其他业务。注册会计师在考虑事务所的组织形式时一般关注以下几点:① 独立性的要求,这是使审计师能够不偏不倚地对财务报表提出意见的基础;② 职业能力的要求,事务所要将注册会计师的职业能力整合起来,高效率、有效果地实施审计;③ 应对诉讼风险的要求,会计师事务所会遇到法律纠纷、遭到起诉,为降低这其中的风险,需要在组织形式的选择时做出权衡。

从世界各国会计师行业的发展来看，会计师事务所主要有六种组织形式，如下所述，其中后四种组织形式可以在一定程度上减少诉讼损失。

1．独资事务所

只有一名注册会计师作为所有者的事务所。西方国家一般允许会计师事务所采取独资组织形式。独资事务所的优点是自由度大、经营灵活，主要为小客户服务。但其无限责任的风险较大，发展空间有限，许多这类事务所发展到一定程度都转变为合伙制或有限责任制的组织形式。

2．一般合伙事务所

这种组织形式由多个注册会计师作为所有者组成会计师事务所，其他方面则与独资事务所基本相同。西方许多国家的事务所在相当长的时期内都采取一般合伙或独资的组织形式。由于诉讼风险的增加，导致了以下四种组织形式的出现。

3．一般公司

一般公司的优点在于股东承担责任的程度仅以其对公司的投资额为限。会计师事务所采取这种组织形式，可以使注册会计师承担有限责任。不过事务所承担有限责任有可能使一些注册会计师忽视应有的职业谨慎，故有的国家法律禁止会计师事务所采取此种组织形式。

4．职业公司

将注册会计师行业作为一个特殊行业对待，允许注册会计师根据特定的法律成立职业公司，并提供职业服务。不同的国家对职业公司的法律规定和由此导致的责任保护方面有很大区别。

5．有限责任公司

有限责任公司综合了一般公司和一般合伙事务所的多数优点，在组织结构和税负方面与一般合伙事务所相同，但其所有者与一般公司所有者一样，只承担有限个人责任。

6．有限责任合伙事务所

有限责任合伙事务所由若干名合伙人共同拥有。它的结构和税负与一般合伙事务所相同，它对个人责任的保护程度要低于一般公司或有限责任公司。有限责任合伙事务所的合伙人以个人名义对合伙事务所的债务、个人行为及其监督下的业务人员的行为负责。对于由其他合伙人或不受其监督的员工的疏忽行为而导致的负债，合伙人不承担个人责任。目前国际“四大”事务所和其他一些事务所都采取有限责任合伙事务所的组织形式。

根据《中华人民共和国注册会计师法》的规定，我国注册会计师允许设立有限责任会计师事务所和合伙会计师事务所，但不允许个人设立独资会计师事务所。政府有关部门在综合研究《合伙企业法》、《注册会计师法》及行业规范的基础上，提出了特殊普通合伙会计师事务所的组织形式，我国的会计师事务所将有条不紊地完成向这种组织形式的转制工作。

从世界各国的情况来看，典型的会计师事务所的内部级别包括合伙人或股东、经理、主管、高级职员和助理人员等。新雇员通常从担任助理人员开始，在每一级别工作两到三年，最终达到合伙人的地位。这些职位在不同的事务所有不同的名称，但结构大致相同。

二、会计师事务所的业务范围

会计师事务所提供以下几类服务:鉴证服务、会计服务、税务服务、管理咨询服务和其他各种服务。

(一) 鉴证服务

鉴证服务是会计师事务所通过收集证据以特定标准衡量被鉴证对象,并对衡量结果进行分析判断,然后提出意见、做出结论并进行报告的各种服务。鉴证服务有以下几种类型:历史报表审计、历史报表复核、特殊目的业务的审计或复核和其他鉴证服务。

历史报表审计 历史财务报表审计是会计师事务所提供的最主要的鉴证服务。在历史财务报表审计中,另一方责任人是客户,他们以财务报表方式做出各种认定。审计报告要对这些报表是否符合公认会计原则发表意见。财务报表的外部使用者出于决策目的的需要,将审计报告视为报表可靠性的标志。

历史报表复核 许多非上市公司也希望向报表使用者提交财务报表,但又不愿承担与之相应的审计费用。在这种情况下,复核服务就是一种很有用的鉴证服务。在审计业务中,会计师事务所要进行大量的检查工作,以便收集充分的证据,为客户财务报表提供高水平的保证。而在复核业务中,只需要收集能够提供中等水平保证程度的证据。这通常既能满足使用者的需要,又能使客户以比全面审计低得多的费用,聘请事务所提供此类服务。

我国类似的业务叫财务报表审阅,是指注册会计师接受委托,主要通过实施查询和分析性程序,说明是否发现财务报表在所有重大方面有违反企业会计准则及国家其他有关财务会计法规规定的情况,然后出具审阅报告。

特殊目的业务的审计或复核 注册会计师审计或复核下列财务报表或其他会计信息并出具审计报告或复核报告:① 按照特殊编制基础编制的财务报表;② 财务报表的组成部分,包括财务报表特定项目、特定账户或特定账户的特定内容;③ 法规、合同所涉及的财务会计规定的遵循情况;④ 简要财务报表。

其他鉴证服务 其他鉴证服务的类型有很多。近年来,一些会计师事务所通过开发新型鉴证服务,使其业务范围不断扩大。例如,对预测财务报表的鉴证,为投资基金等组织的投资绩效统计进行的鉴证和对计算机软件性能的鉴证,等等。

(二) 会计服务

许多小企业不必聘用过多的会计人员,而是依靠会计师事务所为他们编制财务报表。因此,事务所提供各种会计和记账服务(称为“记账工作”)以满足这些客户的要求。在有的时候,如果财务报表要向第三者提供,还要一并实施复核甚至是审计。如果既不复核也不审计,则财务报表也要附上一份事务所出具的报告,称为“记账编报报告”,该报告不对第三者提供任何保证。

(三) 税务服务

会计师事务所可以为审计客户和非审计客户编制公司和个人纳税申报单。除此之外,大多数事务所还提供房产税、赠与税、税务筹划和其他方面的税务服务。目前,几乎每一家事务所都提供税务服务。

（四）管理咨询服务

大多数会计师事务所都向客户提供帮助其提高经营效率的服务。这类服务的范围从改进客户会计制度的简单建议直至营销战略、计算机安装和保险精算方面的咨询。许多大型事务所设有专职部门提供管理咨询服务。

（五）其他服务

验资 注册会计师依法接受委托，按照独立审计准则的要求，对被审验单位注册资本的实收或变更情况进行审验，并出具验资报告。验资分为设立验资和变更验资。设立验资是指注册会计师对被审验单位申请设立登记的注册资本实收情况进行的审验。变更验资是指注册会计师对被审验单位申请变更登记的注册资本变更情况进行的审验。

盈利预测审核 注册会计师接受委托，对被审核单位盈利预测进行审查与核对，并发表审核意见。被审核单位是指负责编制盈利预测并接受注册会计师审核的企业或其他单位。盈利预测是指被审核单位对未来会计期间的经营成果所做的预计和测算。

对财务信息执行商定程序 注册会计师接受委托，对特定财务数据、某一财务报表或整套财务报表等财务信息执行与特定主体商定的程序，并就执行的商定程序及其结果出具报告。特定主体是指委托人和业务约定书中指明的其他报告使用人。

内部控制审核 注册会计师接受委托，就被审核单位管理当局对特定日期与财务报表相关的内部控制有效性的认定进行审核，并发表审核意见。在内部控制审核业务中，按照国家有关法规的要求，建立健全内部控制并保持其有效性，是被审核单位管理当局的责任。了解、测试和评价内部控制，出具审核报告，是注册会计师的责任。

三、职业管理体制

（一）注册会计师行业的管理体制

对注册会计师行业进行管理所形成的管理体系和管理制度的总称构成注册会计师行业的管理体制。由于各国所处的政治、经济环境不同，各国注册会计师行业的管理体制也存在明显差异。目前国际上具有代表性的是英国模式和美国模式。

在英国模式中，主要的职业会计师称作特许会计师，会计师职业团体高度自律，负责资格认定、会员注册、业务监管、标准制定等，政府没有收揽这些权力。不过，职业团体自律机制如果出现问题，议会随时可以通过制定法律将这些权力收归政府。

在美国模式中，注册会计师是通行的称谓，会计师职业团体相对自律，负责资格认定、会员注册、标准制定等，政府有较大的业务监管权力，由各州政府发放注册会计师执业证书。近年来，由于安然事件的出现和安达信会计师事务所的审计失败，美国国会于2002年7月25日通过了《2002年公众公司会计改革和投资者保护法》，又称《2002年萨班斯-奥克斯利法案》，根据该法案建立了专门的独立监管机构，即公众公司会计监管委员会，负责监管证券市场中从事上市公司审计业务的会计师事务所，由此形成了新的监管体制。

中国自20世纪80年代恢复注册会计师制度以来，已逐步完善了注册会计师行业的管理体制。这一管理体制是依据《注册会计师法》建立起来的。国务院财政部门和省、自治区、直辖市人民政府财政部门，依法对注册会计师、会计师事务所和注册会计师协会进行监督、指导。

（二）中国注册会计师协会

中国注册会计师协会是依据《注册会计师法》和《社会团体登记条例》的有关规定设立的社会团体法人，是中国注册会计师行业的自律管理组织，成立于 1988 年 11 月。1995 年，根据国务院规范国内会计服务市场管理的要求，中国注册会计师协会和中国注册审计师协会联合，组成新的中国注册会计师协会，对注册会计师行业实行管理，接受财政部的监督、指导。

中国注册会计师协会的会员有三类：个人会员、团体会员和名誉会员，会员入会均须履行申请和登记手续。《中国注册会计师协会章程》规定了会员的权利和义务。

中国注册会计师协会的最高权力机构为全国会员代表大会，全国会员代表大会选举产生理事会。理事会选举产生会长、副会长和常务理事会。常务理事会在理事会闭会期间行使理事会职权。理事会下设秘书处为其日常办事机构，秘书长负责秘书处的日常工作。在省、自治区、直辖市一级建有地方注册会计师协会。

中国注册会计师协会的宗旨是：服务、监督、管理、协调。根据《注册会计师法》和《中国注册会计师协会章程》的规定，中国注册会计师协会有以下职责：① 组织实施注册会计师全国统一考试；② 注册会计师注册的管理；③ 拟订注册会计师执业准则、规则；④ 对注册会计师的任职资格和执业情况进行年度检查；⑤ 监督检查注册会计师执业准则、规则实施情况；⑥ 组织和推动注册会计师的培训工作；⑦ 组织业务交流、开展理论研究；⑧ 协调行业内外关系；⑨ 维护注册会计师的合法权益；⑩ 开展国际合作与交流；⑪ 指导地方注册会计师协会工作。

四、审计监督体系及其组成部分的相互关系

（一）审计监督体系

审计按不同主体进行划分，分为政府审计、内部审计和注册会计师审计。这相应地形成了三类审计组织机构，它们共同构成审计监督体系。它们既相互联系又各自独立、各司其职。它们各有特点，相互不可替代。

世界各国的审计最初形态是官厅审计，即政府审计，它产生于奴隶制社会的末期。政府审计经历了漫长的发展历程，到了资本主义社会，随着西方国家商品经济的迅速发展，适应其经济制度的政治体制逐步建立，政府审计得到相应的发展。之后，注册会计师审计和现代内部审计才相继出现和兴盛起来。

1．政府审计

政府审计主要监督检查各级政府及其部门的财政收支及公共资金的收支、运用情况。其实施主体为政府审计机关，综观世界各国，政府审计机关在整个国家机构中因隶属体制或领导关系不同而分为以下几种：

（1）立法体制，由议会直接领导并对议会负责。立法体制的审计机关隶属于议会，这是西方国家按照立法、行政、司法三权分立的制度建立的，将国家审计机关设置为立法机

关的一个监督机构，对国会或议会负责，不受行政当局的控制和干涉，其地位较高，独立性较强。

（2）司法体制，国家审计机关隶属于司法部门、拥有很强的司法权。与立法体制相比，司法体制特别强调审计机关的权威性，并以法律形式来强化这种权威性，审计人员大多享有司法职权。

（3）行政体制，审计机关建在政府行政体制内，直接隶属于政府行政部门并对政府负责，政府则对议会负责。我国国家审计署就是在国务院总理领导下工作的，对国务院负责，受国务院委托向全国人大常委会报告工作。

（4）财政体制，在财政部门内部设审计机构，由财政部门领导，这样国家审计机关隶属于财政部，兼管财政监督，实行财政、审计合一制度。一般来说，财政部门领导体制下审计机关的独立地位相对较低。

2. 内部审计

内部审计是审计主体对本单位内部的经济活动所实施的审计监督，它是与外部审计相对而言的。我国内部审计基本准则将内部审计定义为，组织内部的一种独立客观的监督和评价活动，它通过审查和评价经营活动及内部控制的适当性、合法性和有效性来促进组织目标的实现。

内部审计机构在本部门、本单位进行内部审计监督，独立行使审计职权，对本部门、本单位负责并报告工作，监督检查本部门、本单位的财务收支和经营管理活动。世界各国各类组织对于内部审计机构的设置，根据其所属领导层次的不同，分为以下三种体制：① 董事会领导体制，包括审计委员会领导体制；② 总经理领导体制；③ 财务副总经理或总会计师领导体制。

内部审计机构在本部门本单位中的地位、权力，直接关系到其能否有效地实行审计监督。从独立性与权威性的角度讲，内部审计隶属的领导层次越高，作用的发挥就越有保障。企业的董事会是股东大会的执行机构，内部审计由其直接领导，地位高，权威性强，监督有力度，可以对总经理的经济责任和经营行为进行监督，实际上代表所有者对经营管理人进行监督。目前的趋势是董事会下设审计委员会，由审计委员会代表董事会负责企业的审计事务，领导内部审计机构行事审计职权。总经理领导体制是代表经营管理者的利益进行审计监督，其主要目的是提高经营管理水平，发现经营管理中的漏洞，加强其内部控制，这种体制下内部审计作为一个单独的部门不受财务等部门的制约，直接向总经理负责。财务副总经理或总会计师领导体制下的内部审计机构地位较低、权威性也不强，仅是作为一个职能部门相对独立于财会等部门。我国目前的内部审计部门一般属第二种领导体制，有国有资本背景的单位其内部审计在业务上要接受当地政府审计机构或上一级主管部门审计机构的指导。总体上相对外部审计来说，内部审计的独立性较弱。

（二）注册会计师审计与政府审计的关系

对于审计客体而言，政府审计和注册会计师审计均是外部审计，都具有较强的独立性。不过，政府审计担负的是对全民财产或纳税人的财产的审计责任，而注册会计师审计担负的是对审计客户的受托审计责任。在某些情况下，政府审计领域，可以委托注册会计师进行审计。从我国的情况来看，两者在许多方面存在区别：

（1）两者的审计目标有所不同。政府审计侧重于对被审计单位财政财务收支的合法合规性进行审计；而注册会计师审计侧重于对客户财务报表的真实公允性进行审计。

（2）两者的审计依据不同。政府审计机关依据《中华人民共和国审计法》和国家审计准则等进行审计；而注册会计师执行财务报表受托审计依据的是《中华人民共和国注册会计师法》和独立审计准则。

（3）两者的资源来源不同。政府审计机关通过财政预算的渠道获得经费，通过国家投入获取资源；而注册会计师则通过为客户提供审计服务和其他服务来获得收入，通过参与市场竞争来争取社会资源。

（4）两者的取证权限不同。政府审计人员具有较大的强制取证权限，有关部门和人员必须支持审计人员的工作，如实反映情况、提供有关证明材料；而注册会计师在获取审计证据方面既要依赖与客户的配合，又需要有一些制度保证，在某些情况下，取证遇到障碍时要考虑与客户解除审计聘约关系。

（5）两者处理审计发现的方式不同。对审计过程中发现的问题，政府审计机关有较大的处理权限，根据发现问题的性质及严重程度不同，提出整改意见、处理处罚意见，责令限期纠正，移交纪检、司法部门处理，并可进行后续审计进行复查；而注册会计师的权限一个方面是按审计准则规定的程序向经理层、董事会、股东会、政府有关部门等进行报告，另一个方面是出具保留意见、无法表示意见或否定意见的审计报告，或解除审计聘约关系。

（三）注册会计师审计与内部审计的关系

内部审计和注册会计师审计都是现代审计监督体系的组成部分。内部审计机构包括部门内部审计机构和单位内部审计机构。从我国目前情况看，内部审计和注册会计师审计的区别可以从以下几方面考察：

（1）两者的审计目标不尽相同。如前所述，注册会计师审计侧重于对客户财务报表的真实公允性进行审计，旨在对财务报表发表意见；内部审计则对组织内部的经营活动和内部控制的适当有效性进行审计，旨在增加其所在组织的价值。

（2）两者的独立性程度有所不同。这是两者较明显的一个差异，相比之下注册会计师审计有着较强的独立性；而内部审计一般认为独立性较弱。

（3）两者的审计依据不同。注册会计师执行财务报表受托审计依据的是《中华人民共和国注册会计师法》和独立审计准则；内部审计机构依据的是《审计署关于内部审计工作的规定》、其所处行业颁布的《内部审计工作规定》和内部审计协会颁布的内部审计准则等。

（4）两者的审计对象确定方式不同。注册会计师是以独立的第三方接受委托对被审计单位进行审计的，会计师事务所和委托人相互通过选择和被选择的过程确定审计关系；内部审计机构代表董事会或总经理按计划对本单位内部各部门、各单位进行审计，被审计部门或单位没有选择的余地。

（5）两者审计的时间不同。注册会计师审计一般是指接受客户委托进行年度报表审计，所以是每年一次的定期常规审计；内部审计的时间安排则比较灵活，根据计划按部门、按单位逐一进行审计，一般不会按年度对所有部门和单位同时进行审计。

注册会计师审计与内部审计有着密切的联系，内部审计工作通常有助于注册会计师确定或修改自己审计程序的性质和时间，调整审计范围。所以注册会计师可以利用内部审计工作，在制定、实施审计程序时，可以考虑与财务报表审计相关的内部审计工作及其可能产生的影响，对利用内部审计工作制订相应的计划。当然，注册会计师对利用内部审计成果所形成的审计结论负最终责任。

由于内部审计与注册会计师审计在审计目的、审计范围和独立性等方面存在差异，注册会计师对与财务报表审计有关的所有重大事项还需独立做出专业判断，不能完全依赖内部审计工作。

注册会计师与内部审计人员要建立起相互信赖的关系和快捷的沟通渠道，注册会计师要将注意到的可能影响内部审计的重大事项及时告知内部审计人员，另一方面内部审计人员也要将其发现的可能影响注册会计师审计的所有重大事项，及时告知注册会计师。注册会计师认为必要，应当就利用内部审计工作的有关事项与被审计单位管理当局进行沟通。

第四节　注册会计师职业规范体系

根据《注册会计师法》的规定，中国注册会计师协会负有“拟订注册会计师执业准则、规则”的职责，据此中国注册会计师协会建立起了注册会计师职业规范体系，包括审计准则、质量控制准则、职业道德规范和职业后续教育准则。

一、审计准则和执业规范

（一）审计准则建设的三个阶段

审计准则是规范和指导审计人员执行审计业务，并用以衡量和评价其工作质量的权威性标准，对提高审计人员执业质量、降低审计风险、维护社会公众利益具有重要的作用。中国审计准则建设经历了三个阶段。

1．制定执业规则阶段（1991—1993 年）

从 1991 年到 1993 年，中注协先后发布了《注册会计师检查验证会计报表规则（试行）》等 7 个执业规则。这些执业规则对我国注册会计师行业走向正规化、法制化和专业化起到了积极作用。

2．建立准则体系阶段（1994—2003 年）

1993 年 10 月通过的《注册会计师法》规定中国注册会计师协会依法拟订执业准则、规则，报国务院财政部门批准后施行。经财政部批准同意，中注协自 1994 年 5 月开始起草独立审计准则。到 2003 年年中，中注协先后制定了 6 批独立审计准则，包括 1 个准则序言、1 个独立审计基本准则、28 个独立审计具体准则和 10 个独立审计实务公告、5 个执业规范指南。

3．完善与提高阶段（2004 年至今）

2004 年以后随着审计准则体系的基本建立，中注协制定准则的工作转向完善审计准则体系与提高准则质量并重的方向上。根据变化了的审计环境、国际审计准则的最新发展和注册会计师执业的需要，有计划、有步骤地修订和完善审计准则体系。2010 年 11 月财政部批准发布了新修订的38项审计准则。

(二) 制定审计准则的目标

中国注册会计师协会制定审计准则要达到这样一些目标:

(1) 建立执行独立审计业务的权威性标准,规范注册会计师的执业行为,促使注册会计师恪守独立、客观、公正的基本原则,有效地发挥注册会计师的鉴证和服务作用。

(2) 促使各会计师事务所和注册会计师按照统一的执业准则执行独立审计业务,提高审计工作质量,提高注册会计师的业务素质和执业水平。

(3) 明确注册会计师的执业责任,维护社会公共利益,保护投资者和其他利害关系人的合法权益,促进社会主义市场经济的健康发展。

(4) 建立与国际审计准则相衔接的中国注册会计师执业准则。

(三) 审计准则体系

审计准则属于鉴证业务准则,是中国注册会计师职业规范体系的重要组成部分。审计准则所属的准则体系由以下三个层次组成:

1. 鉴证业务基本准则

鉴证业务基本准则是统驭具体审计准则等鉴证业务准则的总纲,是对注册会计师专业胜任能力的基本要求和执业行为的基本规范,是制定具体审计准则、应用指南和其他鉴证业务准则的基本依据。

2. 具体审计准则

具体审计准则是依据鉴证业务基本准则制定的,是对注册会计师执行一般审计业务、出具审计报告的具体规范。

3. 审计准则应用指南

审计准则应用指南是对执业准则重要条款的进一步解释、说明和举例,旨在为注册会计师更好地理解和运用职业准则提供指引。

(四) 审计准则的约束力和适用范围

鉴证业务基本准则、具体审计准则与实务公告是注册会计师执行独立审计业务、出具审计报告的法定要求,各会计师事务所和注册会计师执行《注册会计师法》第十四条规定的审计业务,应当遵照执行。执业规范指南是对注册会计师执行独立审计业务、出具审计报告的具体指导,注册会计师应当参照执行。

审计准则适用于注册会计师执行独立审计业务的全过程。注册会计师对被审计单位进行独立审计时,不论该单位是否以营利为目的,也不论其规模大小和法定组织形式如何,只要是以发表审计意见为目的,都应遵循审计准则。在特定情况下,注册会计师可以应用审计准则执行其他有关业务。

(五) 审计准则的制定、发布与修订程序

(1) 选定项目。由中注协的审计准则组提出审计准则备选项目,经专家咨询组论证,征求有关方面意见后,由财政部审批立项。

(2) 拟订初稿。审计准则组根据确定的项目,进行调查研究,起草初稿。中国注册会计师协会征询专家咨询组和有关方面意见并交审计准则组修订后,向财政部提交征求意见稿。

（3）征求意见。财政部发布征求意见稿，广泛征求各有关部门及各地方注册会计师协会、会计师事务所、科研院校等方面意见。

（4）修改定稿。审计准则组根据各方面意见修改征求意见稿，中国注册会计师协会征询专家咨询组及有关方面意见后定稿。

（5）发布实施。财政部批准发布审计准则。中国注册会计师协会、地方注册会计师协会、各会计师事务所和注册会计师贯彻实施。

（6）修订。审计准则由中国注册会计师协会负责修订，财政部批准发布。

（六）美国的公认审计准则

世界上最早给注册会计师制定审计准则的是美国注册会计师协会，它于 1947 年发布了对世界产生广泛影响的 10 条公认审计准则，除一些小的改动之外，至今保持不变。这 10 条准则概括如下：

1. 一般准则

（1）审计应当由经过充分技术训练、精通专业技能的审计师来承担。

（2）审计师在完成其任务的所有工作中应保持独立的精神状态。

（3）在实施审计和编制报告中应持有合理的职业谨慎态度。

2. 外勤准则

（1）审计应有充分的计划，如使用助手，应予以适当的监督。

（2）在制订审计计划时，应当取得对内部控制的充分了解，以确定准备实施测试的性质、时间和范围。

（3）应当通过文件检查、观察、询问和函证，取得具有充分证明力的审计证据，为所审财务报表表达意见提供合理基础。

3. 报告准则

（1）报告应说明财务报表的编制是否符合公认会计原则。

（2）报告应说明本期采用公认会计原则与前期不一致的情况。

（3）除非在审计报告中另有说明，否则可认定财务报表的信息披露是充分合理的。

（4）审计报告应对财务报表整体表达意见，或声明不能表达意见。若不能表达整体意见，应说明其原因。在任何情况下，审计师的姓名一旦与财务报表相联系，审计报告就应明确说明审计师工作的性质和应负责任的范围。

10 条公认审计准则属于基本准则的范畴，不够具体，它为美国注册会计师提供了一个基本框架。在这个基本框架之下美国注册会计师协会发布《审计准则说明书》，第 1 号《审计准则说明书》于 1972 年发布，它是对 1939—1972 年所发布的 54 个《审计程序说明书》的汇编。以后出现比较重要的审计问题，需要美国注册会计师协会做出正式解释时，就发布新的《审计准则说明书》。

尽管 10 条公认审计准则和《审计准则说明书》是对注册会计师的权威性审计指南，但是它们几乎没有规定具体的审计程序，对注册会计师的决策，如怎样确定样本规模、怎样从被测试的总体中抽取样本、怎样评价测试结果等，都没有具体要求。许多执业者认为，准则应当对如何确定收集证据的程度做出更为明确和具体的规定。这种具体性可以减少审计决策的困难性,并可以使会计师事务所避免因实施了不充分的审计而承担责任。但是,过于具体的要求可能会使审计变成缺乏职业判断的机械性取证工作,职业界认为这种做法更加有害。

公认审计准则和《审计准则说明书》应当被执业者视为执行业务的最低标准,而不是最高要求或理想准则。审计师如果不考虑具体情况,而是依靠准则来寻求缩减审计范围的手段,是无法体现准则精神的。如果审计师认为某一准则的要求不切实际或无法执行,他有理由采取替代行动方案。同样,如果有问题的项目金额不重要,也无须遵守准则。但是,必须注意的是,说明背离准则的合理性是执业者的责任。如果审计师想要获取更为具体的指南,他们必须参考一些权威性较低的文献。这些文献包括教材、期刊、专业出版物等。美国注册会计师协会的出版物,如《会计杂志》和行业审计指南等,对解决具体问题很有帮助。

二、质量控制准则

(一) 质量控制准则的基本要求

质量控制准则与审计准则既紧密相关,又各有区别。质量控制则是事务所用来保证每项业务都遵守审计准则的措施。质量控制是针对整个事务所建立的,而审计准则是适用于各项具体业务的。通过审计质量控制保证审计准则得到遵守,既是对客户负责也是对社会负责,同时也可以降低会计师事务所及其从业人员的审计风险。

质量控制是指会计师事务所为确保审计质量符合审计准则的要求而制定和运用的控制政策与程序。控制政策是指基本方针及策略;而控制程序则是指具体措施及方法。会计师事务所在制定质量控制政策和程序时,需要考虑自身规模和经营特征等因素。

会计师事务所的质量控制制度包括针对下列要素而制定的政策和程序:(1) 对质量承担的领导责任;(2) 相关职业道德要求;(3) 客户关系和具体业务的接受与保持;(4) 人力资源;(5) 业务执行;(6) 监控。会计师事务所需要将质量控制政策和程序形成书面文件,传达到全体人员。

审计质量控制的关键在于事务所的领导层,会计师事务所的领导层及其做出的示范对会计师事务所的内部文化有重大影响,需要通过制定和实施适当的政策与程序,培育以质量为导向的内部文化。这些政策和程序的核心是要求会计师事务所主任会计师对质量控制制度承担最终责任。

审计质量控制要具体落实到项目负责人身上。项目负责人是指会计师事务所中负责审计业务及其执行,并在审计报告上签字的主任会计师或副主任会计师。项目负责人要对会计师事务所分派的每项审计业务的总体质量负责,在审计业务的所有阶段通过行动示范和信息传达,向项目组其他成员强调审计质量的重要性。项目组是指执行某项审计业务的所有人员,包括会计师事务所为执行该项业务聘请的专家。项目负责人向项目组成员尤其要强调:(1) 按照审计准则、职业道德规范和法律法规的规定执行审计工作;(2) 遵守适用的会计师事务所质量控制政策和程序;(3) 根据具体情况出具适当的审计报告。

（二）全面质量控制

全面质量控制是事务所整体层次上的理念和措施，这些理念和措施要转化为全面质量控制政策与程序，会计师事务所一般在考虑下列因素的基础上制定全面质量控制政策与程序：(1) 审计业务的规模与范围；(2) 事务所的组织形式及业务部门的设置；(3) 分支机构的设置及区域分布情况；(4) 成本与效益原则；(5) 人员素质及构成；(6) 其他需要考虑的因素。

会计师事务所首先要根据具体情况制定不同的全面质量控制政策，然后制定全面质量控制程序并促使其有效实施。全面质量控制政策是为保证审计质量而确定的总体原则，会计师事务所需要在以下几方面制定和运用质量控制政策：

(1) 约束员工行为的职业道德原则，会计师事务所应当要求并督促全体专业人员遵守职业道德规范，恪守独立、客观、公正的原则；

(2) 审计人员应具备的专业胜任能力，会计师事务所应当确保全体专业人员达到并保持履行其职责所需要的专业胜任能力，以应有的职业谨慎态度执行审计业务，为此，会计师事务所应当为全体专业人员提供适当的专业培训，以提高其专业胜任能力；

(3) 在审计业务中的工作委派，会计师事务所应当将审计工作委派给具有相应专业胜任能力的人员；

(4) 各层次审计人员的督导，会计师事务所应当建立分级督导制度，并要求各级督导人员对各层次的审计工作进行指导、监督和复核，督导人员通常是指对审计工作负有指导、监督和复核责任的各级人员，包括会计师事务所业务负责人、对审计项目负直接责任的注册会计师和负有督导责任的其他人员；

(5) 工作过程中的咨询，会计师事务所在必要时应当向有关专家咨询；

(6) 业务承接，会计师事务所承接审计业务，应当考虑其自身能力和独立性，以及被审计单位管理当局是否正直、诚实等因素；

(7) 所有业务的监控，会计师事务所应当对质量控制政策与程序的执行情况进行监控。

（三）重要控制环节

1. 人力资源控制

会计师事务所要制定政策和程序，合理保证拥有足够的具有必要素质和专业胜任能力并遵守职业道德规范的人员，以使会计师事务所和项目负责人能够按照业务准则、职业道德规范和法律法规的规定执行业务，并根据具体情况出具适当的报告。

会计师事务所制定的人力资源政策和程序需要解决下列人事问题：(1) 招聘；(2) 业绩评价；(3) 素质；(4) 专业胜任能力；(5) 职业发展；(6) 晋升；(7) 薪酬；(8) 人员需求预测。

会计师事务所要将质量控制与业绩评价、薪酬及晋升制度有机地联系起来，使保持专业胜任能力并遵守职业道德规范的人员得到肯定和奖励。业绩评价、薪酬及晋升程序应当强调：(1) 使人员知晓会计师事务所对业绩和遵守职业道德规范的期望；(2) 向人员提供业绩、工作进步及职业发展方面的评价和咨询；(3) 帮助人员了解提高业务质量及遵守职业道德规范是晋升更高职位的主要途径，而不遵守会计师事务所的政策和程序可能招致惩戒。

2．项目负责人的委派

会计师事务所对每项审计业务委派至少一名项目负责人负责，并要制定相应的政策和程序，做到这样几个方面：(1) 将项目负责人的身份和作用告知客户管理层和治理层的关键成员；(2) 项目负责人具有履行职责必要的素质、专业胜任能力、权限和时间；(3) 清楚界定项目负责人的职责，并告知该项目负责人。

会计师事务所需要制定政策和程序，监控项目负责人的工作负荷及可供调配的项目负责人数量，以使项目负责人有足够的时间履行职责。

3．客户关系和具体业务的接受与保持

会计师事务所要制定有关客户关系和具体业务的接受与保持的政策和程序，以合理保证只有在下列情况下才能接受或保持客户关系和具体业务：(1) 已考虑客户的诚信，没有信息表明客户缺乏诚信；(2) 具有执行业务必要的素质、专业胜任能力、时间和资源；(3) 能够遵守职业道德规范。

在接受新客户的业务前，或决定是否保持现有业务或考虑接受现有客户的新业务时，会计师事务所应当根据具体情况获取上述信息。当识别出问题而又决定接受或保持客户关系或具体业务时，会计师事务所要记录问题是如何得到解决的。

4．形成适当的记录

会计师事务所要制定政策和程序，对质量控制制度各项要素的运行情况形成适当记录。在确定记录的方式和内容时，会计师事务所一般考虑下列因素：(1) 会计师事务所的规模和分支机构的数量；(2) 会计师事务所相关人员和分支机构的权限；(3) 会计师事务所业务和组织结构的性质及复杂程度。会计师事务所需要将质量控制的记录保存适当年限，以使执行监控程序的人员能够评价质量控制制度的遵守情况。

(四) 业务执行中的质量控制

1．质量控制文件

会计师事务所通常使用书面或电子手册、标准化底稿以及指南性材料等文件使其制定的政策和程序得到贯彻。这些文件应对的事项包括：(1) 如何将业务情况简要告知项目组，使项目组了解工作目标；(2) 保证适用的业务准则得以遵守的程序；(3) 业务监督、员工培训和辅导的程序；(4) 对已实施的工作、做出的重大判断以及拟出具的报告进行复核的方法；(5) 对已实施的工作及其复核的时间和范围做出适当记录；(6) 使目前所有的政策和程序保持在适用状态。

项目组的所有成员需要了解拟执行工作的目标。项目负责人可以通过适当的团队工作和培训，使经验较少的项目组成员清楚了解所分派工作的目标。项目负责人对业务的监督包括：(1) 追踪业务进程；(2) 考虑项目组各成员的素质和专业胜任能力，以及是否有足够的时间执行工作，是否理解工作指令，是否按照计划的方案执行工作；(3) 解决在执行业务过程中发现的重大问题，考虑其重要程度并适当修改原计划的方案；(4) 识别在执行业务过程中需要咨询的事项，或需要由经验较丰富的项目组成员考虑的事项。

2. 对项目组成员的工作进行复核

一般来说可以由项目组内经验较多的人员复核经验较少的人员执行的工作。在复核项目组成员已执行的工作时，复核人要考虑：(1) 工作是否已按照业务准则、职业道德规范和法律法规的规定执行；(2) 重大事项是否已提请进一步考虑；(3) 相关事项是否已进行适当咨询，由此形成的结论是否得到记录和执行；(4) 是否需要修改已执行工作的性质、时间和范围；(5) 已执行的工作是否支持形成的结论，并得以适当记录；(6) 获取的证据是否充分、适当；(7) 业务程序的目标是否实现。

3. 寻求咨询

咨询包括与会计师事务所内部或外部具有专门知识的人员，在适当专业层次上进行的讨论，以解决疑难问题或争议事项。会计师事务所需要形成一种良好的咨询氛围，鼓励会计师事务所人员就疑难问题或争议事项进行咨询。同时，会计师事务所还要建立相应的政策和程序，以合理保证：(1) 就疑难问题或争议事项进行适当咨询；(2) 可获取充分的资源进行适当咨询；(3) 咨询的性质和范围得以记录；(4) 咨询形成的结论得到记录和执行。

需要向外部咨询的会计师事务所，可以利用其他会计师事务所、职业团体、监管机构或商业机构提供的咨询服务，但需要考虑外部咨询提供者是否能够胜任这项工作。项目组就疑难问题或争议事项向其他专业人士咨询所形成的记录要经被咨询者认可。咨询形成的记录要完整详细，包括下列内容：(1) 寻求咨询的事项；(2) 咨询的结果，包括做出的决策、决策依据以及决策的执行情况。

4. 项目质量控制复核

质量控制准则要求会计师事务所建立项目质量控制复核制度，以客观评价项目组做出的重大判断，以及在准备报告时得出的结论。这一制度要求对所有上市公司财务报表审计实施项目质量控制复核。项目质量控制复核是指在出具报告前，对项目组做出的重大判断和在准备报告时形成的结论提供客观评价的过程。

项目质量控制复核通常包括：(1) 与项目负责人进行讨论；(2) 复核财务报表或其他业务对象信息及报告，尤其考虑报告是否适当；(3) 选取与项目组做出重大判断及形成结论有关的工作底稿进行复核。项目质量控制复核的范围取决于业务的复杂程度和出具不恰当报告的风险。项目质量控制复核并不减轻项目负责人的责任。

项目质量控制复核人员需要具备复核审计业务所需要的足够、适当的技术专长、经验和权限。上市公司财务报表审计的项目质量控制复核人员，应当具备担任上市公司财务报表审计项目负责人应有的足够、适当的经验和权限。会计师事务所的政策和程序必须保持项目质量控制复核人员的客观性。项目质量控制复核人员不应当：(1) 由项目负责人挑选；(2) 在复核期间以其他方式参与该业务；(3) 代替项目组进行决策；(4) 存在可能损害复核人员客观性的其他情形。

5. 监控

为了合理保证质量控制制度中的政策和程序是相关和充分的，并正在有效运行，会计师事务所还要制定监控政策和程序，包括持续考虑和评价会计师事务所的质量控制制度，如定期选取已完成的业务进行检查。对会计师事务所质量控制制度的监控要由具有专业胜任能力的人员实施，监控内容包括质量控制制度设计的适当性和运行的有效性。会计师事务所可以委派主任会计师、副主任会计师或具有足够、适当经验和权限的其他人员履行监控责任。

会计师事务所要周期性地选取已完成的业务进行检查，周期最长不得超过三年。在每个周期内，要对每个项目负责人的业务至少选取一项进行检查。会计师事务所在选取单项业务进行检查时，可以不事先告知相关项目组。参与业务执行或项目质量控制复核的人员不应承担该项业务的检查工作。在确定检查的范围时，会计师事务所可以考虑独立外部检查的范围或结论，但这些检查并不能替代自身的内部监控。

通过实施监控程序可能会发现一些缺陷，会计师事务所要评价其影响，确定这些缺陷属于下列哪一种情况：(1) 该缺陷并不必然表明质量控制制度不足以合理保证会计师事务所遵守业务准则、职业道德规范和法律法规的规定，以及会计师事务所和项目负责人根据具体情况出具适当的报告；(2) 该缺陷是系统性的、重复出现的或其他需要及时纠正的重大缺陷。

会计师事务所在评价各种缺陷后，可提出下列改进措施：(1) 采取与某项业务或某个成员相关的适当补救措施；(2) 将监控发现的缺陷告知负责培训和职业发展的人员；(3) 改进质量控制政策和程序；(4) 对违反会计师事务所政策和程序的人员，尤其是对反复违规的人员实施惩戒。

会计师事务所至少每年一次将质量控制制度的监控结果，传达给项目负责人及会计师事务所内部的其他适当人员，以使会计师事务所及其相关人员能够在其职责范围内及时采取适当的行动。向相关项目负责人以外的人员传达已发现的缺陷，通常不指明涉及的具体业务，除非这种指明对这些人员适当地履行职责是必要的。

三、职业道德准则

注册会计师协会的职业道德规范对从业人员也有重大影响，它相当于注册会计师的行为准则。中国注册会计师协会的职业道德准则以及国际上类似的准则、与注册会计师职业行为有关的问题在第三章中有详细讨论。

四、职业后续教育准则

职业后续教育是指注册会计师为保持和提高其专业胜任能力与执业水平，掌握和运用相关新知识、新技能、新法规所进行的学习与研究。职业后续教育要贯穿于注册会计师的整个执业生涯。注册会计师要通过不断接受职业后续教育，来提高专业胜任能力与执业水平。

注册会计师、会计师事务所需要根据有关规定，采用适当的职业后续教育形式，合理确定职业后续教育的内容。中国注册会计师协会及其地方组织每年都要组织并实施各种各样的职业后续教育培训，以不断提高注册会计师全行业的执业水准。注册会计师和会计师事务所应当可以结合自己的具体情况合理制订并实施职业后续教育计划。

职业后续教育的内容主要包括：(1) 会计准则及国家其他有关财务会计法规；(2) 独立审计准则及其他职业规范；(3) 与执业相关的其他法规；(4) 执业所需的其他知识与技

能。职业后续教育的具体内容往往根据不同对象及其需要确定。

职业后续教育一般采用以下形式:(1) 参加中国注册会计师协会及其地方组织举办或认可的各种培训活动;(2) 参加中国注册会计师协会认可的有关大专院校的专业课程进修;(3) 参加中国注册会计师协会组织或认可的相关专题研讨会。

职业后续教育也可采用中国注册会计师协会认可的以下形式:(1) 参加各会计师事务所自行组织的专业研讨与培训;(2) 公开出版专业著作或发表专业论文;(3) 承担专业课题研究,并取得研究成果;(4) 个人专业学习与实务研究;(5) 其他形式。

职业后续教育由中国注册会计师协会及其地方组织负责组织、实施。中国注册会计师协会组织、实施职业后续教育的主要职责是:(1) 制定全国性职业后续教育制度、办法;(2) 组织全国性职业后续教育活动;(3) 制定全国性年度职业后续教育大纲;(4) 组织全国性职业后续教育教材的编写、选定;(5) 组织全国性职业后续教育检查、考核。

中国注册会计师协会各地方组织也根据职业后续教育准则及其他相关要求,组织、实施各该地区的职业后续教育,其主要职责是:(1) 制定各该地区职业后续教育制度、办法;(2) 组织各该地区职业后续教育活动;(3) 制定各该地区年度职业后续教育大纲;(4) 组织各该地区职业后续教育检查、考核。

注册会计师的职业后续教育有具体的时间要求,每年要完成一定的学时数,其具体要求由中国注册会计师协会确定。注册会计师在接受检查、考核时,要提交由中国注册会计师协会统一制发的职业后续教育考核手册。注册会计师未能提供职业后续教育有效记录或无故未达到职业后续教育要求的,考核时将不予通过。

本章提要

1. 审计和审计人员最常见的分类为:财务报表审计、经济效益审计和财经法纪审计;注册会计师、政府审计人员和内部审计人员。

2. 对审计的需求比较流行的观点是从受托责任观的角度解释审计的产生和发展。从我们已经进入信息时代的角度看,更进一步的解释是,我们之所以需要审计是因为我们越来越需要更加准确的财务信息和经济信息,查找错弊、惩治违规、提供建议、提高效益等需求都是在信息可靠的基础上才能得到满足的。

3. 审计是由独立、合格的专职人员接受委托或根据授权,为确定被审计单位有关财务(或财政)及相关活动的信息与既定标准之间的相符程度而收集和分析审计证据,在此基础上做出审计评价、提出审计意见并进行报告的经济鉴证过程。

4. 注册会计师审计的职业环境重点在证券市场方面,证券市场中有各种不同的利益相关者,注册会计师是其中之一,并与其他相关者交互作用;可靠的信息要满足决策的需要;审计是环境的产物,对于注册会计师来说,认识所处职业环境的核心是认识客户,即要弄清公司治理结构及其治理过程。风险导向审计是当前职业环境的新趋势。

5. 会计师事务所有六种组织形式,内部结构一般分五个层次。会计师事务所提供以下几类服务:鉴证服务、会计与记账服务、税务服务、管理咨询服务和其他各种服务。

6. 对注册会计师行业有具体的管理体制。政府审计、内部审计和注册会计师审计形成了审计监督体系,它们既相互联系又各自独立、各司其职,它们各有特点,相互不可替代。

7. 注册会计师职业规范体系,包括审计准则、质量控制准则、职业道德规范和职业后续教育准则。

练习与思考

1. 在一次审计专题研讨会上，一个会计师事务所的所长兼主任会计师递给你一张名片，名片的背面印着该事务所的业务范围如下：

报表审计 代理记账 税务代理 管理咨询 内控审核 资本验证

请解释该所长名片上各项业务的含义，说明会计师事务所的业务范围包括哪些。

2. 证券交易所要求所有在其交易所上市的成员公司必须建立审计委员会。

(1) 请解释什么是审计委员会，审计委员会的主要职能是什么？

(2) 在国外有人批评审计委员会总是偏好于选取规模大、收费高的会计师事务所。这一批评的意思是说审计委员会成员为了降低自己承担的风险，导致公司承受更高的成本。请对此批评做出评论。

3. 注册会计师马涛和王微在审计一家房地产公司时遇到了以下情况：

(1) 销售经理告诉他们对于长期合作的客户有一项新房促销政策，给予非常大的折扣。由于马涛和王微所在的事务所已经为该公司服务多年，销售经理认为马涛和王微也可以获得此项折扣。

(2) 该房地产公司有一间管理层午餐室，专对公司中层以上的员工开放。公司的会计人员告诉马涛和王微他们也可以在那里免费用餐。

(3) 马涛和王微被邀请参加了该公司的新年晚会。在发放礼物时他们发现自己也获得了礼物，价值各 2 000 元。

要求：讨论在以上情况下马涛和王微应该如何做。

案例分析

审计未勤勉尽责 会计公司失职反告证监会

昨天，北京一中院开庭受理了河南华为会计咨询有限公司状告中国证监会一案，河南华为“喊冤”的理由，是对中国证监会的“审计业务未能勤勉尽责，处以 30 万元行政处罚”的决定不服。在证券市场上类似会计师状告证监会的案例，实属罕见。从这个案子中我们能总结出些什么呢？

处罚的起因：发现财务报表有虚假内容

2001 年，财政部在对上市公司进行巡查时，发现了郑州宇通客车(600006)股份有限公司的 1999 年财务报表有多处虚假内容，其中，虚减资产和负债各达 1.35 亿元。于是将一份“郑州宇通为实现 2000 年配股，1999 年年报中存在重大财务虚假”的调查结果交与证监会。

证监会经过核实和确认后，在 2002 年对宇通客车和中介机构分别做出处罚决定。其中，作为宇通客车 1999 年年报的审计部门，河南华为因没有发现企业重大舞弊行为，审计工作“未勤勉尽责”，而被处罚 30 万元，签字会计师赛保国和董超处以警告的行政处罚。

(郭京霞/北京青年报，2003-8-5)

要求：

1. 该案例中涉及了哪些组织和机构？它们的职责和业务是什么？
2. 如何理解“审计业务未能勤勉尽责”？
3. 审计师在“发现企业重大舞弊行为”方面应承担什么责任？

情景模拟

有几个大学即将毕业的学生和系学生工作组组长王老师在讨论各自的职业生涯计划。

第一位学生打算到税务局去工作,因为他对税法、税制最感兴趣。他认为自己曾经有在事务所税务部工作的背景,他希望做税务代理方面的工作。不过税务局招聘的是税务稽查人员。

第二个学生已经考过了两门注册会计师考试科目,她要到一家事务所去工作,打算至少工作 5 年,如果其余注册会计师考试科目都能考过,没准还会终身从事注册会计师职业,她相信在审计和有关领域取得的各种经历会使她终身受益。

第三个学生想在一家大公司做内部审计,因为内部审计可以涉及许多不同的组织层面,可以更深入地了解公司的内部组织结构、管理控制和信息系统等。

第四个学生已经参加了公务员考试,她想到当地审计厅去工作,她相信做政府审计虽然不会赚大钱,但相对来说压力不大,风险也较小,而且她了解到,在那里她可以对计算机辅助审计技术有很好的掌握。

第五个学生要到海关去工作,他应聘的岗位是海关稽查,他看到的招聘材料解释说,海关稽查的工作内容主要是通过检查会计账簿等资料,核实和检查报关通关的企业与其他组织申报的关税、保税项目与实际情况是否相符。他比较看中在专业方面能有进一步成长的机会。

问:上述几种职业工作都是审计工作吗?这些审计或类似工作主要的异同点是什么?

小组讨论

在我们的社会中为什么会有审计存在?我们为什么需要审计?

第二章

业务承接和审计报告

本章目的

从本章开始我们以注册会计师审计为主讲解相关的审计理论和审计实务。会计师事务所做一项年度财务报表审计业务是从接受客户的委托开始的,业务的最终结果是出具一份表达审计意见的审计报告,这两个方面的工作构成了本章的主要内容,通过学习你可以了解一项年度报表审计工作是如何开始和如何结束的。本章首先讨论接受客户委托的过程,着重说明了解客户情况的有关问题,然后对审计报告进行系统介绍。

引例

长春经开再炒审计机构鱿鱼①

长春经开(600215)公告拟聘请大华会计师事务所有限公司为2011年度审计机构,年度审计费用50万元,不再续聘福建华兴会计师事务所为审计机构。这已经是长春经开自1999年9月上市以来第七次更换审计机构,在公司曾聘用过的审计机构中,最长的聘用了五年,最短的只聘用了一年。

频繁更换审计机构

此次被解聘的华兴所只为公司审计了2009年和2010年的财务报告。对于此次更换审计机构,公司表示是由于华兴所业务扩张速度较快且工作期集中,导致人手不足,无法保证按时完成公司2011年报审计工作。

从长春经开过去聘用审计机构的经历来看,公司上市最早聘请的是中庆会计师事务所审计1999年年报,但2001年3月,公司称中庆所不能胜任审计工作,改聘安达信隆会计师事务所,该所一直为公司审计到2004年度。尽管2005年年底公司董事会决定续聘该所,但在2006年2月14日的股东大会上,关于续聘安达信隆所的提案被全票否决。

公司随后聘用北京京都会计师事务所为审计机构。但京都所对公司2005年度会计报表出具了带强调事项段的无保留审计意见的审计报告,这直接导致其在2006年被上海上会会计师事务所替代。然而尽管上会所对公司2006年年报出具了标准无保留意见的审计报告,但该所也只和长春经开签了一年合同。

2007年,长春经开的审计机构换成了中磊会计师事务所,但该所也为公司出具了带强调事项段的无保留意见的审计报告,并在2008年度给长春经开出具了标准无保留意见的审计报告后出局,公司审计机构由此更换为华兴所。

难掩瑕疵

审计工作具有一定的连续性,频繁更换审计机构的上市公司并不多见,这些公司虽不能一概而论,但多数存在各种各样的问题。业内人士表示,隔三岔五便更换审计机构的公司,一方面可能是担心审计机构深入了解公司后做出"非标"审计报告;另一方面也可能由于审计机构在了解公司真实情况后不愿意再提供审计服务。

长春经开此前就与京都所意见"不和"。京都所在公司2005年度审计报告中认为,公司在偿还贷款、清缴税款、项目开发等方面存在较大的资金压力,公司拟定了相关措施,但其措施的执行仍然存在不确定性。而长春经开则表示,不认为公司运营和资金筹措存在不确定性,而认为资金压力将会在资产和主营业务结构提升完结后被彻底解决。

此外,长春经开近年来业绩剧烈波动可能也令不少审计机构头疼。公司在2007年、2008年和2010年均呈现前三季度亏损、第四季度一举扭亏的局面。2010年公司与长春经开国资控股集团有限公司进行资产置换产生收益,大幅增加了公司利润,公司净利润同

---

① 来源:《中国证券报》,记者李阳丹,2011年12月30日。

比增长超过30倍。但这样的好形势并未持续多久,今年一季度公司便重新陷入了亏损,到第三季度末,公司亏损金额为599.7万元。

公司更换审计机构和财务方面的一些问题已经引起了监管部门的注意。在吉林证监局2010年对公司进行的现场检查中,要求公司就存在的“审计、提名、薪酬与考核专门委员会中独立董事未占多数,以及2009年度会计估计变更事项理由不够充分”等问题进行整改。

在上市公司中,会计师事务所的聘用与解聘是由股东大会决定的,不过,在提交股东大会审议之前的议案是由公司董事会研究决定的,所以实质上公司董事会在事务所的聘用与解聘问题上是关键的决策者。引例告诉我们,会计师事务所是否接受一项审计业务在许多情况下是一个复杂的决策过程,需要全面了解委托人的基本情况并慎重考虑委托人的需求以及本事务所能否满足,否则会给事务所带来许多麻烦,甚至会使事务所陷入法律纠纷。

第一节 接受客户的委托

一、确定是否应当接受客户的委托

(一) 了解客户的基本情况

客户又称委托人,是指向会计师事务所提出业务委托,并与会计师事务所签订审计业务约定书的单位或个人。会计师事务所在承接审计业务时,首先要考虑并核对与客户的关系,检查自身相对客户来说能否保持独立性,这是做到客观公正的前提;然后要考虑和分析自身能力能否达到客户审计业务的需求,在此基础上要对客户及其所委托的审计业务进行评估,认为可以接受委托时,要按照审计准则的要求,与委托人签订审计业务约定书。

在签订审计业务约定书之前,会计师事务所可以指派自己的注册会计师了解被审计单位的基本情况并初步评价审计风险,在这一过程中,注册会计师需要了解被审计单位的以下基本情况:(1) 业务性质、经营规模和组织结构;(2) 经营情况及经营风险;(3) 以前年度接受审计的情况;(4) 财务会计机构及工作组织;(5) 其他与签订审计业务约定书相关的事项。

(二) 掌握客户的诚信状态

注册会计师在调查一个潜在客户时,重要的一个方面是了解企业治理层和管理层的诚实守信情况。注册会计师可以着重考虑企业高层管理人员(比如,能够对企业财务管理和日常经营产生重要影响的经理人和负责人、有影响力的董事和股东等)和企业本身在同行中的声誉。

针对有关客户的诚信,会计师事务所可以考虑这样一些主要事项:(1) 客户主要所有者、关键管理人员、关联方及治理层的身份和商业信誉;(2) 有关客户主要所有者、关键管理人员及治理层对内部控制环境和会计准则等态度的信息;(3) 客户是否过分考虑将会计师事务所的收费维持在尽可能低的水平上;(4) 工作范围受到不适当限制的迹象;(5) 客户可能涉嫌洗钱或其他刑事犯罪行为的迹象;(6) 变更会计师事务所的原因。

会计师事务所可以通过下列途径,获取与客户诚信相关的信息:(1) 与为客户提供会计服务的现任或前任职业人员进行沟通,并与其他相关第三方进行讨论;(2) 向会计师事务所其他人员、金融机构人员、法律顾问和客户的同行等第三方询问;(3) 从相关数据库中搜索客户的背景信息。

(三) 考虑自身的状况和能力

在确定是否具有接受新业务所需的必要素质、专业胜任能力、时间和资源时,会计师事务所需要考虑下列事项,以评价新业务的特定要求和所有相关层次的现有人员的基本情况:(1) 审计独立性是否存在问题;(2) 会计师事务所人员是否熟悉相关行业或业务对象;(3) 会计师事务所人员是否具有执行类似业务的经验,或是否具备有效获取必要技能和知识的能力;(4) 会计师事务所是否拥有足够的具有必要素质和专业胜任能力的人员;(5) 在需要时,是否能够得到专家的帮助;(6) 如果需要项目质量控制复核,是否有符合标准和资格要求的项目质量控制复核人员;(7) 会计师事务所是否能够在报告最后期限内完成业务。

(四) 弄清客户的需求和目的

注册会计师在了解客户的过程中要识别客户要求审计的目的,弄清有哪些报表使用者,这些使用者使用报表的意图。如果报表的用途比较广泛,则注册会计师就要收集较多的证据。报表最可能的用途,可以根据以前年度与客户交往的经验和与管理当局的讨论来确定。在整个审计业务过程中,注册会计师还可能获取更多的信息来帮助了解客户为什么要求审计以及财务报表的可能用途。这些信息将会影响注册会计师对可接受审计风险水平的评价。

在了解客户基本情况的基础上,决定是否接受客户的过程中,事务所进行审计业务洽谈的主要负责人还需要保持职业怀疑态度,判断影响客户和审计的多种风险。所有企业都会面临经营风险,即企业经营亏损甚至无法持续经营的风险。一般遇到经营风险的企业比没有此类风险的企业更有可能会操纵和篡改财务报表,或者更有可能卷入到法律诉讼案件中。在对这些因素有了充分的了解并决定接受新客户或继续保留原有客户后,会计师事务所负责人可以与委托人就审计业务应约定的事项进行商议,并就其对审计工作的期望和特别关心的领域进行讨论。这需要审计人员取得并保持对企业经营业务、员工和需求的了解,这些行动不仅有利于实现管理当局的期望和提供有建设性的管理建议,而且能够使审计人员顺利履行职责,同时控制每项审计任务的审计风险。审计人员提供高质量服务的要点,是理解企业管理层的期望,并与之达成一致意见,以审计业务约定书的形式确定下来。

在了解客户需求的过程中,会计师事务所负责人要不断地分析判断客户需求的合理合法性。对客户提出的不合理、不合法的要求,要向客户解释说明事务所不能接受。比如,客户要求最终的审计报告必须是无保留意见的审计报告就是一项不合理的要求,因为审计意见是在完成各项审计程序之后根据取得的审计证据提出的,而不能在签订审计业务约定书之前就确定下来。经向客户解释、与客户讨论协商后,仍不能使客户放弃其不合理、不合法的要求时,会计师事务所必须放弃该客户。

对于现有客户,会计师事务所一般每年都进行一次评价,以确定是否有不再为其提供审计服务的理由。如果在以前年度与客户在审计范围、意见类型或审计费数额方面发生过分歧，那么在评价时就要分析是否需要中止与该客户的业务联系。注册会计师也可能认为客户不够诚实而不再与其续约。如果事务所与客户之间发生法律纠纷，客户起诉事务所，或者事务所起诉客户，则事务所不得再为该客户提供审计服务。会计师事务所对某一原有客户进行评价以后，可能会将该客户评为高风险客户，这种情况下也会决定不再为该客户继续提供审计服务。

（五）分析接受与保持业务的相关影响

在确定是否接受新业务时，会计师事务所还要考虑接受该业务是否会导致现实或潜在的利益冲突。如果识别出潜在的利益冲突，会计师事务所要分析接受该业务是否适当。

在决定是否保持与某一客户的关系时，会计师事务所尤其是项目负责人需要考虑本期或上期审计中发现的重大事项，及其对保持该客户关系的影响。如果项目负责人获知了某项信息，而若在早期获知该信息可能导致会计师事务所拒绝该项业务，那么项目负责人应当立即将该信息告知会计师事务所，以使会计师事务所和项目负责人能够采取必要的行动。在这种情况下，会计师事务所针对保持该项业务及其客户关系制定的政策和程序必须考虑：① 适用于该业务环境的法律责任，包括是否要求会计师事务所向委托方或在某些情况下向监管部门报告；② 解除该项业务约定，或同时解除该项业务约定及其客户关系的可能性和复杂性。

会计师事务所针对解除业务约定或同时解除业务约定及其客户关系可以制定包括如下内容的政策和程序：

（1）与客户适当层次的管理层和治理层，讨论会计师事务所根据有关事实和情况可能采取的适当行动；

（2）如果确定解除业务约定或同时解除业务约定及其客户关系是适当的，会计师事务所应当就解除的情况及原因，与客户适当层次的管理层和治理层讨论；

（3）考虑是否存在法律法规的要求，规定会计师事务所应当保持现有的客户关系，或向监管部门报告解除的情况及原因；

（4）记录重大事项及其咨询情况、咨询结论和得出结论的依据。

审计项目的项目负责人无论是否参与有关审计业务接受与保持的决策过程，都要分析和确定最近的决策是否适当；要确信有关客户关系和具体审计业务的接受与保持的质量控制程序已得到恰当遵循；要确保形成的有关结论是适当的并已记录于工作底稿。

二、审计业务约定书的意义和内容

（一）审计业务约定书的意义

审计业务约定书是指会计师事务所与委托人共同签订的，据以记录和确认审计业务的委托与受托关系、审计目标和审计范围、双方的责任以及报告的格式等事项的书面合同，其目的是明确约定双方的责任与义务，促使双方遵守约定事项并加强合作，以保护会计师事务所与被审计单位的利益。

审计业务约定书具有法定约束力，一经双方签字认可，即成为会计师事务所与委托人之间在法律上生效的契约，如一方违约，须负法律责任。签署审计业务约定书在审计实践中具有重要的意义：它可以增进会计师事务所与委托人之间的相互了解；可作为客户判定审计业务完成情况的依据，同时也可以是会计师事务所检查委托人对其约定义务履行情况的依据。如果出现法律诉讼，审计业务约定书是确定会计师事务所和委托人双方应负责任的重要依据。

会计师事务所要在审计业务开始前，与客户就审计业务约定条款达成一致意见，并签订审计业务约定书，避免双方对审计业务的理解产生分歧。如果客户不是被审计单位，在签订审计业务约定书前，注册会计师需要与客户、被审计单位就审计业务约定相关条款进行充分沟通，并达成一致意见。

审计业务约定书是编制审计计划的根据，其中包括审计工作的时间预算、进程安排和相应的费用预算。例如，根据审计业务约定书的约定，在资产负债表日之后一个月、两个月还是三个月提交审计报告，则要相应安排审计工作的不同部分在会计年度之前或之后完成。

（二）审计业务约定书的内容

审计业务约定书在早期审计实践中并无定式，其内容和形式因具体审计项目不同而不同。随着审计实务经验的积累，审计业务约定书的内容和形式逐渐地统一起来。许多国家通过审计准则的方式将其固定下来。

1．审计业务约定书的基本内容

中国审计准则规范的审计业务约定书的基本内容包括以下几个方面：

（1）签约双方的名称；

（2）财务报表审计的目标；

（3）管理层对财务报表的责任；

（4）管理层编制财务报表采用的会计准则和相关会计制度；

（5）审计范围，包括指明在执行财务报表审计业务时遵守的中国注册会计师审计准则；

（6）执行审计工作的安排，包括出具审计报告的时间要求；

（7）审计业务执行结果的报告格式或其他沟通形式；

（8）由于测试的性质和审计的其他固有限制，以及内部控制的固有局限性，不可避免地存在着某些重大错报可能仍然未被发现的风险；

（9）注册会计师不受限制地接触任何与审计有关的记录、文件和所需要的其他信息；

（10）管理层对其做出的与审计有关的声明予以书面确认；

（11）管理层为注册会计师提供必要的工作条件和协助；

（12）注册会计师对执业过程中获知的客户信息保密；

（13）审计收费，包括收费的计算基础和收费安排；

（14）违约责任；

（15）解决争议的方法；

（16）签约双方法定代表人或其授权代表的签字盖章，以及签约双方加盖的公章。

2．可以增加的内容

如果情况需要，会计师事务所和客户可以通过协商确定在审计业务约定书中列明下列内容：

(1) 在某些审计方面对利用其他注册会计师和专家工作的安排；

(2) 与审计涉及的客户内部审计人员和其他员工工作的协调；

(3) 说明预期向客户提交的其他函件或报告；

(4) 与治理层整体直接沟通；

(5) 在首次接受审计委托时，对与前任注册会计师沟通的安排；

(6) 注册会计师与客户之间需要达成进一步协议的事项。

如果负责为母公司提供审计的会计师事务所同时承担其子公司、分支机构或分部等组成部分的审计工作，会计师事务所可以在考虑下列因素的基础上，决定是否与各个组成部分单独签订审计业务约定书：

(1) 由谁作为组成部分审计工作的委托方；

(2) 是否对组成部分单独出具审计报告；

(3) 法律法规的要求；

(4) 其他注册会计师执行的工作的范围；

(5) 母公司的所有权份额；

(6) 组成部分管理层的独立程度。

三、审计业务约定书的签订

审计业务约定书由会计师事务所和委托人双方的法定代表人，或其授权的代表签订，并加盖会计师事务所和委托人的印章。会计师事务所或委托人如需修改、补充审计业务约定书，可以以适当的方式获得对方的确认后进行修改或补充。会计师事务所通常对所执审计业务约定书统一编号，并于审计工作结束后归入审计档案。

下面举例说明审计业务约定书的格式和内容。具体如下：

审计业务约定书

甲方：源实股份有限公司

乙方：海星会计师事务所

兹由甲方委托乙方对2012年度财务报表进行审计，经双方协商，达成如下约定：

一、审计的目标和范围

1. 乙方接受甲方委托，对甲方按照企业会计准则编制的2012年12月31日资产负债表，2012年度的利润表、所有者权益变动表和现金流量表以及财务报表附注进行审计。

2. 乙方通过执行审计工作，对财务报表的下列方面发表审计意见：(1) 财务报表是否在所有重大方面按照企业会计准则的规定编制；(2) 财务报表是否在所有重大方面公允反映了甲方2012年12月31日的财务状况以及2012年度的经营成果和现金流量。

二、甲方的责任

1. 根据《中华人民共和国会计法》及《企业财务会计报告条例》，甲方及甲方负责人有责任保证会计资料的真实性和完整性。因此，甲方管理层有责任妥善保存和提供会计记录(包括但不限于会计凭证、会计账簿及其他会计资料),这些记录必须真实、完整地反映甲方的财务状况、经营成果和现金流量。

2. 按照企业会计准则的规定编制和公允列报财务报表是甲方管理层的责任,这种责任包括:(1) 按照企业会计准则的规定编制财务报表,并使其实现公允反映;(2) 设计、执行和维护必要的内部控制,以使财务报表不存在由于舞弊或错误导致的重大错报。

3. 及时为乙方的审计工作提供与审计有关的所有记录、文件和所需的其他信息,并保证所提供的资料的真实性和完整性。

4. 确保乙方不受限制地接触其认为必要的甲方内部人员和其他相关人员。

5. 甲方管理层对其做出的与审计有关的声明予以书面确认。

6. 为乙方派出的有关工作人员提供必要的工作条件和协助,乙方将于外勤工作开始前提供主要事项清单。

7. 按照本约定书的约定及时足额支付审计费用以及乙方人员在审计期间的交通、食宿和其他相关费用。

8. 乙方的审计不能减轻甲方管理层的责任。

三、乙方的责任

1. 乙方的责任是在执行审计工作的基础上对甲方财务报表发表审计意见。乙方根据中国注册会计师审计准则的规定执行审计工作。审计准则要求注册会计师遵守中国注册会计师职业道德守则,计划和执行审计工作以对财务报表是否不存在重大错报获取合理保证。

2. 审计工作涉及实施审计程序,以获取有关财务报表金额和披露的审计证据。选择的审计程序取决于乙方的判断,包括对由于舞弊或错误导致的财务报表重大错报风险的评估。在进行风险评估时,乙方考虑与财务报表编制和公允列报相关的内部控制,以设计恰当的审计程序,但目的并非对内部控制的有效性发表意见。审计工作还包括评价管理层选用会计政策的恰当性和做出会计估计的合理性,以及评价财务报表的总体列报。

3. 由于审计和内部控制的固有限制,即使按照审计准则的规定适当地计划和执行审计工作,仍不可避免地存在财务报表的某些重大错报可能未被发现的风险。

4. 在审计过程中,乙方若发现甲方存在乙方认为值得关注的内部控制缺陷,应以书面形式向甲方治理层或管理层通报。但乙方通报的各种事项,并不代表已全面说明所有可能存在的缺陷或已提出所有可行的改进建议。甲方在实施乙方提出的改进建议前应全面评估其影响。未经乙方书面许可,甲方不得向任何第三方提供乙方出具的沟通文件。

5. 按照约定时间完成审计工作,出具审计报告。乙方应于2013年2月15日前出具审计报告。

6. 除下列情况外,乙方应当对执行业务过程中知悉的甲方信息予以保密:(1) 法律法规允许披露,并取得甲方的授权;(2) 根据法律法规的要求,为法律诉讼、仲裁准备文件或提供证据,以及向监管机构报告发现的违法行为;(3) 在法律法规允许的情况下,在法律诉讼、仲裁中维护自己的合法权益;(4) 接受注册会计师协会或监管机构的执业质量检查,答复其询问和调查;(5) 法律法规、执业准则和职业道德规范规定的其他情形。

四、审计收费

1. 本次审计服务的收费是以乙方各级别工作人员在本次工作中所耗费的时间为基

础计算的。乙方预计本次审计服务的费用总额为人民币120万元。

2．甲方应于本约定书签署之日起30日内支付20%的审计费用，其余款项于审计报告草稿完成日结清。

3．如果由于无法预见的原因，致使乙方从事本约定书所涉及的审计服务实际时间较本约定书签订时预计的时间有明显增加或减少时，甲乙双方应通过协商，相应调整本部分第1段所述的审计费用。

五、审计报告和审计报告的使用

1．乙方按照中国注册会计师审计准则规定的格式和类型出具审计报告。

2．乙方向甲方致送审计报告一式五份。

3．甲方在提交或对外公布乙方出具的审计报告及其后附的已审计财务报表时，不得对其进行修改。当甲方认为有必要修改会计数据、报表附注和所做的说明时，应当事先通知乙方，乙方将考虑有关的修改对审计报告的影响，必要时将重新出具审计报告。

六、本约定书的有效期间

本约定书自签署之日起生效，并在双方履行完毕本约定书约定的所有义务后终止。

七、约定事项的变更

如果出现不可预见的情况，影响审计工作如期完成，或需要提前出具审计报告，甲、乙双方均可要求变更约定事项，但应及时通知对方，并由双方协商解决。

八、终止条款

1．如果根据乙方的职业道德及其他有关专业职责、适用的法律法规或其他任何法定的要求，乙方认为已不适宜继续为甲方提供本约定书约定的审计服务，乙方可以采取向甲方提出合理通知的方式终止履行本约定书。

2．在本约定书终止的情况下，乙方有权就其终止之日前对约定的审计服务项目所做的工作收取合理的费用。

九、违约责任

甲、乙双方按照《中华人民共和国合同法》的规定承担违约责任。

十、适用法律和争议解决

本约定书的所有方面均适用中华人民共和国法律进行解释并受其约束。本约定书履行地为乙方出具审计报告所在地，因本约定书引起的或与本约定书有关的任何纠纷或争议，双方协商确定采取以下方式予以解决：

向有管辖权的人民法院提起诉讼。

十一、双方对其他有关事项的约定。

本约定书一式两份，甲、乙双方各执一份，具有同等法律效力。

甲方：源实股份有限公司
（盖章）
授权代表：刘宏（签名并盖章）
2012年3月20日

乙方：海星会计师事务所
（盖章）
授权代表：李白（签名并盖章）
2012年3月20日

四、连续审计和审计业务的变更

对于连续审计，会计师事务所要考虑是否需要根据具体情况修改以前审计业务约定书的条款，以及是否需要提醒客户注意现有的审计业务约定条款。会计师事务所可以与客户签订长期审计业务约定书，不过，如果出现下列情况，则要考虑重新签订审计业务约定书：(1) 有迹象表明客户误解审计目标和范围；(2) 需要修改约定条款或增加特别条款；(3) 高级管理人员、董事会或所有权结构近期发生变动；(4) 客户业务的性质或规模发生重大变化；(5) 法律法规的要求；(6) 管理层编制财务报表采用的会计准则和相关会计制度发生变化。

在完成审计业务前，如果客户要求会计师事务所将审计业务变更为保证程度较低的鉴证业务或相关服务，会计师事务所要考虑变更业务的适当性。下列原因可能导致客户要求变更业务：(1) 情况变化对审计服务的需求产生影响；(2) 对原来要求的审计业务的性质存在误解；(3) 审计范围存在限制。

在同意将审计业务变更为其他服务前，会计师事务所还要考虑变更业务对法律责任或合同条款的影响。如果认为变更业务具有合理的理由，并且按照审计准则已实施的审计工作也适用于变更后的业务，会计师事务所可以根据修改后的业务约定条款出具报告。如果没有合理的理由，会计师事务所不应当同意变更业务。如果变更业务引起业务约定条款的变更，会计师事务所要与客户就新条款达成一致意见。如果无法同意变更业务，客户又不允许继续执行原审计业务，会计师事务所必须解除业务约定，并考虑是否有义务向董事会或股东会等方面说明解除业务约定的理由。

第二节　了解被审计单位情况

一、了解被审计单位情况的必要性

如第一章所述，现代财务报表审计就是风险导向审计，即以重大错报风险为导向的审计。风险导向审计注重从企业宏观层面了解财务报表存在的重大错报风险，可以说现代财务报表审计是从了解被审计单位情况开始的。

了解被审计单位情况是指对被审计单位所处经济环境及所在行业的一般了解和对被审计单位内部情况的具体了解。注册会计师应当了解被审计单位及其环境，以使自己足以识别和评估财务报表重大错报风险，能够据此设计和实施进一步审计程序。

注册会计师在接受客户的委托前，要初步了解被审计单位的情况，如前所述要了解被审计单位的基本情况和掌握客户的诚信状态。接受委托签订审计业务约定书后，还要进一步了解被审计单位的情况，所以了解情况是一个连续和动态地收集、评价、更新与分析并使用信息的过程，贯穿于整个审计项目的始终。

注册会计师应当运用职业判断确定需要了解被审计单位及其环境的程度。下一年度继续接受同一客户委托时，注册会计师需要及时更新和重新评价以前获知的被审计单位有关信息，并实施相应审计程序，以识别上次审计后有关情况发生的重大变化。注册会计师只有在充分了解被审计单位情况的基础上才能规划好审计工作。

了解被审计单位情况所获取的信息，大部分是概括性的，通常包括这样一些内容：企业业务的性质，企业所处行业（包括专门针对该行业的法律和监管要求），管理层为了实现企业目标而执行的规划、计划、预算和程序，企业财务报表中的重要账户，管理层采用的会计政策，以及企业财务数据与经营数据之间的联系。审计人员要根据所了解到的信息，初步判断企业的财务报表是否存在重大错报的可能性，对这种错报风险的判断将要影响审计程序。同时，审计人员还要对重要性水平做出初步估计。初步判断和估计将审计人员的注意力集中到比较重要的财务报表项目上，从而有助于确定将要执行的审计程序的性质、时间和范围。

对于一项新业务来说，搜集有关该客户的信息是一个费时、烦琐的工作，往往需要参考前任审计师的文件记录。对于一项连续审计业务而言，大部分客户信息可以从以前年度的工作底稿中取得，审计人员只进行必要的更新就足够了。主要的信息收集程序都是在审计之前和初期执行的，但审计人员在整个审计过程中也都有可能收集到更多的相关信息，需要判断是否应该调整审计程序的性质、时间和范围。

被审计单位的财务、生产经营情况是随着周边经营环境的变化而变化的，因此，注册会计师只有对影响被审计单位经营的内部和外部环境有充分的了解，才能在审计过程中透过表面现象抓住其本质。通过对被审计单位情况的了解，可以识别和理解对财务报表或审计报告有重大影响的交易、事项或惯例等，对提高审计效率、保证执业质量、降低审计风险有重要的作用。

了解被审计单位及其环境是必要程序，可以为注册会计师在下列关键环节做出职业判断提供重要基础：(1) 确定重要性水平，并随着审计工作的进程评估对重要性水平的判断是否仍然适当；(2) 考虑会计政策的选择和运用是否恰当，以及财务报表的列报与披露是否适当；(3) 识别需要特别考虑的领域，包括关联方交易、管理层运用持续经营假设的合理性，或交易是否具有合理的商业目的等；(4) 确定在实施分析程序时所使用的预期值；(5) 设计和实施进一步审计程序，以将审计风险降至可接受的低水平；(6) 评价所获取审计证据的充分性和适当性。

二、了解被审计单位情况的内容

注册会计师从下列方面了解被审计单位及其环境：

（一）行业状况、监管环境以及其他外部因素

被审计单位所处的宏观经济环境对被审计单位的经营方式、经营策略，政策的遵守、掌握与运用，财务状况与经营成果等有着重要影响。注册会计师主要从下列方面了解行业状况、监管环境以及影响被审计单位经营的其他外部因素：所在行业的市场供求与竞争；生产经营的季节性和周期性；生产技术的发展变化；能源供应与成本；行业的关键指标和统计数据；适用的会计准则和行业特定惯例；对经营活动产生重大影响的法律、法规及监管活动；对开展业务产生重大影响的政府政策，包括货币、财政、税收和贸易等政策；汇率及外汇管制；环保要求；宏观经济的景气度；利率和资金供求状况；通货膨胀水平及币值变动。在这一过程中，审计项目负责人需要考虑被审计单位所在行业的经营性质或监管

程度是否可能导致特定的重大错报风险，考虑项目组是否配备了具有相关知识和经验的成员。

（二）被审计单位的性质

注册会计师主要从下列方面了解被审计单位的性质：所有权结构、治理结构、组织结构、经营活动、投资活动、筹资活动。了解被审计单位的性质有助于注册会计师理解预期在财务报表内反映的各类交易、账户余额、列报与披露。了解所有权结构以及所有者与其他人员或主体之间的关系，有助于注册会计师确定关联方关系是否已经得到识别，以及关联方交易是否得到恰当的核算。复杂的组织结构可能产生财务报表的合并、商誉的摊销和减值、权益法的运用以及特殊目的实体的核算等问题，注册会计师需要关注由此可能产生的重大错报风险。

注册会计师重点关注被审计单位的三大活动：(1) 经营活动，主要包括主营业务的性质；与生产产品或提供劳务相关的市场信息；业务的开展情况；联合经营与业务外包；从事电子商务的情况；地区与行业分布；生产设施、仓库的地理位置及办公地点；关键客户；重要供应商；劳动用工情况；研究与开发活动及其支出；关联方交易。(2) 投资活动，主要包括近期拟实施或已实施的并购活动与资产处置情况；证券投资、委托贷款的发生与处置；资本性投资活动，包括固定资产和无形资产投资，以及近期或计划发生的变动；不纳入合并范围的股权投资。(3) 筹资活动，主要包括债务结构，包括债务协议、与债务相关的限制性条款、担保情况及表外融资；固定资产的租赁；关联方融资；出资人的情况；衍生金融工具的运用。

（三）被审计单位对会计政策的选择和运用

注册会计师要了解被审计单位对会计政策的选择和运用是否符合适用的会计准则和相关会计制度，以及是否符合被审计单位的具体情况。在了解被审计单位对会计政策的选择和运用是否适当时，注册会计师主要关注下列事项：重要项目的会计政策和行业惯例；对重大和异常交易进行会计核算使用的方法；在缺乏权威性标准或共识的有争议领域，采用重要会计政策产生的影响；被审计单位会计政策的变更；对新颁布的企业会计准则和相关会计制度，被审计单位何时采用以及如何采用。如果被审计单位变更了重要会计政策的选择和运用，注册会计师应当考虑变更的原因及其适当性，并考虑是否符合适用的企业会计准则和相关会计制度。还要考虑被审计单位是否按照适用的会计准则和相关会计制度的要求恰当地进行了列报，并披露了重要事项。

（四）被审计单位的目标、战略以及相关经营风险

注册会计师要了解被审计单位的目标和战略，以及可能导致财务报表重大错报的相关经营风险。经营风险往往源于对被审计单位实现目标和执行战略产生不利影响的重大情况、事项、环境和行动，或源于不恰当的目标和战略。大部分经营风险最终都具有财务后果，从而影响财务报表。注册会计师应当根据被审计单位的具体情况考虑经营风险是否可能导致财务报表发生重大错报。管理层通常具有正式的识别和应对经营风险的策略，注册会计师应当获取有关文件以了解被审计单位的风险评估过程。

注册会计师可以了解被审计单位是否存在与下列方面有关的目标和战略，并考虑相

应的经营风险；行业发展及其导致的被审计单位不具备足以应对行业变化的人力资源和业务专长的风险；开发新产品或提供新服务及其导致的被审计单位产品责任增加的风险；业务扩张及其导致的被审计单位对市场需求的估计不准确的风险；新颁布的会计法规及处理要求，相应导致的被审计单位执行法规不当或不完整，或会计处理成本增加的风险；监管要求及其导致的被审计单位法律责任增加的风险；本期及未来的融资条件及其导致的被审计单位由于无法满足融资条件而失去融资机会的风险；信息技术的运用及其导致的被审计单位信息系统与业务流程难以融合的风险。

下列事项和情况可能表明被审计单位存在重大错报风险：在经济不稳定的国家或地区开展业务；在高度波动的市场开展业务；在严厉、复杂的监管环境中开展业务；持续经营和资产流动性出现问题，包括重要客户流失；融资能力受到限制；行业环境发生变化；供应链发生变化；开发新产品或提供新服务，或进入新的业务领域；开辟新的经营场所；发生重大收购、重组或其他非经常性事项；拟出售分支机构或业务分部；复杂的联营或合资；运用表外融资、特殊目的实体以及其他复杂的融资协议；重大的关联方交易；缺乏具备适当会计核算与财务报告技能的人员；关键人员变动；内部控制薄弱；信息技术战略与经营战略不协调；信息技术环境发生变化；安装新的与财务报告有关的重大信息技术系统；经营活动或财务报告受到监管机构的调查；以往存在重大错报或本期期末出现重大会计调整；发生重大的非常规交易；按照管理层特定意图记录的交易；应用新颁布的会计准则或相关会计制度；会计计量过程复杂；事项或交易在计量时存在重大不确定性；存在未决诉讼和或有负债。

（五）被审计单位财务业绩的衡量和评价

被审计单位内部或外部对财务业绩的衡量和评价可能对管理当局产生压力，促使其采取行动改善财务业绩或歪曲财务报表。注册会计师需要了解被审计单位财务业绩的衡量和评价情况，考虑这种压力是否可能导致管理当局采取行动，以至于增加财务报表发生重大错报的风险。注册会计师在了解被审计单位财务业绩衡量和评价情况时，要关注管理当局使用的财务业绩衡量信息，如关键的业绩指标、业绩趋势、预算、差量分析、分部信息、不同层次部门的业绩报告、管理层和员工业绩衡量与激励性报酬政策以及被审计单位与其竞争对手的业绩比较；关注外部机构提出的报告，主要包括分析师的报告和信用评级机构的报告。

注册会计师还要关注被审计单位内部财务业绩衡量中显示出的未预期到的结果或趋势、管理当局的调查结果和纠正措施，以及相关信息是否显示财务报表可能存在重大错报。如果拟利用被审计单位内部信息系统生成的财务业绩衡量指标，注册会计师应当考虑相关信息是否可靠，并足以实现审计目的。

（六）内部控制

内部控制是被审计单位为了合理保证财务报告的可靠性、经营的效率和效果以及对法律法规的遵循，由治理层、管理层和其他人员设计和执行的政策和程序。内部控制包括下列要素：(1) 控制环境；(2) 风险评估过程；(3) 与财务报告相关的信息系统和沟通；(4) 控制活动；(5) 对控制的监督。注册会计师要了解与审计相关的内部控制以识别潜在错报的类型，考虑导致重大错报风险的因素，以及设计和实施进一步审计程序的性质、时间和范围。

内部控制五要素的分类提供了了解内部控制的框架，但无论对内部控制要素如何进行分类，注册会计师要关注的是被审计单位某项控制是否能够，以及如何防止或发现并纠正各类交易、账户余额、列报与披露存在的重大错报。关于内部控制的详细内容将在第六章中进行阐述。

在了解企业情况的过程中，注册会计师还要特别考虑客户企业与其关联方之间的关系和交易。企业会计准则《关联方关系及其交易的披露》列出了对于关联方的披露要求。注册会计师要充分了解企业的业务活动，对关联方的披露是否恰当（包括管理层关于按照公平交易原则对待关联方交易的管理声明是否准确）做出评估。

三、了解被审计单位情况的途径

审计人员能够从多种信息渠道获得关于客户企业及其所处行业的信息。这些信息渠道包括：政府的统计数据；经济、财政、行业和贸易刊物；企业的出版物和内部手册；可应用的内部审计报告；企业、竞争者编制的报告，或者保险公司、商业银行、证券经销商和分析家编制的研究报告；网上的各种信息数据库；有关监管机构的监管或检查报告和类似材料。具体来说注册会计师通过以下途径了解被审计单位情况：

（一）利用以往审计的经验与资料

可通过查阅以前的审计工作底稿，来了解被审计单位情况，这在连续接受委托的情况下是最直接、最主要的方法，同时也是成本最低的方法。上次的工作底稿往往会注明审计中已发生而可能延续到本期（次）审计的问题。对于初次接受审计的被审计单位，新任审计师可以与前任审计师联系，借阅前任注册会计师的工作底稿来获得了解。在借阅的同时，也可向前任注册会计师咨询那些可能会影响到本次审计工作的事项。注册会计师对以往的信息与经验要根据被审计单位情况的变化进行更新和重新评价及修正。

注册会计师通过审阅以前年度审计工作中获得的信息，有助于确定各个账户余额和经济业务中存在重大错误的可能性。这项工作也会影响到本年度的风险评估和实质性测试的水平。如果审计人员通过了解情况没有发现新的引起财务报表重大错报的风险，客户在以前年度偏离既定政策和程序的情况很少，那么审计人员可以不对审计策略和审计程序进行重大的调整。

不过，注册会计师需要注意的是，一方面不能草率对待企业环境的任何变化，另一方面环境的改变可能使得去年对企业的了解和判定对今年的审计失去指导作用。为此，注册会计师要深入分析已经发生变化的环境，估计其对当年审计工作的影响，将这种影响因素融入设计审计程序之中。

另外，注册会计师可以考虑在承接客户或续约过程中获取的信息，考虑向被审计单位提供其他服务所获得的经验是否有助于识别重大错报风险。如果根据职业判断认为从被审计单位外部获取的信息有助于识别重大错报风险，注册会计师必须实施其他审计程序以获取这些信息。

（二）询问被审计单位管理层和内部其他相关人员

了解情况必不可少的手段之一是与被审计单位的董事、经理、财务总监等高级管理人员进行询问和讨论，此外，还应当考虑询问生产人员、销售人员、内部审计人员等其他人员，并考虑询问不同层级的员工，以获取对识别重大错报风险有用的信息。通过询问和讨论，可以了解被审计单位采用的会计政策、会计估计及其变更；了解对审计有重大影响的本期经营情况的最新变化；了解影响到该客户的新行业及政府法规。与被审计单位内部审计人员讨论并复核内部审计报告，对于内部审计机构齐全、内部审计工作较为完善的被审计单位，也是一种有效的方法。被审计单位内部审计机构能够帮助注册会计师了解该被审计单位业务经营及所在行业的有关情况。但在利用内部审计工作结果时，需要对其进行必要的复核。

（三）向有关注册会计师、律师和知情人了解情况

与曾为被审计单位及所在行业其他单位提供服务的、有经验的其他注册会计师或律师进行讨论，对于了解情况十分有用。不过同其他事务所的注册会计师讨论可能较为困难，而如果初次接受委托，同前任注册会计师和为客户服务的律师对重大、有疑虑问题进行讨论是必不可少的。与被审计单位以外的有关专家、监管机构、金融机构及客户等知情人讨论，对于特殊行业、特殊目的的审计业务，这种讨论是非常必要的。例如，与证监会、保监会、人民银行等监管机构的沟通，在证券、期货等高风险行业的审计中，向有关专家请教，对可能较了解被审计单位的金融机构或客户进行询问等。

（四）查阅相关资料并实施分析程序

会计师事务所可以通过利用本所收集的有关客户的各种资料以及政府统计部门的资料和行业资料，阅读行业期刊和注册会计师协会发布的各种行业审计和会计指南，对被审计单位所在行业情况及所处经济环境进行了解；通过查阅股东大会会议纪要和董事会会议纪要等重要的会议记录、以前年度的年度报告、预算等内部管理报告、中期财务报告、内部管理制度手册等，可以对企业的重要交易、事项等获得了解。通过实施分析程序识别异常的交易或事项，识别对财务报表和审计产生影响的金额、比例和趋势。在实施分析程序时，注册会计师通常预期可能存在的合理关系，并与被审计单位记录的金额、依据记录金额计算的比率或趋势相比较；如发现异常或未预期到的关系，注册会计师需要在识别重大错报风险时考虑这些比较结果。如果使用了高度汇总的数据，实施分析程序的结果仅可能初步显示财务报表存在重大错报风险，注册会计师需要将分析结果连同识别重大错报风险时获取的其他信息一并考虑。

（五）了解对被审计单位有重大影响的法规

对被审计单位有重大影响的法规涉及各个方面，如会计、审计、税务、工商、财政、环保、证券、期货、保险等行业监管。会计师事务所一般安排专人负责收集新颁布和修订的各种法规，以有助于对客户情况的了解。

（六）实施观察和检查程序

实地察看被审计单位的经营场所及设施，能使注册会计师大致了解被审计单位的生

产情况、管理状况、设施使用情况。再次接受审计委托时,通常只需参观、巡视自去年审计完成后,公司经营上已发生重大变化的部分。对有多个部门的被审计单位,参观、巡视可轮流进行。注册会计师实施观察和检查程序,获取被审计单位及其环境的信息,可以印证对管理当局和内部其他相关人员询问的结果,观察和检查可以从这样几个方面进行:(1) 观察被审计单位的生产经营活动;(2) 检查文件、记录和内部控制手册;(3) 阅读由管理层和治理层编制的报告;(4) 实地察看被审计单位的生产经营场所和设备;(5) 追踪交易通过与财务报告相关的信息系统的过程(穿行测试)。

四、对所了解到的被审计单位的情况加以利用

注册会计师获得了关于客户企业基本情况的信息后在接下来的各项工作中,要对这些信息加以合理利用。利用这些信息的工作包括:(1) 评估客户财务报表存在重大错报的风险;(2) 评价客户企业的经营风险和管理当局的对策;(3) 制订审计计划;(4) 确定重要性水平并评价其恰当性;(5) 评价审计证据的适当性及相关财务报表认定的有效性;(6) 评价客户企业会计政策、会计估计的适当性;(7) 评价管理当局声明;(8) 识别需要特别考虑和专门审计技能的审计领域;(9) 识别关联方及其交易;(10) 辨别相互矛盾的信息;(11) 辨别违反法规或舞弊等异常情况;(12) 向知情人查询并评价查询结果的合理性;(13)考虑财务报表披露的适当性。

承担项目负责人责任的注册会计师要组织项目组成员对财务报表存在重大错报的可能性进行讨论,运用职业判断确定讨论的目标、内容、人员、时间和方式,要确保审计项目组全体人员充分了解被审计单位相关情况,更好地了解在各自负责的领域中,由于舞弊或错误导致财务报表重大错报的可能性,并了解各自实施审计程序的结果如何影响审计的其他方面,包括对确定进一步审计程序的性质、时间和范围的影响,以便他们能够完成委派的审计工作,同时需要他们充分关注和及时反馈被审计单位出现的新情况。

项目组讨论的内容包括被审计单位面临的经营风险、财务报表容易发生错报的领域以及发生错报的方式,特别是由于舞弊导致重大错报的可能性。项目组的关键成员必须参与讨论。如果项目组需要拥有信息技术或其他特殊技能的专家,这些专家也应参与讨论。为有效利用所了解的被审计单位情况,注册会计师还要考虑:(1) 所了解的被审计单位情况对财务报表整体的影响;(2) 所了解的被审计单位情况是否与财务报表认定一致。

项目组根据审计的具体情况,可以在整个审计过程中持续交换有关财务报表发生重大错报可能性的信息。在讨论中要强调在整个审计过程中保持职业怀疑态度,警惕可能发生重大错报的迹象,并对这些迹象进行严格追踪。

第三节　审 计 报 告

一、标准无保留意见审计报告

审计报告是审计工作最重要、最直接的成果形式,是审计工作的主要产品,无论何种审计最终都要提交审计报告,它要告诉审计报告的阅读者审计师做了什么工作以及得出

了什么结论。注册会计师出具的审计报告是注册会计师根据中国注册会计师审计准则的规定,在实施审计工作的基础上对被审计单位财务报表发表审计意见的书面文件。注册会计师必须在审计报告中清楚地表达对财务报表的意见,并对出具的审计报告负责。已审计的财务报表要附在审计报告之后。当注册会计师出具的无保留意见的审计报告不附加说明段、强调事项段或任何修饰性用语时,该报告称为标准审计报告。

从审计过程的工作顺序看,出具审计报告是最后一步。我们在一开始就讲解审计报告,是为了使读者先了解审计工作的目的和结果,以便在全书的学习中更好地理解各种审计概念、原则和方法。学习其他内容时,如审计计划的制订、审计证据的收集、重要性概念的运用以及审计风险的评估,读者可以和不同类型的审计报告联系起来,这将有利于掌握相应的审计理论和方法。

注册会计师要评价根据审计证据得出的结论,以作为对财务报表形成审计意见的基础。在对财务报表形成审计意见时,注册会计师需要根据已获取的审计证据,评价是否已对财务报表整体不存在重大错报获取了合理保证。

在评价财务报表是否按照适用的会计准则和相关会计制度的规定编制时,注册会计师应当考虑下列内容:(1) 选择和运用的会计政策是否符合适用的会计准则和相关会计制度,并适合于被审计单位的具体情况;(2) 管理层做出的会计估计是否合理;(3) 财务报表反映的信息是否具有相关性、可靠性、可比性和可理解性;(4) 财务报表是否做出充分披露,使财务报表使用者能够理解重大交易和事项对被审计单位财务状况、经营成果和现金流量的影响。

在评价财务报表是否做出公允反映时,注册会计师应当考虑下列内容:(1) 经管理层调整后的财务报表,是否与注册会计师对被审计单位及其环境的了解一致;(2) 财务报表的列报、结构和内容是否合理;(3) 财务报表是否真实地反映了交易和事项的经济实质。

表 2-1 是一份常见的审计报告,这种内容和措辞的报告被称为“标准审计报告”。在该报告的旁边我们注明了它的构成内容。报告的标题“审计报告”是我国注册会计师审计准则统一规定的用语,国外或境外有使用“审计师报告”、“会计师报告”、“核数师报告”等标题的。审计报告的收件人是指注册会计师按照业务约定书的要求致送审计报告的对象,一般是指审计业务的委托人,审计报告应当载明收件人的全称。

审计报告的引言段用以说明被审计单位的名称和财务报表已经过审计,并包括下列内容:(1) 指出构成整套财务报表的每张财务报表的名称;(2) 提及财务报表附注;(3) 指明财务报表的日期和涵盖的期间。

管理层对财务报表的责任段用以说明,按照适用的会计准则和相关会计制度的规定编制财务报表是管理层的责任,这种责任包括:(1) 设计、实施和维护与财务报表编制相关的内部控制,以使财务报表不存在由于舞弊或错误而导致的重大错报;(2) 选择和运用恰当的会计政策;(3) 做出合理的会计估计。

注册会计师的责任段用以说明下列内容:(1) 注册会计师的责任是在实施审计工作的基础上对财务报表发表审计意见。注册会计师按照中国注册会计师审计准则的规定执行了审计工作。中国注册会计师审计准则要求注册会计师遵守职业道德规范,计划和实施审计工作以对财务报表是否不存在重大错报获取合理保证。(2) 审计工作涉及实施审计程序，以获取有关财务报表金额和披露的审计证据。选择的审计程序取决于注册会计师的判断，包括对由于舞弊或错误导致的财务报表重大错报风险的评估。在进行风险评估时，注册会计师考虑与财务报表编制相关的内部控制，以设计恰当的审计程序，但目的并非对内部控制的有效性发表意见。审计工作还包括评价管理层选用会计政策的恰当性和做出会计估计的合理性，以及评价财务报表的总体列报。(3) 注册会计师相信已获取的审计证据是充分、适当的，为其发表审计意见提供了基础。

表 2-1　标准无保留意见审计报告

	审计报告
收件人	ABC 股份有限公司全体股东：
引言段	我们审计了后附的 ABC 股份有限公司（以下简称 ABC 公司）财务报表，包括 20×1 年 12 月 31 日的资产负债表，20×1 年度的利润表、股东权益变动表和现金流量表以及财务报表附注。
管理层对财务报表的责任段	一、管理层对财务报表的责任 编制和公允列报财务报表是 ABC 公司管理层的责任，这种责任包括：(1) 按照企业会计准则的规定编制财务报表，并使其实现公允反映；(2) 设计、执行和维护必要的内部控制，以使财务报表不存在由于舞弊或错误导致的重大错报。
注册会计师的责任段	二、注册会计师的责任 我们的责任是在执行审计工作的基础上对财务报表发表审计意见。我们按照中国注册会计师审计准则的规定执行了审计工作。中国注册会计师审计准则要求我们遵守中国注册会计师职业道德守则，计划和执行审计工作以对财务报表是否不存在重大错报获取合理保证。 审计工作涉及实施审计程序，以获取有关财务报表金额和披露的审计证据。选择的审计程序取决于注册会计师的判断，包括对由于舞弊或错误导致的财务报表重大错报风险的评估。在进行风险评估时，注册会计师考虑与财务报表编制和公允列报相关的内部控制，以设计恰当的审计程序，但目的并非对内部控制的有效性发表意见。审计工作还包括评价管理层选用会计政策的恰当性和做出会计估计的合理性，以及评价财务报表的总体列报。 我们相信，我们获取的审计证据是充分、适当的，为发表审计意见提供了基础。
意见段	三、审计意见 我们认为，ABC 公司财务报表已经按照企业会计准则的规定编制，公允反映了 ABC 公司 20×1 年 12 月 31 日的财务状况以及 20×1 年度的经营成果和现金流量。
事务所名称	××会计师事务所（盖章）
注册会计师姓名	中国注册会计师：×××（签名并盖章） 中国注册会计师：×××（签名并盖章）
审计报告日	中国××市 20×2 年×月×日

审计意见段用以说明，财务报表是否按照适用的会计准则和相关会计制度的规定编制，是否在所有重大方面公允反映了被审计单位的财务状况、经营成果和现金流量。如果认为财务报表符合下列所有条件，注册会计师应当出具无保留意见的审计报告：(1) 财务报表已经按照适用的会计准则和相关会计制度的规定编制，在所有重大方面公允反映了被审计单位的财务状况、经营成果和现金流量；(2) 注册会计师已经按照中国注册会计师

审计准则的规定计划和实施审计工作，在审计过程中未受到限制。

当出具无保留意见的审计报告时，注册会计师以“我们认为”作为意见段的开头，并使用“在所有重大方面”、“公允反映”等术语。

审计报告要由注册会计师签名并盖章；还要载明会计师事务所的名称和地址，并加盖会计师事务所的公章。审计报告要注明报告日期，审计报告日期是指注册会计师完成审计工作的日期，在这个日期注册会计师已完成了所有审计程序，获取了足以支持对财务报表发表意见的审计证据。审计报告的日期不能早于注册会计师获取充分、适当的审计证据（包括管理层认可对财务报表的责任且已批准财务报表的证据），并在此基础上对财务报表形成审计意见的日期。审计报告日期表明注册会计师对审查财务报表日后发生的重大事项所负责任的最后期限。例如，如果结账日是 2011 年 12 月 31 日，审计报告日是 2012 年 2 月 26 日，这就表明审计师已经审查了截至 2012 年 2 月 26 日所发生的未记录的业务和事项。

上述标准审计报告是最常用的审计报告类型。理性的财务报表使用者如果看到的是上述标准审计报告，他们就会认为信息风险已降到了合理的水平。在中外审计实务中，注册会计师出具的所有审计报告中，标准无保留意见审计报告的使用通常都在 90% 以上。出具标准无保留意见报告意味着：(1) 注册会计师履行了审计业务约定书规定的所有方面的责任，在审计过程中未受到任何阻碍和限制，按照独立审计准则计划和实施了所有审计程序；(2) 注册会计师已收集了充分的证据，发表的审计意见有相关可靠的证据予以支持；(3) 财务报表的编制符合国家颁布的企业会计准则和相关会计制度的规定，在所有重大方面公允反映了被审计单位的财务状况、经营成果和现金流量；(4) 不存在应当调整或披露而被审计单位未予调整或披露的重要事项，没有需要对报告增加解释段或修正措词的情况。

二、非标准审计报告

除了标准审计报告以外的其他报告都归类为非标准审计报告，包括带强调事项段的无保留意见的审计报告和非无保留意见的审计报告。比如，注册会计师对在审计过程中发现的需要调整或披露的事项，提请被审计单位加以调整或披露时，被审计单位拒绝做出调整或披露，在这种情况下，注册会计师需要视其重要程度考虑出具非标准审计报告。

根据审计准则的规定，当存在下列情形之一时，如果认为对财务报表的影响是重大的或可能是重大的，注册会计师应当出具非无保留意见的审计报告：(1) 注册会计师与管理层在被审计单位会计政策的选用、会计估计的做出或财务报表的披露方面存在分歧；(2) 审计范围受到限制。

为了使审计报告使用者能辨别出不同类型的审计报告，避免混乱，审计职业界认为有必要对审计报告的措辞进行统一，标准审计报告就是这种统一的结果。如果不是这样，如果每一份报告都有各自不同的格式和内容，尽管其表达意见的实质是一样的，使用者也会在理解审计报告时产生歧义、遇到困难。因此，职业界通过审计准则定义和列举各种不同类型的审计报告。各类审计报告都有相对统一的措词。

非无保留意见的审计报告包括:(1) 保留意见的审计报告;(2) 否定意见的审计报告;(3) 无法表示意见的审计报告。这些审计报告在意见段之前往往有一个说明段,用于描述注册会计师对财务报表发表保留意见、否定意见或无法表示意见的理由。

(一) 保留意见的审计报告

如果认为财务报表整体是公允的,但还存在下列情形之一,注册会计师可以出具保留意见的审计报告:(1) 会计政策的选用、会计估计的做出或财务报表的披露不符合适用的会计准则和相关会计制度的规定,虽影响重大,但不至于出具否定意见的审计报告;(2) 因审计范围受到限制,不能获取充分、适当的审计证据,虽影响重大,但不至于出具无法表示意见的审计报告。

在第(1)种情形中,注册会计师在判断其影响是否重大时,要考虑该影响所涉及的金额或性质并与确定的重要性水平进行比较。在第(2)种情形中,审计范围受到限制可能是由被审计单位或客观环境造成的,以致注册会计师无法获取充分、适当的审计证据,例如审计存货监盘受到限制、应收账款函证受到限制或者审计长期投资时无法获取被投资企业的已审计财务报表等。

注册会计师因审计范围受到限制而出具保留意见的审计报告,取决于无法实施的审计程序对发表意见的重要性。这里需要对重要性做出判断,即要考虑有关事项潜在影响的性质和范围以及在财务报表中的重要程度。当注册会计师因审计范围受到限制而出具保留意见的审计报告时,意见段的措辞就会表明保留意见是关于对财务报表可能产生的影响,而不是关于范围受到限制本身。

怎样表达保留意见呢?注册会计师出具保留意见的审计报告时采取的方式是,在意见段之前增加说明段,明确说明发表保留意见的所有原因,在可能的情况下还要说明保留事项对被审计单位财务状况、经营成果和现金流量的影响程度。在意见段中使用“除……的影响外”等专业术语。如果是审计范围受到限制,注册会计师会在注册会计师的责任段中提及这一情况。表 2-2 为因无法获取被投资企业的已审计财务报表而出具保留意见的审计报告。

(二) 否定意见的审计报告

注册会计师如果认为财务报表没有按照适用的会计准则和相关会计制度的规定编制,未能在所有重大方面公允反映被审计单位的财务状况、经营成果和现金流量,就会出具否定意见的审计报告。

注册会计师出具否定意见的审计报告时,采取的方式是,在意见段之前增加说明段,明确说明发表否定意见的所有原因,在可能的情况下说明否定事项对被审计单位财务状况、经营成果和现金流量的影响程度;在意见段中使用“由于上述问题造成的重大影响”、“由于受到前段所述事项的重大影响”等专业术语。表 2-3 为否定意见的审计报告。

表 2-2 保留意见的审计报告

<table>
<tr><td>

审 计 报 告

ABC 股份有限公司全体股东：

我们审计了后附的 ABC 股份有限公司(以下简称 ABC 公司)财务报表,包括 20×1 年 12 月 31 日的资产负债表,20×1 年度的利润表、股东权益变动表和现金流量表以及财务报表附注。

一、管理层对财务报表的责任

编制和公允列报财务报表是 ABC 公司管理层的责任,这种责任包括:(1) 按照企业会计准则的规定编制财务报表,并使其实现公允反映;(2) 设计、执行和维护必要的内部控制,以使财务报表不存在由于舞弊或错误导致的重大错报。

二、注册会计师的责任

我们的责任是在执行审计工作的基础上对财务报表发表审计意见。我们按照中国注册会计师审计准则的规定执行了审计工作。中国注册会计师审计准则要求我们遵守职业道德守则,计划和执行审计工作以对财务报表是否不存在重大错报获取合理保证。

审计工作涉及实施审计程序,以获取有关财务报表金额和披露的审计证据。选择的审计程序取决于注册会计师的判断,包括对由于舞弊或错误导致的财务报表重大错报风险的评估。在进行风险评估时,注册会计师考虑与财务报表编制和公允列报相关的内部控制,以设计恰当的审计程序,但目的并非对内部控制的有效性发表意见。审计工作还包括评价管理层选用会计政策的恰当性和做出会计估计的合理性,以及评价财务报表的总体列报。

我们相信,我们获取的审计证据是充分、适当的,为发表审计意见提供了基础。

三、导致保留意见的事项

如财务报表附注×所述,ABC 公司 20×1 年 1 月向 XYZ 公司投资×万元。按照 ABC 公司长期投资核算的会计政策,应当按权益法反映在 XYZ 公司中的投资收益。ABC 公司称 20×1 年 XYZ 公司取得利润×万元,ABC 公司按投资比例增加投资收益×万元。由于 XYZ 公司管理层涉及法律诉讼案件而无法获取该公司已审计财务报表。

四、保留意见

我们认为,除“三、导致保留意见的事项”段所述事项产生的影响外,ABC 公司财务报表在所有重大方面按照企业会计准则的规定编制,公允反映了 ABC 公司 20×1 年 12 月 31 日的财务状况以及 20×1 年度的经营成果和现金流量。

××会计师事务所(盖章)
中国注册会计师:×××(签名并盖章)
中国注册会计师:×××(签名并盖章)
中国××市
20×2 年×月×日

</td></tr>
</table>

(三) 无法表示意见的审计报告

注册会计师的工作结果就是表达意见,但有的时候却无法表示意见,例如审计范围受到限制可能产生的影响非常重大和广泛,不能获取充分、适当的审计证据,以至无法对财务报表发表意见,这时注册会计师要出具无法表示意见的审计报告。需要注意的是“无法表示意见”也是一种意见。

表 2-3　否定意见的审计报告

<table>
<tr><td>

审 计 报 告

ABC 股份有限公司全体股东：

我们审计了后附的 ABC 股份有限公司(以下简称 ABC 公司)财务报表，包括 20×1 年 12 月 31 日的资产负债表，20×1 年度的利润表、股东权益变动表和现金流量表以及财务报表附注。

一、管理层对财务报表的责任

编制和公允列报财务报表是 ABC 公司管理层的责任，这种责任包括：(1) 按照企业会计准则的规定编制财务报表，并使其实现公允反映；(2) 设计、执行和维护必要的内部控制，以使财务报表不存在由于舞弊或错误导致的重大错报。

二、注册会计师的责任

我们的责任是在执行审计工作的基础上对财务报表发表审计意见。我们按照中国注册会计师审计准则的规定执行了审计工作。中国注册会计师审计准则要求我们遵守职业道德守则，计划和实施审计工作以对财务报表是否不存在重大错报获取合理保证。

审计工作涉及实施审计程序，以获取有关财务报表金额和披露的审计证据。选择的审计程序取决于注册会计师的判断，包括对由于舞弊或错误导致的财务报表重大错报风险的评估。在进行风险评估时，注册会计师考虑与财务报表编制和公允列报相关的内部控制，以设计恰当的审计程序，但目的并非对内部控制的有效性发表意见。审计工作还包括评价管理层选用会计政策的恰当性和做出会计估计的合理性，以及评价财务报表的总体列报。

我们相信，我们获取的审计证据是充分、适当的，为发表审计意见提供了基础。

三、导致否定意见的事项

如财务报表附注×所述，ABC 公司未按规定采用全部合并法合并其持股 50% 以上的两家子公司。如果按全部合并法合并，ABC 公司的长期投资账面价值将减少×万元，总资产将增加×万元，净利润将减少×万元，从而导致 ABC 公司由盈利×万元变为亏损×万元。

四、否定意见

我们认为，由于“三、导致否定意见的事项”段所述事项的重要性，ABC 公司财务报表没有在所有重大方面按照企业会计准则的规定编制，未能公允反映 ABC 公司 20×1 年 12 月 31 日的财务状况以及 20×1 年度的经营成果和现金流量。

××会计师事务所(盖章)
中国注册会计师：×××(签名并盖章)
中国注册会计师：×××(签名并盖章)
中国××市
20×2 年×月×日

</td></tr>
</table>

注册会计师出具无法表示意见的审计报告时，通常在意见段之前增加说明段，说明导致无法发表意见的所有原因，在可能的情况下，还要指出其对财务报表的影响程度。当出具无法表示意见的审计报告时，注册会计师需要删除注册会计师的责任段，并在审计意见段中使用“由于审计范围受到限制可能产生的影响非常重大和广泛”、“我们无法对上述财务报表发表意见”等专业术语。

审计准则规定，在接受委托前，如果已经知道审计范围将受到限制，且无法实施替代的审计程序，可能导致出具无法表示意见的审计报告时，注册会计师不应当接受委托。表 2-4 为无法表示意见的审计报告。

表 2-4　无法表示意见的审计报告

审 计 报 告 ABC 股份有限公司全体股东： 我们审计了后附的 ABC 股份有限公司（以下简称 ABC 公司）财务报表，包括 20×1 年 12 月 31 日的资产负债表，20×1 年度的利润表、股东权益变动表和现金流量表以及财务报表附注。 一、管理层对财务报表的责任 编制和公允列报财务报表是 ABC 公司管理层的责任，这种责任包括：(1) 按照企业会计准则的规定编制财务报表，并使其实现公允反映；(2) 设计、执行和维护必要的内部控制，以使财务报表不存在由于舞弊或错误导致的重大错报。 二、注册会计师的责任 我们的责任是在按照中国注册会计师审计准则的规定执行审计工作的基础上对财务报表发表审计意见。但由于“三、导致无法表示意见的事项”段中所述的事项，我们无法获取充分、适当的审计证据以为发表审计意见提供基础。 三、导致无法表示意见的事项 ABC 公司未对 20×1 年 12 月 31 日的存货进行盘点，金额为×万元，我们无法实施存货监盘，也无法实施替代审计程序，以对期末存货的数量和状况获取充分、适当的审计证据。 四、无法表示意见 由于“三、导致无法表示意见的事项”段所述事项的重要性，我们无法获取充分、适当的审计证据以为发表审计意见提供基础，因此，我们不对 ABC 公司财务报表发表审计意见。 ××会计师事务所（盖章） 中国注册会计师：×××（签名并盖章） 中国注册会计师：×××（签名并盖章） 中国××市 20×2 年×月×日

（四）带强调事项段的审计报告

有时会出现这样的情况，注册会计师虽然确定了发表审计意见的类型，但认为有些情况需要给报表使用者提供更加准确和全面的信息，或被要求提供进一步的信息，或还有需要强调的事项要在审计报告中予以强调，这时你会发现有的审计报告中在意见段之后增加了一个（些）段落，这个（些）段落叫强调事项段。审计报告的强调事项段是指审计报告中位于意见段之后用于描述注册会计师对重大事项予以强调的段落。强调事项可能或已经对财务报表产生重大影响，被审计单位进行了恰当的会计处理，已在财务报表中做出充分披露，且不影响注册会计师发表的审计意见。注册会计师需要在强调事项段中指明，该段内容仅用于提醒财务报表使用者关注，并不影响已发表的意见。增加强调事项段的情形举例如下：(1) 异常诉讼或监管行动的未来结果存在不确定性；(2) 提前应用对财务报表有广泛影响的新会计准则；(3) 存在已经或持续对被审计单位财务状况产生重大影响的特大灾难。

存在异常诉讼但不影响已发表的审计意见，注册会计师应当在审计意见段之后增加强调事项段对此予以强调，这样的段落如下所示：

五、强调事项

我们提醒财务报表使用者关注，如财务报表附注×所述，截至财务报表批准日，ABC公司对XYZ公司提出的诉讼尚在审理当中，其结果具有不确定性。本段内容不影响已发表的审计意见。

其他可能导致公司持续经营能力产生重大疑虑的事项或情况还有：多次发生大额经营亏损；无力偿还到期债务；失去主要客户；发生没有投保的自然灾害；涉及法律诉讼、新的法律颁布或类似事项影响公司的经营能力。

（五）确定审计报告类型时的重要性考虑

通常情况下，审计人员在审计工作中多多少少都会查出被审计单位存在一些问题，面对这些问题审计人员是不是都要出具非标准审计报告呢？回答应该是否定的。那么根据什么判断、确定审计意见的类型呢？重要性是在这种条件下需要考虑的关键因素。简单来说，问题不重要，就可以出具标准审计报告，如果问题重要就要出具非标准审计报告。

因此，重要性成为关键的判断和决策标准。那么，什么是重要性呢？重要性是指被审计单位财务报表中错报或漏报的严重程度。一般来说，这个严重程度是从财务报表使用者的角度来考虑的，如果被审计单位财务报表中错报或漏报的严重程度可能影响一个正常财务报表使用者的判断或决策，这时就认为被审计单位财务报表中错报或漏报是重要的。

注册会计师在运用重要性概念确定审计报告类型时通常分三种情况。

第一种情况是不很重要，财务报表中存在的错报或漏报不影响正常使用者的判断或决策，这时可视为问题不很重要，因而可出具无保留意见审计报告。

第二种情况是比较重要，但并不影响财务报表整体。财务报表中存在的错报或漏报会影响使用者的判断或决策，但财务报表整体仍是公允的，这时审计师可以出具保留意见审计报告（使用“除……之外”的术语）。

第三种情况是非常重要，财务报表中存在的错报或漏报对财务报表整体的公允性有严重影响。这时如果使用者信赖了整体财务报表，有可能做出错误的判断或决策。这时，审计师必须依据具体情况出具无法表示意见或否定意见审计报告。

以上三种情况反映的重要性与审计意见类型之间的关系概括为表2-5。

表2-5　重要性和意见类型之间的关系

重要性水平	从正常使用者的决策角度考察重要性水平	审计意见类型
不很重要	使用者的决策不会受影响	无保留意见
比较重要	有问题的信息对使用者具体决策具有重要影响，但财务报表整体仍然是公允反映的	保留意见
非常重要	大部分或所有使用者基于财务报表所做的决策都会受到严重影响，财务报表整体有失公允	无法表示意见或否定意见

根据重要性水平确定应出具的审计意见类型在概念上是很清楚的，然而在实际应用

中，对重要性水平的判断却是一件非常困难的事情，目前并没有一个简单明确的、使注册会计师能够确定某一事项不很重要、比较重要或非常重要的统一标准和指南，所以重要性的判断会因人而异、因时而异、因事务所而异。重要性的确定需要很高的职业判断水平。

实务中确定重要性水平通常从以下几方面判断：

金额大小。被审计单位出现的错报漏报的金额有多大，这一考虑通常要有某一基数做参照，以相对数进行判断。一项 100 000 元的错报对小公司来说可能是重要的，而对大公司来说则不一定重要。因此，在对重要性程度做出决策之前，须先将该错报或漏报与某一衡量基数相比较。通常采用的基数有净收益、资产总额、流动资产等。有时个别的错报或漏报金额可能不大，但若干个别的错报或漏报金额加起来会对报表产生重要影响，这时审计师必须将所有未调整的错报或漏报金额合并起来判断重要性水平，以便对财务报表整体做出评价。

某些错报或漏报的金额大小不能被准确地加以计量，例如，被审计单位漏报应披露的诉讼案件，其影响金额不能准确加以计量。在这种情况下，审计师必须评价没有进行该项披露对报表使用者的影响会有多大。

项目性质。被审计单位出现的错报漏报项目的性质如何，其金额可能不大，但性质是严重的，如反映出内部控制存在重大缺陷，业务是非法或欺诈性的，对当前可能影响不大但对以后各期会产生重要影响的，具有“心理”影响和社会影响的，有可能“触发”某些契约条款的，等等。

在审计范围受到限制的情况下，审计师要根据审计范围受限造成的潜在错报或漏报项目的金额和性质决定应出具无保留意见报告，还是保留意见报告或是无法表示意见报告，这里的重要性水平考虑是对无法审查项目中存在错报或漏报项目的影响大小进行分析判断，错报或漏报是否存在并不是已知的。例如，审计师如果对某一地点的存货无法进行监盘，则需分析判断其中存在错误的可能性及金额大小和性质如何，并估计该项潜在错报对财务报表影响的程度，以及对财务报表使用者的判断和决策的影响程度。可以思考，审计师在范围受到限制的情况下运用重要性概念进行判断是不是更加困难？

会计师事务所一般都有审计报告编制指南，这种指南是会计师事务所多年实践经验的总结，里面包括出具各种不同意见审计报告的条件和正确措词，以帮助审计师撰写审计报告。

三、对多期财务报表出具审计报告

以上我们讨论的审计报告包括的期间是一个自然年度的会计期间。现实中客户的需求可能是多种多样的，比如有的客户要求对半年度的报表进行审计、出具审计报告；有的则可能要求对某一特定期间的财务报表出具审计报告。这些与一个年度的审计报告一样是对单期财务报表表达审计意见。与此相对的，审计师还会接受委托，对两期或两期以上多期的财务报表出具审计报告。这时问题会稍微复杂一些，比如两期财务报表是不是有两个审计报告日？

因为要出具一份审计报告所以不会有两个审计报告日。通常情况下，审计师以最近完成审计工作的日期作为审计报告日期。对多期财务报表出具审计报告，审计师同样可以发表保留意见、否定意见,或无法表示意见,与单期报告不同的是,这样的审计报告可能同时包括两种以上的审计意见,如对前期财务报表发表无保留意见而对本期财务报表发表保留意见的审计报告;对前期财务报表无法发表意见而对本期财务报表发表无保留意见的审计报告。以下概括几种情况。

情况一,在意见段之前的说明段只说明前一期财务报表有需要保留的情况发生,而本期则没有。

> 甲公司在后附的20×5年12月31日的资产负债表中,没有按照国家颁布的企业会计准则的规定将20×5年融资租赁租入的设备入账。如果将这些设备入账,甲公司20×5年12月31日的资产总额将增加×万元,长期负债将增加×万元,20×5年度的净利润将减少×万元。
>
> 我们认为,除前段所述融资租入设备未予入账对20×5年财务报表产生的影响外,甲公司财务报表已经按照企业会计准则的规定编制,公允反映了甲公司20×6年12月31日、20×5年12月31日的财务状况以及20×6、20×5年度的经营成果和现金流量。

情况二,对前期财务报表无法发表意见而对本期财务报表发表无保留意见的审计报告。

> 我们在20×5年4月13日首次接受甲公司的委托时,该公司的年度全面存货盘点已经完成,且无法实施必要的替代程序对期初存货的数量和状况进行核实,获取充分、适当的审计证据证实期初存货金额的正确性,因此我们无法确定甲公司20×5年存货的期初余额及其对20×5年度财务报表的影响。
>
> 由于前段所述审计范围受到限制可能产生的影响非常重大和广泛,我们无法对20×5年度财务报表发表意见。
>
> 我们认为,甲公司20×6年12月31日的资产负债表以及20×6年度的利润表和现金流量表已经按照企业会计准则和《企业会计制度》的规定编制,公允反映了甲公司20×6年12月31日的财务状况以及20×6年度的经营成果和现金流量。

情况三,被审计单位重新编制前期财务报表时的审计报告。如果审计师因被审计单位违反国家颁布的企业会计准则和相关会计制度已经对前期财务报表发表了保留意见或否定意见,而被审计单位已经在本期按照国家颁布的企业会计准则和相关会计制度重新编制了该前期财务报表,审计师要在审计报告中指明该前期财务报表已经重新编制,并要对重新编制的前期财务报表发表无保留意见。

如果被审计单位已经重新编制了前期财务报表,审计师要在审计报告的意见段之后增加强调事项段,指明本期发表与前期不同的意见的主要原因。审计师要在强调事项段中披露:(1)前期审计报告的日期;(2)前期发表意见的类型;(3)导致前期所发表意见的情形或事项;(4)本期对重新编制的前期财务报表发表的意见不同于前期发表的意见。

> 此外,我们提醒财务报表使用人关注,在20×6年3月1日出具的审计报告中,我们对甲公司20×5年的财务报表发表了保留意见,主要原因是甲公司对固定资产

按照评估价值入账，并以评估价值为基础计提了折旧。如财务报表附注×所述，甲公司已经按照国家颁布的企业会计准则的规定改变了对上述事项的会计处理方法，并重新编制了20×5年的财务报表。因此，我们本期对甲公司20×5年财务报表发表的意见不同于前期。本段内容并不影响本期已发表的审计意见。

本章提要

1. 会计师事务所开始一项财务报表审计业务之前，首先要决定是否接受客户的委托，为此要了解客户的基本情况，尤其要掌握客户的诚信状态，然后要考虑自身的状况和能力，弄清客户的需求和目的，分析接受与保持业务的相关影响，在比基础上对审计风险做出初步评估。

2. 会计师事务所与客户就审计业务约定条款达成一致意见，并签订审计业务约定书。审计业务约定书是确定会计师事务所和委托人双方应负责任的重要依据，同时也是编制审计计划的根据。

3. 现代财务报表审计就是风险导向审计，即以重大错报风险为导向的审计。风险导向审计注重从企业宏观层面了解财务报表存在的重大错报风险，可以说现代财务报表审计是从了解被审计单位情况开始的。

4. 注册会计师从下列方面了解被审计单位及其环境：行业状况、监管环境以及其他外部因素；被审计单位的性质；被审计单位对会计政策的选择和运用；被审计单位的目标、战略以及相关经营风险；被审计单位财务业绩的衡量和评价；内部控制。

5. 注册会计师通过以下途径了解被审计单位情况：利用以往审计的经验与资料；询问被审计单位管理层和内部其他相关人员；向有关注册会计师、律师和知情人了解情况；查阅相关资料并实施分析程序；了解对被审计单位有重大影响的法规；实施观察和检查程序。

6. 注册会计师获得了关于客户企业基本情况的信息后在接下来的各项工作中，要对这些信息加以合理利用。承担项目负责人责任的注册会计师要组织项目组成员对财务报表存在重大错报的可能性进行讨论，在讨论中要强调在整个审计过程中保持职业怀疑态度，警惕可能发生重大错报的迹象，并对这些迹象进行严格追踪。

7. 审计报告是审计工作最重要、最直接的成果形式，是审计工作的主要产品，无论何种审计最终都要提交审计报告，它要告诉审计报告的阅读者审计师做了什么工作以及得出了什么结论。注册会计师出具的审计报告是注册会计师根据审计准则的要求，在实施审计工作的基础上对被审计单位年度财务报表发表意见的书面文件。

8. 审计报告的类型包括：标准无保留意见审计报告；保留意见的审计报告；否定意见的审计报告；无法表示意见的审计报告；带强调事项段的审计报告。在确定审计报告类型时要考虑重要性因素。

练习与思考

1. 在签订审计业务约定书之前，会计师事务所应了解被审计单位哪些方面的基本情况？请列举会计师事务所了解被审计单位情况的必要性。

2. 为什么注册会计师在调查一个潜在客户时，了解客户治理层和管理层的诚实守信情况是重要的一个方面？

3. 什么是审计业务约定书？它包括哪些内容？

4. 概述了解被审计单位情况的内容和途径。

5. 审计报告有几种类型？请叙述各种类型审计报告适用的情况。

6. 如果你是事务所的主任会计师，对下述潜在的客户请做出是否接受客户的决策：(1) 某潜在客户的总经理是你舅舅;(2) 某潜在客户属于房地产行业,你所人员中只有一名新招聘的会计师在该行业工作过3年;(3) 对于房地产行业的客户,在需要时,你所可以找到有关专家提供帮助;(4) 对金融业潜在客户的审计,需要项目质量控制复核,但你所缺乏符合标准和资格要求的项目质量控制复核人员;(5) 某潜在客户要求两个星期内出审计报告,但你所未来两个星期内的业务已经排满,不过该客户提出可以支付双倍的审计费。

7. 在审计友邦电池公司的时候,你认为该公司的存货可能被严重高估。但是客户拒绝允许你扩大审计范围以确定存货余额是否真的被高估。在考虑出具何种审计意见时你该怎么决策?

8. 资产负债表日后5周,被审计单位的一个主要客户宣布破产。由于该破产企业已经函证确认了对该被审计单位的年末欠款余额,故被审计单位总经理拒绝核销该账户或披露该信息。该笔应收款大约占企业应收账款总额的8%,占企业税前净收益的15%。在考虑出具何种审计意见时你该怎么决策?

9. 你所在事务所已经审计迅捷公司有8年了。在过去的两年中,该公司的利润水平呈现了下降趋势。今年,该公司的流动比率首次下降到2以下,这也是迅捷公司主要贷款合同中规定的最低标准。你作为该公司审计项目负责人如何处理此种情况。

10. 洪城市啤酒公司的负责人对你要求就其应收款项的余额向他们的两大主要客户进行函证的问题,一直不予积极配合,以各种托词多次推迟与这两大客户的联系,致使到其他审计程序完成时仍未完成函证工作。应收项目的金额相对于公司的财务报表来看是很重要的,你不能通过其他审计程序来对应收项目的余额得出满意的结论。请提出你的处理意见。

案例分析

以下审计报告是由一名会计师起草并提交审计合伙人的:

审 计 报 告

致国美装饰品有限公司审计委员会

我们审计了后附的国美装饰品有限公司截至2008年12月31日以及2008年度的利润表和现金流量表。这些财务报表的编制是国美装饰品有限公司管理层的责任,我们的责任是在实施审计工作的基础上对这些财务报表发表意见。

我们按照中国注册会计师独立审计准则计划和实施审计工作,以合理确信财务报表是否不存在重大错报。审计工作包括在抽查的基础上检查支持财务报表金额和披露的证据,评价管理当局在编制财务报表时采用的会计政策和做出的重大会计估计,以及评价财务报表的整体反映。其他会计师事务所审计了某些下属分公司的财务报表,他们的审计报告都已经提供给了我们。我们对于包含以上提及的下属分公司业务金额的审计意见都是完全基于其他事务所的审计报告做出的。我们相信,我们的审计工作为发表意见提供了合理的基础。

在2008年财务报表附注7里提到,公司扩大了先进先出法的使用范畴,在所有存货的会计处理上都采用此法。在核查存货时,我们聘请了李博士检测公司生产的某些设备的技术需求和说明。

我们认为,上述财务报表符合国家颁布的企业会计准则的规定,在所有重大方面公允反映了国美装饰品有限公司2008年12月31日的财务状况以及2008年度的经营成果和现金流量。

待合伙人签署

2009年3月1日

要求:确认该审计报告草稿中不符合审计准则中对审计报告要求的地方。

情景模拟

几位注册会计师各自讲述了以下审计中遇到的一些情况，请你对他们讲述的情况进行分析，并提出你的意见。

注册会计师甲：我审计的客户在资产负债表日后发生了火灾，导致该客户两个车间严重损坏，报纸已经报道了此事，但客户的财务报表和附注中并没有披露该场大火造成的损失。客户认为财务报表反映的资产负债表日的财务状况和经营成果是正确的，火灾损失不能在上一年度的财务报表中进行反映。

注册会计师乙：我审计的公司销售汽车零配件，今年年初该公司收到了来自其主要供应商的通知，所有汽车零配件批发价格都将上涨10%。根据这一通知，汽车零配件销售公司对其去年12月31日的存货进行了重新估值以反映进货成本的升高。存货构成了总资产很重要的一部分，重新估值对流动资产有重大影响，但对总资产和净收益无重大影响。该情况在公司财务报表附注中进行了披露。

注册会计师丙：我审计一家公司的财务报表时，客户不让我查看公司董事会会议记录，我认为该记录包含了董事会的重大决策信息。公司财务部经理说他们手里没有董事会会议记录，而找到董事会秘书时，他说董事会会议记录里没有与审计有关的内容。

注册会计师丁：这是我起草的一份审计报告，你们看应该怎么写审计意见。

致国铸投资公司的董事会及股东：

我们审计了后附的国铸投资公司及其子公司截至2008年12月31日以及2008年度的利润表和现金流量表。这些财务报表的编制是国铸投资公司管理层的责任，我们的责任是在实施审计工作的基础上对这些财务报表发表意见。

公司的内部控制存在严重问题，包括缺乏详细的记录和特定的支持数据，我们在审计中无法获得以上信息。因此，我们不能获得足够的证据来对公司的财务报表出具审计意见。

小组讨论

对于上市公司的审计事务，如会计师事务所的选聘与解聘等，谁应该是最终的决策者和实际执行者？

第三章

职业道德和法律责任

本章目的

通过本章学习弄清注册会计师的职业道德和法律责任问题。本章首先讲述注册会计师的职业道德建设问题，从分析审计人员的作用和责任开始，接着阐述职业道德及其必要性，在此基础上介绍了中外注册会计师职业道德规范；然后说明注册会计师的法律责任问题，包括分析注册会计师法律责任的成因及变化趋势、说明注册会计师法律责任的主要内容并提出相应的应对措施。

引例

银广夏案件中的注册会计师

中天勤签字注册会计师玩忽职守①

这是一份银广夏造假大账：1998—2001年期间，累计虚构销售收入104 962.6万元，少计费用4 945.34万元，导致虚增利润77 156.7万元，其中1998年虚增利润1 776.1万元；1999年、2000年、2001年上半年分别虚增利润17 781.86万元、56 704.74万元、894万元，当期实际亏损分别为5 003.2万元、14 940.1万元、2 557.1万元。

7.71亿元的巨大利润"气球"，就这样通过中报、年报在股市升空，打造出银广夏"中国大蓝筹股"的形象，让众多投资者怦然心动，掉进陷阱。

2001年9月5日，中国证监会发布新闻指出，已查明银广夏公司通过各种造假手段虚构巨额利润的事实，查明深圳中天勤会计师事务所及其签字注册会计师违反有关法律法规，为银广夏公司出具了严重失实的审计报告。证监会依法将涉嫌证券犯罪人员移送公安机关追究其刑事责任，对发现的其他与此案相关的违法违规行为继续进行深入调查。

"如此长时间、巨额的造假令人震惊！"参加调查的一位资深注册会计师对记者说，银广夏从生产到销售、出口，一路假账走到底，性质极其恶劣，但手段却十分低劣，使的是伪造单据的老伎俩。识破也不难，只要到银行、海关等相关部门和对账单位查一查，造假者就会露出马脚。但简单的造假手法为何能瞒天过海？

向被审计对象之外的第三方询证，是审计的一道重要程序，也是防止造假的关键一环，但中天勤却"忽略"了这一重要程序。调查证实，中天勤对天津广夏1999年、2000年年末的银行存款余额，未实施有效检查及函证程序；确认天津广夏1999年和2000年虚假出口产品收入时，没有向海关询证；确认天津广夏出口产品收款金额和购买原材料付款金额，没有向银行询证。2000年，中天勤发出14封询证函，没有收到一封回函，这一异常现象却没有引起重视。

负责银广夏审计工作的中天勤签字注册会计师刘加荣说，当时主要相信了银广夏董事局发布的公告，认为银广夏是高科技企业，取得巨额利润不是没有可能的。

银广夏造假给中国股市带来的影响至今难以消除。在中国股市发展史上，银广夏将成为一个挥之不去的"失信情结"。唯有痛定思痛，才能避免重蹈覆辙。唯有坚定信心，齐心协力，才能推动中国股市尽快摆脱银广夏阴影，走上健康规范发展的轨道。

银广夏案一审宣判，注册会计师受法律惩处②

宁夏回族自治区银川市中级人民法院9月16日对银广夏刑事案做出一审判决……以出具证明文件重大失实罪分别判处被告人深圳中天勤会计师事务所合伙人刘加荣、徐

① 摘自：新华社"新华视点"记者贺劲松、韩振军：银广夏7.7亿多元泡沫是怎样吹大的？新华网，2002年5月27日。

② 摘自：《中国证券报》记者浩民：银广夏案一审宣判 六名造假者受法律惩处，2003年9月18日。

林文有期徒刑二年零六个月、二年零三个月，并各处罚金3万元。

检察机关人士告诉记者，依照现行的《关于经济犯罪案件追诉标准的规定》，公司向股东和社会公众提供虚假的或者隐瞒重要事实的财务会计报告，造成股东或他人直接经济损失50万元以上；或致使股票被取消上市资格或交易被迫停牌的，应予以立案追究。《刑法》第161条规定，犯提供虚假财会报告罪的，处三年以下有期徒刑或拘役，并处或者单处2万元以上、20万元以下罚金。

“追诉标准”规定，承担会计、审计服务等职责的中介组织的人员严重不负责任，出具的证明文件有重大失实，给国家、公众或者其他投资者造成的直接经济损失100万元以上，或造成恶劣影响的，追究刑事责任。根据《刑法》第229条第3款的规定，犯出具证明文件重大失实罪，处三年以下有期徒刑或拘役，并处或单处罚金。

会计师事务所与客户签订业务约定书之后，进入审计的执行阶段，审计工作完成后要向客户提交审计报告，由此会计师事务所完成一项审计业务并获得业务收入。这些行为构成了注册会计师的执业过程和职业活动，这其中涉及注册会计师及其他从业人员对各种问题的看法和采取的行动。无论是在承接业务之前、执行业务之中，还是在完成业务之后，注册会计师及其他从业人员都时刻面对着遇到的各种问题，都在一定思想意识支配下采取行动处理这些问题。这些思想意识及其相应的行动会影响到具体审计业务的进程，不仅如此，这些思想意识及其行动对整个行业和社会都会产生影响。为了使注册会计师行业健康发展、为客户提供优质服务、为社会作出应有的贡献，会计职业界需要有共同的思想意识和行为规范，实现途径一是通过职业道德建设，二是通过法律强制实施。本章讨论注册会计师的职业道德和法律责任问题。

第一节　职业道德的重要性和道德窘境

一、审计人员的作用和责任

注册会计师所做的审计等工作，其结果往往不仅对签约客户有用或仅是对签约客户提供服务，而且往往还要被其他利益相关者利用。我们说过这是一种“搭便车”现象，不管这种现象合理不合理，它都是客观存在的，这就使注册会计师的审计等工作具有社会工作的性质，所以注册会计师需要意识到这一点，应当按照职业道德准则的要求，履行相应的社会责任，维护社会公众利益。

我国审计界认为，审计具有经济监督职能。审计实务中的核心内容是审计师运用适当方法对会计信息所反映的有关经济活动进行审查，查明被审计事项的真实情况，对照相应的标准，对被审计单位财务状况、经营成果以及相应的经济活动的真实性、合法性、有效性做出结论，表达审计意见。所对照的标准一般是国家的法律法规和具有法规性质的会计制度和会计准则等。审计的过程和结果可以督促被审计单位遵纪守法、按制度和准则行事，从而体现了审计的监督职能。审计的经济监督职能在政府审计方面表现得更为明显，通过审计，监察和督促被审计单位的经济活动在规定的范围内、沿着正常的轨道健康运行;监察和督促有关受托经济责任的承担者忠实地履行经济责任,同时可以揭露违法违纪、制止损失浪费等行为,查明错误弊端、判断管理缺陷,进而追究受托责任承担者的经济责任,维护国家和人民的利益。

审计的监督职能决定了审计具有防护制约作用和建设促进作用。防护制约作用是指审计师通过对被审计单位的会计信息及其反映的经济活动进行审查和监督,在保障国家财经法规和会计制度与准则得到遵守和执行方面所起到的防护和制约作用。定期的和经常的审计制度可以对违法违纪行为形成制约和威慑,从而对维护国家财经法纪、保护投资者的权益、保证会计信息的正确和可靠产生防护制约作用。

审计的建设促进作用是指审计师通过对被审计单位的会计信息及其反映的经济活动进行审查和评价,对被审计单位建立健全内部控制制度、加强经营管理、提高经济效益所起到的建设性促进作用。通过实施审计,审计师可以发现被审计单位经营管理活动及其内部控制制度中存在着的薄弱环节和缺陷,据此提出改进建议和措施,促使被审计单位不断地完善内部控制制度、改进经营管理、提高经济效益。

在市场经济条件下,注册会计师在促进提高会计信息质量,维护良好的市场秩序,保证市场经济健康运行方面发挥作用;在促进企业完善内部控制制度,提高企业经营管理水平方面发挥作用。这些职能作用的发挥需要良好的职业道德做保障。

二、职业道德及其必要性

(一)什么是道德

道德是一种社会现象,属于社会的上层建筑。一个人生活在社会中,其言语和行动必须顾及自己所属的群体,不能损害他人的利益,否则就会引起纠纷或冲突。人们为了维护共同的利益,协调彼此的关系,产生了一些约定俗成的、调节各人行为的准则。遵守这些准则,便称之为善,就会受到舆论的赞许或使个人感到心安理得;否则,便称之为恶,就会受到众人的谴责或使个人感到内疚而心神不安。这些由舆论力量与人们的"良心"所支持的价值标准和行为取向的总和,就是道德。道德规范是一种分辨善恶的准绳,它随着社会的发展而发展,随着社会经济基础的改变而改变。

道德的定义从广泛的意义上说包括一套行为规则和价值标准。不论是否意识到,我们每个人都有一套做事原则和价值标准。在当今的社会中,由于每个人的生活经历不同,接受的教育和信仰不同,人们各自的行为原则和价值标准往往不同。两个人即使都认同道德行为的同一原则,但他们对每项原则的重要性的看法也会有不一致的地方。所以,每个国家、每个民族都通过不断的说服教育来使其社会成员接受共同的道德准则。

社会活动要有序进行,离不开道德的作用和力量。人们认识到社会对道德的需要,有意识地通过各种方式进行道德建设,如建立道德公约和道德守则,或将具有普遍意义的价值标准写入法律。尽管道德的力量在发挥作用,但现实生活中还存在许多不道德行为。

为什么人们会有不道德行为呢?你可能会有你的看法和答案。我们认为导致人们有不道德行为的原因主要有两种:一是个人的道德标准与社会整体的道德标准不一致;二是个人的自私自利思想在起作用。在大多数情况下,这两种原因同时存在。

个人的道德标准与社会一般道德标准不一致时,他就不会用一般的社会道德标准来要求自己,也不会为自己的行为感到自责。极端的例子有贩毒、抢劫等,这些行为的行为人在内心世界里已经不认为他们的行为不道德,他们被捕时感到懊悔的不是他们做错了事,而是他们运气不好,因为他们的道德标准与社会整体的道德标准不一致。

在个人的自私自利思想起作用的情况下,行为人的个人道德标准与社会道德标准还是一致的。比如,某人在公共场所拾到了一个钱包,偷偷地把里面的现金据为己有,没有对任何人提及这件事。这说明,他知道自己的行为不道德,在他内心深处的道德标准和社会道德标准还是一致的,尽管他这样做了,他并不认为自己的行为道德,这时他已经接受了的道德标准没起作用,行动被自私自利思想支配了。

(二)什么是职业道德

我们社会中的各种职业都通过职业道德建设来规范其从业人员的行为,使各种职业能够正常的发挥其应有的作用。医务界制定有医务人员职业道德规范,新闻界制定有新闻工作者职业道德规范,同样注册会计师行业也制定有自己的职业道德规范。

职业道德是所有从业人员在职业活动中应该遵循的行为准则,涵盖了从业人员与服务对象、职业与职工、职业与职业之间的行为标准和行动导向。随着现代社会分工的发展和专业化程度的增强,市场竞争日趋激烈,整个社会对各种职业从业人员职业观念、职业态度、职业技能、职业纪律和职业作风的要求越来越高。所以需要通过职业道德建设来倡导以爱岗敬业、诚实守信、办事公道、服务公众、奉献社会为主要内容的职业道德,引导和造就高素质的职业从业人员。

注册会计师的职业道德,是注册会计师职业品德、职业纪律、专业胜任能力及职业责任等的总称。注册会计师作为一种职业人员,要承担对公众、客户、其他执业人员的责任,需要有更高的职业道德标准。

(三)职业道德的必要性

各种职业的从业人员都要有高水准的职业道德,其根本原因是这种职业需要为他们的服务质量取得社会公众的信任。对注册会计师来说,客户和外部财务报表使用者对审计和其他服务质量的信心是非常关键的前提条件,一旦失去社会公众的信任,注册会计师行业就会垮塌。

由于大多数职业服务的复杂性,使用者无法对这些服务的质量进行直接评价。比如,病人一般很难评价手术实施的质量高低,财务报表使用者一般也很难评价审计的质量如何。大多数使用者既没有能力,也没有时间进行这种评价。这就需要通过保持高水平的职业道德标准,来使社会公众对职业服务的信心得以加强。

会计师事务所与财务报表使用者之间的关系不同于大多数其他职业人员与其服务对象之间的关系。例如,律师一般由客户聘用和支付报酬,其主要职责是担当客户的辩护人。会计师事务所形式上是由客户公司聘用和支付报酬的,但审计报告的主要受益人却是财务报表使用者。通常,注册会计师并不会完全认识或不会完全知道谁是报表使用者,与他们也没有直接的联系,只与客户有频繁的接触和持续的交往。

财务报表使用者相信审计报告的基础是他们认为注册会计师具有基本的职业道德,能够独立、公正地工作,并客观、无偏地提出意见。如果使用者对注册会计师的工作产生怀疑,那么注册会计师的审计报告和其他鉴证报告的价值就会降低,对审计的需求也会降低。因此,每一个注册会计师都具有较高的职业道德水准是整个职业会计界得以生存和发展的基础和条件。

三、职业道德面临的窘境

道德窘境是指人们有时面临的道德两难境地,即某种情况和形势下必须做或想要做的事,从道德的角度看是不该做的,或者所做的一件事从道德方面看是高尚的,但手段却是不能为一般道德观念所接受的。有时道德窘境并不是是非十分分明,不同的人会有不同的看法,反映出人们对一些行为尚未形成共同的道德标准,比如拾到别人丢失的东西,归还失主时索要回报,如何看待这件事呢?

注册会计师以及其他职业从业人员在其职业生涯中会面临许多道德两难问题。例如,当审计客户威胁说除非出具无保留意见的审计报告,否则就要另找其他审计师,但出具无保留意见的审计报告并不恰当,这时注册会计师就面临着一个严重的道德两难问题:失去客户,事务所就失去了收入,会影响到事务所的发展,甚至生存;迁就客户,就要提供错误的审计报告,如何做出抉择呢?

有时注册会计师也会面临这样的情况:虽然不道德,但人人都这样做,我不这样做,要么遭受损失,要么该得的利益得不到。比如,其他事务所和注册会计师都在虚夸自己的业务能力和执业水平,我们事务所不自我吹嘘、实事求是地考虑自己的业务能力可能就揽不到业务。

有时注册会计师的行为虽然违反职业道德行为规则,但被发现的可能性很小,也不会给任何一方造成损害,在这种情况下实施的行为也表现为一种道德窘境。比如,注册会计师给自己直系亲属担任董事长的公司进行审计,一般人不知道,且公司运营良好、会计信息不存在重大错漏问题,严格按职业道德行为规范的要求放弃该项业务,实际上是放掉了到嘴的肥肉,而承接该项业务也不会出现审计失败的严重后果。要不要放弃这样的业务对注册会计师来说也是一种两难选择。

这些道德两难问题需要职业界通过职业道德建设的不断努力来逐步解决。注册会计师职业界有许多途径来促使注册会计师正当地工作和提供高质量的审计和其他服务,包括审计准则的制定与完善、质量控制和同业检查、协会组织和政府部门的监管、职业组织和事务所的后续教育等。此外,对违反职业道德行为规则的注册会计师进行处罚,直至对违法者追究法律责任,都是维护职业界信誉和业务质量必不可少的措施。

第二节 职业道德规范

一、中国注册会计师职业道德规范

中国注册会计师协会在总结以往职业道德建设实践经验、研究借鉴国际会计师职业道德准则成果的基础上,经过调研和征求意见,修改了以前制定的《中国注册会计师职业道德基本准则》和《中国注册会计师职业道德规范指导意见》,于 2009 年 10 月 14 日制定发布了新的《职业道德守则》,以进一步提高注册会计师职业道德水准,维护注册会计师职业形象。显然该文件不只是针对从事审计业务的注册会计师,承办各种业务的注册会计师及其所在会计师事务所,除有特定要求者外,都需要遵照职业道德守则执行业务。

《职业道德守则》包括五个组成部分:职业道德基本原则、职业道德概念框架、提供专业服务的具体要求、审计和审阅业务对独立性的要求、其他鉴证业务对独立性的要求。以下根据中国注册会计师的职业道德守则的内容和主要精神从职业道德基本原则、专业胜任能力、对客户的责任、独立性、业务招揽和宣传、对同行的责任等方面进行阐述。

(一)职业道德基本原则

职业道德守则概括出可能损害职业道德基本原则的因素包括自身利益、自我评价、过度推介、密切关系和外在压力等。

1. 自身利益对职业道德基本原则的损害,可能的情形主要包括:

(1)鉴证业务项目组成员在鉴证客户中拥有直接经济利益,为了保持这些经济利益,注册会计师可能会失去公正的立场;

(2)会计师事务所的收入过分依赖某一客户,这时注册会计师可能会屈从于该客户的压力;

(3)鉴证业务项目组成员与鉴证客户存在重要且密切的商业关系;

(4)会计师事务所担心可能失去某一重要客户,这种担心可能会使注册会计师迁就客户的不合理要求;

(5)鉴证业务项目组成员正在与鉴证客户协商受雇于该客户,显然如果与鉴证客户发生雇佣关系,则不再可能保持公正无偏的立场;

(6)会计师事务所与客户就对鉴证业务达成或有收费的协议,会计师事务所的收费多少如果与鉴证业务的结果挂钩,注册会计师有可能会为了增加收入而去迎合客户的胃口;

(7)注册会计师在评价所在会计师事务所以往提供的专业服务时,发现了重大错误。

2. 自我评价,即自己审查并报告自己的工作结果。为客户提供鉴证服务怎么会出现自我评价的情形呢?出现这种情形的可能性有:

(1)会计师事务所在对客户提供财务系统的设计或操作服务后,又对系统的运行有效性出具鉴证报告;

(2)会计师事务所为客户编制原始数据,这些数据构成鉴证业务的对象,如为某一客户提供会计服务,然后又承接其审计或审核的鉴证业务;

(3)鉴证业务项目组成员担任或最近曾经担任客户的董事或高级管理;

(4)鉴证业务项目组成员目前或最近曾受雇于客户,并且所处职位能够对鉴证对象施加重大影响;

(5)会计师事务所为鉴证客户提供直接影响鉴证对象信息的其他服务,如为客户编制了盈利预测报告,然后又承接该报告的审核鉴证业务。

3. 过度推介导致对职业道德基本原则不利影响的情形主要包括:

(1)会计师事务所推介审计客户的股份;

(2)在审计客户与第三方发生诉讼或纠纷时,注册会计师担任该客户的辩护人。

4. 密切关系是指鉴证项目组成员与客户的人员存在密切关系，可能损害职业道德基本原则，其情形主要包括：

（1）鉴证项目组成员的近亲属担任客户的董事或高级管理人员；

（2）鉴证项目组的近亲属是客户的员工，其所处职位能够对业务对象施加重大影响；

（3）客户的董事、高级管理人员或所处职位能够对业务对象施加重大影响的员工，最近曾担任会计师事务所的合伙人；

（4）注册会计师接受客户的礼品或款待；

（5）会计师事务所的合伙人或高级员工与鉴证客户存在长期业务关系。

5. 外在压力对职业道德基本原则的损害可能会有这样一些情形：

（1）会计师事务所受到解除业务关系的威胁；

（2）审计客户表示，如果会计师事务所不同意对某项交易的会计处理，则不再委托其承办拟议中的非鉴证业务；

（3）客户威胁将起诉会计师事务所；

（4）会计师事务所受到降低收费的影响而不恰当地缩小工作范围；

（5）由于客户员工对所讨论的事项更具有专长，注册会计师面临服从其判断的压力；

（6）会计师事务所合伙人告知注册会计师，除非同意审计客户不恰当的会计处理，否则将影响晋升。

面对种种可能损害职业道德基本原则的情形，注册会计师首先需要运用判断，确定如何应对超出可接受水平的不利影响，采取必要的措施以消除影响或将其降至可接受水平，或者终止业务约定或拒绝接受业务委托。会计师事务所和注册会计师可以从两个层次上采取应对不利影响的措施，一是法律法规和职业规范规定的防范措施，二是在具体工作中采取的防范措施。

（二）专业胜任能力

注册会计师承担的审计等各种业务需要在一定的业务知识和专业能力的条件下才能完成，不具备相应的业务知识和专业能力时不应当承担该类业务。注册会计师需要通过教育、培训和执业实践保持和提高自己的专业胜任能力；注册会计师不得宣称自己具有本不具备的专业知识、技能或经验，不得提供不能胜任的专业服务。注册会计师需要持续了解并掌握当前法律、技术和实务的发展变化，将专业知识和技能始终保持在应有的水平，确保为客户提供具有专业水准的服务。

在向客户提供某项鉴证服务时，如果不具备所需的专业知识、技能或经验，注册会计师可以在特定领域聘请专家、利用专家协助其工作。在利用专家工作时，注册会计师需要对专家遵守职业道德的情况进行监督和指导，遵守独立审计准则等职业规范，合理运用会计准则及国家其他相关技术规范。

（三）对客户的责任

注册会计师应当在维护社会公众利益的前提下，竭诚为客户服务，按照业务约定履行对客户的责任。在与客户打交道的过程中，有几个方面的问题需要注册会计师处理好，掌握其中的道德不道德的行为标准，比如执行业务过程中知悉的客户商业秘密、承揽业务涉及的收费问题等。

注册会计师在审计或其他各类业务中，可以获取客户的各种内部机密信息，其中包括企业的投资计划、人事安排、主管人员的工资、产品定价、广告计划和成本数据等。职业道德基本原则要求注册会计师要对执行业务过程中知悉的客户商业秘密保密，并且这一保密责任不因业务约定的终止而终止，不得利用在执业过程中获知的客户信息为自己或他人谋取不正当的利益。注册会计师需要采取措施，确保业务助理人员和专家遵守保密原则。

是不是注册会计师只要披露客户的保密信息就是不道德的行为呢？不能一概而论。注册会计师在某些情况下可以披露客户的有关信息，这是职业道德基本准则和规范指南所允许的，不能称为不道德的行为，这些情况包括：

（1）法律法规允许披露，并取得客户的授权；

（2）根据法规要求，为法律诉讼、仲裁准备文件或提供证据，以及向监管机构报告发现的违反法规行为；

（3）法律法规允许的情况下，在法律诉讼、仲裁中维护自己的合法权益；

（4）接受注册会计师协会或监管机构的执业质量检查，答复其询问和调查；

（5）法律法规、执业准则和职业道德规范规定的其他情形。

在需要披露客户有关信息的情况下，注册会计师不能借口替客户保密的道德要求而拒绝提供。不过在决定披露客户的有关信息时，注册会计师应当考虑以下因素：

（1）是否了解和证实了所有相关信息，不能提供虚假不实的信息；

（2）信息披露的方式和对象，避免方式不当、对象不准泄露客户的保密信息；

（3）可能承担的法律责任和后果。

注册会计师承揽业务也是一种商业行为，也要讲究赚钱、谋取自身利益，不能赚钱，注册会计师无法生存，只顾赚钱，有违职业道德。注册会计师收取的费用应该与其提供服务的数量与质量、所需专业技能的高低、承担责任与风险的大小等相关。所以在确定收费时，注册会计师应当考虑以下因素，以客观反映为客户提供专业服务的价值：

（1）完成业务所需的知识和技能；

（2）所需专业人员的层次、水平和经验；

（3）各层次专业人员提供服务所需的时间；

（4）该项业务所需承担的责任和风险。

审计收费通常以每一专业人员适当的小时费用率或日费用率为基础计算。如果收费报价明显低于前任注册会计师或其他会计师事务所的相应报价，会计师事务所应当确保：

（1）在执行审计业务时，审计工作质量不会受到损害，并保持应有的职业谨慎，遵守审计准则和质量控制程序；

（2）客户了解委托审计的服务范围和收费基础。

除法规允许外，会计师事务所不得以或有收费方式提供鉴证服务，收费与否或多少不得以鉴证工作结果或实现特定目的为条件。会计师事务所和注册会计师不得为招揽客户而向推荐方支付业务介绍费，也不得因向第三方推荐客户而收取业务介绍费。会计师事务所和注册会计师不得因宣传他人的产品或服务而收取佣金。

（四）独立性

注册会计师执行审计、审核或审阅等鉴证业务时，应当恪守独立、客观、公正的原则，独立是客观、公正的基础，所以鉴证业务要客观、公正，注册会计师就必须保持独立。在审计中，独立性意味着在执行审计测试、评价测试结果、出具审计报告时，注册会计师应当持有公正无偏的立场。很多不同的使用者之所以愿意信赖注册会计师对财务报表公允性所提出的报告，正是因为他们预期注册会计师将会持有公正无偏的立场。

注册会计师提供鉴证类服务时需要保持独立性，而在提供非鉴证类服务时则对独立性没有要求。会计师事务所可以在不具备独立性的情况下为客户提供税务服务或提供管理咨询服务。

注册会计师的独立性通常被分为"实质上的独立性"和"形式上的独立性"。注册会计师执行审计或其他鉴证业务，应当保持形式上和实质上的独立，不得因任何利害关系影响其客观、公正的立场。注册会计师若能在整个审计过程中确实保持公正无偏的态度，就具备了实质上的独立性。不过社会各界一般关注注册会计师形式上的独立性，比如注册会计师与客户的总经理有亲戚关系，则无论该注册会计师怎样表白他是公正无偏的，其他人都很难完全信任他提出的意见。所以自然的逻辑推理是，要达到实质上的独立，首先必须做到形式上的独立。

这样，注册会计师既要在思想上保持独立性的意识，又要在形式上保持独立性的地位，如与客户存在可能损害独立性的利害关系，则不得承接其委托的审计或其他鉴证业务。注册会计师也不得兼营或兼任与其执行的审计或其他鉴证业务不相容的其他业务或职务。

1. 从整体上维护独立性的措施主要包括：

（1）会计师事务所的高级管理人员重视独立性，并要求鉴证小组成员保持独立性；

（2）制定有关保持独立性的政策和程序，包括识别损害独立性的因素、评价损害的严重程度以及采取相应的维护措施；

（3）建立必要的监督及惩戒机制，以促使有关政策和程序得到遵循；

（4）及时向所有高级管理人员和员工传达有关政策和程序及其变化；

（5）制定能使各级员工向更高级别人员反映独立性问题的政策和程序。

2. 在承办具体鉴证业务时，会计师事务所维护其独立性的措施主要包括：

（1）与鉴证客户的董事会及其审计委员会或监事会讨论独立性问题；

（2）向鉴证客户的董事会及其审计委员会或监事会告知服务的性质和收费的标准与范围；

（3）制定政策和程序确保鉴证小组成员不代替鉴证客户行使管理决策职能或承担相应责任；

（4）建立由鉴证小组以外的注册会计师进行复核的制度；

（5）建立定期轮换项目负责人及签字注册会计师的制度；

（6）当鉴证小组成员的独立性受到损害时应将其调离其所在鉴证小组。

当采取措施以后仍不能消除损害独立性因素的影响或将其降至可接受水平时，会计师事务所应当拒绝承接业务或解除业务约定。

（五）业务招揽和宣传

注册会计师应当维护职业形象，在向社会公众传递信息时，应当客观、真实、得体。注册会计师及其所在会计师事务所不得利用新闻媒体对其能力进行广告宣传以招揽业务。但允许会计师事务所在媒体刊登其设立、合并、分立、解散、迁址、名称变更、招聘员工等信息，注册会计师协会可以为会员做统一的宣传。

注册会计师及其所在会计师事务所不得以向他人支付佣金等不正当方式招揽业务，也不得向客户或通过客户获取服务费之外的任何利益。会计师事务所和注册会计师不得采用强迫、欺诈、利诱或骚扰等方式招揽业务，在招揽业务时不得有以下行为：

（1）暗示有能力影响法院、监管机构或类似机构及其官员；

（2）做出自我标榜的陈述，且陈述无法予以证实；

（3）与其他注册会计师进行比较；

（4）不恰当地声明自己是某一特定领域的专家；

（5）做出其他欺骗性的或可能导致误解的声明。

会计师事务所和注册会计师进行宣传时，不得有以下行为：

（1）利用政府委托或特别奖励谋取不正当利益；

（2）当会计师事务所将其名称、地址、电话号码以及其他必要的联系信息载入电话簿、信纸或其他载体时，含有自我标榜的措辞；

（3）当注册会计师就专业问题参与演讲、访谈或广播、电视节目时，抬高自己及其会计师事务所；

（4）当会计师事务所通过新闻媒体发布招聘信息时，含有抬高自己的成分。

会计师事务所可以将印制的手册向客户发放，也可以应非客户的要求向非客户发放，但手册的内容应当真实、客观。注册会计师在名片上可以印有姓名、专业资格、职务及其会计师事务所的地址和标识等，但不得印有社会职务、专家称谓以及所获荣誉等。

（六）对同行的责任

全体从业注册会计师共同构成了一个职业界，他们相互之间虽然有竞争关系，但同行之间要避免成为“冤家”，注册会计师应当与同行保持良好的工作关系，配合同行工作，不得诋毁同行，不得损害同行利益；注册会计师应当维护职业形象，不得有可能损害职业形象的行为，共同营造一个和谐共存的职业界。

为此，需要明确在对同行的责任中的道德行为和不道德行为，比如，会计师事务所不得雇用正在其他会计师事务所执业的注册会计师；注册会计师不得以个人名义同时在两家或两家以上的会计师事务所执业；会计师事务所不得以不正当手段与同行争揽业务。

注册会计师在同行当中需要妥善处理好前后任之间的关系。后任会计师事务所在接任前任会计师事务所的审计业务时不得蓄意侵害前任会计师事务所的合法权益。在接受审计业务委托前，后任会计师事务所应当向前任会计师事务所询问审计客户变更会计师事务所的原因，并关注前任会计师事务所与审计客户之间在重大会计、审计等问题上可能存在的意见分歧。

后任会计师事务所应当提请审计客户授权前任会计师事务所对其询问做出充分的答

复。如果审计客户拒绝授权,或限制前任会计师事务所做出答复的范围,后任会计师事务所应当向审计客户询问原因,并考虑是否接受业务委托。

前任注册会计师有责任根据所了解的情况对后任注册会计师的询问做出及时、充分的答复。如果受到审计客户的限制或存在法律诉讼的顾虑,决定不向后任注册会计师做出充分答复,前任注册会计师应当向后任注册会计师表明其答复是有限的。

如果后任会计师事务所发现前任会计师事务所所审计的财务报表存在重大错报,应当提请审计客户告知前任注册会计师,并要求审计客户安排三方会谈,以便采取措施进行妥善处理。注册会计师执行业务时,应当正直、诚实,不偏不倚地对待有关利益各方;应当实事求是,不为他人所左右,也不得因个人好恶影响自己分析、判断的客观性。

二、国外注册会计师职业道德规范

中国注册会计师职业道德规范在建设过程中,参考了国外多个注册会计师职业道德规范体系,了解这些规范体系对理解中国注册会计师职业道德规范体系是十分有益的,下面仅择其二进行讨论。

(一)美国注册会计师协会的职业道德规范体系

第一层次是道德原则,这些原则的前五条除个别条款外,对所有会员都同等适用,无论该会员是在会计师事务所任职、在企业或政府部门担任会计师职务,还是在其他商业领域工作,或是在教育部门工作。第六条原则,服务的范围和性质只适用于从事公共业务的会员。道德原则引述如下:

(1)责任。在履行作为职业人员的责任时,会员在所有的活动中都应保持敏感的职业和道德判断。

(2)公众利益。会员有义务以下述方式行事:为公众利益服务,获取公众信任,履行对职业界的承诺。

(3)正直性。为了保持并提高公众的信任,会员应以最正直的态度去履行其所有的职业责任。

(4)客观性和独立性。会员在履行职业责任时,应保持客观性和避免利益冲突。执行公共业务的会员在提供审计和其他鉴证服务时,应当保持实质和形式上的独立性。

(5)应有的谨慎。会员应遵守职业技术准则和道德标准,力求不断提高业务能力和服务质量,尽自己的最大所能来履行其职业责任。

(6)服务的性质和范围。从事公共业务的会员在确定所提供服务的范围和性质时,应遵守《职业道德规范》的原则。

第二层次是行为规则,该部分是每个从事公共会计业务的注册会计师都必须遵守的明细规则。由于行为规则是职业道德规范中唯一具有强制性的部分,因而它的措辞比原则部分更为准确。也正由于它的强制性,许多执业人员把这些规则称为美国注册会计师协会的《职业道德规范》。

对行为规则的“解释”也是道德规范中的组成部分。由于经常有执业人员就某一具体规则提出问题,因而有必要对行为规则做出公开解释。美国注册公共会计师协会职业道德部成立了一个主要由从事公共会计业务的执业人员组成的委员会,并根据他们的一致意见来做出各项解释。在解释最终定稿之前，要发布给许多职业界的权威人士，征求其意见。解释虽然不具有强制性，但执业人员要在纪律检查听证会上证明背离解释的正当理由。

道德裁决是美国注册会计师协会职业道德部执行委员会根据一些具体的实际情况所做的解释，也是行为规则及其解释在具体情况和事件中的运用。随着美国注册会计师协会的《职业道德规范》的不断增订，道德裁决在不断增加。

（二）国际会计师联合会的职业道德规范体系

国际会计师联合会制定的《职业会计师道德守则》包括三个部分：

第一部分适用于所有职业会计师，适用于注册会计师的所有业务，包括以下部分：对基本原则的阐述、正直性、客观性、专业胜任能力和应有的专业关注、保密以及职业行为。

第二部分针对执行公共业务的注册会计师的核心规范，适用于注册会计师的一般目的的审计（财务报表审计），包括以下部分：(1) 职业任命；(2) 利益冲突；(3) 第二意见；(4) 收费和佣金；(5) 推广职业服务；(6) 礼物与款待；(7) 保管客户的资产；(8) 独立性。

第三部分适用于受雇职业会计师，即受雇于工商部门、政府和教育部门的职业会计师。适当时候也可适用于执行公共业务的职业会计师。

三、实施问题

（一）注册会计师协会的实施措施

职业道德守则只是告诉人们应该怎样做、什么不能做等，在此基础上还需要有更为详细的行为规则，在这方面中国会计职业界的职业道德建设还有许多工作要做。国外发达国家的会计职业界一般都制定了比较详细的职业道德规则，对不遵守规则的会员有各种不同程度的惩罚，严重的如开除会籍，美国注册会计师协会就是这样规定的。

美国注册会计师协会职业道德部负责调查各种违反职业道德行为规则的行为和决定纪律处分。纪律处分主要分两种级别。对不严重并可能是无意违反规则的行为，职业道德部的纪律处分只限于要求会员进行补救或改正。第二个级别的纪律处分由联合评议委员会做出，该委员会有权中止或开除违反职业道德的会员的会籍。

比开除会籍更为严重的处罚是由美国各州的会计委员会做出的，各州的会计委员会也颁布了他们的行为规则，由于各州的会计委员会向执业人员颁发注册会计师执业证书，因此，执业人员严重违反各州会计委员会制定的行为规则将会导致失去注册会计师资格证书和执业证书的结果。吊销资格证书和执业证书就会迫使从业人员离开公共会计界。

职业道德建设是一个长期的系统工程，要靠教育宣传，也要靠规章制度。需要综合运用各种手段，把提倡与反对、引导与约束结合起来，逐步完善职业道德规范。会计职业界的每个人都有责任进行职业道德的宣传教育，同时国家立法和监管部门要加大立法和执法力度，打击危害会计职业界的各种违法犯罪活动，为会计职业道德建设提供强有力的法律支持。

（二）会计师事务所的实施措施

会计师事务所需要制定政策和程序，以合理保证能够获知违反职业道德规范要求的信息,并采取适当行动予以解决。比如,为保持独立性制定的政策和程序可以包括下列要求:(1) 所有应当保持独立性的人员,将注意到的违反独立性要求的情况立即告知会计师事务所;(2) 会计师事务所将已识别的违反这些政策和程序的情况,立即传达给需要与会计师事务所共同处理这些情况的项目负责人,以及需要采取适当行动的会计师事务所内部其他相关人员和受独立性约束的人员;(3) 项目负责人、会计师事务所内部的其他相关人员,以及需要保持独立性的其他人员,在必要时,立即告知会计师事务所他们为解决有关问题采取的行动,以便会计师事务所能够决定是否应当采取进一步的行动。

会计师事务所和相关项目负责人采取的适当行动,包括采取适当的防护措施以消除对独立性的威胁或将威胁降至可接受的水平,或解除业务约定。会计师事务所要为需要保持独立性的人员提供关于独立性政策和程序的培训。会计师事务所需要至少每年一次向所有受独立性约束的人员获取其遵守独立性政策和程序的书面确认函。

项目负责人需要考虑项目组成员是否已遵守职业道德规范。在整个审计过程中,项目负责人要对项目组成员违反职业道德规范的迹象保持警惕。如果发现项目组成员违反职业道德规范,项目负责人必须与会计师事务所的相关人员商讨,以便采取适当的措施。项目负责人还要记录识别出的违反职业道德规范的问题,以及这些问题是如何得到解决的。在适当情况下,项目组其他成员也应当记录上述内容。

项目负责人要就项目组成员是否符合审计业务的独立性要求形成结论。项目负责人需要做到以下几点:(1) 从会计师事务所获取相关信息,以识别和评价对独立性造成威胁的情况和关系;(2) 评价识别出的违反会计师事务所职业道德政策和程序的信息,以确定审计风险的程度;(3) 采取适当的防护措施将审计风险降至可接受的水平,项目负责人必须立即向会计师事务所报告未能解决的事项,以便会计师事务所采取适当的行动;(4) 记录与职业道德有关的结论及讨论情况。

第三节 注册会计师法律责任的成因及变化趋势

如果说职业道德建设主要解决“不愿做”的问题,那么法律责任约束则主要解决“不敢做”的问题。通过职业道德教育,注册会计师在思想意识上、在内心深处知道应该怎么做,通过制定职业行为规范,注册会计师知道什么不应该做,这是职业道德建设要解决的主要问题。仅做到这一步还不够,还需要通过明确法律责任来对注册会计师的行为进行“硬”约束,只有当注册会计师对其因未能满足职业规范要求或有意作弊而引起的后果承担相应的责任时,其地位和执业水平才会被社会认可。

西方国家随着注册会计师业务的扩大和其社会地位的提高,指控注册会计师的法律案件数量也随之增加。在中国也出现了这样的趋势,通过本章引例可窥见一斑。在这样的背景下,注册会计师需要通过学习和研究,弄清和掌握自己承担的法律责任和相应的应对措施。下面我们讨论注册会计师法律责任的种类,以及使会计职业界和实务执业者减轻和避免法律责任的对策。

一、经营失败和审计失败

在研究会计职业界遇到的各类法律诉讼案件中，中外会计界和法律界的许多人士认为，财务报表使用者指控会计师事务所的原因之一是不理解经营失败和审计失败的区别，因而不能正确区分被审计单位管理层应承担的经管责任和会计责任以及审计人员应承担的审计责任。因此，我们对注册会计师法律责任的讨论从对这些术语的讨论开始。

经营失败是指企业由于宏观环境上的原因，如经济衰退、通货膨胀，经营管理上的原因，如决策不当、控制不严，或主观判断方面的原因，如出现意料之外的行业竞争等，使企业经营陷入困境、到期无法归还贷款、管理出现混乱、使投资者遭受损失等这样一种状况。经营失败常常会导致企业破产、倒闭。任何一个企业，经营失败的风险总是存在的。经营失败会使一些利益相关者遭受损失，他们要通过法律途径挽回自己的经济损失，注册会计师往往成为被控告的对象之一。

审计失败是指注册会计师没能弄清被审计单位财务状况和经营成果的真实情况而提出了错误审计意见的情形。反映被审计单位财务状况和经营成果的会计信息中，存在着无意的错漏，或人为的造假，但是注册会计师执行了审计程序之后没能发现重大错报，或将重大错报误判为不重要的小错误，因而据此给出的审计意见实际上是错误的。

经营失败和审计失败的存在，使注册会计师时刻面临着审计风险。审计风险是指在财务报表事实上存在重要错报时，审计师却认为财务报表的反映是公允的，并提出无保留意见的可能性。经营失败和审计失败是存在审计风险的条件，此外，审计风险存在的一个重要原因是审计只是抽样检查，因而某些错报和较隐蔽的欺诈极难被发现。所以，即使审计师遵守独立审计准则，审计无法发现某项重要错报的风险仍然存在。

在通过审计未能发现重要错报因而提出了错误的审计意见时，在法律方面要考虑的问题是注册会计师是否保持了应有的职业谨慎。如果审计师在实施审计的过程中没有保持合理的职业谨慎，那么由此导致错误的审计意见就属于审计失败。在这种情况下，西方许多国家的案例表明，因注册会计师未能保持应有的职业谨慎而遭受损失的人可以获得由审计失败导致的部分或全部损失的补偿。不过，由于审计工作的复杂性，在实务中很难判断注册会计师是否没有保持合理的谨慎。尽管如此，注册会计师如果没有保持应有的职业谨慎，通常会因此而承担民事责任，致使事务所遭受损失。

由于一般公众不理解经营失败和审计失败的区别，故当公司发生经营失败时，报表使用者通常会归罪于审计失败，尤其是近期签发的审计意见是无保留意见的、表明该公司财务报表的反映是公允的。更为严重的是，如果发生经营失败而随后又发现财务报表存在错报，那么即使审计工作符合审计准则的要求，使用者也会指控注册会计师疏忽、过失，要求其承担民事责任。

这种情况反映出，一般社会公众、大多数报表使用者认为注册会计师审计就应当绝对保证被审计财务报表的真实正确，而会计职业界认为，通过审计只能合理保证财务报表的公允反映。这样报表使用者和注册会计师之间对审计的看法和期望是不同的。会计职业界将这种现象称之为“期望差距”。在西方国家“期望差距”经常导致注册会计师遭受莫须有的法律诉讼，投诉人的逻辑是，只要经过审计的公司就不应该出现经营失败，公司出了问题注册会计师就要承担责任。指控注册会计师的其他原因是,那些遭受经济损失的人希望从某种渠道获得赔偿,而并不管错在哪方。

二、会计责任与审计责任

财务报表是由被审计单位的管理层编制的,因此它对财务报表的合法性和公允性负责,由此构成了被审计单位的管理层首先的和基本的会计责任,因为被审计单位的管理层有充分的权力来选择会计政策,决定在财务报表中披露什么和如何披露。因此,在被审计单位治理层的监督下,按照适用的会计准则和相关会计制度的规定编制财务报表是被审计单位管理层的责任。被审计单位的管理层的会计责任不仅如此,根据审计准则的界定,被审计单位的管理层的会计责任还包括:建立和健全内部控制制度;保护资产安全和完整;保证提交审计的会计资料真实、合法和完整。在整个审计过程中都要让被审计单位的管理层认识到自己的会计责任,为此,这种会计责任要写入审计业务约定书中,在审计报告中还要重述,以使报表使用考也清楚这一点。

审计责任是注册会计师对委托人应尽的义务,按照中国注册会计师审计准则的规定对财务报表发表审计意见,保证审计报告的真实性、合法性是注册会计师的审计责任。财务报表审计不能减轻被审计单位管理层和治理层的责任,亦即注册会计师的审计责任不能替代、减轻或免除被审计单位的会计责任。同样,这种审计责任要写入审计业务约定书中,在审计报告中注册会计师要清楚地表达对财务报表整体的意见,并说明对出具的审计报告负责,把这种信息也要传达给报表使用者。

会计责任与审计责任看似责任分明,但在实务中两种责任却常常交织在一起,相互密切相关。比如,被审计单位的管理层未能提交真实、合法的会计资料,导致注册会计师出具的审计报告不真实。这里既有被审计单位管理层提供虚假信息的会计责任,也有注册会计师未能查出而导致出具错误审计报告的审计责任。再如,注册会计师未能查出错误和内控漏洞,因而未能提出审计调整意见,结果导致出具了不真实的审计报告,致使被审计单位的管理层未能意识到自己没有履行其承担的会计责任。这里既有被审计单位管理层应承担的会计责任,也有注册会计师未能查出错误的审计责任。

这里提出一个问题,注册会计师的审计责任是"按照审计准则的要求出具审计报告"呢,还是"要查出被审计单位中存在的错误、内控漏洞以及舞弊行为"呢?实际上在审计发展史上,会计职业界和整个社会对审计责任的界定几经变化,经历了一个不断发展的过程。在注册会计师职业发展的初期,曾经以查错揭弊为主,后经过了以验证企业的财务状况和偿债能力为主、以验证企业财务报表公允性为主等几个阶段。20 世纪 70 年代以来,逐步将审计责任界定为既要验证财务报表的公允性、又要揭露重大错误和舞弊。进入 21 世纪,又将审计责任明确为验证财务报表公允性,以查找财务报表存在重大错报为导向。

导致被审计单位财务报表存在重大错报的原因有两个:一是被审计单位有关人员工作中出现了错误;二是被审计单位有关人员有意舞弊。从审计的角度讲,错误和舞弊是有明确定义和界定的。

错误是指非故意的财务报表错报,包括但不限于:(1) 编制财务报表时收集和处理数据产生的错误;(2) 由于疏忽和误解有关事实而产生的不恰当的会计估计;(3) 在运用与确认、计量、分类、列报或披露相关的会计政策时产生的错误。如据以编制财务报表的数据收集或处理错误，由于疏忽或误解造成计价不正确，或在金额、分类、表达、披露方面用错了会计政策，等等。像算术计算和抄写错误，或盘点中的错漏，都是常见的例子。

舞弊是指被审计单位的管理层、治理层、员工或第三方使用欺骗手段获取不当或非法利益的故意行为。舞弊是一个宽泛的法律概念，审计准则并不要求注册会计师对舞弊是否已经发生做出法律上的判定，只要求关注导致财务报表发生重大错报的舞弊，重点关注这样两类故意错报：① 对财务信息做出虚假报告导致的错报；② 侵占资产导致的错报。对财务信息做出虚假报告通常表现为：对财务报表所依据的会计记录或相关文件记录的操纵、伪造或篡改；对交易、事项或其他重要信息在财务报表中的不真实表达或故意遗漏；对与确认、计量、分类、列报或披露有关的会计政策和会计估计的故意误用。

错误和舞弊的区别在于错误是非故意的，舞弊则是故意的。如蓄意漏记重要业务；有意漏报应披露的事项；篡改、伪造、虚构编制财务报表的数据；操纵、错用会计政策；极力掩盖错报事项等，都是舞弊。

为了分清注册会计师在财务报表审计中，发现、报告可能导致财务报表严重失实的错误与舞弊的会计责任与审计责任，我国颁布和实施了具体审计准则《财务报表审计中与舞弊相关的责任》，其目的就是要明确会计责任与审计责任。该准则的具体内容主要包括：

注册会计师在计划和实施审计工作以将审计风险降至可接受的低水平时，应当考虑由于舞弊导致的财务报表重大错报风险。防止或发现舞弊是被审计单位治理层和管理层的责任。治理层有责任监督管理层建立和维护内部控制。管理层有责任在治理层的监督下创造良好的控制环境，维护有关政策和程序，以保证有序、有效地开展业务活动，包括制定和维护与财务报告可靠性相关的控制，并对可能导致财务报表发生重大错报的风险实施管理。注册会计师的审计责任是按照中国注册会计师审计准则的规定实施审计工作，获取财务报表在整体上不存在重大错报的合理保证，无论该错报是由于舞弊还是错误导致。

为获取财务报表在整体上不存在重大错报的合理保证，注册会计师需要在整个审计过程中保持职业怀疑态度。职业怀疑态度是指注册会计师以质疑的思维方式评价所获取审计证据的有效性，并对相互矛盾的审计证据，以及引起对文件记录或管理层和治理层提供的信息的可靠性产生怀疑的审计证据保持警觉。还要考虑管理层凌驾于控制之上的可能性，以及考虑可能存在导致财务报表发生重大错报的情形。项目负责人还要组织项目组讨论由于舞弊导致财务报表发生重大错报的可能性。项目组要实施风险评估程序，以获取用于识别舞弊导致的财务报表重大错报风险所需的信息。

注册会计师要针对评估的舞弊导致的财务报表层次重大错报风险确定总体应对措施，并针对评估的舞弊导致的认定层次重大错报风险设计和实施进一步审计程序。财务报表审计是一个累积和不断修正的过程。随着计划的审计程序的实施，注册会计师可能发现获取的信息与评估舞弊导致的重大错报风险所依据的信息存在重大差异。在这种情况下，注册会计师应当考虑修正风险评估结果，并据以修改原计划的其他审计程序的性质、时间和范围。如果证实错误或舞弊确实存在，应提请被审计单位适当调整，并考虑其对财务报表的影响。如果被审计单位拒绝调整，或拒绝适当披露已发现的重大错误与舞弊,注册会计师应当发表保留意见或否定意见。必要时,应征求律师的意见或取消业务约定。如果无法确定已发现的错误与舞弊对财务报表的影响程度,注册会计师应当发表保留意见或无法表示意见。

如果财务报表存在舞弊或舞弊嫌疑导致的错报,且注册会计师遇到难以继续执行审计业务的异常情形,注册会计师要考虑相应的职业责任和法律责任,包括向审计业务委托人报告,或根据法律、行政法规的要求向监管机构报告;在分析对审计报告影响的基础上考虑是否解除审计业务约定。

由于审计测试及被审计单位内部控制的固有限制,注册会计师依照独立审计准则进行审计,并不能保证发现所有的错误或舞弊,只能合理确信财务报表不存在重大错误与舞弊。所谓合理确信,就是注册会计师不对会计报表的正确性负责。用西方审计学的话来说就是,注册会计师不是财务报表正确性的保险人和担保人,因为那是会计责任。同时,注册会计师对财务报表的审计,并非专为发现错误或舞弊。如果委托人要求对可能存在的错误舞弊进行专门审计,注册会计师应当考虑自身能力和审计风险,并另行签订业务约定书。

三、注册会计师法律责任的变化趋势

近年来,注册会计师涉讼的法律案件数量增多、金额加大,导致这种上升趋势的一些主要因素是:财务报表使用者逐步了解了审计师的责任;政府监管机构将保护投资者利益视为己任的意识正在加强;由于企业规模的扩大,经济业务的规模也成倍增加且日益复杂,这使会计和审计工作也更加繁杂;法庭在理解和解释会计和审计事项的技术能力方面遇到较大困难。在这种情况下,注册会计师的法律责任随着社会经济的发展在逐步扩展和细化,20 世纪 80 年代之后,中外会计职业界都遇到了各自的法律问题,法律环境较之以往都发生了很大变化,主要表现在以下方面:

(1) 对注册会计师的法律诉讼大量增加,导致注册会计师的法律责任加大。近二十年来,由于经营失败或因管理层舞弊造成企业破产倒闭的事件不断发生,投资者、贷款人和其他利益相关者因此而蒙受重大损失,他们指控注册会计师未能及时揭露或报告被审计单位存在的问题,因而要求赔偿其遭受的损失。这样在法律制定和法院判决方面都倾向于增加注册会计师的法律责任。

(2) 对非签约方承担法律责任成为注册会计师法律责任的一大特点。注册会计师与被审计客户签约为其提供审计服务,但其业务成果审计报告往往要被除客户以外的非签约方加以利用,据此进行决策,并且决策失误还要追究注册会计师的责任。这种情况在西方早期的司法制度中就已存在,后虽在非签约第三方的范围方面几经变化,但对非签约第三方要承担法律责任的要求并无改变,而且越加明确。

(3) 注册会计师法律责任的内涵被扩充。注册会计师法律责任增加的具体表现就是其法律责任的内涵被扩充,虽然会计职业界多年来一直努力将其法律责任限定于对财务报表的公允性表达意见,但近年来中外许多针对注册会计师的法律诉讼案件不认可会计职业界的限定的事实,说明注册会计师法律责任的内涵在扩充,即注册会计师对查找被审计单位错误、舞弊和违法行为也负有重大责任。因此,注册会计师在进行财务报表审计时，必须计划和实施必要的审计程序，为发现错误和舞弊提供合理的保证。

在西方职业界中存在着一种“深口袋”现象，即经济活动中受损失的一方总是向有能力提供赔偿的一方提起诉讼，而不管其是否有过错。一些国家的律师以或有收费为基础提供法律服务，更为“深口袋”现象推波助澜。按照这一做法，受害人若胜诉，可以获得潜在利益，而败诉时受到的损失却很小。这又导致另一种现象：许多会计师事务所宁愿在庭外和解法律问题，以避免高额的法律费用和不利的公众形象影响，而不愿通过司法程序解决问题。

第四节　法律责任的主要内容及应对措施

注册会计师会出现审计失败、面临着审计风险，作为职业人员承担着审计责任。审计失败、审计风险会引起法律诉讼，审计责任会转化为法律责任。在前节讨论的基础上，我们来分析和介绍注册会计师的法律责任。对那些行为不当乃至动机不良的审计师来说，法律责任的存在无疑是一种重要的威慑力量。

一、注册会计师应承担法律责任的不当行为

如果注册会计师行为不当给被审计单位或第三者造成损失，注册会计师将承担法律责任。这些不当行为主要包括违约、过失和欺诈等。

（一）违约

违约是指合同的一方或几方未能达到合同条款的要求或未能履行合同条款规定的义务，违反了合同的约定。当违约给他人造成损失时，注册会计师就要负违约责任。例如，会计师事务所在约定的期限内，未能提交审计报告，或违反了与被审计单位订立的保密协议等，都属于违约行为。

（二）过失

过失是指在执业过程中，缺乏应有的职业谨慎，招致了工作失误的后果。评价注册会计师的过失，是以其他合格注册会计师在相同条件下保持的职业谨慎为标准的。当过失给他人造成损害时，注册会计师应负过失责任。通常将过失按其程度不同分为普通过失和重大过失。

普通过失通常是指注册会计师没有保持职业上应有的合理谨慎，没有完全遵循专业准则的要求，招致了一定程度的工作失误。比如，在实施存货监盘的审计程序中，未保持应有的合理谨慎，盘点过的存货在所有权、数量、质量等方面存在的问题未能查出，通常情况下其他合格注册会计师是不会出现这种失误的，这可视为一般过失。

重大过失，对于注册会计师而言，是指未保持基本的职业谨慎，对业务或某项工作不加思考，盲目行事，根本没有遵循专业准则或没有按专业准则的基本要求执行审计。比如，不实施存货监盘、未进行应收账款函证，不遵循审计准则进行审计，这些行为可视为重大过失。

另外，还有一种过失叫“共同过失”，即在一项损失发生的过程中，职业人员有过失，

同时受害方自己未能保持合理的谨慎也有过错，因而招致损失。比如，被审计单位未能向注册会计师提供编制财务报表中依据的所有信息，致使注册会计师判断出现失误，提出了不正确的意见。被审计单位不提供完整的信息是它的过错，注册会计师未进行核实、索要，则是注册会计师的过错，由此构成了共同过失。在法律诉讼中，注册会计师要证明共同过失，需要向法院提供证据，是否属于共同过失最终要由法院做出判决。

（三）欺诈

欺诈是以欺骗或坑害他人为目的的一种故意行为，又称为注册会计师的舞弊行为。欺诈与过失的最大不同之处在于欺诈的行为人具有不良动机、知道其行为是错误的，为达到舞弊目的仍然实施该错误行为。例如，如果注册会计师明知被审计单位财务报表存在重大错报，但为了配合他人操纵股价，或为了影响某些经济业务，故意出具无保留意见的审计报告，从而欺骗了报表使用者，那么这种行为就属于欺诈行为。

不过"主观故意"、"不良动机"这些界定欺诈的标准在实务中较难把握，有些错误行为的发生或实施，虽无主观故意或坑害他人的动机，或者很难证实其错误行为的目的和动机，但却和一般欺诈行为一样，误导、欺骗、坑害了利益相关者，这样的"过失"行为相当于"欺诈"，故在法律界和会计职业界将即使无故意欺诈或坑害他人的动机，但却存在极端或异常的过失行为称为"推定欺诈"或"涉嫌欺诈"。在这种背景下，注册会计师的重大过失往往被法院判定为"推定欺诈"或"涉嫌欺诈"，这样有重大过失行为的注册会计师的法律责任就进一步加大了。

综上所述，涉及注册会计师的不当行为中，普通过失与重大过失、重大过失与推定欺诈、推定欺诈与实际欺诈等概念之间都有一定程度的模糊性，没有特别严格的界限，实务中较难区分。一般来说，在许多情况下可运用"重要性"和"内部控制"两个概念进行判断。

如果财务报表中存在错报事项，注册会计师运用常规审计程序未能查出，这时运用重要性概念进行判断，该错报事项并不重大，那么可以说注册会计师没有过失。如果该错报事项重大，应分析被审计单位的内部控制是否有效，若有效，常规的内部控制符合性测试应能查出。这时实施内部控制符合性测试应能查出的错报而注册会计师未能查出，那么注册会计师属于普通过失；若任何合格的注册会计师实施常规的内部控制符合性测试一般都不会查出该种错报，则涉及的注册会计师没有过失。若应该实施符合性测试而实际上未予实施，则属于注册会计师的重大过失；若不实施符合性测试虽找不到直接的不良动机证据，但其后果与有意欺骗报表使用者并无两样，则涉及的注册会计师会被认定为推定欺诈；若不实施符合性测试有证据表明要达到某种不良目的，并且确实误导和欺骗了报表使用者，则涉及的注册会计师属于欺诈行为。

在被审计单位内部控制失效的情况下，注册会计师运用实质性测试程序应能查出财务报表中存在的重大错报事项。如果注册会计师实施实质性测试程序后未能查出财务报表中存在的重大错报事项，那么属于普通过失；如果注册会计师根本没有实施实质性测试程序，故不可能查出财务报表中存在的错报事项，那么则属于重大过失。同上所述，若不实施实质性测试虽找不到直接的不良动机证据，但其后果与有意欺骗报表使用者并无两样，则涉及的注册会计师会被认定为推定欺诈；若不实施实质性测试有证据表明要达到某种不良目的，并且确实误导和欺骗了报表使用者，则涉及的注册会计师属于欺诈行为。

二、法律规定的法律责任范围

涉及会计师事务所、注册会计师法律责任的法律法规有：《中华人民共和国注册会计师法》、《中华人民共和国公司法》、《中华人民共和国证券法》、《中华人民共和国刑法》等。

（一）《注册会计师法》的规定

《注册会计师法》是涉及注册会计师法律责任的最重要的法律，该法第六章为“法律责任”。在第三十九条中规定了会计师事务所和注册会计师应承担的行政责任和刑事责任，第四十二条规定了会计师事务所应承担的民事责任。

《注册会计师法》第三十九条规定：

“会计师事务所违反本法第二十条、第二十一条规定的，由省级以上人民政府财政部门给予警告，没收违法所得，可以并处违法所得1倍以上5倍以下的罚款；情节严重的，并可以由省级以上人民政府财政部门暂停其经营业务或者予以撤销。

注册会计师违反本法第二十条、第二十一条规定的，由省级以上人民政府财政部门给予警告，情节严重的，可以由省级以上人民政府财政部门暂停其执行业务或者吊销注册会计师证书。

会计师事务所、注册会计师违反本法第二十条、第二十一条的规定，故意出具虚假的审计报告、验资报告，构成犯罪的，依法追究刑事责任。”

《注册会计师法》第四十二条规定：“会计师事务所违反本法规定，给委托人、其他利害关系人造成损失的，应当依法承担赔偿责任。”

（二）《公司法》的规定

《公司法》第二百一十九条规定：“承担资产评估、验资或者验证的机构提供虚假证明文件的，没收违法所得，处以违法所得1倍以上5倍以下的罚款，并可由有关主管部门依法责令该机构停业，吊销直接责任人员的资格证书。构成犯罪的，依法追究刑事责任。

承担资产评估、验资或者验证的机构因过失提供有重大遗漏的报告的，责令改正，情节较重的，处以所得收入1倍以上3倍以下的罚款，并可由有关主管部门依法责令该机构停业，吊销直接责任人员的资格证书。”

（三）《证券法》的规定

《证券法》中的第一百八十二条、第一百八十九条、第二百零二条均涉及注册会计师的法律责任。

第一百八十二条规定：“为股票的发行或者上市出具审计报告、资产评估报告或法律意见书等文件的专业机构和人员，违反本法第三十九条的规定买卖股票的，责令依法处理非法获得的股票，没收违法所得，并处以所买卖的股票等值以下的罚款。”

第一百八十九条规定：“证券交易所……社会中介机构及其从业人员……在证券交易活动中做出虚假陈述或信息误导的，责令改正，处以3万元以上20万元以下的罚款……构成犯罪的，依法追究刑事责任。”

第二百零二条规定：“为证券的发行、上市或者证券交易活动出具审计报告、资产评估报告或法律意见书等文件的专业机构，就其所应负责的内容弄虚作假的，没收违法所得，并处以违法所得1倍以上5倍以下的罚款，并由有关主管部门责令该机构停业，吊销直接责任人员的资格证书。造成损失的，承担连带赔偿责任。构成犯罪的，依法追究刑事责任。"

（四）《中华人民共和国刑法》的规定

《中华人民共和国刑法》第二百二十九条规定："承担资产评估、验资、验证、会计、审计、法律服务等职责的中介组织的人员故意提供虚假证明文件，情况严重的，处5年以下有期徒刑或者拘役，并处罚金。"

三、美国注册会计师法律责任

美国注册会计师法律责任在法律依据、具体内容、详细程度等方面都有其明显的特点，这里略作介绍，以供参考。

美国注册会计师法律责任主要源自习惯法和成文法。所谓习惯法，又称普通法、案例法，是指通过法院判例引申而成的、不是经过立法部门制定的、对人们的行为具有制约作用的原则和准绳，它不像一般的法律法规那样通过立法程序形成；所谓成文法，则是通过立法程序以规范的行文方式形成的法律。在美国，成文法主要源自美国国会或其他政府部门通过的各项法律，其中，1933年和1934年的《证券法》和《证券交易法》是影响审计师的重要成文法。

（一）注册会计师对客户的法律责任

在美国，起诉注册会计师的案件绝大多数是由客户提起的。案件内容涉及的范围很广，包括指控注册会计师未能在约定日期完成一项业务，或是不恰当地退出审计工作，或是未能发现内控漏洞，或是违反保密性要求等。典型的诉讼案涉及指控审计师由于审计过程中的疏忽而未能发现雇员的舞弊行为。提起诉讼可以违约行为为由，也可以过失导致的侵权行为为由，还可同时指控这两种行为。侵权行为的依据是一般过失、严重过失或欺诈。不过，由于以侵权行为为由提起诉讼所获得的赔偿通常要高于以违约行为为由提起的诉讼，故以前者为由提起的诉讼较多。

注册会计师与客户之间的法律纠纷许多是通过习惯法进行调解的，遇到法律诉讼需要注册会计师举证、进行抗辩。会计师事务所在被客户提起法律诉讼时，通常采用以下四种理由之一或同时采用几种理由进行辩护：没有义务、无过失行为、共同过失和缺少因果关系。

(1) 没有义务。会计师事务所对客户的指控声称没有明示或暗示的服务合同。许多法律专家认为，仔细推敲后签订完善的业务约定书是会计师事务所减少不利法律诉讼可能性的最重要手段之一。

(2) 无过失行为。会计师事务所要举证证明审计是按公认审计准则实施的，只要证明审计的实施是恰当的、任何合格的注册会计师都会如此行事，即使存在未被发现的错报，审计师也不承担责任。

(3) 共同过失。如果导致索赔的损失是由于客户自身行为所引起，或者是由于客户阻碍审计师发现导致错报原因所引起，会计师事务所就可以“共同过失”为由进行辩护。

（4）缺少因果关系。为了在指控注册会计师的诉讼案中胜诉，客户必须能够证明注册会计师的不当行为和客户损失之间存在密切的因果关系，对此，注册会计师必须举证予以反驳、用缺少因果关系的理由为自己进行辩护。

（二）习惯法下对第三者的责任

如果非签约的第三者由于信赖了令人误解的财务报表而遭受损失，会计师事务所可能要对第三者承担责任。第三者包括现有的和潜在的股东、供货商、银行、其他债权人、雇员和顾客。当一个供货商无法从一个已破产的客户那里收回一笔货款时，该供货商可以声称在评价客户的信用从而决定赊销货物时信赖了的财务报表，财务报表存在错报会计师事务所应对此负责，因为他们没有以合理的谨慎态度去实施审计工作。

在涉及对第三者责任的审计案例中，1931 年发生的厄特马斯公司对杜罗斯事务所案是具有指导性的案例。它确立了称为厄特马斯原则的习惯法的传统做法。厄特马斯公司破产后，该公司的债权人以疏忽和欺诈性错报为由起诉杜罗斯会计师事务所，诉称以前依赖了审定的财务数据。在该财务数据中，应收账款发生错报，在实有 65 万美元应收账款中虚报了 70 多万美元的其他项目。债权人声称，只要进行认真的检查，就不难发现这 70 多万美元属于欺诈性项目。而且，公司的应付账款也存在类似的违规情况。

法庭认为，会计师确有疏忽，但判定会计师不应因无意过失对超出原合同约定范围之外的第三者负责，除非第三者是合同的主要受益人。法庭认为，只有就有关业务与会计师签订了合同的人，才有权指控会计师在执行业务中有疏忽行为。厄特马斯原则的关键要求是，一般疏忽不足以构成对第三者的责任，因为第三者与审计师之间缺乏“合同关系”，除非第三者是“主要受益人”。法庭提出的“除非第三者是合同的主要受益人”的概念，引起了会计职业界和法律界关于“主要收益人”的讨论，主要受益人被解释为在实施审计之前已告知注册会计师的人（称为“已知第三者”）。

此外，法庭还对欺诈性错报发表了意见，由此形成的厄特马斯原则还认为，如果存在欺诈或严重过失，注册会计师应当对更广泛的第三者负责。

后来，一些法庭对厄特马斯原则做了扩大意义的解释，引入了“应知使用者”的概念，即注册会计师不仅要对已知第三者承担责任，还要对应该知道的将会依赖财务报表的使用者承担责任。例如，在结账日客户有未归还其贷款的银行就可被确定为应知使用者。

尽管应知使用者的概念看起来很直接，但实际应用起来却比较困难。美国许多州所采用的方法是引用《民事侵权行为新编》中所确立的规则，即应知使用者必须是“合理的、有限的、可辨认的将依赖注册会计师工作的使用者”，比如债权人，即使注册公共会计师在工作时并不明确知道这些人，但他们可属于应知使用者的范围。

对第三受益人的最宽解释是使用“可知使用者”的概念。在这一概念下，注册会计师可以合理预知的财务报表使用者与具有合同关系的财务报表使用者享有同等的权利。这些使用者的范围几乎是无限的，采用这一概念的州目前已寥寥无几。

从以上所述可知，习惯法下对第三者责任曾有过不同的观点，目前对于第三者的责任仍然处于不确定状态，这也是习惯法法律体制的一大特点，即你找不到关于这一问题的一个具体的法律条文，能找到的是一个个的判例，这些判例中体现着法律原则，未来的判例还会对这些原则进行修正。

针对第三者的指控，注册会计师可用针对客户指控的四种辩护理由中的三种理由进行辩护。“共同过失”理由通常不适用，因为第三者不负责编制财务报表。

针对第三者的指控，美国职业界认为最好的辩护理由是“无过失行为”。如果注册会计师是按公认审计准则实施审计工作的，则其他辩护理由就是不必要的。不过，注册会计师在提供“无过失行为”的证据方面比较困难。“没有义务”的辩护理由是声称没有合同关系，合同关系作为辩护理由的适用程度以及这种辩护理由的性质，很大程度上取决于司法判决。“缺少因果关系”通常是指使用者没有依赖财务报表。例如，注册会计师要证明，贷款人并不是依据顾客的财务报表来发放贷款的，审计工作中的过失与案件无关。当然，要证明没有依赖财务报表是非常困难的。

（三）联邦证券法下的民事责任

《1933年证券法》是对招股说明书和相应的注册报表应列信息的规定，只涉及公司发行新证券的报告要求。只有证券的原始购买者才能够依据《1933年证券法》对注册会计师进行起诉、从会计师那里获得赔偿。可能的赔偿金额是证券的原始购买价格减去起诉时的证券价值的差额。如果起诉时证券已经售出，则使用者可以获得相当于售出证券损失额的赔偿。

《1933年证券法》第十一款规定的第三者和审计师的权利如下：

（1）任何购买申报发行提交的注册报表中所列证券的第三者，都可以就报表中所包括的审定财务报表中的重要错报和漏报起诉审计师。

（2）作为报表使用者的第三者无须证明他们信赖了财务报表，也无须证明审计师在审计工作中是否有疏忽和欺诈行为。使用者只需证明审定财务报表中存在重要的错报或漏报。

（3）审计师有责任做以下辩护：① 在当时情况下，审计工作是充分的（即“检查是合理的”）；② 原告全部或部分损失是由误导性财务报表以外的因素造成的。

《1933年证券法》是习惯法和成文法中唯一举证责任在被告方的法律。

在《1934年证券交易法》下，审计师的责任集中在年度报告中所包括的向公众披露的审定财务报表，或是提交给证券交易委员会作为年度10-K报告一部分的审定财务报表。

公开发行证券的公司，每年必须向证券交易委员会提交审定的财务报表。除了年度审定财务报表之外，审计师对季度报表（10-Q报表）、月份报表（8-K报表）以及其他报告信息，也承担潜在的法律责任。审计师常常要复核这些报告中的信息，因而要对此承担法律责任。

审计师针对第三者依据习惯法提起的诉讼所采用的三个辩护理由，也适用于依据《1934年证券交易法》提起的诉讼。它们是“无过失行为”、“没有义务”和“缺乏因果关系”。

美国证券交易委员会有权对执业人员进行制裁，甚至可以中止其对证券交易委员会所辖公司进行审计的权力。近年来，证券交易委员会已暂时中止了许多注册会计师对证券交易委员会所辖客户执行任何审计业务的权力。同时，委员会也禁止了一批会计师事务所在一定期限内（比如6个月）接受新的证券交易委员会所辖的客户。在某些情况下，证券交易委员会还要求注册会计师及其事务所参加后续教育和改进实务。

（四）刑事责任

根据联邦法律或州法律，注册会计师还可能被判犯有刑事罪。用得最多的州法律是《统一证券法》，其部分内容与证券交易委员会的规则相似。1933 年和 1934 年的证券法、《联邦邮政舞弊法》和《联邦伪造报表法》是对审计师影响最大的联邦法律。上述所有法律都规定，有意卷入虚假报表行为而欺诈他人会触犯刑律。

即使审计师的经历能说明他个人生活和职业生涯具备正直品格，他仍可能被判犯有刑事罪。刑事责任可以延伸到合伙人和工作人员。

参与业务的所有人员都保持形式和实质上的独立性是非常重要的，特别是涉及刑事诉讼案辩护时尤其如此。

在确定财务报表是否公允反映时，不能只依据公认会计原则，要在考虑全部相关事实的基础上分析报表的实质。证券交易委员会的倾向性要求影响着会计原则的选用。同民事诉讼一样，在刑事诉讼中也要有完善的工作记录。审计师明知错误而为之，其后果将非常严重，所获得的收益也不能弥补所受到的惩罚。

四、会计职业界对法律责任的反应和措施

注册会计师要避免法律责任就必须在执业过程中严格遵守职业道德规范和审计准则，保持应有的职业谨慎，尽量减少过失行为，坚决杜绝欺诈行为。中外会计职业界面对法律责任问题，根据具体情况积极应对，采取各种措施避免损失。概括来说会计职业界对法律责任的反应及应对措施主要从以下几方面进行。

（一）会计职业界采取行动

（1）有组织地研究实务中出现的问题，找出导致注册会计师法律责任的原因，归纳抗辩的成功经验，探索避免法律责任的方法和途径。

（2）不断地制定、修订和完善审计准则，以适应社会对审计需求与要求的变化。随着社会需求的变化，对审计的要求也在发生变化，注册会计师协会根据实际情况的变化适时制定、修订审计准则，同时修订和完善职业道德规范，以指导注册会计师的从业行为。

（3）搞好审计质量检查制度，强化行业监管，对会计师事务所的审计业务进行定期检查，教育执业人员，及时发现不遵守职业准则的事务所和注册会计师，予以通报、责令纠正或给予处罚。一个良好的职业界必须采取措施对其成员进行约束，对行为不当的成员进行制裁，对所谓的工作失误进行更为严格的检查。

（4）支持会计师事务所积极抗辩，反击那些莫须有的诉讼。美国注册会计师职业界认识到，虽然从短期看，胜诉成本要高于庭外和解成本，但长期来看有助于保护注册会计师的合法权益。美国注册会计师协会编集出版专门的指导性小册子，用来帮助执业人员与那些毫无根据地扩大会计师法律责任的行为做斗争。

（5）进行广泛的宣传教育，向投资者和其他财务报表使用者说明审计意见的含义以及审计师工作范围和性质，让使用者懂得审计师并不对所有的记录进行 100% 的测试，也不保证财务记录的绝对正确和公司未来的发展。要求审计师对财务报表中的每一项错报

都承担法律责任是不合理的。要使社会公众了解到，审计师不能充当财务报表绝对正确和企业经营持续稳定的保险人或保证人。如果要达到这样高的保证程度，社会所支付的审计成本就要大大超过其收益。此外，即使增加审计成本，也不一定能发现那些经过精心策划的欺诈行为，同样也不一定能消除判断失误。因此，会计职业界和整个社会有必要在注册会计师对公允反映应负责任的程度和社会所承担的审计成本之间进行合理的权衡。

（二）会计师事务所遵守职业准则

事务所必须采取必要的措施，确保执行审计业务中遵守审计准则、职业道德守则以及其他执业指南和行为规则。重点考虑以下几方面：

（1）保持独立性。独立性实质上是注册会计师审计的生存基础，它要求注册会计师要能够不受客户的左右、保持合理的怀疑态度，要能够客观、公正地实施审计工作、发表审计意见。许多诉讼案件都是由于注册会计师过于听信客户的陈述或是迫于客户的压力而引起的。

（2）审慎选择客户，充分了解客户的业务，拒绝与弄虚作假的客户交往。在某些案件中，注册会计师之所以未能发现重大错报，一个重要原因就是选择了不诚实的客户、对客户的行业特点和经营活动缺乏了解。在了解客户的过程中，如果发现客户对顾客、雇员、政府部门或其他方面表现出缺少正直诚实的品格、有弄虚作假的行为，则会计师事务所需要执行必要的程序，评价客户的正直性。如果客户管理层确实人品不正、有作弊行为，则应设法断绝与缺乏正直性的客户交往，因为与这样的客户交往出现法律问题的可能性较高。

（3）取得业务约定书和管理部门说明书。这是确定客户与注册会计师相应责任的两个重要文件。它们在客户与会计师事务所之间的诉讼案件中是非常有用的判断依据，在涉及第三者的诉讼案件中也十分有用。需要注意业务约定书中关于保守机密信息的条款，注册会计师的道德责任和法律责任要求他们不能向外界披露客户的有关事项。如果不引起注意、行为不当，则有可能招致法律纠纷。

（4）与治理层建立有效的双向沟通关系，进行清晰明确的沟通，并提请治理层以同样方式与注册会计师沟通。通过沟通，就审计范围和时间以及注册会计师、治理层和管理层各自的责任，取得相互了解；向治理层及时提供审计中注意到的与治理层责任相关的事项；共享其他信息以便注册会计师和治理层履行各自责任。

（5）恰当地计划、记录审计工作，实施合格的审计。合格的审计要求注册会计师进行精心的计划、编制良好的工作底稿，收集充分可靠的证据，并对其进行恰当的判断。注册会计师评价客户的内部控制并修正取证计划以反映评价结果是非常关键的，它有助于提高审计质量、减少法律诉讼的可能性。如果审计师必须在法庭上为审计工作辩护，则合格的工作底稿就非常关键。

（三）避免和应对法律责任的具体措施

（1）招聘合格的从业人员，并对其进行恰当培训和督导，保证其参加职业后续教育，不断提高业务水平。对大多数审计业务来说，有相当一部分工作是由缺乏经验的年轻人员完成的。因此，必须对他们进行适当的培训，对分配给他们的工作由合格的、经验丰富的职业人员进行严格的督导,同时要求各类工作人员积极学习、参加培训,保证具备相应的资格。

(2) 严格实施质量控制制度。制定质量控制制度以合理保证:① 会计师事务所及其人员遵守中国注册会计师审计准则和相关服务准则、职业道德规范和法律法规的规定;② 会计师事务所和项目负责人根据具体情况出具适当的报告。

(3) 针对特别风险实施实质性程序。舞弊导致的重大错报风险属于特别风险,注册会计师要保持高度的职业怀疑态度,对有关重大交易的文件记录进行检查时,对文件记录的性质和范围的选择保持敏感;就管理层对重大事项做出的解释或声明,要通过其他信息予以验证。

(4) 提取风险基金或购买责任保险。对诉讼案进行充分的保险保护,是会计师事务所的一项极为重要的应对法律责任的措施。我国《注册会计师法》要求会计师事务所应当按规定建立职业风险基金,办理职业保险。

(5) 聘请熟悉注册会计师法律责任的法律顾问。在审计过程中遇到重大法律问题,注册会计师应当向有经验的法律顾问进行咨询,详细讨论所有潜在的危险情况,对法律顾问的建议要充分考虑、尽可能采纳。一旦发生或可能发生诉讼案,注册会计师应聘请经验丰富的律师参与诉讼。

本章提要

1. 注册会计师所做的审计等工作,其结果往往不仅对签约客户有用或仅是对签约客户提供服务,而且往往要被其他利益相关者利用,这就使注册会计师的审计等工作具有社会工作的性质,所以注册会计师需要意识到这一点,应当按照职业道德守则的要求,履行相应的社会责任,维护社会公众利益。

2. 我们社会中的各种职业都通过职业道德建设来规范其从业人员的行为,使各种职业能够正常的发挥其应有的作用。职业道德是所有从业人员在职业活动中应该遵循的行为准则,涵盖了从业人员与服务对象、职业与职工、职业与职业之间的行为标准和行动导向。注册会计师的职业道德,是注册会计师职业品德、职业纪律、专业胜任能力及职业责任等的总称。

3. 为了规范注册会计师的职业道德行为,中国注册会计师协会制定了职业道德守则,以提高注册会计师职业道德水准,维护注册会计师职业形象。本章将中国注册会计师的职业道德守则分为职业道德基本原则、专业胜任能力、对客户的责任、独立性、业务招揽和宣传、对同行的责任几个方面进行了阐述。

4. 中国注册会计师职业道德规范在建设过程中,参考了国外多个注册会计师职业道德规范体系,了解这些规范体系对理解中国注册会计师职业道德规范体系是十分有益的,尤其是在实施方面,国外发达国家的会计职业界的做法值得借鉴。

5. 在职业道德建设的同时还要通过明确法律责任来对注册会计师的行为进行"硬"约束,注册会计师需要通过学习和研究,弄清和掌握自己承担的法律责任和相应的应对措施。本章阐述了客户经营失败与审计风险的关系,讨论了会计责任与审计责任的区分,并分析了注册会计师法律责任的变化趋势。

6. 如果注册会计师行为不当给被审计单位或第三者造成损失,注册会计师将承担法律责任。这些不当行为主要包括违约、过失和欺诈等。通常将过失按其程度不同分为普通过失和重大过失;在某些情况下注册会计师的重大过失会被法院判定为"推定欺诈"或"涉嫌欺诈"。

7. 涉及会计师事务所、注册会计师法律责任的法律法规有:《中华人民共和国注册会计师法》、《中华人民共和国公司法》、《中华人民共和国证券法》、《中华人民共和国刑法》等。美国注册会计师法律责任在法律依据、具体内容、详细程度等方面都有其明显的特点，本章进行了简要介绍。

8. 注册会计师要避免法律责任就必须在执业过程中严格遵守职业道德规范和审计准则，保持应有的职业谨慎，尽量减少过失行为，坚决杜绝欺诈行为。中外会计职业界面对法律责任问题，根据具体情况积极应对，采取各种措施避免损失。如会计职业界采取行动积极应对，会计师事务所严格遵守职业准则，并采取具体措施避免和应对法律责任。

练习与思考

1. 分析和思考以下各种情况中注册会计师在职业行为方面是否有问题，注册会计师应当如何处理。

（1）吴先生在会计师事务所是负责一家公司审计事务的项目负责人，同时他还是这家被审计公司董事会成员，但仅是名誉职位，并不真的行使管理职能。

（2）泛亚会计师事务所用于事务所内部账务处理的会计软件及计算机存储设备有剩余空间，碰巧泛亚事务所发现其客户德明公司的电脑设备不足，便将该客户的一些日常会计记录存储在了自己的计算机系统中。

（3）注册会计师刘克谈成了一笔审计业务，在了解了这家新客户的基本情况后，他告诉客户公司的总裁说有一种能够提高以前年度退税额的方法，这一方法是税法所允许的，以前被客户忽视了。刘克还说，一旦国税局批准后，进行这一税务筹划的收费将是总退税额的40%，客户公司的总裁接受了这一建议。

（4）注册会计师阎伯军拥有一家基金公司的股份，同时，该基金公司拥有阎伯军所在事务所的一家大型客户的股票。当阅读该基金公司最近的年报时，阎伯军发现该基金公司拥有其审计客户的股份份额大幅提高了。

（5）吉安会计师事务所为中铁建筑公司提供审计、税务和管理咨询服务。中铁建筑公司每次在做出重大经营决策前都会就该决策事项对公司税务和财务报表的影响征求吉安事务所的意见。吉安事务所定期派人参加有关建筑行业的培训班以确保对该行业有足够的了解。

（6）注册会计师李梅琼是一家会计师事务所的成员，她的名片上印有她的姓名、事务所名称、地址、电话号码，并注明其职务为“咨询顾问”、“电子商务专家”、“省妇联常委”等。

（7）顾童是一名执业注册会计师，他撰写了一篇有关税务的文章被刊登在了专业刊物上。杂志社希望将顾童的背景介绍给读者，顾童认为可以披露的信息包括他的学历、他在其他专业期刊上发表的文章以及他是一名税务专家。

2. 分析和思考以下各种情况中注册会计师在法律责任方面是否有问题，注册会计师应当如何处理。

（1）在函证截至2012年12月31日的资产负债表中应收账款科目时，审计师发现在被审公司应收账款中与其客户记录的情况有15处不符。记录这15处不符的复印件被转交给了公司财务经理用以调查差异产生的原因。财务经理随即叫应收账款记账员进行调查。记账员分析了每项差异，确认其产生的原因，并编制了详细的工作底稿来解释这些差异。记账员的报告显示大部分差异是由于公司与客户记录中的未达账项差异产生的。审计师复核了这些工作底稿并认为在应收账款科目中没有重大差异存在。审计后的一年，该公司的应收账款记账员因涉案接受调查被发现在过去3年中通过高估应收账款科目挪用现金3 000万元。在客户公司起诉事务所的举证中显示，记账员曾提供的分析差异原因的工作底稿中有一项解释说明是虚构的。请分析这里是否涉及审计师的法律责任问题，审计师如何为自己辩护。

（2）五环会计师事务所的夏丰在一个审计项目中，检查了200张收、付款凭证以测试收入、应收、应付和现金流程。他发现有12笔采购原材料的支出没有收货记录。他在工作底稿中记录了此事并提请审计项目负责人注意。由于相信以往与该客户的合作经验，项目负责人没有理睬夏丰的说明，也未对以上情况做进一步的核实。随后，该客户的一名采购代理商和其财务部门的一名员工涉嫌舞弊，他们将收到的原材料转移到了一家公共仓库，却把发票寄给了该客户公司。当客户管理层发现这一舞弊行为时，已经被骗取了 800 万元。请讨论五环事务所在这一事件中的法律责任。

（3）刘晓明在三联会计师事务所做审计助理，这一年他同时参与几个客户的审计项目。为了提高工作效率、按时完成任务、避免考核不合格甚至被解雇，他有时减少或省略合伙人在审计计划中列示的某些标准审计程序。三联事务所的一个客户维京公司近期正面临财务困境，对刘晓明所审计的会计科目进行了调整以使得公司财务状况看起来不错。恰好刘晓明虚构了一些工作底稿以表示完成了分配给他的审计任务，而事实上他根本没有检查维京公司的这些调整分录。该事务所最终对维京公司出具了无保留意见的审计报告。相信审计报告的银行随后向维京公司继续发放了大笔的贷款。如果维京公司无法偿还那些因相信了审计报告而向维京公司继续发放贷款的银行的债务，会计师事务所是否需要承担相应的责任？

案例分析

惠普曝欺诈丑闻，德勤、毕马威被卷入

美国当地时间 2012 年 11 月 20 日，惠普发表声明称，公司内部调查发现，Autonomy 部分前高管利用不当的会计准则、披露不足以及虚假陈述，误导了惠普对于 Autonomy 的收购估价，导致惠普被迫做出 88 亿美元资产减记的决定，其中超过 50 亿美元要算在 Autonomy“严重”违反会计准则头上。

2011 年 8 月，惠普宣布斥资约 110 亿美元收购英国软件公司 Autonomy，因出价比 Autonomy 当时股价高出 58%，惹恼了不少投资者，导致一个月后惠普首席执行官李艾科（Leo Apotheker）的下台。当年 10 月，该收购案完成交易，此时，接任惠普首席执行官的惠特曼（Meg Whitman）已上任三个星期。

惠特曼 20 日在分析师电话会议上称，Autonomy 的员工有意在账目上做假，“美化”了公司的财务状况，误导投资者和潜在买家。

Autonomy 是英国最大、欧洲第二大软件公司，仅次于德国的 SAP AG。该公司的客户包括情报部门、大型公司、银行和律师事务所。

对于惠普来说，Autonomy 的收购减记不是一个好兆头。近年来，作为曾经的硅谷巨头，惠普一直被各类负面新闻缠身，管理层更替频繁，出现盈利预警。纽约时报称，曾经是同一战壕的 IBM 和思科等公司，眼睁睁看着惠普的股价急速下滑。2012 年以来，惠普股价累计跌去近 50%。

依照惠普的说法，Autonomy 故意夸大了公司营业收入和毛利率，误导了潜在收购方，其手法包括将低端硬件营业收入谎称为软件收入，将中间商的合同收入作为用户收入，以及擅自将递延收入作为当期确认收入等三大手段。

据惠特曼称，在惠普收购 Autonomy 的前 8 个季度，Autonomy 出售了一些利润极低甚至是亏本的硬件产品，但 Autonomy 却将此记录为高利润的软件销售收入，这些产品中的部分成本被计入了营销费用，而不是销售成本。

作为软件商，Autonomy 将软件出售给了中间商，这些交易中并没有最终客户，这样一来，抬高了公司收入。此外，Autonomy 还将一些本应分期计入未来递延收入的营业收入，被直接拆分计入账目中。

如此一来，Autonomy 被粉饰为一个纯粹的软件公司，过去 8 个季度中，有 10%—15% 的收入来自这些低利润甚至是亏本的硬件销售所得。

惠普首席财务官莱斯加克（Cathie Lesjak）表示，问题不仅仅是虚报收入，还有收入类别，“这些硬件收入通常被报告称为特许权收入，中间商的销售也被说成是特许权收入，事实上没有，因为没有终端客

户。"莱斯加克表示,通过这种处理手段,Autonomy将其28%—30%的毛利率提高至40%—45%。

值得注意的是,参与此次收购的机构众多,却没有一家提出过疑问,其中也包括德勤和毕马威等知名的会计机构。

当时,硅谷一些最有影响力的咨询顾问为惠普收购Autonomy的交易提供了咨询。全球科技行业最著名的交易撮合者奎特隆(Frank Quattrone)以及高盛、瑞银、花旗银行、摩根大通、美国银行等多家银行为Autonomy提供并购咨询。普望(Perella Weinberg)和巴克莱也为惠普提供并购咨询。

惠特曼称,董事会是以经审计的会计报表为依据,德勤和毕马威当时都没看出如今曝出的问题,"而我们之所以能发现,是因为有人为我们指了路……审计报告是由德勤开出的,是的,是德勤,不是什么三流事务所。在尽职调查中,我们请了毕马威来对德勤报告进行审计,也没有看出问题。"

德勤的发言人20日说,德勤英国明确否认知晓Autonomy的财务报表中存在任何会计不当做法或任何虚假表述,否认合谋参与了任何会计不当行为或虚假表述。

惠特曼未表态是否会对德勤和毕马威采取法律行动,其目前的首要任务还是对Autonomy的追查。她预计,由于此时涉及美英两个国家的司法程序,预计要花数年调查才会有结论。

伴随惠普减记这一坏消息的,还有其对未来业绩的预测。截至10月31日的2012年第四财季是惠普连续第五个财政季度业绩大幅下滑。惠特曼说,这一趋势可能还会继续。

(来源:《东方早报》,2012年11月22日,作者:是冬冬。有删减。)

讨论:

1. 本案例中反映出的法律关系;

2. 如果惠普对德勤和毕马威采取法律行动,这两大会计师机构该如何应对有可能对它们提起的诉讼。

情景模拟

以下是几个注册会计师讲述的他们遇到的道德窘境或法律困惑,请考虑若你面对同样的情况将如何处理:

1. 王德丽说,2010年3月,她作为审计项目组的一员在审计一家纺织品公司中,负责审查存货部分。根据审计计划,抽查样本的组成包括所有金额超过10万元的项目和若干经判断确定的金额低于10万元的项目。当她准备与项目负责人李杰讨论抽取多少金额低于10万元的项目时,李杰因有事离开了工作现场,没有回答判断抽样的样本规模应为多大的问题。于是她按照自己的判断,选取了60个小金额的项目,她认为在300个小金额存货项目中选取60项,抽样样本的覆盖率已经足够了。

王德丽接着说,审计结果表明在超过10万元的存货科目中不存在错报,但是在10万元以下小额科目中却存在不少错报,当她把这些错报汇总后发现金额相当大。两天以后她向李杰汇报了自己的审计发现。李杰听了汇报后说:"小王,你干吗要做这些呢?你做的样本规模太大了,10万元以下的项目有10个就足够了。你在这上面浪费了两天的时间,照这速度我们不可能按时完成任务了。你把另外50个小金额项目的工作底稿都销毁,就当你从来没做过它们。"

王德丽跟李杰说已查过的小金额项目显示需要进行审计调整,李杰让王德丽保留10个不需要调整的小金额项目。李杰说:"别担心,这些项目不具有重要性,你忘了它们就好了,这些我会负责的。"

2. 胡克兰是罗林会计师事务所的高级审计经理,很善于和人相处,包括客户、同事、合伙人。各方面的迹象表明,如果他能像往常一样一如既往地提供高水准的审计服务,他会在1—2年内被提升为审计合伙人。他对自己在事务所的未来充满期待。

胡克兰说,前一段时间他被分配到国浩机械公司的审计任务上。在审计过程中,他发现国浩机械公司的收入确认方法最近受到了证监会的质疑。在进行了充分的研究之后他认为国浩机械公司的收入确认方法不妥。在与审计合伙人的讨论中，合伙人认为这一会计处理方法已经被客户使用了超过10年，是合理的；一旦该收入确认方法被认为是不恰当的，事务所很可能失去这一客户。

胡克兰接着说，他坚持认为尽管该收入确认方法在以前年度都是恰当的，但在今年被证监会认为是不恰当的，就应该予以纠正。既然合伙人认为合理，他决定接受审计合伙人的意见，但是他要在工作底稿中加入他与审计合伙人意见不一致的说明。审计合伙人告诉他不希望在工作底稿中加上这样的说明，因为这可能导致潜在的诉讼。该审计合伙人还说："看来在你被提升为合伙人之前，你还有很多东西要学。"

3. 注册会计师罗小萌负责马加特公司的审计已有多年。她说去年在审计过程中，她发现马加特公司的财务状况开始恶化。她与董事长马加特讨论此事，马加特答复说正在向银行申请贷款，获得了贷款就能解决一切问题，公司就会渡过难关，走出低谷。

罗小萌认为审计报告中应该包含有关持续经营的附加段落，马加特认为这一附加段落完全没有必要，它可能导致银行管理人员改变主意不发放该笔贷款。得不到贷款公司财务状况就会更加恶化，并且有可能破产倒闭。罗小萌最后没有在审计报告中加入附加段落。公司获得了贷款。

罗小萌说，她有些担心，马加特公司拿到了贷款能像预期的那样好转了，可能什么事也没有，而如果经营不见起色，甚至破产，那麻烦可能就大了。

小组讨论

1. 为什么独立性对于审计师如此重要？比较注册会计师和其他职业独立性的区别，如律师；比较形式上的独立性和实质上的独立性。

2. 假设一家会计师事务所的合伙人拥有一家大审计客户的1000股股份。这1000股股份只占该客户公司总股本微不足道的一小部分。在这种情况下，该合伙人是否违反了职业道德准则？请分析拥有股份是否会在实质上影响该合伙人的独立性。

第四章

审计目标、审计证据与工作底稿

本章目的

本章讨论审计目标和相关的“认定”概念，之后介绍审计证据和相应的工作底稿。通过本章学习，你应该弄清注册会计师如何根据客户的认定确定具体审计目标，要了解收集审计证据以保证每一个审计目标的实现；在审计过程中收集的审计证据和编制的各种文件构成了审计工作底稿。

引例

“黎明股份”:给审计师挖了一个陷阱①

“黎明股份”,股票代码600617,总股本19000万股,流通股7000万股,1998年发行股票,1999年1月28日上市。在1999年度报告中,该公司为了虚夸业绩,虚增资产8996万元,虚增负债1956万元,虚增所有者权益7413万元,虚增营业收入1.5亿元,虚增利润总额8679万元。负责对该公司进行审计的沈阳华伦会计师事务所出具的审计报告中说:该公司财务报表“在所有重大方面公允地反映了该公司1999年12月31日的财务状况、1999年度经营成果和1999年度现金流量情况”。这是一份典型的无保留意见的审计报告。

财政部驻辽宁省财政监察专员办事处检查组于2000年8月29日至10月11日,对“黎明股份”及所属企业1999年度会计信息质量进行了抽查,发现了上述虚夸业绩的问题和其他一些明显的造假问题,而且该公司造假形成了体系,达到近乎“完美”的程度,具有五个方面的特点:

一是造假时间分散,具有均衡性。黎明股份造假时间除个别表现为6月份和12月份外,多数造假是从年初就开始准备的,而且各月分摊平均,不易暴露造假痕迹,造假具有均衡性。

二是造假手续齐全,具有完整性。从原始凭证上看,假购销合同、假货物入库单、假出库单、假保管账、假成本计算单一应俱全,具有较好的完整性,很难发现破绽。

三是造假名目繁多,具有多样性。该公司所有的造假行为,都被冠以与该企业自身业务相适应的合法形式。例如毛纺加工企业以染整加工为名;服装加工企业以面料和服装的购销为名;商业企业以换货为名等等。造假名目繁多,具有多样性。

四是假账真算,具有隐蔽性。在会计核算上,黎明股份采取假账真算的办法,在假原始凭证的基础上,按照规范的核算程序,“认认真真”地进行核算,具有很强的隐蔽性。

五是造假目的明确,具有欺骗性。该公司造假归结在一起,都是围绕着收入和利润这条主线展开的。其他的重要指标无不与此相关。造假目的不言而喻,造假也更具欺骗性。

担任黎明股份财务报表审计的沈阳华伦会计师事务所认为,由于黎明提供了全套的假原始会计资料,而且严格按会计制度核算,他们不是专业稽查部门,故很难发现问题。黎明股份是政府重点支持的企业,所以很难对其产生怀疑。事务所还认为他们只能对此事担负审计责任,即根据公司所提供的资料核对账目,而不能担负会计责任,不能根据提供的资料发现资料之外的问题,会计师事务所不承担核实公司所提供的资料的真实性的问题。

会计师事务所的说法也许是对的,不过需要有证据来证明它的观点,即它要用证据证实它的注册会计师按照审计准则的要求以适当的合理谨慎态度履行了其审计责任。然而

① 根据2001年4月25日《中国证券报》刊登的财政部辽宁专员办访谈录:“摘掉‘黎明’头上的光环”一文改写。

事实上证据不足以支持它的申述。2002年3月初财政部和证监会联合批复，沈阳华伦等五家会计师事务所没能通过2000—2001年度年检被吊销证券相关业务资格许可证。昔日辉煌的华伦无可奈何地退出了证券市场。

注册会计师审计工作的最终结果是出具审计报告，对被审计单位的财务报表发表审计意见，在这一过程中注册会计师的审计责任是按照审计准则的要求以适当的合理谨慎态度履行其职责。履行审计责任、实现审计目标的过程也是收集审计证据、用证据予以证明的过程。

第一节 财务报表审计的目标

一、财务报表审计的总体目标

如前所述，注册会计师最终的责任是按照审计准则的要求对财务报表发表审计意见，这是注册会计师的审计责任，另一方面也构成了注册会计师要达到的审计目标。概括地说，财务报表审计的总体目标是注册会计师通过执行审计工作，对财务报表整体是否不存在由舞弊或错误导致的重大错报获取合理保证，使得注册会计师能够对财务报表是否在所有重大方面按照适用的会计准则和相关会计制度编制发表审计意见，并且按照审计准则的规定，根据审计发现对财务报表出具审计报告，并与管理层和治理层沟通。财务报表审计属于鉴证业务，注册会计师的审计意见旨在提高财务报表的可信赖程度。

从整个社会的角度说，尤其是从证券市场的角度来说，注册会计师的审计意见旨在提高财务报表的可信性，但是它不应被视为对被审计单位未来生存能力或管理层经营效率、效果提供的保证，审计工作不能对财务报表不存在重大错报提供担保。提高财务报表可信性的含义是，注册会计师要合理保证财务报表整体不存在重大错报。这里要强调的是合理保证而不是绝对保证，合理保证是指注册会计师通过积累必要的审计证据得出财务报表整体不存在重大错报的结论，对财务报表使用人提供一种高度但非绝对的保证。

为什么注册会计师不能对财务报表整体不存在重大错报获取绝对的保证呢？这是因为下列因素会影响注册会计师发现重大错报的能力：(1) 选择性测试方法的运用；(2) 被审计单位的内部控制具有局限性；(3) 大多数审计证据是说服性而非结论性的；(4) 为形成审计意见而实施的审计工作涉及大量判断；(5) 某些特殊性质的交易和事项可能影响审计证据的说服力。总之，如果要求注册会计师要绝对保证财务报表整体不存在重大错报，那么所要求的审计证据和由此引起的审计成本将大幅度增加，从而使审计在经济上不可行。

明确了财务报表审计的目标，在审计工作中注册会计师需要考虑为达到目标而应遵循一些基本原则：(1) 注册会计师应当保持职业怀疑态度计划和实施审计工作，充分考虑可能存在导致财务报表发生重大错报的情形；(2) 注册会计师应当合理保证财务报表不存在重大错报，将审计风险降至可接受的低水平；(3) 审计风险取决于重大错报风险和检查风险，注册会计师应当通过评估重大错报风险，实施进一步审计程序以控制检查风险；

(4) 重要性与审计风险相关,注册会计师应当合理运用重要性。

接下来我们讨论风险导向审计对审计目标的影响。注册会计师为了实现审计目标,在计划和实施审计工作时应当保持职业怀疑态度。职业怀疑态度是注册会计师以质疑的思维方式评价所获取审计证据的有效性。这种评价中要高度关注两类审计证据,一类是相互矛盾的审计证据,另一类是导致对文件或管理层认定的可靠性产生怀疑的审计证据。风险导向审计并没有改变审计目标,它仍然是对被审计单位的财务报表发表意见,不过在实现这一目标的过程中要始终对重大错报风险进行识别、评估并考虑如何应对。风险导向审计的审计目标仍然是对财务报表发表意见,审计师收集证据的唯一目的,就是使他们能够对财务报表是否公允反映得出结论,并提出恰当的审计报告。

如果注册会计师根据充分可靠的审计证据,认为财务报表不会使谨慎的报表使用者产生误解,则他可对财务报表的公允反映发表审计意见。在提交审计报告后,如果随后的事实表明审过的报表实际上并未公允反映,则注册会计师很可能需要向法院或其他监管机构提供证据,证明他是按照审计准则的要求以恰当的方式执行审计工作的,所得出的结论是合理的。尽管注册会计师不是报表公允反映的保证人或保险人,但有责任向使用者说明财务报表的反映是否公允。如果注册会计师认为报表的反映不公允,或者由于证据不足或条件限制而无法得出结论,他有责任通过其报告向使用者说明这些情况。

二、审计总体目标与查错揭弊的责任

(一) 查错揭弊责任的变迁

一般公众的直觉会认为,注册会计师审计的目标应该是查找错误、揭露舞弊。我们这里讲审计目标是对财务报表发表审计意见,那么注册会计师还有没有责任去查错揭弊呢?历史地看这个问题,其实在注册会计师审计发展的早期,是一种详细审计,即对被审计单位一定时期内的会计记录进行逐笔审查,判定有无技术错误和舞弊行为,在这一阶段,查错揭弊的确是审计的主要目标。

后来社会对审计的要求变为查清被审计单位的财务状况和偿债能力,因此审查的重点是被审计单位一定时期内资产负债表各项目余额的可靠性和真实性,这一阶段被称为资产负债表审计阶段。这时判定被审计单位财务状况和偿债能力成为第一位的审计目标,查错揭弊的目标仍然存在,但已退居第二位。

目前注册会计师审计处于财务报表审计阶段,这一阶段的审计总体目标如上所述。同样,查错揭弊的目标仍然存在,只是居于第二位。但是在风险导向审计的指导下,人们提高了对查错揭弊目标的认识。虽说查错揭弊不是审计的主要目标,但是查不出被审计单位存在着的错误和舞弊,提出的审计意见不正确的风险会很大;要提高审计意见的正确性,就要提高查错揭弊目标的水平。

前一章我们从审计责任的角度讨论了错误与舞弊的概念。我们的结论是,注册会计师有责任计划和实施审计,以便为财务报表中是否不存在因错误或舞弊事项而引起的重大错报取得合理保证。接下来我们从审计目标的角度进一步分析注册会计师查错揭弊的目标及其在查找错误、舞弊和违法行为中的责任。

注册会计师在查错揭弊过程中需要区分被审计单位财务报表中的重要错报与非重要

错报,注册会计师要找出所有不重要的错误和舞弊事项的成本是极其高昂的,恐怕也是不可能的。不过不重要的错误尤其是舞弊事项的数量不可忽视,如果财务报表中尚未更正的错误或舞弊事项合并起来会改变或影响一个正常报表使用者的决策,那么这些错报通常就被认为是重要的。尽管将重要性量度予以量化极其困难,但注册会计师仍有责任合理地保证这一重要性水平已得到满足。

应当承认查找舞弊通常要比查找错误更加困难,因为实施舞弊行为的管理者或雇员总是试图掩盖其舞弊行为。但是,查找的困难并不改变注册会计师恰当地计划和实施审计的责任。

（二）舞弊的典型特征

评价错误和舞弊存在的可能性是每项审计计划的重要组成部分。在评价舞弊风险时,记住舞弊的三个典型特征是非常有用的。注册会计师在评价舞弊风险时,主要关注舞弊的以下三点特征:

（1）从事舞弊行为的压力或动机。舞弊行为的实施者往往遇到了经济困难或产生了极强的财富占有欲。在侵占公司资产的情况下,这种压力或动机一般是对直接财务利益的欲望;在虚假财务报告的情况下,这种压力或动机则一般是对间接利益的渴求,如这种间接利益可能是管理层所持有的公司股票市价的提高。

（2）舞弊行为实施和被发现的机会。尽管有从事舞弊行为的动机,但除非使从事舞弊的人发现了机会并认为其行为不会被发现,否则舞弊也不可能会发生。

（3）舞弊行为实施者的自我合理化。舞弊行为的实施者总会在内心找到一些理由为自己的行为开脱,挪用公司资产的人总觉得自己很快会将挪用的资产补回;提供虚假财务信息的管理者认为以后的数据会抹平当期造假的漏洞。

舞弊行为可以分为两类:一类是财务报表造假;另一类是侵占公司资产。虚假财务报表提供不正确的财务信息,使用者以此为基础进行决策,结果可能会给他们带来损害;侵占公司资产则会给股东、债权人和其他利益相关者造成直接损害,因为资产的合法所有人已无法再得到这些资产。这两类舞弊都会给财务报表使用者造成潜在危害。

一般来说,虚假财务报表是管理层从事的舞弊行为,有时雇员并不知晓。侵占公司资产多数情况下是雇员而不是管理人员从事的舞弊行为,相对来说金额不很重要。

（三）查找违反法规行为的责任

熟悉以上叙述的内容有助于实现查错揭弊的审计目标,从而为审计总目标的实现奠定基础。另外,在查错揭弊的过程中,注册会计师查出的问题有可能属于违反法规行为,即被审计单位违反了除企业会计准则及国家其他有关财务会计法规之外的国家法律、行政法规、部门规章和地方性法规、规章,这是比舞弊行为更为严重的问题。例如,违反国家税法或违反国家环境保护法等。

注册会计师对待被审计单位违反法规行为的一般原则与对待错误和舞弊行为一样,即首先要明确管理责任和审计责任。建立健全内部控制,保证经营活动符合法规要求,防止发生、及时发现和纠正违反法规行为,是被审计单位管理层的责任;注册会计师的责任是根据审计准则的要求,编制和实施审计计划,评价和报告审计结果,在这一过程中要充分关注可能对财务报表产生重大影响的违反法规行为。

由于审计测试及被审计单位内部控制的固有限制，注册会计师依据审计准则进行审计，并不能保证发现所有的违反法规行为。注册会计师对财务报表的审计，并非专为发现被审计单位的违反法规行为。如果委托人要求对可能存在的特定违反法规行为进行专门审计，注册会计师应当考虑自身能力和审计风险，并另行签订业务约定书。

某些违反法律法规的行为可能会对财务报表中的项目余额产生直接的财务影响。例如，违反国家所得税法就会直接影响所得税费用和应付所得税项目余额。大多数的违法行为只对财务报表产生间接影响。例如，如果公司违反职工劳动保护方面的法律，那么只有在对公司处以罚款或制裁时，才会对财务报表产生影响。

注册会计师对查找有间接影响的违法行为不提供任何保证。注册会计师不是律师、不可能具备达到律师水平的法律专业知识，而且违法行为与财务报表之间的关系又常常是间接的，这些使得注册会计师不可能承担找出有间接影响的违法行为的责任。

（四）发现和报告违法行为责任的三个层次

概括来说，注册会计师发现和报告违法行为的责任可分为三个层次：

1. 没有理由认为有违法行为存在

审计中的许多通常用于查找错误和不合规行为的审计程序也可用于揭露违法行为。例如，阅读董事会的会议记录，向客户的律师询问有关法律诉讼的情况等，就属于这类程序。注册会计师还应当向管理层询问他们所建立的防止违法行为的政策，以及他们是否知道公司已经违反了某些法律或法规。除了这些程序之外，如果没有理由认为存在违法行为，注册会计师就可不进行查找。

2. 有理由认为有直接影响或有间接影响的违法行为存在

注册会计师发现可能存在违反法规行为时，应当了解其性质及原因，获取适当证据，以评价对财务报表可能产生的影响，在评价时应当考虑：(1) 可能因受到罚款、没收违法所得、封存财产、强制停业及诉讼等引起的财务后果；(2) 上述潜在的财务后果是否要披露；(3) 上述潜在的财务后果是否严重影响财务报表的公允反映。注册会计师有必要采取以下几项措施：第一，向有可能涉及这一潜在违法行为那一级部门的上级管理部门进行询问；第二，向客户的法律顾问或其他了解这一潜在违法行为的专家进行咨询；第三，增加取证，以确定是否确实存在违法行为。

注册会计师认为可能存在影响财务报表的违反法规行为时，应当与被审计单位管理层商讨，并形成相应的审计记录。如被审计单位管理层不能提供适当的证据证明其确实遵守了法规，注册会计师应当进行必要的法律咨询，以确定：(1) 被审计单位是否存在违反法规行为；(2) 可能导致的法律后果；(3) 应进一步采取的行动。

3. 确知某项违法行为存在

如被审计单位确实存在影响财务报表的违反法规行为，注册会计师应当考虑其对审计的影响。必要时，应当重新评估审计风险。注册会计师要向被审计单位管理层告知审计过程中注意到的影响财务报表的违反法规行为。如认为违反法规行为是故意和重大的，注册会计师应当立即告知。当怀疑高层管理人员涉及违反法规行为时，注册会计师应当向被审计单位更高层次的管理人员报告。如怀疑被审计单位最高层管理人员涉及违反法规行为,或被审计单位拒绝采取必要措施纠正违反法规行为,注册会计师应当考虑采取适当措施。必要时,应当征求律师意见或解除业务约定。

如果被审计单位的违反法规行为对财务报表有重大影响,并且未能在财务报表中恰当反映,注册会计师应当发表保留意见或否定意见。如果审计范围受到被审计单位的限制,注册会计师无法就对财务报表可能产生重大影响的违反或可能违反法规行为获取充分、适当的审计证据,应当发表保留意见或无法表示意见。如果审计范围受到被审计单位以外的其他条件限制,注册会计师无法确定违反法规行为是否发生,应当考虑其对审计报告的影响。

如果被审计单位依据的地方性法规、规章与国家法律、行政法规和部门规章的要求不一致,且对财务报表产生影响,注册会计师应当根据其重要程度,考虑是否提请被审计单位在财务报表中以适当方式披露,并考虑同时在审计报告中予以适当反映。

总之,查找违反法规行为虽然不是注册会计师的首要审计目标,但是注册会计师实施的审计程序必须考虑违反法规行为的存在,做到有的放矢。在设计和实施进一步审计程序(控制测试和实质性测试)时,注册会计师应当将审计程序的性质、时间和范围与识别和评估的风险相联系。注册会计师必须针对重大的各类交易、账户余额、列报与披露实施实质性测试,不得将实质性测试只集中在例外事项上。注册会计师只有取得充分恰当的证据证明以应有的职业谨慎态度实施了审计程序,合理保证被审计单位不存在违反法规行为,才能合理保证其财务报表不存在重大错报,才能实现注册会计师的总目标。

三、认定

(一)认定的概念和类别

在更详细地阐述审计目标之前,首先需要了解管理层对财务报表的认定。管理层的认定是指被审计单位管理层对财务报表各组成要素的确认、计量、列报与披露做出的明确或隐含的表达。例如,希格公司管理层提交的公司财务报表中列报固定资产共有100万元。对这一列报,管理层至少表达了这样几个方面:在资产负债表日,该公司存在100万元的固定资产,这些固定资产的所有权归该公司所有,这些固定资产的价值是100万元,公司所有的固定资产就是这些,没有遗漏,等等。而且,除非财务报表中另有揭示,否则管理层还隐含表达固定资产没有受到限制、可用于正常生产经营活动的意思。财务报表中的每一项资产、负债、所有者权益、收入和费用项目都有类似的认定。管理层的认定不仅适用于各账户余额,也同样适用于各类交易和财务报表的列报与披露。

以上解释了认定的基本概念,这一概念是确定具体审计目标的基础。按照风险导向审计的理念和方法,注册会计师需要将认定具体运用于各类交易、账户余额、列报与披露三个类别,并且作为评估重大错报风险以及设计与实施进一步审计程序的基础。故目前的认定层次的构成分为三个类别。

1. 各类交易和事项

注册会计师对所审计期间的各类交易和事项运用的认定通常分为下列种类:(1)发生:记录的交易和事项已发生且与被审计单位有关;(2)完整性:所有应当记录的交易和事项均已记录;(3)准确性:与交易和事项有关的金额及其他数据已恰当记录;(4)截止:

交易和事项已记录于正确的会计期间;(5) 分类:交易和事项已记录于恰当的账户。

2. 账户余额

注册会计师对期末账户余额运用的认定通常分为下列种类:(1) 存在:记录的资产、负债和所有者权益是存在的;(2) 权利和义务:记录的资产由被审计单位拥有或控制,记录的负债是被审计单位应当履行的偿还义务;(3) 完整性:所有应当记录的资产、负债和所有者权益均已记录;(4) 计价和分摊:资产、负债和所有者权益以恰当的金额包括在财务报表中,与之相关的计价或分摊调整已恰当记录。

3. 列报与披露

注册会计师对列报与披露运用的认定通常分为下列种类:(1) 发生及权利和义务:披露的交易、事项和其他情况已发生且与被审计单位有关;(2) 完整性:所有应当包括在财务报表中的披露均已包括;(3) 分类和可理解性:财务信息已被恰当地列报和描述,且披露内容表述清楚;(4) 准确性和计价:财务信息和其他信息已公允披露,且金额恰当。

(二) 进一步的归纳

1. 关于存在或发生

关于存在的认定涉及资产负债表中所列示的各项资产、负债和权益在资产负债表日是否实际存在。关于发生的认定涉及财务报表中所记录的业务在会计期间内是否实际发生。例如,管理层在资产负债表中所列示的商品存货,意味着其认定商品存货在资产负债表日确实存在并可供销售。再如,管理层所记录的销售业务,意味着其认定它的商品或劳务的交易实际发生了。

2. 关于完整性的认定

管理层这类认定是声称所有应在财务报表中反映的业务和账户均已列入了财务报表。例如,管理层在利润表中列示的销售,意味着其认定所有商品和劳务的销售收入均已入账并列入了财务报表。再如,管理层在资产负债表中列示的应付账款,意味着其认定企业所有的同类债务全部得到了反映。

完整性认定所涉及的事项与存在或发生认定所涉及的事项恰好相反。完整性认定涉及应当列入财务报表中的项目被漏记的可能性,而存在或发生认定则涉及财务报表中是否列入了不应列入的金额。因此,将未发生的销售业务入账属于不符合发生认定,而发生了销售业务却不入账则属于不符合完整性认定。

3. 关于计价或分摊的认定

这类认定涉及资产、负债、权益、收入、费用账户是否按恰当的方法计算的金额列入财务报表。例如,在历史成本会计原则下,管理层列报的存货金额,意味着其认定这一存货成本是通过会计制度认可的计价或分配方法有规则地分配于恰当的会计期间的。再如,管理层在资产负债表中所列示的应收账款净额,意味着其认定应收账款是通过会计制度认可的计价或分配方法按可变现净值反映的。

4. 关于权利和义务的认定

管理层的这类认定涉及,在特定日期资产是否属于企业所有,负债是否属于企业所欠。例如,管理层在资产负债表中单独列报的融资租入固定资产,意味着其认定该资产确实根据租约为公司所掌控,等价于企业所有,它的资本化金额确实代表了企业为取得该项租入资产的权利而花费的成本，相应的租赁负债则确实代表了企业的一项义务。

5. 关于准确性和截止的认定

这类认定涉及各类交易和事项有关的金额及其他数据本身是准确的，并且记入了正确的会计期间。例如，管理层在资产负债表中所列示的商品存货金额，意味着其认定商品存货在资产负债表日的金额是准确的，属于记入当期的存货都已记入了，不属于当期的存货则未记入。再如，管理层所记录的销售业务，意味着其认定它的商品或劳务的金额记录是准确的，属于记入当期的业务都已记入了，不属于当期的业务则未记入。

6. 关于分类和可理解性

这类认定涉及资产、负债、权益、收入、费用账户金额是否按恰当的分类列入了财务报表，财务信息是否被恰当地列报和描述，是否披露内容表述清楚、便于报表使用者理解。管理层提交了财务报表，意味着它认定财务报表上所有内容都分类正确、表达适当，且披露充分、为报表使用者所理解。

四、审计的具体目标

表达审计意见是审计的总目标，要实现这一总目标还需要将其具体化为审计的具体目标。审计的具体目标又分为一般审计目标和项目审计目标。一般审计目标具有普遍性，是所有审计项目均需达到的目标；项目审计目标具有特殊性，是某个特定审计项目要达到的目标。具体目标确定之后才能据此确定应收集怎样的审计证据。

（一）一般审计目标

1. 与交易和事项相关的审计目标

真实性——这一目标是要查明已入账的业务是否是实际真实发生的业务。它是对应于管理层“发生”认定而确定的。如果没有发生销售业务却在销售日记账中记录了一笔销售，就与“发生”认定不符，真实性目标就是要核实管理层声称已“发生”的业务是否确实发生了。

完整性——这一目标是要查明所有应记入会计系统的业务是否都完整地记入了会计系统。它是对应于管理层“完整性”认定而确定的。如果发生了销售业务却没有在销售日记账和总账中记录，就与“完整性”认定不符，完整性目标就是要核实管理层声称已全部“完整”地记录的业务是否确实完整地记录了。

真实性目标和完整性目标强调相反的审计关注点：真实性目标针对的是潜在的高估可能性，而完整性目标则是针对可能的漏记业务的（低估的可能性）。

金额正确性——这一目标是要查明已入账的业务的金额是否正确，涉及对业务进行会计处理所产生的信息的正确性。它是对应于管理层“准确性”认定而确定的。对销售业务来说，如果发出货物的数量与发票上的数量不符，或是开发票时使用了错误的销售价格，或是发票中的乘积或加总有误，或是在销售日记账中记录了错误的金额，都属于与“准确性”认定不符的情况。记账金额正确性目标就是要核实管理层声称的“准确性”是否确实不存在错误。

截止日正确性——这一目标是要查明已入账的业务是否记录于正确的会计期间。它是对应于管理层“截止”认定而确定的。对销售业务来说，将本期销售记入下期，或者将下期收入记入本期，都属于与“截止”认定不符的情况。截止日正确性目标就是要核实管理层声称的“截止”是否确实发生的业务记录于正确的会计期间。

分类正确性——这一目标是要查明已入账的业务的分类是否正确。它是对应于管理层“分类”认定而确定的。对销售业务来说，如果将现销记录为赊销，或者将固定资产出租收入记录为营业收入，都属于与“分类”认定不符的情况。分类正确性目标就是要核实管理层声称的“分类”是否将确实发生的业务归类正确。

2. 与余额和列报相关的审计目标

真实性——这一目标是要查明账户余额和报表列报的数据是否是真实存在的金额。它是对应于管理层“存在”认定而确定的。如果不存在一个欠款客户却在应收账款账户和报表项目中记录了应收金额，就与“存在”认定不符，真实性目标就是要核实管理层声称“存在”的金额是否确实存在。

完整性——这一目标是要查明应当反映在相关账户余额中和列报在报表项目中的数据是否完整地反映了。它是对应于管理层“完整性”认定而确定的。如果有一个购货商尚欠公司货款却没有反映在应收账款账户和报表项目中，就与“完整性”认定不符，完整性目标就是要核实管理层声称已“完整”反映的金额是否确实全部反映了。

真实性目标和完整性目标强调相反的审计关注点：真实性目标关注潜在的高估，而完整性目标则关注漏记的金额(低估)。

权利和义务——这一目标是要查明账户余额和报表项目列报的资产是否为被审计单位所有、列报的负债是否为该单位所欠。它是对应于管理层“权利和义务”认定而确定的。对资产来说，不仅要求其存在，还必须为企业所有，同样，负债也必须是企业所欠，这样才可以将它们记入账户和列入报表。如果记录的资产不为该单位所有、记录的负债不为该单位所欠，就与“权利和义务”认定不符，权利和义务目标就是要核实管理层声称拥有的资产和所欠的负债确实是该单位的“权利和义务”。

分类正确性——这一目标是要查明账户余额和报表列报的数据是否分类正确。它是对应于管理层“分类”认定而确定的。如果将固定资产记入了存货，或者相反，就与“分类”认定不符，分类正确性目标就是要核实管理层声称的“分类”是否确实正确。

金额正确性——这一目标是要查明账户余额和报表列报的数据是否是正确无误的金额。它是对应于管理层“计价、分摊和准确性”认定而确定的。账户余额和报表列报的数据是经过正确计算和分摊的金额，如果一个项目数量有误、单价有误或是合计的加总等有误将导致账户余额和报表项目有误，就与“计价、分摊和准确性”认定不符，金额正确性目标就是要核实管理层声称经正确“计价和分摊”的金额是否确保了“准确性”。

时间正确性——这一目标是要查明账户余额和报表列报的数据是否是应列入或不应列入该期的金额。它是对应于管理层“分摊和准确性”认定而确定的。这一审计目标与交易和事项审计目标中的“截止日正确性”有交叉，虽然截止日测试既可视为验证资产负债表账户余额的一部分，也可视为验证相关业务的一部分，但是在实务中注册会计师通常在审计资产负债表账户余额时执行截止日测试。截止日测试的目标是确定账户余额和报表数据是否属于正确的会计期间。最容易发生错报的金额是那些接近会计期末、期初的业务。如果将本期的业务记入了下期，或者相反，就与交易认定的“截止”和余额与列报认定的“分摊和准确性”不符，时间正确性目标就是要核实管理层声称的“截止”以及“分摊和准确性”是否正确。

过账和汇总正确性——这一目标是要查明明细账账户余额与相应的总账（或主文件）余额是否相符，总账（或主文件）余额与报表列报的金额是否相符。它是对应于管理层“分摊和准确性”认定而确定的。财务报表中列报的金额是由客户的总账（主文件）和某些明细账中的余额构成的。过账和汇总正确性目标关注的是明细账中所列各明细余额的加总是否正确，是否与总账（或主文件）相符。例如，应收账款明细账中的各应收账款余额合计应当与应收账款总账（或主文件）余额相同，总账余额应当与列报在报表上的金额相同，如果报表上列报的是应收账款净额，则该净额与坏账准备之和应等于总账余额。如果一个账户过账有误、汇总有误将导致账户余额和报表项目有误，就与“分摊和准确性”认定不符，过账和汇总正确性目标就是要核实管理层声称“分摊和准确性”是否正确。

总体合理性——这一目标是要评价账户余额反映的全部信息和报表列报的整体情况。注册会计师要通过测试，确定所有资产负债表账户和利润表账户以及相关信息是否已在财务报表中正确列示，并在报表和附注中进行了恰当说明。这一目标对应于管理层各项认定的综合反映。许多情况下，从单一审计目标来看似乎看不出问题，但综合起来分析，就可能暴露出值得怀疑的地方，例如，一个企业销售收入大幅增加，而应收账款不升反降，就各单一审计目标来看似乎都不存在问题，但总体来分析不符合一般规律，需要进一步查清未增加应收账款是否增加了现金，为什么采取现销的方式，在激烈的市场竞争中为什么现销方式还能使销售收入大幅增加。如果找不到证据解释这些问题，就与各项认定总体上出现矛盾，总体合理性目标就是要核实管理层的各项认定是否能通过总体检验。

（二）项目审计目标

1. 具体业务审计目标

具体业务审计目标应用于审计过程中的每一类业务。这些业务通常包括销售业务、现金收付业务、原材料或劳务的采购业务、工资业务，等等。注册会计师按照循环法实施审计，对当期发生的各类业务执行审计测试。

任何一类业务都必须在满足几项审计目标之后，注册会计师才能认为这类业务的总体是公允反映的。例如，销售业务有具体的销售业务审计目标，销售退回和折让业务则有具体的销售退回和折让业务审计目标。表 4-1 以销售业务为例列示具体业务审计目标。

表 4-1　销售业务的具体审计目标

管理层的认定	一般审计目标	销售业务的具体业务审计目标
存在或发生	真实性	已入账的销售业务是已向真实顾客发了货的业务
完整性	完整性	已发生的销售业务均已入账
准确性	金额正确性	已入账的销售业务金额是正确的
截止	截止日正确性	销售业务记录于正确的日期
分类	分类正确性	销售业务已经正确地分类

2. 具体余额/列报审计目标

在了解了一般余额/列报审计目标之后，就可以据此制定财务报表中每一账户余额的具体余额审计目标。每个一般余额审计目标都应至少有一个具体余额审计目标。一般余额审计目标比管理部门认定要多，其目的是给注册会计师提供更多的指南来确定应收集哪些证据。表 4-2 说明了这一点。

表 4-2 管理层认定与应用于存货的余额审计目标

管理层认定	一般审计目标	应用于存货的具体余额审计目标
存在或发生	真实性	在结账日，所有记录的存货都实际存在
完整性	完整性	所有实际存在的存货都已经盘点并列入了存货账簿记录和相应财务报表
计价或分摊	金额正确性	存货数量与实物结存数量相符，用来对存货进行计价的价格正确，单价与数量的乘积正确，明细数加总正确
	分类正确性	存货项目恰当地分为原材料、在产品、产成品三类
	截止日正确性	年末采购截止日正确 年末销售截止日正确
	过账和汇总正确性	存货明细账合计与总账相符
权利和义务	权利和义务	公司对所有列示的存货拥有所有权，存货没有作为抵押品

五、如何实现审计目标

注册会计师必须取得具有充分证明力的审计证据来证明财务报表中所有的管理层认定。这一工作是通过收集证据以满足业务审计目标、余额审计目标和列报审计目标来完成的。这些审计目标之间实际上存在很多重叠。

注册会计师是根据审计程序来计划审计目标的恰当组合以及实现这些目标所必须收集的证据的。审计程序是为保证所收集的证据具有充分证明力并且所有的审计目标都得以明确和实现而详细规定的方法步骤。注册会计师为实现财务报表审计目标应当实施以及认为有必要实施的审计程序构成了审计过程，审计证据的收集就是在审计过程中实现的。审计过程是审计工作从开始到结束的整个过程，包括以下三个具体阶段。

(一) 计划阶段

注册会计师在为实现审计总目标、选择审计方法时，要考虑两个基本问题：一是必须收集具有充分证明力的审计证据以履行审计责任，二是将收集证据的成本降至最低限度。如果可以不考虑成本，则证据决策就非常容易，注册会计师可以不考虑效率性，任意增加证据量，直至他们可以充分肯定没有重大错报为止。

对具有充分证明力的证据和成本控制的双重考虑决定了对审计业务进行计划的必要性。注册会计师必须在具体执行审计程序之前制定成本合理并且科学有效的审计计划。审计计划阶段的工作主要包括：进一步调查了解和核实客户的基本情况；对客户的内部控制进行初步评价；确定重要性水平；分析审计风险；编制审计计划，等等。

(二) 实施阶段

根据审计计划确定的范围、要点、步骤、方法实施具体的审查工作，收集审计证据并进行评价，借以形成审计结论，为实现审计目标提供基础。在计划阶段，如果注册会计师通过识别控制点和评价内部控制，认为控制风险水平较低时，就可以减少用以证实与这些控制直接相关的证据收集和实质性测试范围。但是，注册会计师确定是否是较低的控制风险水平之前必须对各类控制点的有效性进行测试，并且要根据测试结果修订审计计划。这是计划与实施的一个交叉阶段。

实施阶段的实质性工作是进行业务的实质性测试和账户余额与财务报表项目数据的实质性测试。实质性测试主要有两大手段：分析性测试和详细的余额测试。分析性测试用来测试业务和余额的总体合理性。详细的余额测试是用来测试账户余额和报表项目中的金额与标准之间的符合程度。然后注册会计师要根据测试结果进行评价和鉴定。实质性测试是审计全过程的中心环节，是任何一项审计都必不可少的步骤。实质性测试工作与内部控制测试有密切的关系，如果对内部控制测试后认为其可信赖程度较高，则实质性测试工作可相应减少；反之，实质性测试工作则需要增加。

(三) 完成阶段

注册会计师在完成每一个审计目标的全部审查程序后，需要将所获得的信息综合起来，形成对财务报表是否公允反映的意见、得出总体结论。这是一个非常主观的过程，在很大程度上取决于注册会计师的职业判断。在实际工作中，职业判断是随着注册会计师审计工作的展开而不断进行的，不断地将所获得的信息进行综合分析，得出一个一个小的结论、若干个阶段性结论，而最后的综合，只不过是审计业务完成时的总括总结。在审计工作的完成阶段，注册会计师要整理、评价审计证据、复核审计工作底稿、审计期后事项、汇总审计差异并提请被审计单位调整或做适当披露。在所有的审计工作完成后，注册会计师必须针对客户的财务报表形成审计意见、出具审计报告。

第二节　审计证据

一、审计证据的概念及其决策

(一) 审计证据的概念及分类

审计证据是实现审计目标的基础，它是指注册会计师为了得出审计结论、形成审计意见而使用的所有信息，包括财务报表依据的会计记录中含有的信息和其他信息。注册会计师必须获取充分、适当的审计证据，以得出合理的审计结论、作为形成审计意见的基础。

依据会计记录编制财务报表是被审计单位管理层的责任，注册会计师要做的是测试会计记录以获取审计证据。会计记录中含有的信息本身并不足以提供充分的审计证据作为对财务报表发表审计意见的基础，注册会计师还需要获取用作审计证据的其他信息。可用作审计证据的其他信息包括注册会计师从被审计单位内部或外部获取的会计记录以外的信息，通过询问、观察和检查等审计程序获取的信息，通过合理推断得出结论的信息。

审计证据按其外形特征可分为实物证据、书面证据、口头证据和环境证据四大类。

1. 实物证据

通过检查有形资产或观察等手段取得的、用以确定某些实物资产是否确实存在的证据。通过对库存现金、存货和固定资产等的监盘，可以取得这些资产的实物证据，以证实他们是否确实存在。实物证据并不能完全证实被审计单位对这些资产的所有权。

2. 书面证据

以书面文件形式存在的一类证据。这类证据是审计中获得的主要证据，包括与审计有关的各种原始凭证、会计记录、会议记录、各种合同、报告函件等。书面证据按来源可以分为外部证据和内部证据两类。外部证据是由被审计单位以外的机构或个人所编制的书面证据。一般来说，外部证据比内部证据更加可靠、证明力更强。

3. 口头证据

由被询问的人员的口头回答所形成的一类证据。一般而言，口头证据本身并不足以证明事情的真相，但注册会计师可以根据口头证据挖掘出一些重要线索，有利于进一步的调查，最终有利于收集到更加可靠的证据，降低审计风险。

4. 环境证据

也称状况证据，是指那些对被审计单位产生影响的各种环境事件。环境证据可以收集多方面时间证实材料，如被审计单位所处行业的发展状况、竞争对手综合实力发生的变化、内部控制当前的运行情况、中高层管理人员的素质和管理水平等。

（二）审计证据决策

注册会计师收集证据的决策包括以下四项：

(1) 收集多少证据，即确定多大的样本规模。样本规模的选择可以在总体中从选一个项目到选全部项目之间做出决定。对于每一个审计目标，注册会计师都必须确定应测试多少个项目。同一目标在不同的审计业务中，所测试的样本规模是不同的。

(2) 选取哪些证据，即从总体中抽取哪些项目。在确定了某一审计目标的样本规模之后，还要确定应抽取总体中的哪些项目。有多种抽样方法可供注册会计师选择，如以数理统计方法为基础的抽样方法，以经验判断为基础的抽样方法，等等。

(3) 采用什么手段，即遵循怎样的方法步骤。具体审计程序是在审计过程中收集某类审计证据的详细指令。在设计具体审计程序时，通常要使用具体明确的术语，以使它们能够引导审计人员选取审计证据、采取具体行动。

(4) 确定何时实施，即遵循怎样的时间安排。财务报表审计中所审的财务报表通常要覆盖一年的时间，而审计通常要在期末之后几个星期或几个月内完成。因此，实施具体审计程序的时间可以从期初一直延续到期末结束后的很长一段时间。注册会计师需要决定在何时实施哪项审计程序。

以上审计证据决策的内容是相互联系的，样本的规模、选取的项目和实施的时间一般都会反映在审计程序中，这四个方面确定下来以后形成的文件构成了具体审计计划的主要内容，有人将其称作审计工作大纲。因此，详细审计工作计划或审计工作大纲总是包括一系列的审计程序，其中包含样本规模、选取样本项目和时间安排。

二、审计证据的特性和证据的证明力

注册会计师必须保持职业怀疑态度,运用职业判断,评价审计证据的充分性和适当性。审计证据的充分性是对审计证据数量的衡量;审计证据的适当性是对审计证据质量的衡量。审计证据的充分性与适当性密切相关,注册会计师所需获取的审计证据的数量不仅受到错报风险的影响,还受到审计证据质量的影响。错报风险越大,需要的审计证据可能越多;审计证据质量越高,需要的审计证据可能越少,但仅仅获取更多的审计证据可能难以弥补其质量上的缺陷。

对审计证据质量的要求是审计证据的适当性,即审计证据在支持各类交易、账户余额、列报与披露的相关认定,或发现其中存在错报方面具有相关性和可靠性。充分、相关、可靠的证据还必须满足及时性的要求。因此,决定审计证据证明力的因素可以概括为四个,即充分性、相关性、可靠性和及时性。

充分性要求注册会计师要取得足够数量的审计证据。证据数量主要以是否足以支持审计结论来衡量。取得多少审计证据首先以注册会计师选取的样本规模为基础,在审计业务中,确定恰当的样本规模要考虑几个因素,其中最重要的两个因素是注册会计师对错报的估计和客户内部控制的有效性。例如,如果注册会计师认为,客户记录固定资产的内部控制有效,则在审计固定资产的购置时,较小的样本规模就可以有较高水平的保证。

除了样本规模以外,所测试的具体项目也影响证据的充分性。样本中如果包含了总体中金额较大的项目、出现错报可能性较高的项目和总体中有代表性的项目,则该证据通常被认为是充分的。相比之下,如果样本中只包括总体中金额最大的项目,那么除非这些项目能够构成总体金额的绝大部分,否则,大多数注册会计师都会认为这样的样本证据是不充分的。

注册会计师判断审计证据是否充分、适当,应当考虑下列主要因素:① 审计风险;② 具体审计项目的重要程度;③ 注册会计师及其业务助理人员的审计经验;④ 审计过程中是否发现错误或舞弊;⑤ 审计证据的类型与获取途径。

证据要有证明力,必须与注册会计师测试的审计目标相关。相关性只能结合具体审计目标来考虑。同一证据与某一目标相关,但与另一个目标可能就不相关。大多数证据都与一个以上的目标相关,但并不是与所有的目标都相关。在确定审计证据的相关性时,注册会计师通常考虑:① 特定的审计程序可能只为某些认定提供相关的审计证据,而与其他认定无关;② 针对同一项认定可以获取不同来源或不同性质的审计证据;③ 与某项认定相关的审计证据并不能替代与其他认定相关的审计证据。

可靠性是指证据的可信程度或值得信任的程度。证据可靠性越强,就越能使注册会计师相信财务报表的反映是公允的。证据的可靠性只与所选用的审计程序有关。扩大样本规模或选择不同的样本项目并不能提高证据的可靠性。可靠性只能通过选用审计程序来提高,审计证据的可靠性受到其来源和性质的影响,并取决于获取审计证据的具体环境。注册会计师通常按照下列原则考虑审计证据的可靠性:

(1) 从外部独立的来源获取的审计证据比从其他来源获取的审计证据更可靠。这是从提供证据者的独立性角度考虑的，从企业外部取得的证据要比从企业内部取得的证据更可靠。例如，从银行、律师或顾客那里取得的外部证据，一般认为比向客户提问所得到的答复更可靠。不过从外部来源获取证据时需要考虑证据提供者的资格。除非证据提供者具备提供证据的资格，否则，即使他是独立的，证据也不会可靠。据此还可以推论，如果注册会计师不具备评价证据的资格，那么即使是他直接取得的证据，也有可能不具可靠性。

（2）内部控制有效时内部生成的审计证据比内部控制薄弱时内部生成的审计证据更可靠。这是从客户内部控制的有效性角度考虑的。在客户内部控制有效时所取得的证据要比控制薄弱时所取得的证据更可靠。例如，如果销售和开票业务的内部控制有效，那么注册会计师就能从销售发票和发货单中取得比控制不健全时更有证明力的证据。

（3）直接获取的审计证据比间接获取或推论得出的审计证据更可靠。这是从注册会计师的直接认识的角度考虑的。注册会计师通过实物检查、观察、计算和文件检查等直接获得的证据比间接获得的信息更有证明力。

（4）以文件、记录形式（无论是纸质、电子或其他介质）存在的审计证据比口头形式的审计证据更可靠；从原件获取的审计证据比从传真或复印件获取的审计证据更可靠；客观证据比需要经过大量主观判断才能确定其是否正确的证据更可靠。

审计工作极少涉及鉴定文件记录的真伪，但注册会计师需要考虑用作审计证据的信息的可靠性，并考虑与这些信息生成与维护相关的控制。如果在实施审计程序时使用被审计单位生成的信息，注册会计师首先应当就这些信息的准确性和完整性获取审计证据。如果发现文件存在伪造或篡改迹象时，注册会计师应当考虑被审计单位存在舞弊的可能性，必要时利用专家的工作。如果针对某项认定从不同来源获取的审计证据或不同性质的审计证据能够相互印证，则与该项认定相关的审计证据具有更强的说服力。如果从不同来源获取的审计证据或不同性质的审计证据不一致，可能表明某项审计证据不可靠，注册会计师应当追加审计程序予以解决。

注册会计师还要考虑获取审计证据的成本与所获取信息的有用性之间的关系，但不应将获取审计证据的成本高低和难易程度作为减少不可替代的审计程序的理由。

审计证据的及时性主要是指收集证据的时间要求，也包含对审计证据所覆盖期间的要求。对资产负债表账户来说，证据的取得越是接近于结账日，其证明力就越强。对利润表账户来说，从被审计的整个会计期间内选取样本所获得的证据，比仅从一部分期间内选取样本所获得的证据更有证明力。例如，从全年销售业务中随机选取的样本，比仅从上半年销售业务中选取的样本更有证明力。

证据的证明力只有在综合考虑了充分性、相关性、可靠性和及时性以后才能加以评价。大量的证据除非与所测试的审计目标相关，否则不会具有证明力。大量的相关证据如果不具备可靠性和及时性，也会缺乏证明力。

在四项审计证据决策和四项决定审计证据证明力的因素之间存在着直接关系，如表4-3所示。

表 4-3 审计证据决策与审计证据证明力之间的关系

审计证据决策	影响证据证明力的质量因素
审计程序	适当性 • 相关性 • 可靠性——提供证据者的独立性 ——内部控制的有效性 ——证据的直接获取 ——存在形式、原件、客观
样本规模和选取样本项目	充分性 • 样本规模足够大和证据足够多 • 选取恰当的样本项目
时间安排	及时性 • 何时实施审计程序 • 审计所覆盖的期间

三、获取审计证据的审计程序

注册会计师要对获取的审计证据的内容、数量和质量做到心中有数，在此基础上要明确为获取审计证据所应实施的审计程序，要充分运用各类交易、账户余额、列报与披露的认定，以作为评估重大错报风险、设计与执行审计程序的基础。注册会计师获取审计证据的程序区分为总体程序和具体方法，总体程序包括风险评估程序、控制测试和实质性程序，具体方法包括检查记录和文件、检查有形资产、观察、询问、函证、重新计算、重新执行和分析性程序。

为了及时获取充分、适当的审计证据，注册会计师实施的总体审计程序及相应要实现的目的是：

(1) 风险评估程序，旨在了解被审计单位及其环境，包括内部控制，以评估财务报表层次和认定层次的重大错报风险。一般来说，风险评估程序本身并不足以为发表审计意见提供充分、适当的审计证据，注册会计师还需要实施进一步审计程序，包括在必要时或决定测试内部控制时实施的控制测试和实质性程序。

(2) 控制测试，旨在测试内部控制在防止或发现并纠正认定层次重大错报方面的运行有效性。当存在下列情形时，控制测试是必要的：① 对风险的评估预期内部控制的运行是有效的，注册会计师应当实施控制测试以支持评估结果；② 当仅实施实质性程序不足以提供充分、适当的审计证据时，注册会计师应当实施控制测试，以获取内部控制运行有效性的审计证据。

(3) 实质性程序，旨在发现认定层次的重大错报，实质性程序包括对各类交易、账户余额、列报与披露的细节测试及实质性分析程序。注册会计师要针对重大错报风险的相关评估，包括实施风险评估程序的结果和在必要时实施控制测试的结果，计划和实施实质性程序。注册会计师对重大错报风险的评估是一种判断，并且内部控制存在固有局限性，无论评估的重大错报风险结果如何，注册会计师都必须针对重大的各类交易、账户余额、列报与披露实施实质性程序，以获取充分、适当的审计证据。

注册会计师可以采用下列具体方法和审计程序获取审计证据：

（1）检查记录或文件。检查记录或文件是指注册会计师对被审计单位内部或外部生成的，以纸质、电子或其他介质形式存在的记录或文件进行检查。检查记录或文件可提供可靠程度不同的审计证据，审计证据的可靠性取决于记录或文件的来源和性质。检查记录或文件是每一次审计业务中都广泛采用的审计程序，因为审计师可以较低的成本取得这类证据。

各种文件可以很容易地分为内部文件和外部文件。内部文件是在客户单位内部编制和使用的，并且从未经过外部人员之手的文件。外部文件是曾经过客户单位外部某些人员之手的文件，这些人员是该文件所记录的业务的一方当事人。该文件目前在被审计客户之手或随时可以取得。在某些情况下，外部文件产生于被审计客户单位外部，最后流入客户手中。

（2）检查有形资产。检查有形资产是指注册会计师对资产实物进行检查。检查有形资产可为其存在性提供可靠的审计证据，但不一定能够为权利和义务或计价认定提供可靠的审计证据。检查有形资产实物是验证资产确实存在的直接手段，检查结果被视为最可靠、最有用的审计证据。一般来说，检查有形资产是认定资产数量和规格的一种客观手段，在某些情况下，它还是评价资产状况和质量的一种有用方法。不过在许多情况下，注册会计师并没有能力去判断诸如陈旧或真实性之类的质量因素。

（3）观察。观察是利用感官去评价某些活动，它是指注册会计师察看相关人员正在从事的活动或执行的程序。观察提供的审计证据仅限于观察发生的时点，并且可能影响对相关人员从事活动或执行程序的真实情况的了解。在整个审计过程中，注册会计师有很多机会利用视觉、听觉、触觉以及嗅觉去感知和评价各种各样的事物。例如，注册会计师到车间参观，可以取得对设备和生产过程的总体印象，通过仔细察看设备的磨损情况，可以评价设备的新旧程度；通过观察生产线的运行速度和工人的工作效率，可以判断产品的生产状况；通过观看会计流程，可以确定会计人员履行其职责的情况。观察本身并不是充分的证据，但是通过观察有了初步印象以后，可以确定进一步收集证据的方向和类别，以便使用其他类型的确证证据对观察的结果加以证实。

（4）询问。询问是指注册会计师以书面或口头方式，向被审计单位内部或外部的知情人员获取财务信息和非财务信息，并对答复进行评价的过程。知情人员对询问的答复可能为注册会计师提供尚未获悉的信息或佐证证据，也可能提供与已获悉信息存在重大差异的信息，注册会计师可以根据询问结果考虑修改审计程序或追加审计程序。尽管通过询问可以从客户那里获得大量的证据，但通常不能把询问结果作为结论，因为它有可能带有回答者的偏见。询问通常不足以发现认定层次存在的重大错报，也不足以测试内部控制运行的有效性，注册会计师还应当实施其他审计程序获取充分、适当的审计证据。

（5）函证。函证是指注册会计师为了印证影响财务报表认定的账户余额或其他信息，以被审计单位的名义向第三方发出询证函，获取和评价审计证据的过程。由于函证来自于独立于被审计单位的第三方，因而是受到高度重视的一种常用取证手段。但是，进行函证要花费较高的成本，并可能会给被函证人带来一定的不便。因此，并不是在每一种可运用函证的情况下都运用函证。究竟是否应当使用函证，要取决于在当时情况下所要求的可靠性以及是否有可替代证据。一般来说对于应收账款，只要可行且合理，注册会计师就必须进行抽样函证，因为应收账款通常是财务报表中的一个重要余额，而函证结果又是应收账款的一种高度可靠的证据。出于证据可靠性的考虑，注册会计师必须控制函证从编制、寄发到收到回函为止的整个过程。

（6）重新计算。重新计算是指注册会计师以人工方式或使用计算机辅助审计技术，对记录或文件的数字准确性进行核对。对计算的重复操作是测试客户计算的正确性，如重新计算销售发票单价与数量的乘积、存货计价中的加权平均单价，重新加总日记账与明细账中小计、合计、月结、过账等数据。

（7）重新执行。重新执行是指注册会计师以人工方式或使用计算机辅助审计技术，重新独立执行作为被审计单位内部控制组成部分的程序或控制。通过重新执行，弄清被审计单位内部控制制度是否健全，实际存在的内部控制运行是否有效。重新执行需要事前进行周密的设计，并且需要被审计单位管理层和相关人员的积极配合。

（8）分析程序。分析程序是指注册会计师通过研究财务数据之间、非财务数据之间以及财务数据与非财务数据之间的内在关系，对财务信息做出评价。分析程序还包括调查与其他相关信息不一致或与预测数据严重偏离的波动和关系。分析程序利用比较和对照的方法来确定账户余额或其他数据是否合理。在所有审计业务的计划阶段和完成阶段，一般都必须实施分析程序。

在实施风险评估程序、控制测试或实质性程序时，注册会计师可根据需要单独或综合运用以上所述审计程序，以获取充分、适当的审计证据。审计程序的性质和实施时间可能受到财务数据和其他相关信息的生成和储存方式的影响，注册会计师需要提请被审计单位保存和提供某些信息以供查阅，或在信息可获得时执行审计程序。

某些会计数据和其他信息只能以电子形式存在或只能在某一时点或某一期间得到，注册会计师应当考虑这些特点对审计程序性质和时间的影响。当信息以电子形式存在时，注册会计师可以通过使用计算机辅助审计技术实施某些审计程序。

各种具体方法的成本各不相同。成本最高的两种方法是检查有形资产和函证。检查有形资产成本高，是因为注册会计师在客户盘点资产时通常要在场，例如，对存货的实物检查可能导致多名审计人员在相距较远的地区之间奔波。函证的取证方法的成本高是因为注册会计师在函证的编制、寄发、收回以及对未收到回函或发生意外事件的处理，都需要投入大量的精力，做非常详细的工作。

检查记录或文件和分析程序是成本适中的取证方法。如果在计划阶段设计好需要检查的记录和文件清单并提前足够的时间提交给客户，客户能够很好地配合，提前准备好并将它们按一定的逻辑关系组织起来，则检查记录或文件的取证方法成本较低。如果客户配合不好注册会计师必须亲自寻找各种记录或文件并要进行整理或组织，那么检查记录或文件成本就会较高。分析程序需要注册会计师决定采用哪些分析性测试程序和手段，并要进行大量的计算和对结果进行评价。这样的工作通常要花费大量的时间。

成本较低的是观察、询问、重新计算和重新执行这四类取证方法。这些审计取证方法通常与其他取证方法同步实施。例如,注册会计师在监盘存货(检查有形资产)的同时,观察存货的状态、询问客户的雇员并对存货明细账进行重新计算。观察和询问在每次审计业务中都广泛采用,并且通常成本较低。重新计算或重新执行通常成本较低是因为它们的操作对注册会计师来说有较强的可控性,比较容易进行调整和安排;再者,随着计算机技术和软件的开发和运用,对大量重新计算或重新执行工作的可控性进一步增强,而且效率大大提高,因而成本能保持在一个较低的水平上。

第三节　审计工作底稿

审计证据是形成审计工作底稿的重要组成部分,工作底稿也就成为审计证据的载体。工作底稿包括注册会计师在审计过程中形成的审计工作记录和获取的资料,是注册会计师对制订的审计计划、实施的审计程序、获取的相关审计证据,以及得出的审计结论做出的记录。工作底稿应当包括注册会计师认为恰当实施审计和为审计报告提供依据所必需的全部信息。审计工作底稿必须如实反映审计计划的制订及其实施情况,包括与形成和发表审计意见有关的所有重要事项以及注册会计师的专业判断。

审计工作底稿可以纸质、电子或其他介质形式存在。审计工作底稿通常包括总体审计策略、具体审计计划、分析表、问题备忘录、重大事项摘要、询证函回函、管理层声明书、核对表、有关重大事项的往来信件(包括电子邮件),以及对被审计单位文件记录的摘要或复印件等。审计工作底稿通常不包括已被取代的审计工作底稿草稿或财务报表草稿、对不全面或初步思考的记录、存在印刷或其他错误而修改前的文本以及重复的文件记录等。

一、审计工作底稿的目的和作用及其分类

(一)审计工作底稿的目的和作用

工作底稿的总体目的是帮助注册会计师合理地保证已按审计准则实施了恰当的审计,它要记录有关审计事项的未审情况、审计过程和经过审计后有关审计事项的审定情况。就其作用来说,有以下几个方面:

1. 为审计计划提供基础

注册会计师要恰当地计划本年度的审计工作,必须将必要的参考资料和了解到的各种情况归入到工作底稿中;工作底稿要全面反映当年度的审计工作,从而为审计计划提供基础。工作底稿中包括各种与计划有关的信息,如内部控制描述、各审计单元的时间预算、审计项目详细要求和以前年度审计结果等。

2. 为整个审计工作建立连接纽带

审计项目组的工作分工、在规定的时间内执行规定的审计程序、形成系统的支持性证据并最终得出结论,这些环节都需要通过审计工作底稿建立连接纽带。因此,审计工作底稿可以将审计项目组各个成员的工作有机地连接起来,以便对财务报表整体发表意见。

3. 为收集的证据和测试的结果提供记录

工作底稿是证明注册会计师已按独立审计准则实施了恰当审计工作的主要手段，它可以成为解脱或减轻其审计责任的依据。在必要时，注册会计师必须能够向管理机构和法庭证明，审计是经过妥善计划和恰当监督的，所收集的证据是具有充分证明力的，审计报告考虑了审计结果，因而是恰当的。

4. 为形成审计结论、发表审计意见提供依据

审计工作底稿可以为确定恰当的审计意见类型提供直接的数据。工作底稿为帮助注册会计师在特定情况下形成专业判断归集了各种证据，为确定适当的审计意见类型提供了重要信息来源。工作底稿中的数据可用来评价审计范围的充分性和财务报表的公允性。因此，工作底稿成为审计结论和审计意见的直接依据。

5. 为审计质量控制和质量检查提供基础

为保证审计质量，事务所的合伙人或其他管理者要对审计项目组中的各层次人员进行督导、对他们的工作进行复核。督导人员在评价审计结论所依据的证据是否具有充分证明力时，工作底稿是基本的参考资料。注册会计师协会或其他监管机构要进行审计质量检查，也主要是对审计工作底稿进行检查，所以工作底稿为审计质量控制和质量检查提供了基础。

6. 为未来审计业务提供有价值的参考资料

审计工作底稿就是审计工作的总结材料，可以为以后的审计工作提供有价值的参考资料。因为审计业务有一定的连续性，不同单位的审计、前后各期的审计都有一定的联系和共同点，所以各年度形成的审计工作底稿对以后年度审计业务具有参考和备查作用。

除了直接与审计报告有关的目的之外，工作底稿还有其他间接的作用。有时它们可以作为事务所为客户提供其他服务的依据，比如为客户提供纳税筹划服务、专项审计服务等，也可以成为为客户编制提交给政府监管部门的文件或报告的依据。此外，工作底稿还是培训工作人员的有用参考资料，许多事务所在内部培训中经常利用工作底稿作为培训教材，这样对以后各期的审计工作计划和协调十分有利。

（二）审计工作底稿的分类

审计工作底稿一般分为综合类工作底稿、业务类工作底稿和备查类工作底稿。

综合类工作底稿是指注册会计师在审计计划和审计报告阶段，为规划、控制和总结整个审计工作，并发表审计意见所形成的审计工作底稿，主要包括审计业务约定书、审计计划、未审计财务报表、试算平衡表、审计差异调整表、被审计单位声明书、审计报告底稿、管理建议书、审计总结以及注册会计师对整个审计工作进行组织管理的所有记录和资料。

业务类工作底稿是指注册会计师在审计实施阶段执行具体审计程序所形成的审计工作底稿，主要包括注册会计师对某一业务循环审计过程中或项目审计过程中进行符合性测试或实质性测试所做的记录和收集的资料，如某一业务循环的内部控制调查表、符合性测试工作表，各资产、负债、权益、收入、费用等项目实质性测试的工作底稿等。业务类工作底稿通常是在审计外勤工作中完成的。

备查类工作底稿是指注册会计师在审计过程中形成的、对审计工作仅具有备查作用的审计工作底稿，主要包括被审计单位设立组建方面的文件、营业执照、公司章程、组织结构和人员构成、各类合同和协议、各级管理层的会议记录、相关内部控制的制度文件等。

二、工作底稿的内容和组织

（一）工作底稿形成中的要求

注册会计师编制的审计工作底稿的基本要求是，应当使得未曾接触该项审计工作的有经验的注册会计师清楚了解：(1) 按照审计准则实施的审计程序的性质、时间和范围；(2) 实施审计程序的结果和获取的审计证据；(3) 就重大事项得出的结论。有经验的注册会计师，是指对审计过程、审计准则和相关法律法规的要求、被审计单位所处的经营环境、与被审计单位所处行业相关的会计和审计问题等方面有合理了解的注册会计师。

注册会计师在编制审计工作底稿时，应当做到内容完整、格式规范、标识一致、记录清晰、结论明确，以便工作底稿在使用、复核以及在审计质量控制和外部检查时，能够被其他注册会计师和有关人员理解和接受，确保相应的工作顺利进行。审计工作底稿中由被审计单位、其他第三者提供或代为编制的资料，注册会计师除应注明资料来源外，还应实施必要的审计程序，形成相应的审计记录。

审计工作底稿既不能过于烦琐，也不能过于简单，繁简程度要适当。这一要求把握起来有一定难度，以下基本因素可作为决策的参考：(1) 审计约定事项的性质、目的和要求；(2) 被审计单位的经营规模及审计约定事项的复杂程度；(3) 被审计单位的内部控制制度是否健全、有效；(4) 被审计单位的会计记录是否真实、合法、完整；(5) 是否有必要对业务助理人员的工作进行特别指导、监督和检查；(6) 审计意见类型。

（二）工作底稿的基本内容

在确定审计工作底稿的格式、内容和范围时，注册会计师需要考虑下列因素：(1) 拟实施审计程序的性质；(2) 已识别的重大错报风险；(3) 在执行审计工作和评价审计结果时需要做出判断的范围；(4) 已获取审计证据的重要程度；(5) 已识别的例外事项的性质和范围；(6) 如果根据已实施的工作和获取的审计证据能够得出结论，记录该结论的必要性；如果根据已实施的工作和获取的审计证据不能得出结论，记录不能得出结论的原因；(7) 使用的审计方法和工具。

注册会计师编制的审计工作底稿一般包括下列基本内容：(1) 被审计单位名称；(2) 审计项目名称；(3) 审计项目时点或期间；(4) 审计过程记录；(5) 审计标识及其说明；(6) 审计结论；(7) 索引号及页次；(8) 编制者姓名及编制日期；(9) 复核者姓名及复核日期；(10) 其他应说明事项。

表 4-4 列示了一个审计工作底稿的基本内容。

表 4-4　审计工作底稿的基本内容

客户名称：______________ 审计日期：______________			索引号：______________ 页　次：______________
审计项目：应收票据			
	工作底稿索引号	例外是/否	签名及日期
审计目标			
1. 确定应收票据是否存在；			
2. 确定应收票据是否归被审计单位所有；			
3. 确定应收票据的增减变动的记录是否完整；			
4. 确定应收票据是否有效，可否收回；			
5. 确定应收票据的期末余额是否正确；			
6. 确定应收票据在会计报表上的披露是否恰当。			
审计程序			
1. 核对应收票据的明细账、总账的余额与报表金额是否相符；			
2. 获取或编制资产负债表日应收票据明细表，并检查明细表各项余额的加计是否正确，从应收票据明细表总数追查到总分类账，并抽查部分票据，检查其内容是否正确，将所检查的票据项目追查到应收票据明细账，并与有关文件核对；			
3. 监盘库存票据，并与应收票据登记簿的有关内容核对；注意票据的种类、号数、签收的日期、到期日、票面金额、合同交易号、付款人、承兑人、背书人姓名或单位名称，以及利率、贴现率、收款期、收回金额等是否与应收票据登记簿相符。			
4. 检查是否存在已作抵押、质押的票据和银行退回的票据；			
5. 必要时，抽取部分票据向出票人函证，证实其存在性和可收回性；			
6. 检查应收票据的利息收入是否均已正确入账；			
7. 核对已贴现的应收票据，其贴现额与利息额的计算是否准确；会计处理方法是否恰当。			
8. 检查应收票据是否已在资产负债表上恰当披露；			
9. 需要增加的审计程序和方法：			
复核人：__________ 日期：__________	意见：		
经　理：__________ 日期：__________	意见：		
主　任：__________ 日期：__________	意见：		

每个会计师事务所都有自己编制和组织工作底稿的方法，新加入一个事务所的审计人员必须熟悉并遵循其所在事务所的方法。

三、审计档案

注册会计师在审计工作过程中和结束后要对审计工作底稿进行分类整理，最终形成审计档案。对每一具体审计业务，注册会计师都将审计工作底稿归整为审计档案。审计档案分为永久性档案和当期档案。永久性档案是指那些记录内容相对稳定，具有长期使用价值,并对以后审计工作具有重要影响和直接作用的审计档案。当期档案是指那些记录内容经常变化,供当期审计使用和下期审计参考的审计档案。

永久性档案包括某一客户与审计有关的历史性或连续性的资料。这些档案为审计中需要年复一年持续关注的事项提供了方便的信息来源。永久性档案通常由以下内容构成:

(1) 重要的公司文件的摘录或复印件,如公司成立或组建的相关文件、公司章程、债券契约、合同或协议等。合同或协议既包括与其他公司或组织之间的合同或协议,如租赁合同、采购协议等,也包括与职工或其他个人之间的合同或协议,如退休金计划、认股权证等。这些文件在其有效期内都是很重要的档案。

(2) 以前年度的各种账户分析表,这些分析表具有连续使用的价值,对以后年度的审计具有可比性,包括长期投资、商誉、固定资产、长期负债、股东权益等账户的分析表。在永久性档案中记录这些信息,可以使注册会计师能够在保持以前年度审计结果可供复核和比较的同时,把精力集中在分析本年度余额的变动上。

(3) 与调查内部控制和评价控制风险有关的资料。这些资料包括组织系统图、业务流程图、内控调查表和其他与内部控制有关的文件和资料,其中有些文件资料是注册会计师在审计过程中记录的内部控制中的控制点和薄弱环节的内容。

(4) 以前年度分析性测试结果。这些数据包括注册会计师计算的各种比率、因素分析的结果、构成比例等,还有某些反映动态或趋势变化的数据如账户的全年余额或每月余额。这些信息可以帮助注册会计师确定本年度发生异常变动的账户,从而进行更广泛的审查。

有些会计师事务所将分析性测试结果与调查内部控制和评价控制风险的资料列为当期档案,而不列为永久性档案,这些事务所认为这些工作每年都要做,会有不同的结果,因而应属于当期档案。

当期档案包括被审计年度当年应用和形成的工作底稿。每一个客户都有一套永久性档案,每一年的审计都有一套当期档案。当期档案中主要包括以下内容:

(1) 审计工作计划。审计工作计划是当期审计工作实施的指南,是审计项目组成员之间进行协调与综合的依据。每一名注册会计师都会随着审计的进展,在审计工作计划中标注已完成的审计程序并注明完成日期。在审计工作底稿中包括设计完善并认真实施的审计工作计划,是实施了高质量审计的一个有力证据。

(2) 一般性资料。这些工作底稿所包括的本期资料是概括性的,一般不用来证明具体的财务报表余额。这类工作底稿主要包括:与客户管理层的讨论记录和往来函件、董事会会议记录的摘录或复印件、与律师往来的函件、与其他注册会计师往来的函件、与内部审计师沟通的记录、未列入永久性档案的合同或协议的摘录、与客户的会谈纪要、工作底稿复核意见和一般性结论等。对控制风险的评价记录也可包括在内。

(3) 试算表及账户余额核实工作底稿。财务报表是以总账和相关明细账为基础编制的,因此,总账和相关明细账中记录的金额就是审计的重点。在结账日后,注册会计师一般会尽早向客户索取包括总账和相关明细账账户余额的年末余额表,这就是工作底稿试算表。根据试算表工作底稿,开始进行账户余额的实质性测试并取得和积累支持性证据。

四、编制与复核

每一次审计的重要组成部分或工作的主要内容就是正确地编制工作底稿，记录所收集的审计证据、所发现的问题和所得出的结论。注册会计师按照独立审计准则的要求，要收集和编制如下常用的审计工作底稿：

（1）与被审计单位设立有关的法律性资料，如企业设立批准证书、营业执照、合同、协议、章程等文件或变更文件的复制件；

（2）与被审计单位组织机构及管理人员结构有关的资料；

（3）重要法律文件、合同、协议和会议记录的摘录或副本；

（4）对被审计单位相关内部控制制度的研究与评价记录；

（5）审计业务约定书；

（6）被审计单位的未审计财务报表及审计差异调整表；

（7）审计计划；

（8）实施具体审计程序的记录和资料；

（9）与被审计单位、其他审计人员、专家和其他人员的会谈记录、往来函件；

（10）被审计单位声明书；

（11）审计报告、管理建议书底稿及副本；

（12）审计约定事项完成后的工作总结；

（13）其他与完成审计约定事项有关的资料。

审计工作底稿中可以使用各种审计标识，但使用标识时需要说明其含义，并保持前后一致。审计工作底稿要有索引编号及顺序编号。相关审计工作底稿之间，要保持清晰的钩稽关系。相互引用时，需交叉注明索引编号。

会计师事务所必须建立审计工作底稿复核制度。各复核人在复核审计工作底稿时，需做出必要的复核记录，书面表示复核意见并签名。在复核工作中，各复核人如发现已执行的审计程序和做出的审计记录存在问题，应指示有关人员予以答复、处理，并形成相应的审计记录。

在审计报告日后，如果出现例外情况要求注册会计师实施新的或追加的审计程序，或导致注册会计师得出新的结论，注册会计师必须记录：遇到的例外情况；实施的新的或追加的审计程序，获取的审计证据以及得出的结论；对审计工作底稿做出变动及其复核的时间和人员。这里所称的例外情况，主要是指审计报告日后发现与已审计财务信息相关且在审计报告日已经存在的事实，该事实如果被注册会计师在审计报告日获知，可能影响审计报告。

五、工作底稿的管理

（一）所有权与保管

在审计过程中所编制和收集的工作底稿，包括由客户代替注册会计师编制的工作底稿，都是事务所的财产。也就是说审计工作底稿的所有权属于接受委托进行审计的会计师事务所。任何其他人，包括客户在内，只有在法庭将工作底稿作为法律证据传讯时，才有法定权力去审查工作底稿。在审计完成后，工作底稿要由会计师事务所保留，以供将来参考。

无论工作底稿以纸质、电子还是其他介质形式存在，会计师事务所都必须针对工作底稿设计和实施适当的控制，以便使工作底稿清晰地显示其生成、修改及复核的时间和人员，在业务的所有阶段，尤其是在项目组成员共享信息或通过互联网将信息传递给其他人员时，保护信息的完整性，防止未经授权改动工作底稿，允许项目组和其他经授权的人员为适当履行职责而接触工作底稿。

审计业务完成后工作底稿要尽快归档，对历史财务信息的审计形成的工作底稿的归档期限为业务报告日后 60 天内。会计师事务所必须制定政策和程序满足以下要求：(1) 对工作底稿要安全保管并要保密；(2) 保证工作底稿的完整性；(3) 便于对工作底稿的使用和检索；(4) 按照规定的期限保存工作底稿。

根据独立审计准则的规定，审计档案的保管年限如下：(1) 当期档案自审计报告签发之日起至少保存 10 年；(2) 永久性档案应长期保存；(3) 不再继续审计的被审计单位，永久性档案的保管年限与最近一年当期档案的保管年限相同。对于保管期限届满的审计档案，会计师事务所可以决定将其销毁。销毁时，应当按照规定履行必要的手续。

(二) 保密与查阅

在审计过程中，注册会计师可以获取客户大量的机密信息，未经客户允许，注册会计师不得披露他在执业时所获取的任何机密信息。如果注册会计师将这些信息泄露给客户外部人员或不应接触这些信息的雇员，则违反了职业行为规范和审计准则，由此给客户带来损失的还会引来法律诉讼。因此，会计师事务所必须建立审计工作底稿保密制度，对审计工作底稿中涉及的商业秘密保密。

由于下列情况需要查阅审计工作底稿的，不属于泄密：(1) 取得客户的授权；(2) 根据法律法规的要求，会计师事务所为法律诉讼准备文件或提供证据，以及向监管机构报告发现的违反法规行为；(3) 法院、检察院及其他部门依法查阅，并按规定办理了必要手续；(4) 接受注册会计师协会和监管机构依法进行的质量检查。

因审计工作需要，并经委托人同意，在下列情况下，不同会计师事务所的注册会计师可以要求查阅审计工作底稿：(1) 被审计单位更换会计师事务所；(2) 审计合并会计报表；(3) 联合审计；(4) 会计师事务所认为合理的其他情况。

拥有审计工作底稿的会计师事务所应当对要求查阅者提供适当的协助，并根据审计工作底稿的内容及性质，决定是否允许要求查阅者阅览其审计工作底稿，以及复印或摘录有关内容。查阅者因误用审计工作底稿而造成的后果，与拥有审计工作底稿的会计师事务所无关。

本章提要

1. 财务报表审计的总体目标是注册会计师通过执行审计工作，对财务报表整体是否不存在由舞弊或错误导致的重大错报获取合理保证，使得注册会计师能够对财务报表是否在所有重大方面按照适用的会计准则和相关会计制度编制发表审计意见，并且按照审计准则的规定，根据审计发现对财务报表出具审计报告，并与管理层和治理层沟通。

2. 查错揭弊不是审计的主要目标，但是查不出被审计单位存在着的错误和舞弊，提出的审计意见不正确的风险会很大。在风险导向审计的指导下，人们提高了对查错揭弊目标的认识。要提高审计意见的正确性，就要提高查错揭弊目标的水平。注册会计师对待被审计单位违反法规行为的一般原则与对待错误和舞弊行为一样，发现和报告违法行为的责任可分为三个层次。

3. 管理层的认定是指被审计单位管理层对财务报表各组成要素的确认、计量、列报与披露做出的明确或隐含的表达。对各类交易和事项运用的认定分为：发生、完整性、准确性、截止、分类。对期末账户余额运用的认定分为：存在、权利和义务、完整性、计价和分摊。对列报与披露运用的认定分为：发生及权利和义务、完整性、分类和可理解性、准确性和计价。

4. 表达审计意见是审计的总目标，要实现这一总目标还需要将其具体化为审计的具体目标。审计具体目标又分为一般审计目标和项目审计目标。一般审计目标具有普遍性，是所有审计项目均需达到的目标；项目审计目标具有特殊性，是某个特定审计项目要达到的目标。具体目标确定之后才能据此确定应收集怎样的审计证据。

5. 审计证据是注册会计师为了得出审计结论、形成审计意见而使用的所有信息，包括财务报表依据的会计记录中含有的信息和其他信息。注册会计师必须获取充分、适当的审计证据，以得出合理的审计结论、作为形成审计意见的基础。注册会计师收集证据的决策包括以下四项：收集多少证据、选取哪些证据、采用什么手段、确定何时实施。审计证据按其外形特征可分为实物证据、书面证据、口头证据和环境证据四大类。

6. 审计证据的证明力要求审计证据要满足充分性和适当性的条件。注册会计师采用下列具体方法和审计程序获取审计证据：(1) 检查记录或文件；(2) 检查有形资产；(3) 观察；(4) 询问；(5) 函证；(6) 重新计算；(7) 重新执行；(8) 分析程序。

7. 工作底稿包括注册会计师在审计过程中形成的审计工作记录和获取的资料，是注册会计师对制订的审计计划、实施的审计程序、获取的相关审计证据以及得出的审计结论做出的记录。审计工作底稿一般分为综合类工作底稿、业务类工作底稿和备查类工作底稿。

8. 注册会计师在审计工作过程中和结束后要对审计工作底稿进行分类整理，最终形成审计档案。审计档案分为永久性档案和当期档案。在审计过程中所编制和收集的工作底稿，包括由客户代替注册会计师编制的工作底稿，都是事务所的财产。会计师事务所必须建立审计工作底稿保密制度，对审计工作底稿中涉及的商业秘密保密。

练习与思考

1. 一般公众对注册会计师查找舞弊行为(包括盗用资产和虚构财务报告)的责任有不同的看法。请解释注册会计师的审计目标以及在查找舞弊行为方面承担的责任。

2. 以下是管理层对应收账款的认定与审计应收账款余额相关的审计目标。要求对每项应收账款余额相关的审计目标，确定相应的管理层认定。

管理层认定：(1) 存在或发生；(2) 完整性；(3) 计价与分摊；(4) 权利和义务。

应收账款余额相关的审计目标：(1) 没有未入账的应收账款；(2) 应收账款没有被出售或者贴现；(3) 可收回性存在疑问的科目已进行了备抵；(4) 不可收回的应收款项已经核销；(5) 所有列示的应收科目都预计在一年内收回；(6) 所有反映应收项目实质的协议或者合约都进行了核实；(7) 所有列示的应收科目都是由正常的业务产生的，并且不涉及关联方；(8) 销售收入的跨年度分期是恰当的。

3. 以下是管理层对现金的认定与审计现金交易相关的审计目标。要求对每项交易相关的审计目标，确定相应的管理层认定。

管理层认定:(1) 发生;(2) 完整性;(3) 准确性;(4) 截止;(5) 分类。

现金交易相关的审计目标:(1) 入账的现金支出交易都是已获得的货物或者服务,并且都正确计量;(2) 现金支出交易与相应的应付账款核对相符,并且被正确汇总;(3) 入账的现金收入是源于实际售出的货品或者服务;(4) 现有的现金交易都被记录了;(5) 现金交易被记录在正确的日期。

4. 项目审计目标与一般审计目标的区别是什么?二者间的关系如何?

5. 以下是对资产负债表余额审计的一般审计目标,以及对固定资产和设备进行审计的具体审计目标。对每项一般审计目标,匹配确定一项或多项相关的具体审计目标。

一般审计目标:(1) 真实性;(2) 完整性;(3) 金额正确性;(4) 分类正确性;(5) 权利和义务;(6) 过账和汇总正确性。

固定资产和设备的具体审计目标:(1) 没有使用中未入账的固定资产;(2) 公司的资产都有有效的所有权证书;(3) 固定资产和设备的明细账都与总账一致;(4) 固定资产都是实际存在的,并都在原有用途下使用;(5) 固定资产和设备都得到了正确的计量;(6) 公司具有使用租来的资产的合法权利;(6) 抵押的固定资产和设备都有相关的证据并得到了适当的披露;(7) 与固定资产和设备相关的现金支出、应计费用都是恰当的;(8) 费用科目不包含应当资本化的金额;(9) 折旧是基于可被接受的方法确定的,并且计算正确;(10) 固定资产减值得到了恰当的调整。

6. 确认以下各项审计工作属于获取审计证据的具体方法(检查记录或文件、检查有形资产、观察、询问、函证、重新计算、重新执行、分析程序)中的哪一种:

(1) 与信用管理经理复核应收账款以确认其可收回性;
(2) 在打卡机旁看是否有员工重复打卡;
(3) 与客户员工一起盘点存货项目并将金额记录在工作底稿中;
(4) 从客户律师处获得确认信以说明律师未发现任何现存法律诉讼;
(5) 测试存货列表中的存货成本以及数量以检验其准确性;
(6) 从客户的保险公司处获得确认信以确认建筑物和设备投保火险的金额;
(7) 检查建筑物和设备火险的合同;
(8) 计算销售成本占销售收入的比重,以确定毛利率的合理性;
(9) 让客户填写问卷以获得内控的信息;
(10) 核对现金支出总额与日记账;
(11) 检查某项设备以确定计划的采购已购入并在运行;
(12) 计算销售佣金占销售额的比重以确定销售佣金的合理性;
(13) 检查公司有关会议记录已确定发行债券的授权;
(14) 从管理层获得确认信以认定没有未入账的负债;
(15) 复核每个月的修理和维护费总额以确认是否有某个月的金额不正常的偏大;
(16) 对比销售发票与销售日记账,以确定客户姓名和金额;
(17) 加总销售日记账分录以确认总额是否正确;
(18) 从银行处获得书面证明证实客户的存款以及负债。

7. 请讨论以下有关审计证据可靠性的一些原则:(1) 函证获得的证据比通过客户访谈获得的证据更可靠;(2) 内部控制有效时内部生成的审计证据比内部控制薄弱时内部生成的审计证据更可靠;(3) 通过实物检查、观察、计算和文件检查等直接获得的证据比间接获得的证据更可靠;(4) 从原件获取的审计证据比从传真或复印件获取的审计证据更可靠。

8. 请说明审计工作底稿的作用。

案例分析

会计核算不合规范的做假账手段

1. 不恰当的借款费用核算方法

案例：运用不恰当的借款费用核算方法——根据不同情况，长期借款利息可以计入开办费、在建工程、财务费用等。

某些上市公司就利用借款费用的会计处理方法调节利润。例如，金路公司在1997年年报中，以多计资本化利息、少转财务费用等手段虚增利润3 415.17万元，同时，原四川德阳会计师事务所未勤勉尽责，为金路公司1997年年报出具了无保留意见的审计报告。2001年，中国证监会根据有关证券法规，对金路公司处以警告并罚款100万元，对相关责任人处以警告并分别罚款；对原四川德阳会计师事务所做出了没收20万元，并罚款20万元的处罚，对签字注册会计师分别做出罚款并暂停证券从业资格1年的行政处罚。

反思：对于这种情况，注册会计师可以依据各种负债的明细表等，复查债务利息，根据各种债务的利率和期限，复核各种债务利息会计处理是否恰当。

2. 不恰当的股权投资核算

案例：运用不恰当的股权投资核算方法——典型的公司有张家界。1998年8月，张家界公司以2 160万元从香港一公司购得张家界地区有关公路的权益。按合同约定，该权益包括资本金和投资利息补偿，且当年应收回591万元投资回收款。公司将这笔款全部计入其他业务利润，在扣除63万元摊销费用后，差额528万元虚增了利润。

反思：对于张家界的例子，注册会计师可以通过审查投资业务，查阅被审单位管理当局或董事会的会议记录或决议，查出相关的漏洞。

3. 不计或少提折旧

案例：不计提或少计提利息、折旧、减值准备——一些企业的资产投资回报率不高，又面临巨大的计提折旧、利息和减值准备的压力，就可能会采取这种方法。

例如，2000年，会计师事务所对深中浩的财务报告提出了五点保留意见，其中涉及公司对8 065万元的呆账未及时处理和4 824万元的待处理流动资产损失未予处理等等。

又如2001年被财政部通报批评的福建福联，长期股权投资账表不符2 885万元，少提法定盈余公积192万元，少提公益金96万元，少提坏账准备107万元。

反思：对于以上违法现象，注册会计师应当采用的审计程序有：获得有关明细表、通过分析性程序分析有关费用的变动趋势、审查异常和重要的项目等。

4. 不当收入、费用确认方法

案例：使用不当的收入、费用确认方法——提前确认收入、推迟结转成本，或者提前确认成本费用、推迟确认收入是一些企业常用的会计报表粉饰方法。

1995—1996年，张家界公司先后与张家界电业局、深圳金达贸易有限公司、深圳达佳贸易有限公司签订364亩土地转让合同，金额计7 965.9万元，并约定土地使用证在买方付款后移交。公司在未开具发票和收到款项，亦未转让土地使用权的情况下，将约定的以上转让金确认为1996年收入，使收入虚增7 965.9万元，税前利润虚增2 165万元。1997年，公司与张家界土地房产开发公司、深圳凯莱德实业公司、湖南兆华投资公司签订了150亩土地转让协议，金额合计4 295万元。协议约定，受让方需在半年内付清全部价款，才能得到土地使用权证。公司在未开具发票和收到款项，土地使用权亦未转移的情况下，将以上转让金确定为当年收入，使收入虚增4 295万元。

北满特钢与母公司财务核算不规范，关联交易未确认收入6 620万元，未确认支出7 905万元，少计其他业务收入1 986万元等，致使虚增资产2 399万元，虚增利润2 590万元。北满特钢因此遭到财政部批评。

反思：对于这几个案例，注册会计师需要采取收入循环和支出循环审计，通过截止测试等手段发现不恰当的收入、费用确认方法。

总之，上市公司如果故意采用不恰当的会计政策，注册会计师应当采用多种方法获取审计证据，来查实虚假会计信息。

（摘自"五大做假账的手段"，特约撰稿：李若山、金日方、洪剑峭，21世纪经济报道，2002-02-20）

要求：

1. 审计师怎样才能想到这些问题？

2. 应当收集哪些证据回答这些问题？

情景模拟

1. 在审计国发公司时，你进行了比率和趋势分析。除了以下几项，没有发现其他重大差异，请评估以下各项变动反映出账户余额或其他数据是否合理，对财务报表将会有怎样的影响：

（1）佣金费用占销售额的比率在过去很多年都维持稳定，但在今年却大幅增加，佣金支付标准没有改变；

（2）存货周转率连续4年中持续下降；

（3）存货占流动资产的比重在过去4年中持续增加；

（4）应收账款周转天数在过去3年持续增加；

（5）坏账准备占应收账款的比率在过去3年持续降低；

（6）绝对折旧费用和折旧费用占固定资产总额的比例明显低于前一年度。

2. 甲会计师事务所的审计项目组在对ABC公司进行的年度财务报表审计中，抽查有关存货的记录时发现有两笔原材料入库业务没有采购记录，当要求公司管理层进行解释时，管理层提供了一份采购合同，并称由于是长期客户关系，材料款可以以后再付。其他各项审计工作都按照审计准则的规定尽职地完成了。但是由于ABC公司管理层采取了十分隐蔽手段导致该审计项目组未能发现财务报表中包含的重大错报。这一错报是高估存货，而且这种虚报存货的舞弊行为实际不止一年，其结果是掩盖了公司财务状况日益恶化的情形。这一舞弊行为在最近一次会计信息质量检查中被检查人员发现，并很快通知了证监会。随后的调查显示公司已经濒于破产，消息走漏后该公司股价也在短短1个月内从26元下跌到10元。蒙受损失的股东除一般投资者外还包括养老基金、高校捐赠基金等。中注协也介入进行调查，甲会计师事务所向中注协调查组提供了各种审计工作底稿并进行了必要的解释，在对以前年度审计工作进行了详细的检查后中注协调查组认为该所审计项目组提供的审计服务基本遵守了审计准则的规定，并在非正式的场合表示期望审计师发现这一舞弊是不合理的。但是有消息表明，受损失的投资者要对包括甲会计师事务所在内的有关方面提起诉讼。

请分析说明甲会计师事务所在该案件中的责任。你认为谁应当承担财务报表错报给投资者造成的损失？是投资者自身还是其他哪一方？如果你是甲会计师事务所的审计项目组成员，你如何应对有可能对你们事务所提起的诉讼？

小组讨论

相对于司法活动中的法律证据、科研活动中的科学证据，审计证据有何异同点。

第五章

审计计划、重要性和审计风险

本章目的

通过本章的学习，你应该掌握审计计划的重要意义和审计计划的内容及编制过程，弄清什么是重要性概念、为什么需要审计重要性原则以及如何运用该原则，理解审计风险的概念、审计风险模型的演变和新模型的理论及运用。本章结合风险导向审计的理念和方法进行阐述，探讨风险导向审计理念对审计计划、审计重要性和审计风险的影响。

引例

对客户业务不了解会导致审计风险

马韦伯是事务所的高级合伙人，在事务所每年新招聘的审计人员培训班上，他都要给新员工讲上一课，他非常喜爱这项工作，总是结合自己多年的工作经验来讲解业务知识。他经常阅读国内外的业内刊物，了解了国内外同行遇到的许多问题。在今年的培训班上他讲了国外发生的这样一件事。

国外的一家事务所阿尔森会计师事务所接手了一个叫里特尔斯联合健康有限公司的审计业务，从而使阿尔森得到了一个打入健康保健行业审计市场的机会。里特尔斯联合健康有限公司的主要业务是向各类公司企业推销健康保健计划，吸收这些公司企业加入该项目，按月收取会员费，同时为会员公司的员工提供健康保健服务。里特尔斯联合健康有限公司每年同各公司签订合同时商定每月会费的应交数额。

里特尔斯联合健康有限公司的财务主管叫思多迈，曾在大学学过财务专业。阿尔森会计师事务所接手里特尔斯联合健康有限公司的审计业务后与思多迈进行了接触，并开始计划里特尔斯联合健康有限公司的初次审计工作。阿尔森会计师事务所并没有健康保健组织审计方面的经验，但相关审计人员阅读了有关这方面的文章和书籍，找到了行业协会关于保健业的审计指南。

阿尔森会计师事务所对该项审计业务制订了详细的审计计划，对公司所处的行业和公司管理当局进行了彻底的了解，内控测试表明公司内部控制运行有效。在实施实质性测试中，审计人员了解到一个特殊问题，即如何估计健康保健组织由签约而形成的负债。这种称之为“尚未记录”的负债对阿尔森会计师事务所来说是一个新内容，审计负责人要求仔细研究一下如何计算这种负债。

阿尔森会计师事务所的审计负责人了解到，该公司总裁与一个在另一个城市经营健康保健组织的朋友联系，得到了这个朋友传来的如何估计“尚未记录”负债的公式的说明传真件。这个公式是以历史数据为基础的。总裁把这个公式给了思多迈，后者把自经营年度之初起的12个月的数据代入公式来估计“尚未记录”的负债。阿尔森会计师事务所的审计负责人了解了情况后认为公式的运用是正确的。

在里特尔斯联合健康有限公司第二个经营年度结束前，公司管理当局感到现金流量并非与预期的相一致，财务数据显示会费费率定的偏低。公司管理当局对此进行了调查，并聘请了独立的财务顾问提出调查意见。财务顾问在检查以前年度“尚未记录”的负债是如何估计的时候，对所运用的公式提出了质疑，并对该公式做了进一步研究。独立顾问发现该公式大大低估了“尚未记录”的负债，从而使以前年度的已审计财务报表中的该项负债被严重低估，导致了与参加者签订的合同中所商定的会费费率低于实际水平。

里特尔斯联合健康有限公司已经陷入了财务困境，濒临破产倒闭的边缘，上述发现使公司投资者找到了替罪羊，将阿尔森会计师事务所告上了法庭。“最周密的审计计划也会出问题，”马韦伯说。“审计师会解释他们是如何计划和实施审计的，如何决定发表他们认为是正确的无保留意见。但是投资者并不跟你理论什么经营失败还是审计失败，也不关心你是不是进行了恰当的风险评价和是否收集了可靠的审计证据。他们需要的是能找出一切问题的审计师，而并不理睬什么重要性原则。”

马韦伯接着说，“如果你认为受害的投资者会从你的角度看问题，那么就只有老天爷才能帮助你。”

根据风险导向审计的理念，审计工作重心必须前移，由此告知注册会计师必须加强审计计划工作。计划审计是与实施审计同等重要的工作，但在实务中一些事务所重实施而轻计划，这会增加审计失败的可能性，给审计目标的实现带来隐患，最终使事务所面临审计风险。因此，会计师事务所必须重视审计计划工作，在计划工作中不仅仅是做出审计工作的时间安排，更重要的是要花费相当的精力了解客户及其环境，以识别和评估可能存在的重大错报风险。只有以认真评估的重大错报风险为基础，才能制订出有效的审计计划。

第一节　审计计划

一、审计计划是高质量审计的前提

（一）审计工作重心需前移

现代财务报表审计是以重大错报风险为导向的审计。风险导向审计的理念是引导注册会计师在整个审计工作中要始终关注两项同等重要的工作：评估重大错报风险和降低重大错报风险。识别风险、评估风险是前提，检查风险、降低风险是实质，两者缺一不可。所谓工作重心前移，就是要加强计划工作，增加识别和评估风险的投入。

实务中一些事务所的审计业务整体水平不高，主要表现是计划能力不强，其实质是识别和评估重大错报风险的能力不强。一些事务所的项目组一进驻被审计单位就完全凭经验评估风险，习惯于按多年形成的一套审计程序开展工作，尚未建立评估重大错报风险的意识。在尚未弄清客户重大错报风险状况的情况下就直接实施实质性程序收集审计证据，如同盲人摸象，几乎发现不了重大问题。所以必须首先识别和评估重大错报风险，在此基础上再编制审计计划，这样审计计划才能有助于查出重大错报。

注册会计师需要对审计业务进行适当的计划除为了控制审计风险外，还为了要保证审计工作有序进行，实现审计目标。主要有三点考虑：第一，使注册会计师能够根据具体情况收集具有充分证明力的证据，会计师事务所要想在实现审计目标的过程中最大限度地减轻自己的法律责任，最基本的一点就是要获取具有充分证明力的审计证据。第二，有助于保持审计成本的合理性，在事务所实施高质量审计工作的前提下，保持成本的合理性有助于事务所保持其竞争力，保证事务所的生存与发展。第三，避免与客户之间发生误解，严密的审计计划对保持与客户之间的良好关系，促进以合理的成本完成高质量的工作是十分重要的。

(二) 编制切实可行的审计计划

从考虑是否接受一项审计业务时开始,直到这项业务结束进行总结并评价审计结果为止,注册会计师需要事前做出大量决策,这些决策就组成了这项审计业务的计划。审计计划是指注册会计师为了完成年度财务报表审计业务,达到预期的审计目的,在具体执行审计程序之前编制的工作计划。审计计划不只是审计实施前的工作,它应当贯穿于审计全过程。注册会计师在整个审计过程中,应当按照审计计划执行审计业务,同时要根据审计业务执行情况调整审计计划,直至达到审计目标。

计划审计工作包括针对审计业务制定总体审计策略和具体审计计划,其最终目的是要将审计风险降至可接受的低水平。总体审计策略是对审计的预期范围和实施方式所做的规划,是注册会计师从接受审计委托到出具审计报告整个过程基本工作内容的总体安排。具体审计计划是依据总体审计规划制定的,对实施总体审计规划所需要的审计程序的性质、时间和范围所做的详细策划与说明。

在编制审计计划时,注册会计师需要特别考虑以下因素:(1) 委托目的、审计范围及审计责任;(2) 被审计单位的经营规模及其业务复杂程度;(3) 被审计单位以前年度的审计情况;(4) 被审计单位在审计年度内经营环境、内部管理的变化及其对审计的影响;(5) 被审计单位的持续经营能力;(6) 经济形势及行业政策的变化对被审计单位的影响;(7) 关联者及其交易;(8) 国家新近颁发的有关法规对审计工作产生的影响;(9) 被审计单位会计政策及其变更;(10) 对专家、内部审计人员及其他审计人员工作的利用;(11) 审计小组成员的业务能力、审计经历和对被审计单位情况的了解程度。

在编制审计计划时,注册会计师要结合风险导向审计的理念对审计重要性、审计风险进行适当评估。关于对审计重要性、审计风险进行评估的问题将在后面两节中讨论。

起草完审计计划之后,注册会计师可以同被审计单位的有关人员就审计计划的要点和某些审计程序进行讨论,尤其是审计过程中有大量的工作需要被审计单位有关人员进行配合,这些工作需要与被审计单位管理层讨论清楚,使审计程序与被审计单位有关人员的工作相协调。尽管需要听取被审计单位的意见,但独立编制审计计划仍是注册会计师的责任。

编制审计计划与执行审计计划的过程中,会计师事务所必须注意与客户治理层(如审计委员会)合作。根据现代公司治理结构的安排,代表客户与注册会计师打交道的应该是董事会下属的审计委员会,客户和事务所之间的业务约定书是通过审计委员会签订的。注册会计师通过与审计委员会进行交流,可以帮助他们了解审计所提供的是合理保证而不是绝对保证。同时,交流还有助于审计委员会监督管理层的活动。

二、审计计划的编制与审核

(一) 审计计划的编制

1. 审计计划的基本内容

审计计划一般由审计项目负责人牵头编制,项目组其他关键成员也要参与计划审计工作,利用其经验和见解,以提高计划过程的效率和效果。审计计划应形成书面文件,并最终构成审计工作底稿的一部分。审计计划的文件形式多种多样，许多会计师事务所普遍采用表格式、问卷式和文字叙述式三种主要形式。审计计划的繁简程度取决于被审计单位的经营规模和预定审计工作的复杂程度。

总体审计策略用以确定审计范围、时间和方向，并指导制订具体审计计划。总体审计策略的制定一般包括：

（1）确定审计业务的特征，包括采用的会计准则和相关会计制度、特定行业的报告要求以及被审计单位组成部分的分布等，以界定审计范围；

（2）明确审计业务的报告目标，以计划审计的时间安排和所需沟通的性质，包括提交审计报告的时间要求，预期与管理层和治理层沟通的重要日期等；

（3）考虑影响审计业务的重要因素，以确定项目组工作方向，包括确定适当的重要性水平，初步识别可能存在较高的重大错报风险的领域，初步识别重要的组成部分和账户余额，评价是否需要针对内部控制的有效性获取审计证据，识别被审计单位、所处行业、财务报告要求及其他相关方面最近发生的重大变化等；

（4）向具体审计领域调配的资源，包括向高风险领域分派有适当经验的项目组成员，就复杂的问题利用专家工作等；

（5）向具体审计领域分配资源的数量，包括安排到重要存货存放地观察存货盘点的项目组成员的数量，对其他注册会计师工作的复核范围，对高风险领域安排的审计时间预算等；

（6）何时调配这些资源，包括是在期中审计阶段还是在关键的截止日期调配资源等；

（7）如何管理、指导、监督这些资源的利用，包括预期何时召开项目组预备会和总结会，预期项目负责人和经理如何进行复核，是否需要实施项目质量控制复核等。

注册会计师可以根据实施风险评估程序的结果对上述内容予以调整。总体审计策略一经确定，注册会计师应当针对总体审计策略中所识别的不同事项，制定具体审计计划，并考虑通过有效利用审计资源以实现审计目标。

上述总体审计策略中，时间和费用预算是十分重要的内容。时间预算是就执行审计程序的每一步骤需要的人员和工作时间所做的计划。时间预算既是合理确定费用预算的基础，也是审计收费的依据，同时还是衡量审计工作进度、判断注册会计师工作效率的依据。

在审计实务中，时间预算往往会根据出现的新问题或审计环境发生的变化而进行相应的调整，进而可以修改费用预算，但是收费总额一般很难调整。如果调整时间预算是由于客户的原因引起的，或者是由于双方都认可未预见到的原因引起的，会计师事务所应及时通知委托人并取得谅解，收费总额调整的要求应在实际调整时间预算之前完成。

时间预算的编制一般借助于时间预算表来完成。典型的时间预算表如表 5-1 所示。

表 5-1 时间预算表

时间耗费审计项目	去年实际耗用时间	本年预算	本年实际耗用时间				本年实际与预算差异	差异分析
			总时数	其中：				
				刘一	王二	张三		
合计								

具体审计计划比总体审计策略更加详细，其内容包括为获取充分、适当的审计证据以将审计风险降至可接受的低水平，项目组成员拟实施的审计程序的性质、时间和范围。具体审计计划一般包括下列内容：

（1）按照《中国注册会计师审计准则第 1211 号——通过了解被审计单位及其环境识别和评估重大错报风险》的规定，为了足够识别和评估财务报表重大错报风险，注册会计师计划实施的风险评估程序的性质、时间和范围；

（2）按照《中国注册会计师审计准则第 1231 号——针对评估的重大错报风险采取的应对措施》的规定，针对评估的认定层次的重大错报风险，注册会计师计划实施的进一步审计程序的性质、时间和范围；

（3）根据中国注册会计师审计准则的规定，注册会计师针对审计业务需要实施的其他审计程序。

在制订具体审计计划中，还要包括对项目组成员工作的指导、监督与复核的性质、时间和范围制订计划，该计划的性质、时间和范围主要取决于下列因素：被审计单位的规模和复杂程度、审计领域、重大错报风险，以及执行审计工作的项目组成员的素质和专业胜任能力。

2. 审计计划的编制步骤

（1）初步业务活动

大多数初步业务活动都是在审计业务约定书签订之前开始的，有些工作是在客户的办公场所进行的。初步业务活动包括以下内容：针对保持客户关系和具体审计业务实施相应的质量控制程序；评价遵守职业道德规范的情况，包括评价独立性。由于在审计工作中情况会发生变化，注册会计师对质量控制和独立性的考虑应当贯穿审计业务的全过程。初步业务活动还包括就业务约定条款与被审计单位达成一致理解，并最终签订审计业务约定书。有关的工作在第二章中已做了详细论述，请参阅第二章。

注册会计师开展初步业务活动有助于确保在计划审计工作时达到下列要求：注册会计师已具备执行业务所需要的独立性和专业胜任能力；不存在因管理层诚信问题而影响注册会计师保持该项业务意愿的情况；与被审计单位不存在对业务约定条款的误解。在制定总体审计策略时，注册会计师还要考虑初步业务活动的结果，以及为被审计单位提供其他服务时所获得的经验。

在开展初步业务活动的基础上签订审计业务约定书之后，会计师事务所要组建审计项目组、配备审计人员。为审计业务配备恰当的审计人员，对满足独立审计准则的要求，提高审计工作效率，保证审计质量都非常重要。有的审计项目可能需要配备某些技术领域的专家，或熟悉某些行业的专家，如熟悉统计抽样、计算机审计方面的专家，或熟悉房地产行业、石油行业的专家等。

对于原有客户，在编制审计计划前，注册会计师应当查阅上一年度审计档案，关注以下事项，并考虑其对本期审计工作的影响：① 上一年度的审计意见类型；② 上一年度的审计计划及审计总结；③ 上一年度的重要审计调整事项；④ 上一年度的或有损失；⑤ 上一年度的管理建议要点；⑥ 上一年度的其他有关重要事项。如果是首次接受委托，注册会计师应当考虑是否向前任注册会计师查询审计工作底稿，借助以前审计过该企业的其他审计人员的工作。

（2）取得被审计单位的背景信息

审计项目组成立后其成员需要尽快取得对客户行业和业务情况的了解。客户所在行业的不同可能会有不同的会计要求。例如，如果注册会计师对建筑公司进行审计，就必须了解建筑行业的会计制度。铁路、非营利组织、金融机构以及许多其他组织都有其特有的会计要求。不同行业有不同的行业风险水平，行业风险有时甚至会影响注册会计师对是否接受这些行业客户进行的决策。被审计单位在实施战略以实现其目标的过程中可能面临各种经营风险，注册会计师应当重点关注可能影响财务报表的经营风险。

在编制审计计划前，注册会计师一般要了解被审计单位的以下情况，据以确定可能影响财务报表的重要事项：① 年度财务报表；② 合同、协议、章程、营业执照；③ 重要会议记录；④ 相关内部控制制度；⑤ 财务会计机构及工作组织；⑥ 厂房、设备及办公场所；⑦ 宏观经济形势及其对所在行业的影响；⑧ 其他与编制审计计划相关的重要情况。

（3）与治理层和管理层的交流与沟通

要实地走访客户，保持与客户的交流与沟通。走访客户的经营场所有助于更好地了解客户业务和经营情况，实地观察实物设施，为直观地了解在产品和工厂设备等资产情况提供参考信息，从而有助于了解资产的实物保管情况。了解实物的分布情况还有助于回答随后审计过程中所遇到的问题。在走访过程乃至整个审计过程中，与非会计人员进行讨论，有助于提高注册会计师的职业判断水平。

注册会计师必须十分关注人的活动，注重与人的交流，得到企业管理层和其他人员的配合和帮助是完成审计工作的必要条件，从某种意义上讲，审计的过程就是与人交流和沟通的过程。审计人员需要建立并维持一个沟通企业各层人员的联系网络。企业员工能够直接帮助审计人员编制进度表和分析表，查找文件，汇总数据，在审计人员的控制下可以协助对应收账款进行函证，帮助审计人员操作计算机、使用电子文档进行测试等。在这些合作过程中，审计人员应当注意尽量减少打搅别人的次数和持续时间，为此审计计划中要包括这些活动的具体安排。

注册会计师可以就计划审计工作的基本情况与被审计单位治理层和管理层进行沟

通。当就总体审计策略和具体审计计划中的内容与治理层、管理层进行沟通时，注册会计师需要保持职业谨慎，以防止由于具体审计程序易于被管理层或治理层预见而损害审计工作的有效性。

(4) 考虑利用内部审计工作

为了保证审计的效率，审计人员应该尽可能地与企业内部审计人员建立联系、进行合作。为此可与内部审计负责人会谈，讨论内部审计人员已完成工作的范围并考虑其是否可以为注册会计师利用，可以考虑共享工作底稿、交换审计报告以及与管理层交流等。

与内部审计人员的交流是取得对内部控制了解的一种手段。审计人员应该充分了解内部控制的功能，以便辨别哪些内部审计活动与制订审计计划相关。如果审计人员已经认定企业的内部审计活动与外部财务报表审计无关，那就不需要再采取进一步的行动。如果内部审计活动与财务报表审计相关，那么利用内部审计工作已有的成果能够大大提高审计效率，这时审计人员应该评估内部审计人员的胜任能力和客观性、确定内部审计工作对于审计策略和计划的影响、考虑内部审计工作会在多大范围内影响审计程序、评价并测试内部审计人员工作的效果。

如果认定内部审计人员的胜任能力和客观性都符合要求，那么注册会计师可以考虑内部审计人员的工作用于以下审计领域：了解企业内部控制、评价控制风险和进行实质性测试。内部审计人员在这些领域已经执行的程序，可为审计人员提供有利用价值的信息。

由于内部审计工作的效果会影响审计程序的性质、时间和范围，故注册会计师需要对其进行评价和测试，并对评价和测试程序的范围与结果进行职业判断。注册会计师可以通过重新执行内部审计人员完成的某些控制测试、交易或账户余额，或者测试内部审计人员没有检查过的类似控制、交易或账户余额，检验内部审计人员的工作。

(5) 评价是否需要外部专家

注册会计师有时需要对某些问题取得专家的意见，来协助自己取得具有说服力的证据。当注册会计师遇到其他领域的专业问题时，可能需要向这些领域的专家进行咨询。注册会计师应当对客户的业务情况取得充分的了解，以确认是否需要利用专家的工作。注册会计师应当明确确定专家工作的目标和范围，还应当考虑专家与客户的关系，包括可能会损害专家客观性的情况。

在审计的计划阶段就应确定是否需要专家的帮助，以便及时做出安排、列入审计计划。专家在特定领域的胜任能力、声誉和名望，应该令人满意。专家的胜任能力，可以通过职业证书、执照或者其他正式认证加以确定。专家的声誉和名望，可以由拥有同样知识或熟悉该专家工作的其他人员予以证实。利用专家协助工作之后仍无法取得充分有证明力的证据，从而使审计范围受到限制，这时注册会计师只好出具保留意见或者拒绝发表意见。

(6) 取得法律文件、识别关联方交易

注册会计师应当在审计开始时查阅以下法律文件和记录：公司执照和公司章程、董事会和股东大会的会议记录和各种合同。这些信息中的某些信息，如合同，必须在财务报表中进行适当的披露。其他一些信息，如董事会会议记录中有关授权的信息，则可用于审计过程中对内部控制的评价。尽早了解这些法律文件和记录，有助于注册会计师解释整个审计过程中的证据,并可以保证财务报表进行了恰当的披露。

根据会计制度的规定,重要的关联方交易、关联方关系的性质、关联方业务说明和与关联方之间相互结欠的款项等需要在财务报表中披露。由于重要的关联方交易和关系必须披露,故在审计之初就应将所有的关联方识别出来并记入永久性档案。这样有助于发现未披露的关联方交易和关系。识别关联方的常用方法有:向管理部门询问,向监管机构调查,审查股东名册和子公司与关联公司清单等。

(7) 实施初步的分析程序

要使审计有效率和有效果,在计划阶段实施分析程序非常重要。在计划阶段实施分析程序,可以对客户有深入的了解,把握客户的特征,从而制订出有效的计划。比如,计算客户业务方面的一些主要比率,并与同行业的平均数进行比较,可以加深对客户的行业和业务的了解。

(8) 首次接受审计委托的补充考虑

在首次接受审计委托前,注册会计师要执行下列两项程序:一是针对建立客户关系和承接具体审计业务实施相应的质量控制程序;二是如果被审计单位变更了会计师事务所,按照职业道德规范和审计准则的规定,与前任注册会计师沟通。

对于首次接受审计委托,在制定总体审计策略和具体审计计划时,注册会计师还要考虑下列事项:就与前任注册会计师沟通做出安排,包括查阅前任注册会计师的工作底稿等;与管理层讨论的有关首次接受审计委托的重大问题,就这些重大问题与治理层沟通的情况,以及这些重大问题是如何影响总体审计策略和具体审计计划的;针对期初余额为获取充分、适当的审计证据而计划实施的审计程序;针对预见到的特别风险,分派具有相应素质和专业胜任能力的人员;根据会计师事务所关于首次接受审计委托的质量控制制度实施的其他程序。

(二) 以业务循环为基础的审计计划

实际的审计工作是通过将财务报表分解为小的单元或若干部分来执行的。这种分解使审计工作更便于计划和管理,有助于将审计任务在审计项目组的不同成员之间进行分配。比如,可以将固定资产和无形资产划分为一个单元,分派给一名审计人员负责审计;通常不把固定资产和应交税费作为一个单元处理。在完成对每一单元,包括该单元与其他单元之间的关系的审计后,将审计结果进行汇总。然后形成对财务报表整体的结论。

以客户的业务循环为依据进行切块划分为若干部分组织实施审计被称为业务循环法。所以业务循环法就是在财务报表审计中将所有交易和账户余额划分为几个业务循环按照业务循环来组织安排审计工作的方法。例如,销售、销售退回、现金收入和坏账注销这四类业务会导致收入和应收账款的增减,所以这四类业务都属于销售和收款循环的一部分。某些科目要在一个以上的循环中出现,如果发生这种情况,就意味着该科目要用来记录一个以上循环中的业务,并且也表明这些循环之间是有联系的。现金和银行存款科目几乎与所有循环都有联系。这需要在计划阶段将这些科目的审查责任划分清楚。

1. 业务循环及其分类

业务循环是指某一类经济业务的工作流程和相应的账务处理流程按先后顺序周而复

始依次进行的过程。一般将密切相关的交易种类或账户余额划为同一类别，作为一个业务循环。业务循环审计就是以业务循环为基础了解、检查和评价被审计单位内部控制制度及其执行情况，进而对相应的财务报表项目的合法性、公允性和会计处理方法的一贯性进行实质性测试的审计实施过程。

在实务中，不同类型的企业，由于其业务性质和规模不同，业务循环的划分也有所不同。一般而言，在财务报表审计中可将所有交易和账户余额划分为4个、5个甚至更多个业务循环。我们将制造业企业的交易和账户余额划分为销售与收款循环、购货与付款循环、生产循环、筹资与投资循环。由于货币资金与上述多个业务循环均密切相关，并且货币资金的业务和内部控制又有着不同于其他业务循环与其他财务报表项目的鲜明特征，因此，货币资金审计往往单独实施。

（1）销售与收款循环。本循环包括向顾客收受订购单，核准购货方的信用，装运商品，开具销货发票，记录收益和应收账款，记录现金收入等的程序。

（2）购货与付款循环。本循环包括购买存货、其他资产或劳务，发出订货单，检查所收货物和开具验收报告，记录应付销货方债务，核准付款，支付款项和记录现金支出等的程序。

（3）生产循环。本循环包括领取各种原材料及其他物料用品，交付生产，分摊费用，计算生产成本，核算销售成本等的程序；还包括雇用、辞退职工，制定最低工资标准，核计实际工时，计算应付工薪，计算个人所得税和其他代扣款项，记录工薪卡，发放工资等的程序。

（4）筹资与投资循环。本循环包括授权、核准、执行和记录有关银行贷款、融资租赁、应付公司债和股本、短期投资与长期投资等业务事项。

以上是一种基本划分，实务中划分业务循环是根据企业的业务性质和规模而定。例如，对于金融业来说，没有生产循环，但有贷放款循环、活期业务存款循环、证券买卖业务循环、保险业务循环等。不同的注册会计师在审计中，按照自己的判断去划分特定的业务循环，如可以将上述销售和收款循环，按照处理销货的程序和处理现金收入的程序划分为两个循环去进行审计。

各业务循环的审计，通常可以彼此相对独立，各自单独进行。但这不等于说各业务循环的审计是孤立的。在单独执行某一业务循环的审计时，注册会计师仍然应经常地将该业务循环与其他业务循环的审计情况结合起来加以考虑。

2. 业务循环与主要财务报表项目的对应关系

以企业会计制度和会计准则等有关规定为依据，按照各财务报表项目与业务循环的相关程度，可建立起各业务循环与所涉及的主要财务报表项目之间的对应关系。各业务循环几乎都要涉及货币资金项目，故在下面叙述各业务循环涉及的主要财务报表项目时不再重复货币资金项目。

（1）销售与收款循环涉及的主要财务报表项目

销售与收款循环涉及的资产负债表项目主要包括应收票据、应收账款、预收账款、应交税金、其他应交款。涉及的利润表项目主要包括营业收入、营业税金及附加、销售费用等。

（2）购货与付款循环涉及的主要财务报表项目

购货与付款循环涉及的财务报表项目主要是资产负债表项目，按其在财务报表中的列示顺序通常为预付账款、存货、固定资产、累计折旧、无形资产、长期待摊费用、资产减值准备、工程物资、在建工程、固定资产清理、应付票据和应付账款等。涉及的利润表项目主要包括管理费用等。

（3）生产循环涉及的主要财务报表项目

生产循环涉及的内容主要是存货的管理及生产成本的计算等。生产循环涉及的资产负债表项目主要是存货、待摊费用、应付职工薪酬、预提费用等，也涉及固定资产及其累计折旧、固定资产减值准备等价值转移项目。其中，存货又包括物资采购、原材料、包装物、低值易耗品、材料成本差异、自制半成品、库存商品、商品进销差价、委托加工物资、委托代销商品、受托代销商品、分期收款发出商品、生产成本、制造费用、劳务成本等。生产循环涉及的利润表项目主要是营业成本等项目。

（4）筹资与投资循环涉及的主要财务报表项目

筹资与投资循环涉及的资产负债表项目主要有交易性金融资产、应收股利、应收利息、其他应收款、应收补贴款、长期股权投资、持有至到期投资、可供出售金额资产、短期借款、应付股利、其他应付款、预计负债、长期借款、应付债券、长期应付款、专项应付款、递延税款、股本、资本公积、盈余公积、未分配利润等。筹资与投资循环涉及的利润表项目主要有财务费用、投资收益、补贴收入、营业外收入、营业外支出、所得税费用等。

生产循环与其他各个循环都有密切的联系，特别是制造业公司更是如此。存货的成本包括原材料和制造费用（采购和付款循环），产成品的销售则涉及销售和收款循环。对大多数制造业的公司来说，由于存货都很重要，因而这些公司也通常用存货作为担保品来借款。在这种情况下，筹资循环还同生产循环有关。

除了公司的成立和清理以外，各循环是无始无终的。公司成立时要取得资本，通常是货币资金形式。对制造业的公司来说，货币资金要用来采购原材料、固定资产和有关商品及劳务，还要用现金来支付人工报酬。采购和付款循环与生产循环在性质上类似，但功能上有区别。随后是售出存货、开列账单和收回货款（销售和收款循环）。由此就产生了现金，可用于支付股利和利息以及开始新的循环。

（三）审计计划的记录与审核

1. 对计划审计工作的记录

注册会计师必须记录总体审计策略和具体审计计划，包括在审计工作过程中做出的任何重大更改。对总体审计策略的记录，应当包括为恰当计划审计工作和向项目组传达重大事项而做出的关键决策；对具体审计计划的记录，应当能够反映计划实施的风险评估程序的性质、时间和范围，以及针对评估的重大错报风险计划实施的进一步审计程序的性质、时间和范围。

注册会计师可以使用标准的审计程序表或审计工作完成核对表，但需要根据具体审计业务的情况做出适当修改。注册会计师必须记录对总体审计策略和具体审计计划做出的重大更改及其理由，以及对导致此类更改的事项、条件或审计程序结果采取的应对措施。

注册会计师对计划审计工作记录的形式和范围,取决于被审计单位的规模和复杂程度、重要性、具体审计业务的情况以及对其他审计工作记录的范围等事项。

2. 对审计计划的审核

审计计划最终需经会计师事务所的有关业务负责人审核和批准。重大审计项目的审计计划,应经主任会计师审核和批准,甚至需经事务所最高决策层集体讨论决定。对在审核中发现的问题,应及时进行相应的修改、补充、完善。对审计计划的审核和批准意见应记录于审计工作底稿。

对总体审计策略,一般审核以下主要事项:(1) 审计目标、审计范围及重点领域的确定是否恰当;(2) 时间预算是否合理;(3) 审计项目组成员的选派与分工是否恰当;(4) 对被审计单位的内部控制制度的信赖程度是否恰当;(5) 对审计重要性的确定及审计风险的评估是否恰当;(6) 对专家、内部审计人员及其他审计人员工作的利用是否恰当。

对具体审计计划,一般审核以下主要事项:(1) 审计程序能否达到审计目标;(2) 审计程序是否适合各审计项目的具体情况;(3) 重点审计领域中各审计项目的审计程序是否恰当;(4) 重点审计程序的制定是否恰当。

计划审计工作并非审计业务的一个孤立阶段,而是一个持续的、不断修正的过程,贯穿于整个审计业务的始终。由于未预期事项、条件的变化或在实施审计程序中获取的审计证据等原因,注册会计师经常需要在审计过程中对总体审计策略和具体审计计划做出必要的更新和修改。一般来说,重大的总体审计策略的更新和修改要报经事务所主要负责人审查批准;具体审计计划的更新和修改则授权该审计项目的负责人进行决策。

审计工作结束后,审计项目负责人还应就审计计划的执行情况,特别是对审计重点领域所做的审计程序计划的执行情况进行复核,找出并分析差异原因,以便将来制定出更切实可行的审计计划。

第二节　审计重要性

一、基本概念和一般原则

(一) 重要性的基本概念

重要性是一个很基础的审计概念。在规划审计工作以及评价审计结果时,都应当合理运用重要性原则。重要性是指被审计单位财务报表中错报或漏报的严重程度,这一程度在特定环境下可能影响财务报表使用者的判断或决策。也就是说,重要性取决于在具体环境下对错报金额和性质的判断。如果一项错报单独或连同其他错报可能影响财务报表使用者依据财务报表做出的经济决策,则该项错报就是重大的。我们可以将重要性视为是财务报表中包含错报、漏报能否影响财务报表使用者对财务报表全面反映的整体理解的"临界点",超过该临界点,就会影响其做出正确判断或决策。

注册会计师的责任是确定财务报表是否存在重大错报,以便对财务报表表达意见。如果注册会计师认为财务报表存在重大错报,则应提请客户注意这一情况,并要求客户进行改正。如果客户拒绝改正报表,注册会计师就要依据错报的重要性水平出具保留意见或否定意见,所以在确定应出具何种意见的审计报告时,重要性是一个主要考虑因素。因此,注册会计师必须对重要性的运用有全面的了解。

审计报告注册会计师责任段中的两个术语“不存在重大错报”和“合理保证”是在向使用者传递重要性判断方面的信息,它们都和审计风险有关:“中国注册会计师审计准则要求我们遵守职业道德守则,计划和实施审计工作以对财务报表是否不存在重大错报获取合理保证。”

“合理保证”这一术语意在告诉使用者,注册会计师并不能为财务报表的公允反映提供绝对保证或担保。它传达的意思是,尽管注册会计师提出了无保留意见,但财务报表未能公允反映的风险仍然存在。

“不存在重大错报”这一术语意在告诉使用者,注册会计师只对重要的财务信息承担责任,要求注册会计师为不重要的金额提供保证是不现实的。因此,对计划审计工作和设计审计方法来说,只是针对重大错报,重要性和审计风险是非常重要的两个基本概念。

读者在理解和把握重要性概念时,需要注意三点:第一,重要性是针对财务报表使用者进行决策而言的,但是重要不重要却是由注册会计师进行判断的;第二,重要性的判断离不开特定的环境,因而重要不重要的判断标准会因时间的变迁和客户的差异而不同;第三,重要性与可容忍误差直接相关,所以重要不重要还取决于注册会计师愿意忍受客户存在误差的程度。

从这三点可以看出注册会计师在实务中运用重要性原则是有一定困难的。尤其是上述第一点,注册会计师必须了解被审计单位的报表可能有哪些使用者,以及这些使用者将要做出什么决策。但在实际工作中,尤其是上市公司审计中,注册会计师通常既不能准确知道使用者的范围,也不能确切了解他们所要做出的决策。所以说重要性原则的运用并非一件易事。

因此,对重要性的评估是注册会计师的一种专业判断。在确定审计程序的性质、时间和范围及评价审计结果时,注册会计师应当合理运用重要性原则。注册会计师必须将重要性水平的确定过程及结果记录于审计工作底稿。

(二)重要性运用的一般原则

1. 运用重要性原则的总体要求

运用重要性原则的总体要求是,在确定审计程序的性质、时间和范围及评价审计结果时,注册会计师应当合理运用重要性原则。运用重要性原则首先要对重要性进行评估,这种评估是注册会计师的一种专业判断。对运用重要性原则的总体要求,可从以下几方面来理解:

第一,在审计过程中,有两种情形需要运用重要性原则,一是在确定审计程序的性质、时间和范围时,此时重要性被看成允许经审计后未能查出错报或漏报的限度;二是在评价审计结果时,此时重要性被看成审计报告提交使用者后又查出存在错报或漏报但仍不影响使用者决策的限度。

第二,注册会计师在审计过程中需要合理运用重要性原则。运用合理,一方面可以提高审计效率,另一方面可以保证审计质量。重要性原则如果运用不当,则可能导致审计成本提高或者审计风险加大。不适当地降低重要性水平，就会增加审计成本，白白浪费了人力和时间；盲目提高重要性水平，则会加大审计风险，容易得出错误的审计结论，而错误的审计结论往往又会导致注册会计师陷入法律诉讼。

第三，注册会计师对重要性的评估需要运用专业判断。注册会计师在对某一被审计单位进行审计时，必须根据客户面临的环境，并考虑其他因素，运用专业判断，合理确定重要性水平。由于对影响重要性的各种因素的判断存在差异，不同的注册会计师对同一财务报表的重要性水平的判断就可能存在差异。尽管如此，各国、各地区的注册会计师协会一般都不发布全国性的或地区性的统一的确定重要性的数量标准，所以注册会计师必须运用专业判断对重要性进行评估。

2. 考虑错报或漏报的金额和性质

注册会计师在运用重要性原则时，应当考虑错报或漏报的金额和性质。重要性具有数量和质量两个方面的特征。一般来说，错报或漏报的金额越大，则该错报或漏报越重要。

但是，某项错报从量的方面看并不重要，如果性质严重，也应视为重要的错报或漏报。比如，涉嫌舞弊或违法行为的金额，通常被认为比相同金额的非故意错报更为重要，因为舞弊反映了管理层或其他牵涉人员的诚实性和可靠性有问题；金额小的错报因可能涉及有关法律责任后果而成为重要错报；金额并不重要的错报，因影响到被审计单位的盈利趋势而可能成为重要错报，比如，如果某项错报导致亏损报告为盈利，则需要引起关注；如果可能引起履行合同义务后果，则在其他情况下被认为是不重要的错报，有可能成为重要的错报。

注册会计师还要关注小金额错报或漏报的累计数，小金额错报或漏报的累计数可能会对财务报表产生重大影响，这是注册会计师应当考虑到的。如果小金额错报或漏报的累计额超过重要性水平，注册会计师需要考虑采取适当措施，做出必要的处理，比如扩大实质性测试范围、扩大样本规模、收集更多的证据等。

3. 考虑重要性的层次

重要性分为两个层次，一是财务报表层次的重要性，二是账户和交易层次的重要性。注册会计师应当既考虑财务报表层次的重要性水平，也考虑相关账户、交易层次的重要性水平。由于审计的目标是对财务报表发表审计意见，因此，注册会计师必须考虑财务报表层次的重要性。又由于财务报表所提供的信息，来源于各账户或各交易，只有通过验证各账户和各交易，才能得出财务报表是否合法、公允的整体性结论，因此，注册会计师必须从两个层次考虑重要性水平。

（三）重要性与审计风险的关系

注册会计师按照审计准则实施审计工作后以合理确信财务报表不存在重大错报，然而这同时又意味着还有可能存在重大错报，这种可能性就是审计风险。审计风险与重要性之间存在着反向关系。审计风险越低，重要性水平越高，即审计风险如果较低的话，则重要性水平可以定得高些；审计风险越高，重要性水平越低，即如果估计审计风险较高，则重要性水平必须定得较低；也可以说，重要性水平确定得较低，则注册会计师认为审计风险较大；重要性水平提高，则注册会计师认为面临的审计风险不大。

注册会计师应当考虑和熟悉重要性与审计风险之间存在的这种反向关系，保持应有的职业谨慎，合理确定重要性水平。

如果注册会计师根据具体情况确定了较低的重要性水平，这就意味着被审计项目存在着较大的审计风险，因为一个较小金额的错报或漏报就会改变报表使用者的决策，而完全查出这些较小金额的错报或漏报的可能性又不大，所以审计风险加大。根据重要性与审计风险之间的这种反向关系，注册会计师如果估计审计风险较大，则应适当降低重要性水平。

二、编制审计计划时对重要性的评估

（一）重要性水平的初步判断

编制审计计划的实质是规划如何获取和获取多少审计证据。编制审计计划时之所以必须对重要性水平作初步评估，目的之一是确定所需收集的审计证据的数量。所以注册会计师在编制审计计划时，应当对重要性水平做出初步判断，以确定所需审计证据的数量。重要性水平越低，应当获取的审计证据越多。重要性水平不同于重要的审计项目。审计项目越重要，所需收集的审计证据应当越多。

注册会计师需要综合考虑以下主要相关因素，并结合其审计经验，对重要性水平做出初步判断。考虑的主要因素包括：(1) 以往审计中确定的重要性水平及其运用结果；(2) 有关法规对财务报告的要求及其最新的变动；(3) 被审计单位的经营规模及业务性质；(4) 内部控制与审计风险的评估结果；(5) 财务报表各项目的性质及其相互关系；(6) 财务报表各项目的金额及其波动幅度等。

注册会计师须在审计现场工作开始时将被认为是重要的报表错报或漏报总额确定下来。确定这一总额就是对重要性水平的初步判断。其实这一判断不一定必须进行准确的数量化，但实务中通常是从数量化开始的。它之所以被称为“对重要性水平的初步判断”，是因为它是一种职业判断，会在审计过程中随着情况的变化而改变，即注册会计师在审计过程中通常会改变其对重要性的初步判断。如果注册会计师这样做，那么新的判断被称为对重要性的修正判断。

因此，对重要性水平的初步判断就是注册会计师认为报表中能容忍其存在、不影响正常使用者决策的最大错报或漏报金额。这一判断是注册会计师所做的最重要的决策之一，它需要大量的职业判断。重要性的初步判断受到许多因素的影响，以下两点说明可能会加深你对重要性概念的认识：第一，重要性是相对概念而非绝对概念，某一程度的错报对小公司来说可能重要，但相同金额的错报对大公司来说可能并不重要；第二，评价重要性需要一定的基数，税前净利润通常是确定重要性水平的最重要的基数，因为它被使用者视为关键项目。

（二）财务报表层次重要性水平的确定

注册会计师需要合理确定财务报表层次的重要性水平。

1. 判断基础和计算方法

注册会计师确定财务报表层次的重要性水平通常采用一个判断基础乘以一个比率的

方法进行计算,故注册会计师必须合理选用重要性水平的判断基础,判断基础通常包括资产总额、净资产、营业收入、净利润等。

在选定判断基础后,乘上一个百分比,得出财务报表层次的重要性水平。其中的百分比是多少并没有一个权威的规定,审计实务中有些事务所根据预先确定的取值范围来计算重要性水平,如:(1) 净利润的5%—10%(净利润较小时用10%,较大时用5%);(2) 资产总额的0.5%—1%;(3) 净资产的1%—5%;(4) 营业收入的0.5%—1%。

许多事务所并没有上述预先确定的百分比取值范围,而是根据具体情况选用不同的比率,一般情况下规模越大的企业,允许的错报或漏报金额的比率越小,这种做法被称为变动比率法,相应地将上述有预先确定百分比取值范围的做法称为固定比率法。

2. 重要性水平的选取

如果同一期间各财务报表的重要性水平不同,注册会计师应当取其最低者作为财务报表层次的重要性水平;实务中有的事务所先计算出多个判断基础的重要性水平,然后用几个重要性水平的平均数作为财务报表层次的重要性水平。在编制审计计划时,如果被审计单位尚未完成财务报表的编制,注册会计师可以根据期中财务报表推算年度财务报表,或者根据被审计单位经营环境和经营情况变动对上年度财务报表作必要修正,以确定财务报表层次的重要性水平。

(三) 账户或交易层次的重要性水平的确定

账户或交易层次的重要性水平是指财务报表中的重要性水平反映到某账户或交易类别中被认为存在的错报或漏报的严重程度,达不到重要性水平的错报或漏报是注册会计师可以容忍的最大错报或漏报情况。这种重要性水平也称为"可容忍错报"。例如,如果注册会计师决定将总额为50万元的重要性初步判断金额中的20万元分配给存货,则存货的可容忍错报额就是20万元。这就意味着,只要存货中的错报不超过20万元,注册会计师就可认为存货是公允反映的。

确定账户或交易层次的重要性水平之所以必要,是因为证据是针对各项目收集的,而不是针对财务报表整体收集的。如果注册会计师对每一项目都有对重要性的初步判断,将有助于他们确定应收集的恰当的审计证据。注册会计师在制定账户或交易的审计程序前,可将财务报表层次的重要性水平分配至各账户或各类交易,也可单独确定各账户或各类交易的重要性水平。注册会计师在确定各账户或各类交易的重要性水平时,应当考虑以下主要因素:

(1) 各账户或各类交易的性质及错报或漏报的可能性。据此确定重要性水平时,还要考虑审计风险和审计成本。重要性水平确定得低一些,以执行更详细的审计程序,可以降低审计风险,但审计成本较高;将重要性水平确定得高一些,可以节省审计成本,但有可能增加审计风险。

(2) 各账户或各类交易重要性水平与财务报表层次重要性水平的关系。尽管单独考虑某个账户或某类交易发生的错报或漏报可能并不重要,但把这同其他账户或交易的错报或漏报累积起来就很可能构成了整个财务报表的重要错报。

在确定拟实施的审计程序后,如果注册会计师决定接受更低的重要性水平,审计风险增加,注册会计师应当选用以下方法控制审计风险至可接受的水平:(1) 扩大符合性测试范围或追加符合性测试程序，以降低对内部控制评估不当的风险；（2）修改计划实施的实质性测试程序的性质、时间和范围，以将检查风险降至可接受的水平。

账户或交易层次重要性水平的确定方法，既可采用分配的方法，也可以采用不分配的方法。（1）分配的方法。在量化财务报表层次的重要性水平后，通过将财务报表层次的重要性水平分配到各账户或各类交易，得出每个账户或每类交易的重要性水平。（2）不分配的方法。根据各账户或交易类别的性质及错报或漏报的可能性，确定各账户或交易类别的重要性水平，而不是将财务报表层次的重要性水平分配到各账户或各类交易。

在采用分配的方法时，许多注册会计师都把重要性的初步判断金额分配于资产负债表账户，而不分配于利润表账户。这是因为，由于采用复式记账法，利润表中的许多错报同样也影响资产负债表。因此，注册会计师既可以将重要性分配于利润表账户，也可将其分配于资产负债表账户，选择其一即可。大多数注册会计师制定的审计程序关注的是资产负债表账户，因此，将重要性的初步判断金额分配于资产负债表账户是一种恰当的做法。

必须指出，在实际工作中，预测哪些账户或交易可能发生错报或漏报比较困难，事先确定审计成本的大小也不容易，因此，重要性水平的确定是一个非常困难的专业判断过程。在审计过程中如修改审计计划，注册会计师应当重新考虑部分或全部账户及交易的审计风险与重要性水平。

三、评价审计结果时对重要性的考虑

（一）对重要性水平的调整

随着注册会计师对被审计单位了解程度的增加，注册会计师评价审计结果时所运用的重要性水平，可能与编制审计计划时所确定的重要性水平初步判断数不同，如前者大大低于后者，注册会计师应当重新评估所执行审计程序是否充分。因为原来较高的重要性水平意味着原来判断为较低的审计风险，据此执行的审计程序和收集的审计证据相对较少；而有了深入了解后，评价审计结果所运用的重要性水平比原来大大降低，则审计风险相应增加，这就要求执行更多的审计程序和收集更多的审计证据。

（二）错报或漏报的汇总

注册会计师在评价其审计结果时，应当汇总已发现但尚未调整的错报或漏报，以考虑其金额与性质是否对财务报表的反映产生重大影响。注册会计师在汇总尚未调整的错报或漏报时，应当包括已发现的和推断的错报或漏报，并考虑期后事项和或有事项是否已进行适当处理。已发现的错报或漏报是指通过对账户或交易实施详细的实质性测试所确认的未调整错报或漏报；推断的错报或漏报是指通过审计抽样或分析程序所估计的未调整错报或漏报。

（三）错报或漏报汇总数超过重要性水平时的处理

如果尚未调整的错报或漏报的汇总数超过重要性水平，则注册会计师必须考虑扩大实质性测试范围或提请被审计单位调整财务报表，以降低审计风险。如果被审计单位拒绝调整财务报表，或扩大实质性测试范围后，尚未调整的错报或漏报的汇总数仍超过重要性水平，注册会计师应当发表保留意见或否定意见。

（四）错报或漏报汇总数接近重要性水平时的处理

如果尚未调整的错报或漏报的汇总数接近重要性水平，由于该汇总数连同尚未发现的错报或漏报可能超过重要性水平，注册会计师应当实施追加审计程序，或提请被审计单位进一步调整已发现的错报或漏报，以降低审计风险。

第三节　审计风险

一、审计风险及其模型的变革

（一）审计风险的概念

审计中的风险意味着注册会计师在执行审计职能时要接受一定程度的不确定性。当我们说到风险时，通常是指遭受损失、伤害、不利或毁灭的可能性，审计风险也有风险的基本含义，即遭受损失的可能性。不过这种损失首先表现为注册会计师提交了不恰当的审计报告，之后这种不恰当的审计报告有可能给注册会计师带来损失。所以，按照我国审计准则，审计风险是指财务报表存在重大错报而注册会计师发表不恰当审计意见的可能性。

注册会计师如果想要使发表的审计意见的恰当性有比较大的把握，那么他就只能接受较低的审计风险。比如，要求有 99% 的把握审计意见是恰当的，那么审计风险就为 1%；而如果有 95% 的把握得出财务报表是否公允的结论，那么审计风险就是 5%。注册会计师应该承认风险的存在，同时以恰当的方式去处理这些风险，因为合理保证就意味着审计风险始终存在，恰当处理就是要通过计划和实施审计工作，获取充分、适当的审计证据，这样才能将审计风险降至可接受的低水平。

审计风险不仅是对整个财务报表而言，而且它与各账户和交易类别也密切相关。这是因为，注册会计师要对财务报表发表意见，必须通过核实各账户和各类交易取得审计证据。只有在审计计划和实施过程中有效地控制各账户和各类交易的审计风险，才能在审计结束时使总的审计风险保持在可以接受的水平上。被审计单位在实施战略以实现其目标的过程中可能面临各种经营风险，注册会计师应当重点关注可能影响财务报表的经营风险。

（二）原有审计风险模型已不适应实务要求

原有审计风险模型要求注册会计师通过综合评估固有风险和控制风险来控制检查风险。但由于固有风险难以评估，注册会计师往往将其认定为高水平，审计的起点为内部控制测试；如果没有必要测试内部控制，审计的起点则为实质性测试。由于忽略对固有风险的评估，注册会计师往往不注重从宏观层面上了解企业及其环境，如行业状况、监管环境、企业的性质以及目标、战略和相关经营风险等，而直接进行控制测试和实质性测试，容易犯只见树木不见森林的错误。

企业是整个社会经济生活网络中的一个细胞，所以其所处的行业状况、监管环境、企业的性质以及目标、战略和相关经营风险可能最终会对财务报表产生重大影响。如果企业管理层串通舞弊或凌驾于内部控制之上,内部控制就会失效。注册会计师不把审计视角扩展到内部控制以外,很容易受到蒙蔽和欺骗,不能发现由于内部控制失效所导致的财务报表重大错报风险。

新的审计风险模型要求注册会计师必须对财务报表重大错报风险进行评估,这一模型中的审计风险取决于重大错报风险和检查风险,它强调注册会计师必须了解被审计单位及其环境,包括内部控制,以评估重大错报风险,不得不经过风险评估,直接将风险设定为高水平。因此,新的审计风险模型要求的审计起点为风险评估程序,注册会计师必须实施审计程序,评估重大错报风险,其次才是根据评估结果针对重大错报风险设计和实施进一步审计程序,包括控制测试和实质性测试,以控制检查风险。

二、原有审计风险模型的回顾

新的审计风险模型正在取代原来的模型,新模型是在原来模型的基础上发展而来的,为了更好地理解新模型,有必要对原有的模型有一个全面的了解。

（一）原有模型中的审计风险由固有风险、控制风险和检查风险构成

1. 固有风险

固有风险是指假定被审计单位不存在相关的内部控制时,某一账户或某类交易单独或连同其他账户、其他交易产生重大错报或漏报的可能性。固有风险是被审计单位经营过程中所固有的,它源于企业的业务经营及特征,独立于财务报表而存在。因此,在审计开始时,注册会计师无法改变固有风险的实际水平,但是注册会计师可以改变固有风险的估计水平,并根据评价结果修正审计证据收集的数量和实质性审计程序。

2. 控制风险

控制风险是指某一账户或某类交易单独或连同其他账户、其他交易产生错报或漏报,而未能被内部控制防止、发现或纠正的可能性。有效的内部控制将降低控制风险,但并不能完全保证可防止和发现所有的重大错报,因此,控制风险不可能为零。同固有风险一样,注册会计师也无法改变控制风险的实际水平,但是注册会计师通过研究和评价被审计单位的内部控制,可以改变其对控制风险的估计水平。

3. 检查风险

检查风险是指某一账户或某类交易单独或连同其他账户、其他交易产生重大错报或漏报,而未能被实质性测试发现的可能性。检查风险的高低取决于审计程序设计的有效性和注册会计师运用审计程序的有效性。与固有风险和控制风险不同,检查风险的实际水平随着注册会计师对某项认定执行的实质性测试的性质、时间和范围的改变而改变。比如,设计有效的审计程序并实施得当可降低检查风险。

（二）审计风险组成要素构成的模型

审计风险的组成要素即固有风险、控制风险和检查风险之间的关系可用下列公式表示:

审计风险 = 固有风险 × 控制风险 × 检查风险

这一公式即是原来的审计风险模型。根据该审计风险模型,在总的审计风险水平确

定的情况下，检查风险可推算如下：

$$\text{检查风险} = \frac{\text{审计风险}}{\text{固有风险} \times \text{控制风险}}$$

例如，假设某注册会计师对存货进行审计，可接受的审计风险为3%，他对存货账户所做风险估计为：固有风险为60%，控制风险为50%。那么，可接受的检查风险计算如下：

$$\text{检查风险} = \frac{3\%}{60\% \times 50\%} = 10\%$$

从上述模型可以看出，在审计风险一定的情况下，检查风险与固有风险和控制风险的综合水平之间呈反比例关系。也就是说，固有风险和控制风险估计水平越低，检查风险可接受水平就越高；固有风险和控制风险估计水平越高，检查风险可接受水平就越低。

原审计风险模型中固有风险与控制风险之间具有相关联系。例如，40%的固有风险和60%的控制风险对计划的检查风险和计划的证据的影响，与60%的固有风险和40%的控制风险的影响相同。在上述任何一种情况下，审计风险模型的分母都是固有风险和控制风险的乘积24%。固有风险与控制风险结合起来，可看成在考虑了内部控制有效性之后对错报的预期，其中固有风险是在不考虑内部控制有效性时对错报的预期。

（三）固有风险的评估

将固有风险列入审计风险模型，旨在促使注册会计师努力去预测财务报表中哪些部分最有可能发生错报，哪些部分最不可能发生错报。这些信息将会影响注册会计师需要收集的证据总量，也会影响注册会计师在各项审计任务之间分配收集证据的力量。

1. 财务报表层次上固有风险的评估

在编制总体审计计划时，注册会计师要对财务报表整体的固有风险进行评估，进行评估时要合理运用专业判断，考虑以下因素：（1）影响被审计单位所在行业的外部环境因素；（2）被审计单位的业务经营性质；（3）被审计单位目前的财务状况；（4）被审计单位管理层的状况；（5）以前年度审计中发现过错报；（6）初次审计还是重复审计；（7）关联方关系和交易；（8）非常规业务。

2. 账户或交易层次上固有风险的评估

对账户或交易层次上的固有风险进行评估时，注册会计师要合理运用专业判断，考虑以下因素：（1）容易产生错报的财务报表项目；（2）需要利用专家工作结果予以佐证的重要交易和事项的复杂程度；（3）确定账户金额时，需要运用估计和判断的程度；（4）容易受损失或被挪用的资产；（5）会计期间内尤其临近会计期末发生的异常及复杂交易；（6）在正常的会计处理程序中容易被漏记的交易和事项；（7）与导致虚假财务报表动机有关的因素。

（四）控制风险的评估

注册会计师了解内部控制并评估固有风险后，要对各重要账户或交易的相关认定所涉及的控制风险做出初步评估。如果注册会计师发现被审计单位内部控制失效，或者难以对内部控制的有效性做出评估，则应当将重要账户或类别的部分或全部认定的控制风险评估为高水平，直接进行实质性测试。

如果初步评估控制风险较低，并拟信赖相关内部控制，则注册会计师需要进行符合性测试，并根据测试结果，评价内部控制的设计和运行是否与控制风险的初步评价相一致。如果存在偏差，需要修正对控制风险的评估。

终结审计之前，注册会计师要根据实质性测试的结果和其他审计证据，对控制风险进行最终评估，并检查其是否与控制风险的初步评估结论相一致。如不一致，应当考虑是否追加相应的审计程序。

（五）检查风险可接受水平的确定与应用

1. 检查风险可接受水平的确定

如前所述，审计风险组成要素之间存在密切关系：固有风险和控制风险估计水平越低，检查风险可接受水平就越高；固有风险和控制风险估计水平越高，检查风险可接受水平就越低。在编制审计计划时，要确定检查风险的可接受水平。检查风险的可接受水平取决于固有风险与控制风险的综合水平。由于控制风险与固有风险相互联系，注册会计师应当对固有风险与控制风险进行综合评估，并据以作为确定检查风险的基础。

2. 检查风险与审计证据的关系

检查风险与支持注册会计师对财务报表表示意见所需的证据数量成反向关系。检查风险的可接受水平越低，所需的证据数量就越多。相反，固有风险和控制风险与所需的证据数量成正向关系。这些风险较低时，所需的证据较少，因为这时检查风险的可接受水平会较高。

3. 检查风险对实质性测试程序的影响

无论固有风险和控制风险的评估结果如何，注册会计师均需对各重要账户或交易进行实质性测试。实质性测试的性质、时间和范围，取决于所确定的检查风险的可接受水平。固有风险和控制风险的水平越高，注册会计师可接受的检查风险水平越低，那么，使检查风险降至可接受水平所需的证据数量就越多，因而就应实施更加详细的实质性测试程序。

4. 检查风险对审计意见的影响

如经实施有关审计程序，注册会计师仍认为某一重要账户或交易认定的检查风险不能降至可接受的水平，应当发表保留意见或无法表示意见。

（六）原有审计风险模型的局限性

从理论上看，原有审计风险模型不存在不妥，但实务操作面临很大的问题和困难。

（1）直接认定固有风险为高水平被公认为是稳健的做法，这样导致不少事务所及注册会计师不重视对固有风险的评估，使其流于形式。

（2）在实务中，很容易人为割裂控制风险与固有风险两者的内在联系，而只依赖对内部控制风险所作的粗放型评估来直接、大致确定检查风险水平，再据此规划实质性程序的性质、时间和范围。这样做难以合理保证财务报表不存在重大错报。

（3）从注册会计师角度看，只抓住固有风险和控制风险作为审计工作的起点和导向，而不直接明确地以评估重大错报风险为起点和导向，有舍本求末、隔靴搔痒、只见树木不见森林之感。

(4) 尽管注册会计师在计划中付出了极大努力,但是对可接受的审计风险、固有风险、控制风险和由此确定的计划的检查风险的评价仍然是非常主观的,只能尽可能地接近实际。为了解决计量上的困难,许多注册会计师都采用概括性的和主观的计量标准,如“低”、“中”、“高”等。

三、审计风险模型的新发展

(一) 新的审计风险模型及其带来的变化

随着风险导向审计理念和方法的发展,在21世纪之初若干审计失败事件的催化下,制定国际审计准则的组织“国际审计与鉴证准则理事会”在吸收风险导向审计优点的基础上,保留和继承了原有审计准则的可取之处,制定颁布了新的审计风险准则,受到了各国职业界和社会各界的好评。中国注册会计师协会也适时修订原有审计准则、制定新的审计准则,将中国注册会计师审计准则调整为与国际趋同的审计风险准则。审计风险准则的基本原则和必要程序是,强调从宏观上了解被审计单位及其环境,包括内部控制,以充分识别和评估财务报表重大错报风险,针对评估的重大错报风险设计和实施控制测试和实质性程序。

新的审计风险准则是在继承已有审计基本理论和方法的基础上进行的发展和完善,这些准则的颁行并没有改变财务报表审计目标和责任的基本定位,而是为指导审计人员适应新环境更好地实现审计目标和履行审计责任提供了指南。根据新准则的基本原则和理念,审计风险取决于重大错报风险和检查风险。重大错报风险是指财务报表在审计前存在重大错报的可能性;检查风险是指某一认定存在错报,该错报单独或连同其他错报是重大的,但注册会计师没有发现这种错报的可能性。注册会计师应当实施审计程序,评估重大错报风险,并根据评估结果设计和实施进一步审计程序,以控制检查风险。注册会计师应当关注财务报表的重大错报,但没有责任发现对财务报表整体不产生重大影响的错报。注册会计师应当考虑已识别但未更正的单个或累计的错报是否对财务报表整体产生重大影响。

新审计风险模型是:

$$审计风险 = 重大错报风险 \times 检查风险$$

这不是简单地将固有风险和控制风险合并称为重大错报风险,而是重大的实质性改进。不仅明确规定了审计工作以评估财务报表重大错报风险作为新的正确起点和导向,抓住了审计工作的“牛鼻子”,而且与现行审计目标和责任定位紧紧相扣,有利于履行审计责任,实现审计目标。新的审计风险模型带来了如下变化:

1. 改进审计业务流程

原审计风险三要素模型,把审计业务流程和程序分为四大块:(1) 了解被审计单位情况,以便评估固有风险;(2) 了解内部控制及其运行情况;(3) 必要时实施控制测试,与第(2)个程序的结果一起评估控制风险;(4) 实施实质性测试,以便降低检查风险。

新审计风险二要素模型,把审计业务流程和程序分为三大块:(1) 了解被审计单位及其环境,包括内部控制,其目的是要评估财务报表总体层次和认定层次的重大错报风险。这一块审计程序称为“风险评估程序”。(2) 必要时实施控制测试,目的是测试内部控制在防止、发现和纠正认定层次重大错报方面的有效性，并据此一并评估重大错报风险。(3) 实施实质性测试，目的是检查认定层次的重大错报风险。上述第(2)、(3)块程序统称为"进一步审计程序"。由于风险评估程序不足以为发表审计意见提供充分适当的审计证据，故注册会计师还应当设计和实施进一步审计程序，包括控制测试和实质性程序。基本的思路是，根据实施风险评估程序的结果和必要时执行控制测试的结果来对认定层次的重大错报风险进行评估，以此评估结果为基础，并考虑既定的审计风险水平，来确定可接受的检查风险水平，再据此计划和实施实质性程序。

在既定的审计风险水平下，可接受的检查风险水平与认定层次重大错报风险的评估结果成反向关系。评估的重大错报风险越高，可接受检查风险越低；评估的重大错报风险越低，可接受检查风险越高。检查风险取决于实质性程序设计和执行的有效性。注册会计师必须合理设计实质性程序的性质、时间和范围并有效执行，将检查风险降至可接受的水平。

审计业务流程作上述改进后，要求注册会计师全程关注财务报表的重大错报风险，并将风险评估作为整个审计工作的先导、前提和基础。因此，注册会计师应首先花大力气去识别和评估重大错报风险，再据此有针对性地采取措施，合理保证财务报表不存在重大错报。评估重大错报风险的失当，必将导致整个审计工作的失败。所以，能否合理评估客户财务报表的重大错报风险，将成为评价会计师事务所及注册会计师专业胜任能力、考验审计质量及效果的关键性尺度与决定性因素。

2. 根据不同层次的重大错报风险采取不同应对措施

注册会计师通过了解被审计单位及其环境(包括内部控制)，区分并评估财务报表整体层次和认定层次的重大错报风险，之后要有针对性地采取不同的有效应对措施。针对评估的财务报表整体层次的重大错报风险确定"总体应对措施"，对拟实施审计程序的性质、时间和范围做出总体修改。注册会计师对控制环境的了解会影响其对财务报表整体层次重大错报风险的评估，要据此采取相应的措施。针对评估认定层次的重大错报风险设计和实施"进一步审计程序"，将审计风险降至可接受的低水平。

3. 强调获取列报与披露认定的审计证据的重要性

认定层次的构成分为三个类别：各类交易、账户余额、列报与披露，相关内容我们已在第四章进行了比较详细的论述。注册会计师要从各类交易、账户余额及列报与披露三方面来识别和评估认定层次的重大错报风险。

以前将认定层次的构成分为两个类别，将列报与披露问题融合到各类交易、账户余额中，这在理论上并没有什么错。但实务中相比之下注册会计师更重视审计各类交易和账户余额的认定，而容易忽视列报与披露认定的重大错报风险。在日益重视财务报表列报与披露的今天，根据新审计风险模型，强调单独针对财务报表总体列报与披露认定获取审计证据，对切实提高审计效果和财务报表信息披露质量具有特别重要的意义。

4. 强调保持职业怀疑态度

新审计风险模型进一步强调了保持职业怀疑态度的极端重要性，要求注册会计师以职业怀疑态度计划和实施审计工作，充分考虑可能存在导致财务报表发生重大错报的情形。在计划和执行审计时，注册会计师既不能假定管理层不诚实，也不能假定其完全诚实。因此，管理层声明书不能替代获得充分适当的审计证据，只有充分适当的审计证据才能得出作为审计意见基础的合理结论。

5. 强调对特别风险的识别及评估

注册会计师在风险评估中需要运用职业判断，确定识别的风险哪些是特别风险，对特别风险需要作特别的审计考虑。在确定哪些风险是特别风险时，要考虑风险的性质、潜在错报的重要程度以及风险发生的可能性。在确定风险的性质时，注册会计师一般考虑下列事项：(1) 是否有舞弊迹象；(2) 是否与近期经济环境、会计核算和其他方面的重大变化有关；(3) 交易的复杂程度；(4) 是否涉及重大的关联方交易；(5) 财务信息计量的主观程度，尤其要认识到不确定事项的计量存在宽广的区间；(6) 是否涉及异常或超出正常业务范围的重大交易。

6. 强调项目组内讨论的积极作用

在审计过程，项目负责人必须组织项目组成员对客户财务报表存在重大错报的可能性进行讨论，并运用职业判断合理确定讨论的目标、内容、人员、时间和方式。项目组的讨论要包括客户所面临的经营风险、报表容易发生错报的领域及发生错报的方式，特别是由于舞弊导致重大错报的可能性。项目组的关键成员应当参与讨论。如果审计项目组需要拥有特殊信息技术或其他技能的专家，在讨论时还应将其包括在内。项目组应当根据审计的具体情况，持续交换有关客户报表发生重大错报可能性的信息。通过讨论可以使成员更好地了解在各自负责的领域导致报表发生重大错报的可能性，并了解各自实施审计程序的结果如何影响审计的其他方面，包括如何确定进一步审计程序的性质、时间和范围。

7. 强调与治理层沟通和与管理层沟通并重

新审计风险模型要求注册会计师与治理层沟通和与管理层沟通并重。及时沟通内控问题，将其注意到的内部控制设计或执行方面的重大缺陷告知客户适当层次的治理层或管理层。如果识别出客户未加控制或控制不当的重大错报风险，或认为客户的风险评估过程存在重大缺陷，注册会计师应当就此类内部控制缺陷与治理层沟通。

(二) 新审计风险模型产生的影响

1. 对注册会计师审计程序的影响

新的审计风险模型强化了错报风险的识别、评估和应对程序，需要注册会计师适时调整配备审计资源，同时也应关注可能增加的审计成本，在确定审计收费时加以考虑，以保证审计计划得到执行。

有关风险识别、评估和应对程序包括：一是实施风险评估程序，通过实施审计程序了解被审计单位及其环境，包括内部控制；二是从财务报表层次和各类交易、账户余额、列报与披露认定层次评估重大错报风险；三是针对财务报表层次的重大错报风险采取总体应对措施；四是针对各类交易、账户余额、列报和披露认定层次实施控制测试和实质性测试；五是评估获取审计证据的充分性和适当性。

针对评估的重大错报风险应实施的程序包括：(1) 注册会计师应当针对财务报表层次的重大错报风险制定总体应对措施，包括向审计项目分派更有经验或具有特殊技能的审计人员或利用专家，向项目组提供更多督导等；(2) 注册会计师应当针对认定层次的重大错报风险设计和实施进一步审计程序，包括测试控制的执行有效性以及实施实质性程序；(3) 注册会计师应当评价风险评估的结果是否适当，并确定是否已经获取充分、适当的审计证据；(4) 注册会计师应当将实施的关键程序形成审计工作记录。

2. 对注册会计师审计责任的影响

《中华人民共和国注册会计师法》规定注册会计师执行审计业务，必须按照执业准则、规则确定的工作程序出具报告。如何判断注册会计师按照执业准则、规则确定的工作程序出具报告，最重要的依据就是审计工作记录。中国以前的审计准则对审计工作记录的要求比较笼统，致使一些会计师事务所在执业时，没有完全按照审计准则的规定实施审计程序，或虽然实施了审计程序，但没有形成有效的审计工作记录，对审计质量控制和日后检查造成不利影响，也影响了会计师事务所的责任区分。中国注册会计师协会已制定颁布新的审计风险准则，其中增加了对注册会计师形成审计工作记录的具体要求，以保证对重要程序的履行和对审计质量的控制，对明确注册会计师责任具有重要作用。

一是要求注册会计师对风险评估程序的关键环节形成审计工作记录，包括：(1) 审计项目组对由于舞弊或错误导致的财务报表存在重大错报风险的讨论，以及做出的决策；(2) 对被审计单位及其环境各个方面的了解要点，包括对内部控制每个要素了解的要点、信息来源以及风险评估程序；(3) 在财务报表层次、认定层次识别和评估出的重大错报风险；(4) 识别出的特别重大风险和仅通过实质性程序无法应对的重大错报风险，以及相关控制的评估。

二是要求注册会计师就实施的关键程序形成审计工作记录，包括：(1) 对评估的财务报表层次重大错报风险采取的总体应对措施；(2) 实施进一步审计程序（控制测试和实质性测试）的性质、时间和范围；(3) 实施的进一步审计程序与评估的认定层次重大错报风险的联系；(4) 实施进一步审计程序的结果。

本章提要

1. 审计计划是指注册会计师为了完成年度财务报表审计业务，达到预期的审计目的，在具体执行审计程序之前编制的工作计划，包括总体审计计划和具体审计计划。

2. 审计计划的编制步骤包括：(1) 计划前的工作；(2) 取得被审计单位的背景信息；(3) 与客户交流与沟通；(4) 考虑利用内部审计工作；(5) 评价是否需要外部专家；(6) 取得法律文件、识别关联方交易；(7) 实施初步的分析程序。

3. 重要性是指被审计单位财务报表中错报或漏报的严重程度，这一程度在特定环境下可能影响财务报表使用者的判断或决策。对重要性的评估是注册会计师的一种专业判断。审计风险与重要性之间存在着反向关系。

4. 审计风险也有风险的基本含义，即遭受损失的可能性。这种损失首先表现为注册会计师提交了不恰当的审计报告，之后这种不恰当的审计报告有可能给注册会计师带来损失。所以，按照我国审计准则，审计风险是指财务报表存在重大错报而注册会计师发表不恰当审计意见的可能性。

5. 根据新审计风险准则的基本原则和理念，审计风险取决于重大错报风险和检查风险，重大错报风险是指财务报表在审计前存在重大错报的可能性；检查风险是指某一认定存在错报，该错报单独或连同其他错报是重大的，但注册会计师没有发现这种错报的可能性。这样，新审计风险模型是：

$$审计风险 = 重大错报风险 \times 检查风险$$

6. 新的审计风险模型带来的变化:(1) 改进审计业务流程;(2) 根据不同层次的重大错报风险采取不同应对措施;(3) 强调获取列报与披露认定的审计证据的重要性;(4) 强调保持职业怀疑态度;(5) 强调对特别风险的识别及评估;(6) 强调项目组内讨论的积极作用;(7) 强调与治理层沟通和与管理层沟通并重。

练习与思考

1. “审计工作重心需前移”是什么意思?为什么需前移?
2. 审计计划的基本内容有哪些?
3. 请说明审计计划的编制步骤。
4. 谁负责审计计划的审核?一般审核哪些主要事项?
5. 请解释“重要性”的概念。
6. 请说明重要性水平与审计风险之间的关系。
7. 花都会计师事务所对吉林木材股份有限公司2013年度财务报表进行审计,其未经审计的有关财务报表项目金额如下:资产总计26 000万元,主营业务收入53 000万元,利润总额8 500万元,净利润5 500万元。要求:采用固定比率法,并假定资产总额、主营业务收入和净利润的固定百分比数值分别为0.8%、0.5%和5%,请计算确定吉林木材股份有限公司2013年度财务报表层次的重要性水平。
8. 如果注册会计师决定将总额为60万元的重要性初步判断金额中的25万元分配给存货,则存货的可容忍错报额是多少?
9. 当错报或漏报汇总数超过重要性水平时应如何处理?
10. 什么是审计风险?为什么说它始终存在?
11. 为什么说原有审计风险模型已不适应实务要求?它有什么局限性?
12. 什么是新的审计风险模型,它带来了哪些变化?
13. 新的审计风险模型产生了哪些影响?

案例分析

阳光股份有限公司是创业板的上市公司,2009年发行社会公众股并上市交易,受政府优惠政策的支持,有较好的经营业绩,上市当年的每股收益为0.872元。之后,由于行业竞争激烈,阳光股份的经营业绩开始出现下滑的趋势。

阳光股份有限公司在2012年度打算聘请德宝会计师事务所进行年度审计,德宝会计师事务所在接受该公司委托前通过各种渠道了解到如下信息:

(1) 同行业2010年、2011年平均每股收益分别为0.253元和0.186元;
(2) 同行业2010年、2011年平均流动比率分别为1.135和1.138;
(3) 同行业2010年、2011年平均投资报酬率分别为21.13%和18.38%;
(4) 上一年度前任审计师给该公司出具的是无法表示意见的审计报告;
(5) 在上一年度公司拒绝向前任审计师提供董事会会议记录;
(6) 2011年11月15日公告了其进行资产重组的消息;
(7) 公司职能部门的办公楼与生产部门的工厂车间坐落在距离较远的不同地点;
(8) 据说公司总经理兼董事长工作很忙,很难见到他;

(9) 公司无独立的内部审计部门;

(10) 公司在2011年1月16日投资组建电子商务网络公司,已投入运营。

要求:请讨论在编制审计计划时对了解到的上述信息应做何种安排、实施哪些程序?

情景模拟

兴发公司为扩大经营需增加资金,故决定向银行贷款。银行要求其出具审计后的财务报表,以便在银行内贷款审批会上决定是否给予其贷款时作为决策的依据。于是,兴发公司决定聘请天山会计师事务所进行审计,兴发公司以前从未进行过审计。

实施完内部控制测试后,天山会计师事务所的审计项目负责人老周组织项目组成员对客户财务报表存在重大错报的可能性进行讨论。

刘玲说,该公司会计账册不齐,测试过的几个账户也未轧平,不知道这里有没有问题,应该花一个星期时间帮公司整理账簿。

王放说,公司会计人员向他们的财务经理抱怨,认为我们太苛刻,让他们填写的调查表太多,问得太细,妨碍其正常工作。

马辉说,我负责进行应收账款函证,但当我向会计人员索要客户有关资料,以便对应收账款进行函证时,会计人员以这些资料系公司机密为由,拒绝向我提供。

项目负责人老周说,我也遇到了一些问题,我要求公司在年末停止生产一天,以便对存货进行盘点,但兴发公司以生产任务忙为由,说不能安排停产盘点。结合马辉告诉我的情况,我曾与兴发公司总经理接洽,告诉他如果无法进行询证和盘点,我们将无法对财务报表表示意见。总经理听我这么说,非常生气。他说,我情愿向朋友借钱,也不要你们的审计报告。我说,那我们就终止合约吧,你支付我们前三周的审计费用。这个总经理要赖说我们没有给他们提供任何东西,他们不会付我们一分钱。

刘玲说,我还说要帮他们理账呢。这样的话我手里拿着的账册就不还他们了,直到他们付清我们的审计费。

王放也说,对,我手里也有一些他们的文件,不付清我们的审计费我也不还他们。

请讨论该会计师事务所是否面临客户的重大错报风险?项目组讨论中提出的做法是否妥当?如不妥当,你有什么建议?

小组讨论

审计风险模型发生了怎样的变化?为什么发生这种变化?

第六章

内部控制测试和风险评估

本章目的

风险导向审计强调从宏观上了解被审计单位及其环境，包括内部控制，以充分识别和评估财务报表重大错报风险，即实施风险评估程序。注册会计师要依赖被审计单位的内部控制时需要对其内部控制进行测试，以便判断其财务报表存在重大错报的可能性，并据此确定进一步实质性程序的性质、时间和范围。通过本章学习，你应该掌握内部控制的概念、内部控制的测试及相应的风险评估及其应对措施。

引例

内控缺陷披露:企业需兼具勇气与智慧(节选)[①]

两个月前,财政部会计司和证监会会计部联合公布的《我国境内外同时上市公司2011年执行企业内控规范体系情况分析报告》中,披露了67家境内外同时上市企业的内控实施情况及存在的突出性问题。其中,15家企业披露的内控缺陷以附表形式罗列,中国中铁、交通银行、中国人寿等公司在列。一时间,上述15家公司成为负面报道的典型,并在网络上广泛传播。

因自身主动披露反而成为负面典型,以上企业感觉很受伤,由此也引发了企业对"要不要披露自身内控缺陷"的困惑。

在中国联通广西分公司(下称"广西联通")财务部总经理杨军看来,这从侧面折射出我国内控建设环境正逐步形成,也正因为此,上述企业才会受到如此广泛的关注。这是一种好的趋势,但对企业来说,观感就完全不同了。

"内控缺陷信息披露应被视为上市公司信息披露的一项重要内容,是上市公司对投资者负责任的一种表现,对企业来说利大于弊。"一位不愿具名的会计师事务所合伙人说。

但实际上,不少投资者将内控缺陷延伸理解为企业管理问题,从而影响了投资决策。投资者的认识不深,使内控缺陷信息披露未成为对上市公司的利好。

企业普遍担心披露内控缺陷,反而导致形象变差,进而影响发展。

对此,杨军认为,政府主管部门有必要引导社会公众理性看待企业的内控缺陷,同时也要鼓励企业正确对待及主动披露自身缺陷。

"应客观看待企业披露内控缺陷,不是披露越多越好,不披露也不代表就一点问题没有。"作为广西联通内控体系的建设者与执行者,杨军深知,如何恰当地披露内控缺陷是企业实际工作中的一个难点。

有业内人士曾表示,内控缺陷认定缺乏足够详细的细则是影响企业内控信息披露质量的主要原因之一。

财政部财政科学研究所财务会计研究室副研究员王晨明则类比了内控缺陷披露和上市公司年报披露。她分析说,上市公司年报中,企业会计准则规定的披露的形式要件十分充分,但监管部门与投资者更想看到的是具体内容。不少企业在内控缺陷的披露中也遇到了类似的情况。企业知晓披露的格式与内容,但把握不好披露的重点与分寸。

王晨明认为,基于这一状况,政策层面与监管部门大有可为。正如前面提及的,财政部及有关部门将制定《内控解释3号》,出台分行业的内部控制操作指南和内部控制缺陷的认定标准将使企业更能有章可循。

至于是否有必要进一步出台披露的应用细则,杨军则有不同看法。

她认为,企业内部控制规范及其指引已经涵盖了企业常见的重要业务领域,是框架性

① 来源:《中国会计报》,2012年12月29日,作者:于濛。

的制度。不同企业要结合实际的风险情况及容忍程度，对自身业务、流程和控制环境进行详细梳理，不能仅依赖于应用指引。

“内控工作是一个不断琢磨、完善的过程，也是一种境界。”杨军坦言。追求操作细则的不断量化本身就难以适应不同企业的需要，不一定能解决上述存在的披露问题。过于具体化的操作指南，反而会在一定程度上束缚住企业对内在动力的挖掘。即便有细则，由于对操作细则理解不透或与本企业环境相适性偏差等原因，也可能难以建成适合本企业的内控体系及控制环境。

“一言以蔽之，企业内控缺陷的披露没有绝对的样本可照搬。对于某些关键点是否该披露、披露到何种程度，应该由企业自己把握。”杨军说。

当然，把握也不能毫无章法，而应站在提升核心竞争力的战略高度，在深刻认识内控的前提下，充分梳理风险点及其影响程度，动态地、归纳性地提出各类风险的披露范围及要求。在杨军看来，这才是企业内控工作的真意。

引例涉及内部控制问题，这是注册会计师十分关心的，即注册会计师要关注被审计单位是否有健全的内部控制制度以及内部控制是否行之有效。内部控制缺陷产生的问题可以分为两类，一类是企业中可能存在盗用资产的舞弊行为，这类舞弊行为的存在会使财务报表出现错报，有时甚至是重大错报；另一类是由于内控缺乏或失效出现会计基础数据混乱、加工整理出错甚至有意操纵篡改财务报表数据的情况，这显然会直接导致财务报表出现重大错报。由此我们可以推论，如果被审计单位的内部控制设计严密合理、执行严格有效，则该单位财务报表出现重大错报的可能性就会大大降低。如果是这种情况的话，注册会计师没有必要对被审计单位的所有业务和资料进行无一遗漏的全面审查，只要进行一些抽查即可，这样可极大地减少注册会计师的工作量。一般来说，注册会计师在评估认定层次重大错报风险时预期内部控制的运行是有效的，或者认为仅实施实质性程序不足以提供认定层次充分、适当的审计证据时，注册会计师需要实施控制测试。

第一节　内部控制及其要素

注册会计师的审计工作中一个重要的环节是了解客户与审计相关的内部控制，其目的在于识别潜在错报的类型，分析导致重大错报风险的因素，以便在此基础上确定进一步审计程序的性质、时间和范围。一个基本的逻辑是，如果内部控制有效，则重大错报的风险就会较小，那么计划收集的审计证据就可以减少。

内部控制的概念有多种不同的解释，我们将内部控制概括为，是被审计单位为了合理保证财务报告的可靠性、经营活动的效率性和效果性、法律法规得到遵守，而由治理层、管理层和相关人员设计并执行的各项政策和程序。被审计单位建立内部控制制度的目的在于促进和合理保证其目标的实现。

一、典型的内部控制要素

内部控制的内容是由基本要素组成的。企业内部控制的建立一般是根据其特征和需求设计的,例如企业规模、所处行业、业务构成、管理目标等。目前国内外审计界在讲述、设计和评价内部控制时,多采用美国一个组织"科索"(COSO)委员会[①]提出的内部控制五要素框架,五要素框架具有较强的理论可取性和实践可行性,我国财政部会同证监会、审计署、银监会、保监会制定的《企业内部控制基本规范》仍然采用该框架。以五要素框架为基础的内部控制包括下列要素:(1) 控制环境;(2) 被审计单位的风险评估过程;(3) 与财务报告相关的信息系统(包括相关的业务流程)和沟通;(4) 控制活动;(5) 对控制的监督。五要素之间的关系如图 6-1 所示。

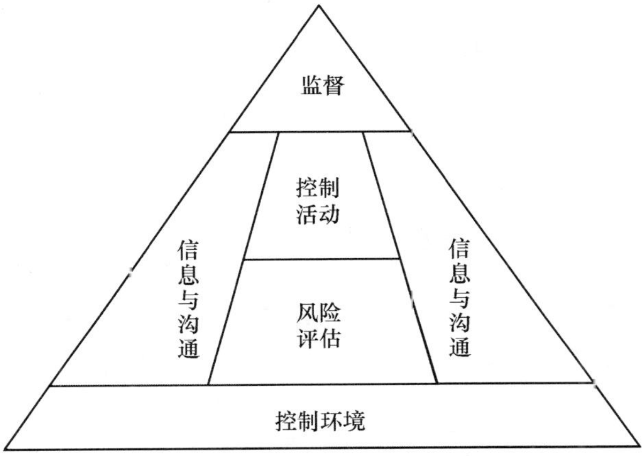

图 6-1 内部控制五要素

目前在审计界谈到内部控制时,一般是包括上述所有的五项要素。不过,有些情况下提到控制时,可能只包括上述一项或几项要素,或者是指上述要素表现出的各个方面。

将内部控制分类、归纳为若干要素,为我们提供了了解内部控制的框架,但无论对内部控制要素如何进行分类,注册会计师都要重点考虑被审计单位某项控制是否能够以及如何防止或发现并纠正各类交易、账户余额、列报与披露存在的重大错报。下面根据五要素的结构说明内部控制的内容。

(一) 控制环境

控制环境包括治理职能和管理职能,以及治理层和管理层对内部控制及其重要性的态度、认识和措施。同时,控制环境是企业内部控制的基础,它反过来又影响企业各级管理人员和一般员工的控制意识。控制环境的具体内容主要包括以下几个方面:

1. 诚信原则和道德价值观

内部控制是由人来实施并受人的因素影响的,建立良好的内部控制,首先要在企业从最高管理层到普通员工中建立起保持诚信行为的理念和原则,确立健康的道德价值标准;不盲目追求不切实际的目标,不给虚夸造假风气创造条件;注重企业文化建设和提供道德

---

① COSO,是 the Committee of Sponsoring Organizations of the Treadway Commission 的缩写,它是由美国五个职业团体于 1985 年发起建立的一个民间组织,这五个发起团体包括内部审计师协会、美国注册会计师协会、美国会计学会、管理会计师协会和财务经理人协会。成立 COSO 的目的旨在通过加强公司治理、道德规范和内部控制来改进财务报告的质量。

方面的指导，使所有员工都能正确地进行判断、明辨是非，遵章守纪成为发自员工内心的自觉行动。

2. 员工的胜任能力和公司的人力资源政策

内部控制有效运行需要公司员工具有一定的知识、技能和能力水平，所以企业管理层须制定正式的职务说明书，逐项分析并规定各工作岗位对知识和技能的要求，同时还要有完善的员工招聘与选拔政策及操作性程序；对员工制定职业发展规划、有计划地进行业务技能培训，使员工的知识技能水平不断地得到更新，保持胜任其工作岗位的能力。

3. 管理理念和经营风格

公司的管理理念应当是明确的，全体员工都了解公司的愿景和使命，公司的经营目标和计划与公司的愿景和使命紧密相连。激进的经营战略配有正确对待和承担经营风险的态度和方式；稳健的经营战略并不丢掉捕捉和把握机遇的机制和措施。

4. 组织结构和管理层的安排

组织结构是指为实现公司目标和计划、确保其执行和得到监督的整体框架。良好的内部控制应存在于合适的组织结构之中，这种组织结构应能提供管理企业所需的各种信息；应能使管理指令畅通无阻；应能根据反馈的信息做出调整和纠正。对于审计人员来说尤其应当关注的是董事会及其审计委员会的构成、职责和发挥的作用。

5. 职权与责任的分配

有效的内部控制需要在组织内部对全部经营活动的各项职责进行合理有效的分配，同时要进行适当授权，为执行任务和承担职责的部门及其成员提供和配备所需的资源并确保他们的经验和知识与职责权限相匹配，通过周密的设计使员工的职责和相应的工作行为与实现公司目标保持一致。

（二）风险评估

在市场经济条件下，每个企业都会面临各种不同的风险，企业对这些风险必须进行评估。风险评估是分析和辨认实现企业所定目标和计划的过程中可能发生的不利事件和情况。风险评估包括对风险点进行选择、识别、分析和评估的全过程。进行风险评估首先要列出重要风险要素和风险控制点，要清楚在企业经营管理过程中会出现的风险，既要考虑内部风险，又要考虑外部因素引起的风险；既要考虑静态风险，又要考虑动态风险；既要考虑操作风险，又要考虑体制和政策风险。

企业的目标和计划是由企业的愿景和使命决定的，有了目标和计划企业各级部门和员工就有了具体的工作目标和行动方向。在实现企业目标和计划的过程中，会出现各种各样的不利事件和情况阻碍企业目标和计划的实现，也就是企业会遇到风险。管理层必须建立持续的风险评估机制对风险进行评估，并根据评估结果采取必要的应对措施。被审计单位的风险评估过程应成为企业愿景和使命实现过程的有机组成部分。对风险进行分析和评估要事先对风险点进行评估，识别风险产生的原因及表现形式；识别每一重要业务活动目标所面临的风险；估计风险的概率、频率、重要性、可能性以及风险所造成的危害。其目的是能够在业务开展前，测定出风险指标，并能够在业务发生后对风险进行跟踪监测。

（三）信息和沟通

企业在实现其经营目标和计划的过程中，需要通过从上到下和从下到上的各种形式的信息进行沟通，以使企业的目标和计划转化为员工的责任和行动。所以现代企业必须建立完善的信息系统保障沟通的顺畅。信息系统不仅处理企业内部所产生的信息，而且也要处理与外部发生联系的各种信息。企业的各级管理者和所有员工必须能够从最高管理层明确地得到其应承担责任的信息，同时企业最基层的行动信息也必须向上级各层管理部门进行传递，企业内部的信息也需要以适当的方式向企业外界的客户、供应商、政府管理机构和股东等做有效的沟通。

随着企业规模的扩大和信息技术的发展，企业信息系统日益庞大和复杂，注册会计师不可能也没有必要评价企业的整个信息系统，只需了解和清楚与财务报告相关的信息系统和相关业务流程。与财务报告相关的信息系统包括用以生成、记录、处理、报告各类交易和事项，对相关资产、负债和所有者权益履行经管责任的程序和记录。与财务报告相关的信息系统应当与业务流程相适应，这里的业务流程是指被审计单位开发、采购、生产、销售、发送产品和提供服务、保证遵守法律法规、记录信息等一系列活动。

与财务报告相关的信息系统所生成信息的质量，对管理层能否做出恰当的经营管理决策以及编制可靠的财务报告具有重大影响。与财务报告相关的信息系统通常包括下列职能：(1) 识别与记录所有的有效交易；(2) 及时、详细地描述交易，以便在财务报告中对交易做出恰当分类；(3) 恰当计量交易，以便在财务报告中对交易的货币金额做出准确记录；(4) 恰当确定交易生成的会计期间；(5) 在财务报表中恰当列报交易及相关披露。

（四）控制活动

控制活动是指被审计单位有助于确保管理层的指令得以执行的政策和程序，包括与授权批准、业绩评价、信息处理、实物控制和职责分离等相关的活动。企业管理层确定经营目标、编制经营计划、辨识经营风险，继之需要采取一系列行动进行落实或加以应对，比如布置任务、核准指标、授权处理、验证结果、调节偏差、复核绩效、保障安全、合理分工等。具体来说主要包括：

(1) 经营目标和计划的落实。通过生产经营会议将生产经营目标和计划以生产经营指标的形式落实到基层单位和人员，这是管理控制活动的基础性工作。

(2) 职责划分和合理分工。在责任划分的基础上，根据企业的规模、行业特点和人员素质等情况，将不同的职责进行适当的细分或合并，分工落实到个人，需要注意的是要将不相容职务分派给不同的员工，以降低错误或不当行为的风险。

(3) 在授权范围内高效、准确地处理业务。各级管理人员和一般员工都被授予与其职责范围相一致的权责，使其能够高效和准确地处理业务。

(4) 对资产实施控制。现金、证券、存货、设备和其他资产的实物采取保护的措施，实施保护的行为。

(5) 对信息处理过程加以控制。对信息系统的控制活动可分为两类：第一类是一般控制，是对信息系统所处环境的控制，以确保系统持续、正常运转；第二类是应用控制，是对应用软件运行中的步骤及相关人工程序的控制。

（6）对经营结果和绩效进行分析。管理层根据记录经营活动的结果，与目标、计划、预算、预测、前期及竞争者的绩效相比较，以衡量目标和计划的实现程度，通过相互比较，分析它们之间的差异原因，然后再进行适当的调查，根据情况采取纠正的措施。

（五）对控制的监督

对控制的监督是指被审计单位评价内部控制在一段时间内运行有效性的过程，该过程包括及时评价控制的设计和运行，以及根据情况的变化采取必要的纠正措施。内部控制系统有效发挥作用离不开得到适当的、持续的监督。

适当的和持续的监督活动伴随着生产经营活动的进行而进行，它包括例行的专门监督活动和履行职务所采取的行动。尽管经常性持续监督程序可以有效地评价内部控制体系，但企业有时需要组织例外的评估活动以直接检查某些控制系统的有效性，或发现有可能出现控制漏洞的薄弱环节后进行的监督检查。例外评估的范围和频率，视风险的大小及控制的重要性而定。内部控制存在缺陷时要从下向上报告，反馈至适当的管理层。

以上是五要素的基本概念。与会计责任和审计责任的划分原则相一致，建立和维护一个单位的内部控制是该单位治理层和管理层的责任，而不是注册会计师的责任。但是被审计单位内部控制状况可以影响注册会计师的工作，所以注册会计师需要了解和测试被审计单位的内部控制。

二、注册会计师应注意的问题

（一）关注与审计相关的控制

注册会计师必须调查和了解被审计单位的内部控制，重点了解与审计相关的各项控制。被审计单位旨在实现财务报告可靠性目标的控制以及防止财务报表重大错报风险的控制通常与审计相关。旨在保护资产的内部控制可能包括与实现财务报告可靠性和经营效率、效果目标相关的控制，注册会计师在了解内部控制各个要素时，可仅考虑其中与财务报告可靠性目标相关的控制。

如果旨在保证经营效率、效果的控制以及对法律法规遵循的控制与实施审计程序时评价或使用的数据相关，注册会计师则可考虑这些控制可能与审计相关。如果在设计和实施进一步审计程序时拟利用被审计单位内部生成的信息，注册会计师则可考虑旨在保证信息完整性和准确性的控制可能与审计相关。

注册会计师需要运用职业判断，考虑一项控制单独或连同其他控制是否与评估重大错报风险，以及针对评估的风险设计和实施进一步审计程序有关。注册会计师在运用职业判断时要和重要性判断结合起来，要考虑作为内部控制一部分的系统的性质和复杂性；同时，还要考虑被审计单位的规模、性质、经营的多样性和复杂性；职业判断的运用中不能忘记法律和监管的要求。

（二）考虑内部控制的人工成分和自动化成分

内部控制可能既包括人工成分又包括自动化成分，注册会计师在进行风险评估以及设计和实施进一步审计程序时需要考虑这种特征的影响。在了解内部控制时，注册会计师要考虑被审计单位是否通过建立有效的控制，以恰当应对由于使用信息技术系统或人工系统而产生的风险。在了解内部控制时，注册会计师应当考虑被审计单位是否通过建立有效的控制，以恰当应对由于使用信息技术系统或人工系统而产生的风险。

信息技术通常在下列方面提高被审计单位内部控制的效率和效果：(1) 在处理大量的交易或数据时，一贯运用事先确定的业务规则，并进行复杂运算；(2) 提高信息的及时性、可获得性及准确性；(3) 有助于对信息的深入分析；(4) 加强对被审计单位政策和程序执行情况的监督；(5) 降低控制被规避的风险；(6) 通过对操作系统、应用程序系统和数据库系统实施安全控制，提高不相容职务分离的有效性。

内部控制的人工成分在处理下列涉及主观判断的状况或交易事项时可能更为适当：(1) 存在大额、异常或偶发的交易；(2) 存在难以定义、防范或预见的错误；(3) 为应对情况的变化，在现有的自动化控制之外增加新的控制；(4) 监督自动化控制的有效性。

对于人工成分，可能会产生以下几方面的风险：(1) 人工控制可能更容易被规避、忽视或凌驾；(2) 人工控制可能不具有一贯性；(3) 人工控制可能更容易产生简单错误或失误。注册会计师在了解和评价人工控制产生的特定风险时需要予以关注。

需要注册会计师注意的是，人工控制在有些情形中可能是不适当的。例如，存在大量或重复发生的交易；事先可预见的错误能够通过自动化控制得以防范或发现；控制活动可得以适当设计和自动化处理。如果被审计单位在这些情形中采用人工控制，注册会计师要弄清其原因并评价可能的风险。

对于自动化成分，可能会产生以下几方面的风险：(1) 系统或程序未能正确处理数据，或处理了不正确的数据，或两者兼而有之；(2) 在未得到授权情况下接触数据，可能导致数据的毁损或对数据不恰当的修改，包括记录未经授权或不存在的交易，或不正确地记录了交易；(3) 信息技术人员可能获得超越其履行职责以外的数据访问权限从而破坏系统应有的职责分工；(4) 未经授权改变主文档的数据；(5) 未经授权改变系统或程序；(6) 未能对系统或程序做出必要的修改；(7) 不恰当的人为干预；(8) 数据丢失的风险或不能访问所要求的数据。注册会计师在了解和评价信息技术对内部控制产生的特定风险时需要予以关注。

（三）认识内部控制的局限性

注册会计师要认识到，没有完美的内部控制，只有相对强一些、弱一些的内部控制，相对完善或不够完善的内部控制，所以任何内部控制都会有某种程度的缺陷，无论内部控制的设计和执行多么严密，也不能认为它是完全有效的。即使管理层能够设计出一套严密的控制制度，这套制度的有效性也还要取决于执行制度的人的胜任能力和可靠性。内部控制通常存在下列固有局限性，无论如何设计和执行，只能对财务报告的可靠性提供合理的保证：(1) 在决策时人为判断可能出现错误以及由于人为失误而导致内部控制失效；(2) 可能由于两个或更多的人员进行串通或管理层凌驾于内部控制之上而被规避；(3) 管理层往往是在综合考虑了各项控制的成本与效益之后才建立内部控制的。

此外，小企业拥有的雇员通常较少，限制了其职责分离的程度，这样业主（经理）凌驾内部控制的可能性很大,对于小企业注册会计师需要考虑一些关键领域是否存在有效的内部控制。

总之,任何单位的内部控制都不可能对财务报表的公允反映提供绝对保证,而只能提供“合理保证”。这是对内部控制的基本认识,由此也有了对内部控制进行测试的必要性。

第二节　了解与记录内部控制

一、了解内部控制

(一) 获取内部控制相关证据的方法手段

注册会计师在了解内部控制时,应当评价控制的设计,并确定其是否得到执行。评价控制的设计是指考虑某项控制单独或连同其他控制是否能够有效防止或发现并纠正重大错报。控制得到执行是指某项控制存在且被审计单位正在使用。内部控制设计不当本身就意味着内部控制运行中可能存在重大缺陷。注册会计师在确定是否考虑控制得到执行时,应当首先考虑控制的设计。

注册会计师通常采用下列方法手段,获取有关控制设计和执行的审计证据:(1) 询问被审计单位的人员;(2) 观察特定控制的运用;(3) 检查文件和报告;(4) 追踪交易通过与财务报告相关的信息系统的过程,即进行穿行测试,追查几笔通过会计系统的交易。

询问本身并不足以评价控制的设计以及确定其是否得到执行,注册会计师应当将询问与其他手段以及风险评估程序结合使用。除非存在某些可以使控制得到一贯运行的自动化控制,注册会计师对控制的了解并不能够代替对控制运行有效性的测试。

(二) 按五要素框架进行了解

1. 对控制环境的了解

在了解控制环境的设计和实施情况时,注册会计师可以参考上述关于控制环境具体内容的介绍,了解管理层在治理层的监督下,是否营造并保持了诚实守信和合乎道德的文化氛围,以及是否建立了防止或发现并纠正舞弊和错误的恰当机制。根据对控制环境的了解,在对内部控制的设计进行评价时要考虑构成控制环境的要素如何被纳入被审计单位业务流程,可以重点关注以下几个方面:(1) 对诚信和道德价值观念的沟通与落实;(2) 对各岗位人员胜任能力的重视;(3) 治理层在控制制度中的参与程度;(4) 管理层的理念和经营风格的反映;(5) 组织结构的安排;(6) 职权与责任的分配;(7) 人力资源政策与实务。

了解控制环境有利于对重大错报风险的评估,因为控制环境对重大错报风险的评估具有广泛影响。注册会计师需要考虑控制环境的总体状况,尤其是其优势方面是否能为内部控制的其他要素提供良好的基础,未被控制环境中存在的缺陷削弱。

在调查了解构成控制环境的要素是否存在和得到执行时,注册会计师需要将这种调查了解与其他风险评估程序相结合以获取审计证据。通过询问管理层和员工,注册会计师可以了解管理层如何将业务规程和道德价值观念与员工进行沟通;通过观察和检查,注册会计师可以了解管理层是否建立了正式的行为守则,在日常工作中行为守则是否得到遵守,以及管理层如何处理违反行为守则的情形。控制环境本身并不能防止或发现并纠正各类交易、账户余额、列报与披露的相关认定的重大错报,所以注册会计师在评估重大错报风险时需要将控制环境连同其他内部控制要素产生的影响一并考虑。

2. 对被审计单位风险评估过程的了解

风险评估过程包括识别与财务报告相关的经营风险,以及针对这些风险所采取的措施。注册会计师需要了解被审计单位风险评估的过程和结果。在了解被审计单位风险评估过程的设计和执行时,注册会计师应当确定管理层如何识别与财务报告相关的经营风险,如何估计该风险的重大性,如何评估风险发生的可能性,以及如何采取措施以管理这些风险。

注册会计师需要询问管理层已经识别出的经营风险,并考虑这些风险是否可能导致重大错报。在审计过程中,如果注册会计师识别出管理层未能识别的重大错报风险,应当考虑风险评估程序为何没有识别这些风险,以及评估过程是否适合于具体环境。

3. 对信息和沟通的了解

注册会计师可以从下列方面了解与财务报告相关的信息系统:(1) 在被审计单位经营过程中,对财务报表具有重大影响的各类交易;(2) 在信息技术和人工系统中,对交易生成、记录、处理和报告的程序;(3) 与交易生成、记录、处理和报告有关的会计记录、支持性信息和财务报表中的特定项目;(4) 信息系统如何获取除各类交易之外的、对财务报表具有重大影响的事项和情况;(5) 被审计单位编制财务报告的过程,包括做出的重大会计估计和披露。

在了解与财务报告相关的信息系统时,注册会计师要特别关注由于管理层凌驾于账户记录控制之上,或避免控制行为而产生的重大错报风险,并考虑被审计单位如何纠正不正确的交易。与财务报告相关的沟通包括使员工了解各自在与财务报告有关的内部控制方面的角色和职责,与内部其他员工的相互联系,以及向适当级别的管理层报告例外事项的方式。注册会计师需要了解被审计单位如何对财务报告的岗位职责以及与财务报告相关的重大事项进行沟通;注册会计师还要了解管理层与治理层之间的沟通,以及被审计单位与外部的沟通。

4. 对控制活动的了解

注册会计师应当了解和弄清被审计单位的控制活动,达到足以评估认定层次重大错报风险的程度,并能够针对评估的风险设计进一步审计程序。在了解控制活动时,注册会计师要重点考虑某项控制活动单独或连同其他控制活动是否能够,以及如何防止或发现并纠正各类交易、账户余额、列报与披露存在的重大错报,如果多项控制活动能够实现同一目标,注册会计师不必了解与该目标相关的每项控制活动。注册会计师可以从以下几个方面评价有关控制活动:

(1) 与授权有关的控制活动,包括一般授权和特别授权。一般授权是指管理层制定的要求组织内部遵循的普遍适用于某类交易或活动的政策。特别授权是指管理层针对特定类别的交易或活动逐一设置的授权。

（2）与业绩评价有关的控制活动，主要包括被审计单位分析评价实际业绩与预算（或预测、前期业绩）的差异，综合分析财务数据与经营数据的内在关系，将内部数据与外部信息来源相比较，评价职能部门、分支机构或项目活动的业绩，以及对发现的异常差异或关系采取必要的调查与纠正措施。

（3）与信息处理有关的控制活动，包括信息技术一般控制和应用控制。信息技术一般控制是指与许多应用程序有关的政策和程序，有助于保证信息系统持续恰当地运行（包括信息的完整性和数据的安全性），支持应用控制作用的有效发挥，通常包括数据中心和网络运行控制，系统软件的购置、修改及维护控制，接触或访问权限控制，应用系统的购置、开发及维护控制。应用控制是指主要在业务流程层次运行的人工或自动化程序，与用于生成、记录、处理、报告交易或其他财务数据的程序相关，通常包括检查数据计算准确性，审核账户和试算平衡表，设置对输入数据和数字序号的自动检查，以及对例外报告进行人工干预。

（4）实物控制，主要包括对资产和记录采取适当的安全保护措施，对访问计算机程序和数据文件设置授权，以及定期盘点并将盘点记录与会计记录相核对。实物控制的效果影响资产的安全，从而对财务报表的可靠性及审计产生影响。

（5）职责分离，主要包括被审计单位如何将交易授权、交易记录以及资产保管等职责分配给不同员工，以防范同一员工在履行多项职责时可能发生的错误或舞弊。

注册会计师要考虑在了解其他内部控制要素时获取的控制活动是否存在的信息，以确定是否有必要进一步了解这些控制活动。

5. 对控制进行监督的了解

注册会计师要了解被审计单位用于监督与财务报告相关的内部控制的主要活动，以及如何采取纠正措施。这里的了解包括两个方面，即被审计单位对控制的持续监督活动和专门监督活动。持续的监督活动通常贯穿于被审计单位的日常经营活动与常规管理工作。被审计单位可能使用内部审计人员或具有类似职能的人员对内部控制的设计和执行进行专门的监督。被审计单位还可能利用与外部有关各方沟通或交流所获取的信息监督相关的控制活动。

注册会计师需要了解与被审计单位监督活动相关的信息来源，以及管理层认为信息具有可靠性的依据。如果拟利用被审计单位监督活动使用的信息（包括内部审计报告），注册会计师必须考虑该信息是否具有可靠的基础，是否足以实现审计目标。内部审计人员或具有类似职能的人员在对控制的监督过程中具有重要作用，注册会计师可以考虑内部审计人员的工作。

二、记录内部控制

用以记录调查了解到的内部控制情况的常用方法主要有三种：文字说明法、流程图法和内部控制调查表法。这三种方法可以单独使用，也可结合使用。

（一）文字说明法

文字说明是对客户内部控制通过书面描述的形式进行的记录。对内部控制制度和相关控制点的恰当文字说明一般具备以下四个特征：

（1）说明制度中每份凭证和每个记录的来源。例如，文字说明应当指出顾客订单从何而来，销售发票如何产生。

（2）说明已发生的全部业务处理过程。例如，销售额是由计算机程序以发货数量乘以货物标准价格来确定的说明。

（3）制度中每份凭证和每个记录的处置。凭证归档，寄给顾客或者销毁，都应当反映。

（4）指出与估定控制风险有关的控制点。这通常包括职责分工（如现金记录职能与现金收付职能相分离）、授权与批准（如赊销的批准）、内部验证（如销售单价与销售合同相比较）。

（二）流程图法

内部控制流程图是运用符号和图形来反映客户的业务处理过程和相应凭证及其在组织内部有序流动过程的示意图。流程图也应当采取一定的形式表示出上述文字说明所应具备的四个特征。

流程图可以提供客户制度的概况，是注册会计师进行评价的有用工具。编制完善的流程图便于更清楚地了解制度的运行，从而可以帮助识别制度中的不足之处。流程图是一种反映制度特征的好方法，查看图表要比阅读文字说明更容易。此外，流程图的更新也比文字说明更容易。不过，有时可以把文字说明和流程图结合起来使用。图 6-2 和图 6-3 列示了销售与收款循环业务流程及其关键控制点。

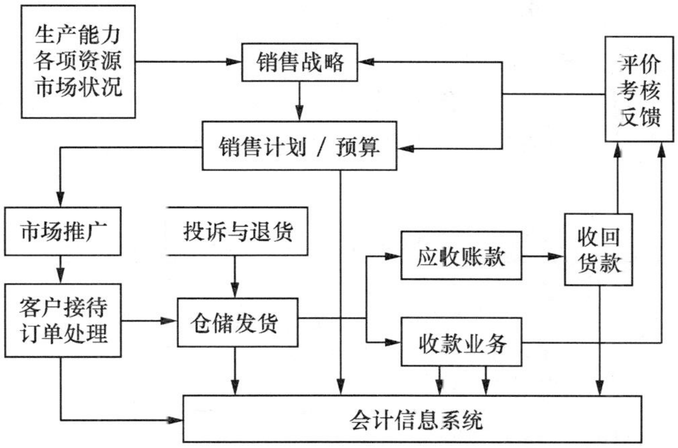

图 6-2　内容控制举例：销售与收款循环业务流程

图 6-3 反映出销售与收款循环中六个关键控制岗位：销售、信用、储运、收款、记账和稽核，各岗位独立行使自己的职权即可起到很好的控制作用。①

---

① 内部控制流程图中的图标符号需要事务所做出统一的规定。图 6-3 中的图标符号为常见的符号。

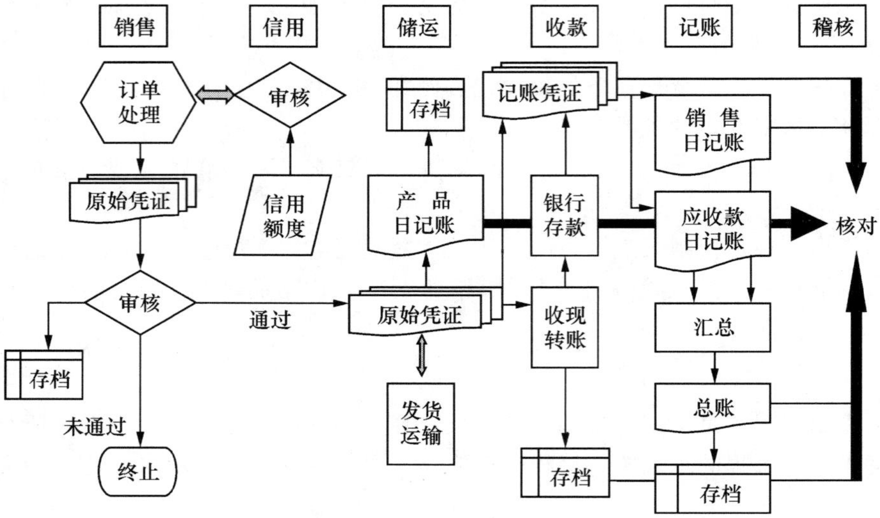

图 6-3　销售与收款循环的关键控制岗位及其控制点

（三）内部控制调查表法

内部控制调查表对每一个审计单元的控制点提出一系列问题，作为提示注册会计师内部控制可能存在缺陷的工具。在大多数情况下，所设计的问题都要求给予“是”或“否”的回答，如果回答“否”，就表明内部控制可能存在缺陷。

表 6-1 是某公司销售和收款循环内部控制调查表的一部分。该调查表的设计结合使用了五个业务审计目标。可以将调查表与流程图结合起来使用，这也许是了解客户制度的较好方法。流程图可以反映出制度的总体概况，而调查表则是提醒注册会计师各种应当存在的控制点的清单。如果使用得当，两者结合起来可以为注册会计师提供非常好的制度说明。

表 6-1　销售业务内部控制调查表（部分）

客户：××公司 注册会计师：王东敏 复核人：刘学友 内部控制调查的业务：销售	审计日期：2012 年 12 月 31 日 完成日期：2012 年 9 月 15 日 完成日期：2012 年 10 月 12 日			
目标和问题	是	否	不适用	注释
A. 记录的销售已发生且与被审计单位有关，已入账的销售业务确实是向真实顾客的发货。				
1. 记录的销售业务是否有经授权的发货单和经批准的顾客订单为依据？ 2. 对顾客的赊销是否经信用负责人审核批准？ 3. 任何商品出库是否都要求有预先连续编号的书面发货单？是否列明商品发运的具体地点？				

（续表）

目标和问题	是	否	不适用	注释
B. 发生的销售业务均已入账。				
1. 销售发票是否预先连续编号并已做说明？ 2. 是否能够保证所有发货都已开票？ 3. 是否保留发货记录并保证入账？				
C. 与销售有关的金额及其他数据已恰当记录，已入账的销售金额是发货金额，并且已正确开票和记录。				
1. 发货单与销售发票上的数量是否经过独立核对？ 2. 是否采用经授权的价目表？ 3. 是否按月给顾客发送对账单？				
D. 销售业务记录于正确的期间。				
1. 已入账的销售与发票存根是否经过独立核对？ 2. 已入账的销售与库存商品是否经过独立核对？				
E. 销售业务已记录于恰当的账户，已入账的销售业务经恰当分类。				
1. 发货单类别与入账类别是否经过独立核对？ 2. 入账的销售类别是否正确？				

一般来说，最好是利用客户编制的文字说明和流程图，再让客户填写内部控制调查表。如果无法从客户那里取得易懂的和可靠的文字说明、流程图和调查表（这种情况经常发生），则注册会计师必须亲自编制。

第三节　内部控制测试和评价

一、内部控制测试的时间、性质和范围

（一）内部控制测试的时间

在了解内部控制之后，注册会计师要结合对风险进行的评估确定客户内部控制的运行是否有效并决定是否要依赖客户的内部控制，一般来说，只有当信赖内部控制而减少的实质性测试工作量大于控制测试的工作量，以及通过实质性程序本身获得的认定层次的审计证据不足以保证证据的充分性和适当性时，注册会计师才对内部控制实施测试。

控制测试是为了确定内部控制的设计是否合理和执行是否有效而实施的审计程序。只有在了解内部控制的基础上并经过评估认定层次重大错报风险后认为被审计单位的内部控制设计合理且运行有效，能够防止或发现并纠正认定层次的重大错报时，注册会计师才对控制运行的有效性实施测试，就控制在相关期间或时点的运行有效性获取充分、适当的审计证据，否则测试是没有意义的。同时，如果认为仅实施实质性程序获取的审计证据无法将认定层次重大错报风险降至可接受的低水平，注册会计师应当实施相关的控制测试，以获取控制运行有效性的审计证据。

控制测试的时间取决于注册会计师的目的，并决定了信赖相关控制的时间。如果测

试特定时点的控制,注册会计师仅能得到该时点控制有效运行的审计证据;如果测试某一期间的控制,注册会计师则获取控制在该期间有效运行的审计证据。

如果需要获取控制在某一期间有效运行的审计证据,仅与时点相关的审计证据可能是不充分的,注册会计师应当辅以其他控制测试,通常包括测试被审计单位对控制的监督,以获取相关期间控制运行有效的审计证据。

如果已获取有关控制在期中有效运行的审计证据,并拟利用该证据,注册会计师需要实施以下两个审计程序:第一,获取这些控制在剩余期间变化情况的审计证据;第二,确定针对剩余期间还需获取的补充审计证据。在执行第二个审计程序时,注册会计师要考虑以下一些因素:(1) 评估的认定层次重大错报风险的重大程度;(2) 在期中测试的特定控制;(3) 对有关控制运行有效性获取的审计证据的程度;(4) 剩余期间的长度;(5) 在信赖控制的基础上拟减少进一步实质性程序的范围;(6) 控制环境。

如果拟信赖的控制自上次测试后未发生变化,且不属于旨在减轻特别风险的控制,注册会计师应当运用职业判断确定是否在本期审计中测试其运行有效性,以及本次测试与上次测试的时间间隔,审计准则规定两次测试的时间间隔不得超过两年。

在确定利用以前审计获取的有关控制运行有效性的审计证据是否适当以及再次测试控制的时间间隔时,注册会计师需要考虑:(1) 内部控制其他要素的有效性,包括控制环境、对控制的监督以及被审计单位的风险评估过程;(2) 控制特征(人工控制还是自动化控制)产生的风险;(3) 信息技术一般控制的有效性;(4) 控制设计及其运行的有效性,包括在以前审计中测试控制运行有效性时发现的控制运行偏差的性质和程度;(5) 由于环境发生变化而特定控制缺乏相应变化,是否构成风险;(6) 重大错报的风险和对控制信赖的程度。

在出现下列情况时,注册会计师应当缩短再次测试控制的时间间隔或完全不信赖以前审计所获取的审计证据:(1) 控制环境薄弱;(2) 对控制的监督薄弱;(3) 相关控制中人工控制的成分较大;(4) 对控制运行产生重大影响的人事变动;(5) 环境的变化表明需要对控制做出相应的变动;(6) 信息技术一般控制薄弱;(7) 重大错报风险较大或对控制的拟信赖程度较高。

对一些控制,如果认为利用以前审计获取的控制运行有效性的审计证据是适当的,注册会计师应当在每次审计时从中选取足够数量的控制,测试其运行有效性,而不应将所有拟信赖控制的测试集中于某一次审计,而在之后的两次审计中不进行任何测试。

如果确定评估的认定层次重大错报风险是特别风险,并拟信赖旨在减轻特别风险的控制,注册会计师不可以依赖以前审计获取的审计证据,而必须在本期审计中测试这些控制的运行有效性。

(二) 控制测试的性质

注册会计师需要选择适当类型的审计程序以获取有关控制运行有效性的保证。当计划的保证水平增加时,注册会计师要相应获取更为可靠的审计证据。当拟实施的进一步程序和采取的审计方法主要以控制测试为主时,尤其是仅实施实质性程序获取的审计证据无法将认定层次重大错报风险降至可接受的低水平时,注册会计师必须获取有关控制运行有效性的更高的保证水平。

控制测试与了解内部控制的目的不同,但两者采用审计程序的类型通常相同,包括询问、观察、检查和穿行测试。此外,控制测试的程序还包括重新执行。需要注意的是询问本身并不足以测试控制运行的有效性,注册会计师还要将询问与其他审计程序结合使用,以获取有关控制运行有效性的审计证据。将询问与检查或重新执行结合使用,通常能够比仅实施询问和观察获取更高的保证;观察提供的证据仅限于观察发生的时点,本身不足以测试控制运行的有效性。

对于一项自动化的应用控制,由于信息技术处理过程的内在一贯性,注册会计师可以利用该项控制得以执行的审计证据和信息技术一般控制运行有效性的审计证据,作为支持该项控制在相关期间运行有效性的审计证据。

注册会计师可以考虑在实施控制测试的同时,实施对同一交易的细节测试。控制测试的目的是评价控制是否有效运行;细节测试的目的是发现认定层次的重大错报。尽管两者目的不同,但注册会计师可以考虑针对同一交易同时实施控制测试和细节测试,以实现双重目的。如果拟实施双重目的测试,注册会计师应当仔细设计和评价测试程序。注册会计师还要考虑实施实质性程序发现的错报对评价相关控制运行有效性的影响。如果实施实质性程序发现重大错报而被审计单位没有识别,通常表明被审计单位的内部控制存在重大缺陷,注册会计师应当针对这些缺陷与管理层和治理层进行沟通。

对控制运行的有效性进行测试,注册会计师需要从下列方面获取控制有效运行的审计证据:(1) 控制在所审计期间的不同时点是如何运用的;(2) 控制是否得到一贯执行;(3) 控制由谁执行;(4) 控制以什么方式执行。如果被审计单位在所审计期间内的不同时期使用了不同的控制,注册会计师还要考虑不同时期控制运行的有效性。

为评价控制设计及其执行而实施的某些风险评估程序并非专为控制测试而设计,但可能提供有关控制运行有效性的审计证据,注册会计师必须考虑这些审计证据是否有助于实现控制测试的目的。注册会计师可以考虑在评价控制设计和获取其得到执行的审计证据的同时测试控制运行有效性,以提高审计效率。

如果确定评估的认定层次重大错报风险是特别风险,并拟信赖旨在减轻特别风险的控制,注册会计师应当从当期所实施的控制测试中获取这些控制运行有效性的审计证据。

(三) 控制测试的范围

在确定某项控制的测试范围时,注册会计师通常考虑下列因素:(1) 在所审计期间,被审计单位执行控制的频率;(2) 在所审计期间,注册会计师拟信赖控制运行有效性的时间长度;(3) 为证实控制能够防止或发现并纠正认定层次重大错报,所需获取审计证据的相关性和可靠性;(4) 通过测试与认定相关的其他控制所获取的审计证据的范围;(5) 在风险评估时拟信赖控制运行有效性的程度;(6) 控制的预期偏差。

注册会计师在风险评估时对控制运行有效性的拟信赖程度越高,实施控制测试的范围越大。控制的预期偏差率越高,控制测试的范围越大,注册会计师应当考虑控制是否不足以将认定层次的重大错报风险降至所评估的水平。如果控制的预期偏差率过高,注册会计师应当考虑针对某一认定实施的控制测试可能是无效的。

信息技术处理具有内在一贯性,除非系统发生变动,注册会计师通常不需要增加自动化控制的测试范围。

二、内部控制测试的实施

(一)测试的内容

内部控制测试的内容可以包括内部控制五要素,对每个要素从两个方面进行测试,一是控制设计测试,二是控制执行测试。实施控制设计测试,要解决的问题是被审计单位的控制政策和制度是否设计合理和适当,是否能够发现、防止并纠正财务报表认定层次的重大错报。实施控制执行测试,要解决的问题是被审计单位的控制政策和制度是否确实发挥了作用,是否确实发现、防止并纠正了财务报表认定层次的重大错报,这其中需要注册会计师关注三个基本问题:每项控制是怎样设计和应用的?是否在年度中一贯应用?控制的实施者是谁?

(1)控制环境测试。注册会计师需要取得本章前面所述的控制环境各组成要素的有关信息,然后利用这些信息来评价治理层和管理层对控制重要性的态度和意识。例如,注册会计师可以就企业生产计划、生产要素价格和各类预算等控制政策和制度的设计与运行情况进行测试,通过向有关工作人员询问、阅读相关文件、观察业务处理、追查计划或预算与实际的差异的处理方法来对控制环境加以评价。

(2)风险评估测试。注册会计师要检查客户的风险评估制度的设计是否合理有效,要通过询问、观察、核对等手段确定管理部门如何识别与财务报告有关的风险,如何评价其重要性和发生的可能性,以及如何决定应对各种风险所应采取的必要行动,以此来确定管理部门的风险评估过程。

(3)控制活动测试。在大多数审计中,注册会计师测试控制环境和风险评估的方法大致相同,但测试控制活动的方法却有较大差别。被审计单位的控制活动中有大量的控制点显示控制的实施,在测试阶段通常可以识别出许多控制点,注册会计师可以通过测试确定这些控制点是否确实发挥作用。

(4)信息和传递测试。注册会计师要调查客户信息及其传递制度是否有明确具体的设计,设计是否合理,通过观察和检查弄清客户的有关信息是如何生成、处理和传递的,信息到达不同人员之后,这些人员是如何反应和决策的。

(5)对监督的测试。对于监督,注册会计师需要进行的测试首先是弄清客户所采用的监督活动的主要类型,以及怎样通过这些监督活动对内部控制进行必要的调整。最常用的调查方法是与管理部门进行讨论。

(二)测试的方式

对内部控制进行测试可以采用调查测试表的方式,这种方式可以设计比较周密的计划和清楚的步骤,避免遗漏。调查测试表可以从多种角度进行设计,从内部控制五要素的角度设计的一种内部控制调查测试表如表 6-2 所示。

表 6-2　内部控制调查测试表

________事务所审计工作底稿

内部控制要素调查测试表

年　月　日

被审计单位：

内部控制要素	是	否	执行情况		
			好	中	差
（一）内部控制环境					
1．董事会履行职责的情况：					
● 是否负责审批本单位的总体经营战略和重大政策？					
● 是否确定经营活动中可以接受的风险水平？					
● 是否负责批准各项业务的政策、制度和程序？					
● 是否实际有权任命高级管理层？					
● 是否对内部控制的有效性进行监督，就内部控制的有效性定期与管理层进行讨论？					
● 是否及时审查管理层、内部审计机构和监管部门提供的内部控制评估报告，督促管理层落实整改措施？					
2．高级管理层履行职责的情况：					
● 是否执行董事会批准的各项战略、政策、制度和程序？					
● 是否建立授权和责任明确、报告关系清晰的组织结构？					
● 是否建立识别、计量和管理风险的制度？其程序和措施是否健全？					
3．监事会履行职责的情况：					
● 是否在实施财务监督的同时，负责对本单位遵守法律规定的情况以及董事会、管理层履行职责的情况进行监督？					
● 是否能要求董事会、管理层纠正损害本单位利益的行为？					
4．是否建立了科学、有效的激励约束机制，培育出良好的企业精神和内部控制文化，从而创造全体员工均充分了解且能履行职责的环境？					
（二）风险识别与评估					
1．是否设立履行风险管理职能的专门部门，是否制定并实施识别、计量、监测和管理风险的制度、程序和方法，以确保风险管理和经营目标的实现？					
2．是否建立涵盖各项业务的风险管理系统，是否开发和运用风险量化评估的方法和模型，对信用风险、市场风险、流动性风险、操作风险等各类风险进行持续的监控？					
3．是否对各项业务制定全面、系统、成文的政策、制度和程序，是否在企业内部保持统一的业务标准和操作要求，避免因管理层的变更而影响其连续性和稳定性？					
4．是否在设立新的机构或开办新的业务时，事先制定有关的政策、制度和程序，对潜在的风险进行计量和评估，并提出风险防范措施？					
5．是否建立内部控制的评价制度，对内部控制的制度建设、执行情况定期进行回顾和检讨，是否根据国家法律规定、组织结构、经营状况、市场环境的变化进行修订和完善？					

（续表）

内部控制要素	是	否	执行情况		
			好	中	差
（三）内部控制活动 1. 是否通过生产经营会议将生产经营目标和计划以生产经营指标的形式落实到基层单位和人员？ 2. 职责划分和岗位分工 • 是否明确划分相关部门之间的职责？ • 是否明确划分相关岗位之间的职责？ • 是否明确划分上下级机构之间的职责？ • 是否建立职责分离、横向与纵向相互监督制约的机制？ • 各项职责是否赋予相应的权限？ • 各个岗位是否有正式、成文的岗位职责说明和清晰的报告关系？ • 重要岗位变动是否由一个人独自决定？ • 是否对关键岗位实行定期或不定期的人员轮换制度？ 3. 在授权范围内高效、准确地处理业务 • 是否根据实际情况建立相应的授权体系？ • 是否实行统一法人管理和法人授权？ • 是否授权适当、明确，并采取书面形式？ 4. 对信息处理过程加以控制 • 一般控制是否能对信息系统环境实施持续有效的控制，确保系统正常运转？ • 应用控制是否能对应用软件运行中的步骤及相关人工程序实施持续有效的控制？ • 是否利用计算机程序监控等现代化手段，锁定分支机构的业务权限，对分支机构实施有效的管理和控制？ • 下级机构是否严格执行上级机构的决策，在自身职责和权限范围内开展工作？ 5. 对资产实施控制 • 是否建立有效的核对、监控制度，对各种账证、报表定期进行核对？ • 是否建立有效的核对、监控制度，对现金、有价证券等金融资产定期进行盘点？ • 是否建立有效的核对、监控制度，对设备、房屋建筑物等固定资产定期进行盘点？ • 是否建立有效的核对、监控制度，对各种无形资产定期进行核对和检查？ • 是否按照规定进行会计核算和业务记录，建立完整的会计、统计和业务档案，妥善保管，确保原始记录、合同契约和各种报表资料的真实、完整？ • 是否建立有效的应急制度。在各个重要部位、营业网点等发生供电中断、火灾、抢劫等紧急情况时，应急措施是否及时、有效，以确保各类资产和数据信息的安全和完整？					

（续表）

内部控制要素	是	否	执行情况		
			好	中	差
6. 对经营结果和绩效进行分析 • 管理层是否定期根据记录经营活动的结果，与目标、计划、预算、预测、前期及竞争者的绩效进行比较？ • 管理层是否通过相互比较，分析它们之间的差异原因，然后再进行适当的调查，根据情况采取纠正的措施？ • 是否设立独立的法律事务部门或岗位，统一管理各类授权、授信的法律事务？ • 是否定期审查法律文本，对新业务的推出进行法律论证，确保每笔业务的合法和有效，维护企业的合法权益？ （四）信息交流与反馈 1. 企业各级管理者和所有员工是否从最高管理层明确地得到了其应承担责任的信息？ 2. 基层的行动信息是否有正式渠道向上级各层管理部门进行传递？ 3. 企业内部的信息是否以恰当方式向企业外界的客户、供应商、政府管理机构和股东等进行传递和沟通？ 4. 与财务报告相关的信息系统是否与业务流程相适应？ 5. 与财务报告相关的信息系统 • 是否能够识别与记录所有的有效交易？ • 是否能够及时、详细地描述交易并在财务报告中做出恰当分类？ • 是否能够恰当计量交易，以便在财务报告中对交易的货币金额做出准确记录？ • 是否能够恰当确定交易生成的会计期间？ • 是否在财务报表中恰当列报交易并进行相关披露？ （五）对控制的监督与偏差纠正 1. 是否对各项业务的经营状况和例外情况进行经常性检查，旨在及时发现内部控制存在的问题？ 2. 是否及时评价内部控制的设计和运行，以及根据情况的变化采取必要的纠正措施？ 3. 是否建立了有效的内部控制报告和纠正机制？业务部门、内部审计部门和其他人员发现的内部控制的问题，是否均有畅通的报告渠道和有效的纠正措施？ 4. 内部审计是否具有充分的独立性？ 5. 内部审计部门是否有权获得内部各部门的所有经营信息和管理信息，并对各个部门、岗位和各项业务实施全面的监控和评价？ 6. 是否配备充足的、业务素质高、工作能力强的内部审计人员，并建立专业培训制度？					

审计人员：　　　　审计日期：　　　　复核人员：　　　　复核日期：

三、内部控制评价

注册会计师在了解与测试内部控制的基础上要对其进行评价，然后根据评价结果和对审计风险的考虑确定实质性测试程序的性质、时间和范围。

（一）内部控制评价的概念

内部控制评价是分析判断内部控制在防止或者发现和纠正财务报表重大错报方面有效程度的过程。内部控制评价是与各项认定相关的，相同的被审计项目可以从不同的认定角度进行评价。例如，对销售项目，“发生”认定要求评价客户的内部控制能否确保记入销售项目的金额是确实实现了的销售；“完整性”认定要求评价客户的内部控制能否确保所有实现了的销售都记入了销售项目。

对内部控制进行总体上的评价，可以将控制风险评为高、较高、中、低等几个层次。风险低的标志是内部控制健全、合理，且在测试检查有关业务活动时未发现任何差错或仅发现极少的差错；风险中的标志是内部控制比较健全、合理，还存在一定缺陷，且在测试检查有关业务活动时发现有一定程度的差错；风险较高的标志是内部控制设计不够完善或虽然设计了良好的内部控制，但实际运行中差错发生率较高；风险高的标志是内部控制设计不完善或虽然设计了良好的内部控制，但实际运行中差错发生率很高。

在评价内部控制时需要考虑以下问题：首先是出现差错和失控现象的性质和原因。例如，某种差错或失控是孤立的事件还是与其他控制相关，失控的程度如何，等等。其次是内部控制中是否存在补偿控制，即一些关键控制本应在较低层次建立和执行，但却没有得到执行，在较高层次是否存在补偿控制。

（二）内部控制评价的过程

根据了解到的内部控制状况，结合对内部控制进行测试的结果，注册会计师要运用职业判断评价内部控制。一般来说，如果了解到被审计单位的控制政策和程序与认定相关，且通过测试已获得证据证明控制有效，则可将内部控制存在的风险定为低风险；如果了解到被审计单位的许多控制政策和程序与认定不相关，且通过测试已获得证据证明控制的执行无效，则要将内部控制存在的风险定为高风险；介于两者之间，则需要注册会计师运用判断确定为较高风险或中等风险。

例如，在对表6-2内部控制调查测试表的测试中，“内部控制环境”中“董事会履行职责的情况”得到了如表6-3的结果，则可将该部分的内部控制评价为低风险。如果评价结果与表中的情况相反，基本得到的是“否”和“差”，则应将该部分的内部控制评价为高风险。如果评价结果介于两者之间，则根据具体情况判定为较高风险或中等风险。

表6-3　内部控制调查测试表

________事务所审计工作底稿

内部控制要素调查测试表

年　月　日

被审计单位：

内部控制要素	是	否	执行情况		
			好	中	差
（一）内部控制环境					
1. 董事会履行职责的情况：					
• 是否负责审批本单位的总体经营战略和重大政策？	✓		✓		
• 是否确定经营活动中可以接受的风险水平？	✓		✓		

（续表）

内部控制要素	是	否	执行情况		
			好	中	差
• 是否负责批准各项业务的政策、制度和程序？	✓		✓		
• 是否实际有权任命高级管理层？	✓			✓	
• 是否对内部控制的有效性进行监督，就内部控制的有效性定期与管理层进行讨论？	✓		✓		
• 是否及时审查管理层、内部审计机构和监管部门提供的内部控制评估报告，督促管理层落实整改措施？	✓		✓		

其他部分以此类推，可分别评价出各部分内部控制状况，进行综合后可对内部控制总体状况做出判断、得出结论。这是一个逐级汇总、反复判断的过程，可以设计相应的表格进行处理，并且要伴随文字说明，这些表格和文字说明一起构成审计工作底稿的一部分。根据内部控制评价结果，结合对重大错报风险的评估，注册会计师要确定完成审计工作所需执行的实质性测试的性质、时间和范围。

第四节　重大错报风险的评估和应对措施

一、识别和评估重大错报风险

（一）在两个层次上进行评估

注册会计师可以在两个层次上识别和评估重大错报风险，一是财务报表层次，二是各类交易、账户余额、列报与披露认定层次。注册会计师应当确定识别的重大错报风险是与特定的某类交易、账户余额、列报与披露的认定相关，还是与财务报表整体广泛相关，进而影响多项认定。财务报表层次的重大错报风险很可能源于薄弱的控制环境。薄弱的控制环境带来的风险可能对财务报表产生广泛影响，并不限于某类交易、账户余额、列报与披露，在这种情况下注册会计师必须采取总体的应对措施。

在识别和评估重大错报风险时，注册会计师需要考虑做到以下几点：(1) 在了解被审计单位及其环境的整个过程中都要进行风险识别，并考虑各类交易、账户余额、列报与披露等各个方面；(2) 将识别的风险与认定层次可能发生错报的领域相联系；(3) 考虑识别的风险是否重大；(4) 考虑识别的风险导致财务报表发生重大错报的可能性。

如果通过对内部控制的了解发现下列情况，并对财务报表局部或整体的可审计性产生疑问，注册会计师应当考虑发表保留意见或无法表示意见，必要时解除业务约定：(1) 对管理层的诚信和正直存在严重疑虑，由此推断财务报表的错报风险非常重大；(2) 被审计单位会计记录的状况和可靠性存在重大问题，不能获取充分、适当的审计证据以发表无保留意见。

注册会计师可以将实施风险评估程序获取的信息，包括在评价控制设计和确定其是否得到执行时获取的审计证据，作为支持风险评估结果的审计证据。注册会计师要根据风险评估结果，确定实施进一步审计程序的性质、时间和范围。

（二）需要特别考虑的重大风险

在进行风险评估的过程中，注册会计师应当运用职业判断，确定识别的风险哪些是需要特别考虑的重大风险。在确定哪些风险是特别风险时，注册会计师应当在考虑经过了解和测试识别出的控制对相关风险的抵消效果后，根据风险的性质、风险发生的可能性、潜在错报的重要程度，判断剩余风险是否仍然属于特别风险。

特别风险的产生通常与存在重大的非常规交易和判断事项有关。非常规交易是指由于金额或性质异常而不经常发生的交易。判断事项通常包括做出的会计估计。

非常规交易具有以下特征：(1) 管理层不适当地过多介入会计处理过程；(2) 数据收集和处理涉及更多的人工成分；(3) 复杂的计算或会计核算方法；(4) 非常规交易的性质可能使被审计单位难以对由此产生的特别风险实施有效控制。与重大非常规交易相关的特别风险可能导致更高的财务报表重大错报风险。

企业经济业务处理和会计核算过程中有大量的判断事项，与重大判断事项相关的特别风险可能会导致更高的重大错报风险，这是因为：(1) 人们对问题的认识不可能完全一致，对会计制度和会计准则的理解不可能完全相同，比如对涉及会计估计和收入确认的会计原则就会存在不同的理解；(2) 所要求的判断往往是主观和复杂的，或需要对未来事项做出假设。

对某项特别风险，注册会计师应当了解被审计单位是否针对该特别风险设计和实施了控制。注册会计师需要对相关控制的设计进行评价，观察相关的控制活动情况，确定其是否已经得到执行。与重大非常规交易或判断事项相关的风险很少受到日常控制的约束，注册会计师应当了解被审计单位是否针对该特别风险设计和实施了控制。如果管理层未能实施控制以恰当应对特别风险，注册会计师应当认为内部控制存在重大缺陷，并考虑对风险评估的影响。需要注册会计师注意的是，与重大非常规交易或判断事项相关的风险在许多情况下不能受到日常控制的约束，这也正是特别风险的特别之处。

（三）仅通过实质性程序无法应对的重大错报风险

作为风险评估的一部分，如果认为仅通过实质性程序获取的审计证据无法将认定层次的重大错报风险降至可接受的低水平，注册会计师必须评价被审计单位针对这些风险设计的控制，并确定其执行情况。

在被审计单位对日常交易采用高度自动化处理的情况下，审计证据可能仅以电子形式存在，其充分性和适当性通常取决于自动化信息系统相关控制的有效性，在这种情况下注册会计师要考虑仅通过实施实质性程序不能获取充分、适当审计证据的可能性。如果认为仅通过实施实质性程序不能获取充分、适当的审计证据，注册会计师应当考虑依赖的相关控制的有效性。

（四）对风险评估的修正和适当的沟通

在风险评估的过程中，注册会计师需要确定下一步实质性测试要收集的审计证据，如果认为仅通过实质性程序获取的审计证据无法将认定层次的重大错报风险降至可接受的低水平，那么注册会计师应当结合内部控制评价来从内部控制的角度进行分析，弄清被审计单位针对这些风险设计的控制，观察其相关的控制活动，确定其执行情况。

在被审计单位对日常交易采用高度自动化处理的情况下，如果注册会计师认为仅通过实施实质性程序不能获取充分、适当的审计证据，则需要对自动化的内部控制有较大的依赖性，在这种情况下注册会计师必须结合内部控制评价对拟依赖的相关控制的有效性做出评价。

注册会计师应以获取的审计证据为基础对认定层次重大错报风险进行评估，这种评估结果会随着审计过程中对审计证据的不断获取而相应变化。如果通过实施进一步审计程序所获取的审计证据与初始评估所获取的审计证据相矛盾，注册会计师应当修正风险评估结果，并相应修改原计划实施的进一步审计程序。

注册会计师应当及时将其注意到的内部控制设计或执行方面的重大缺陷告知被审计单位适当级别的治理层或管理层。如果识别出被审计单位未加控制或控制不当的重大错报风险，或认为被审计单位的风险评估过程存在重大缺陷，注册会计师应当就此类内部控制缺陷与治理层沟通。

二、针对评估的重大错报风险实施的程序

注册会计师对识别和评估的重大错报风险需要采取相应的应对措施，以将审计风险降至可接受的低水平。针对评估的财务报表层次的重大错报风险，应当确定总体应对措施；针对评估的认定层次的重大错报风险，应当设计和实施进一步审计程序。在确定总体应对措施，以及设计和实施进一步审计程序的性质、时间和范围时，注册会计师应当运用职业判断。

（一）总体应对措施

注册会计师对控制环境的了解影响其对财务报表层次重大错报风险的评估。有效的控制环境可以使注册会计师增强对内部控制和被审计单位内部产生的证据的信赖程度。如果控制环境存在缺陷，注册会计师通常应当考虑：(1) 在期末而非期中实施更多的审计程序；(2) 主要依赖实质性程序获取审计证据；(3) 修改审计程序的性质，获取更具说服力的审计证据；(4) 扩大审计程序的范围。

注册会计师必须针对列报与披露的适当性方面的风险实施审计程序，以评价财务报表总体列报与相关披露是否符合国家颁布的企业会计准则和相关会计制度的规定，同时应当考虑财务报表是否正确反映财务信息的分类和描述，以及对重大事项的披露是否适当。在评价财务报表总体列报与相关披露时，注册会计师还应当将评估的认定层次重大错报风险联系起来一起考虑。

注册会计师评估的财务报表层次重大错报风险以及采取的总体应对措施，对拟实施进一步审计程序的总体方案具有重大影响。拟实施进一步审计程序的总体方案包括实质性方案和综合性方案。实质性方案是指注册会计师实施的进一步审计程序以实质性程序为主；综合性方案是指注册会计师在实施进一步审计程序时，将控制测试与实质性程序结合使用。

（二）针对认定层次重大错报风险的审计程序

1. 考虑进一步审计程序的性质、时间和范围

进一步审计程序是指注册会计师针对评估的各类交易、账户余额、列报和披露认定层次重大错报风险实施的审计程序，包括控制测试和实质性程序。注册会计师应当针对评估的认定层次重大错报风险设计和实施进一步审计程序。注册会计师设计和实施的进一步审计程序的性质、时间和范围，需要与评估的认定层次重大错报风险具备明确的对应关系。

在设计进一步审计程序时，注册会计师应当考虑下列事项：风险的重大性；重大错报发生的可能性；涉及的各类交易、账户余额、列报与披露的特征；被审计单位采用的特定控制的性质，尤其是人工控制还是自动化控制；注册会计师是否计划获得审计证据，以确定内部控制在防止或发现并纠正重大错报方面的有效性。

注册会计师要根据对认定层次重大错报风险的评估结果，恰当选用实质性方案或综合性方案。无论选择何种方案，注册会计师都应当对所有重大的各类交易、账户余额、列报设计和实施实质性程序。注册会计师通常可将控制测试与实质性程序结合使用。在某些情况下，注册会计师只有通过实施控制测试才能应对评估的特定认定重大错报风险；而在另外一些情况下，注册会计师可能认为仅实施实质性程序就是适当的。

（1）进一步审计程序的性质

进一步审计程序的性质是指进一步审计程序的目的和类型。进一步审计程序的目的包括通过实施控制测试以确定内部控制运行的有效性，通过实施实质性程序以发现认定层次的重大错报。进一步审计程序的类型包括检查、观察、询问、函证、重新计算、重新执行和分析程序。不同的审计程序应对特定认定错报风险的效力不同。注册会计师应当根据评估的风险选择审计程序。评估的风险越高，通过实质性程序获取的审计证据的相关性和可靠性的要求越高，从而可能影响进一步审计程序的类型及其综合运用。

在确定拟实施的审计程序时，注册会计师应当考虑对认定层次重大错报风险评估的理由，包括考虑各类交易、账户余额、列报与披露的具体特征，以及被审计单位的控制。如果在执行审计程序时利用被审计单位信息系统生成的信息，注册会计师应当就信息的准确性和完整性获取审计证据。

（2）进一步审计程序的时间

进一步审计程序的时间是指何时实施审计程序，或审计证据适用的期间或时点。在确定何时实施审计程序时，注册会计师应当考虑下列事项：控制环境；何时能得到相关信息；错报风险的性质与重大性；审计证据适用的期间或时点。

注册会计师可在期中或期末实施控制测试或实质性程序。当重大错报风险较高时，注册会计师应当考虑在期末或接近期末实施实质性程序，或采用不通知的方式，或在管理层不可预见的时间实施审计程序。在期中实施进一步审计程序，可能有助于注册会计师在审计工作初期识别重大事项，并在管理层的协助下及时解决这些事项；或针对这些事项制订有效的实质性方案或综合性方案。如果在期末前实施控制测试或实质性程序，注册会计师应当针对剩余时间获取审计证据。

某些审计程序只能在期末或期末以后实施，包括将财务报表与会计记录相核对，检查

财务报表编制过程中所做的会计调整等。如果被审计单位在期末或接近期末发生了重大交易,或重大交易在期末尚未完成,注册会计师应当考虑交易的发生或截止等认定可能存在重大错报风险,并在期末或期末以后检查此类交易。

(3)进一步审计程序的范围

进一步审计程序的范围是指实施进一步审计程序的数量,如抽取的样本量或对某项控制活动的观察次数。在确定审计程序的范围时,注册会计师应当考虑下列因素:确定的重要性水平;评估的重大错报风险;计划取得的保证程度。

随着重大错报风险的增加,注册会计师需要考虑扩大审计程序的范围。但是,只有当审计程序本身与特定风险相关时,扩大审计范围才是有效的。

注册会计师使用计算机辅助审计技术可以对电子化的交易和账户文档进行更广泛的测试,从主要电子文档中选取交易样本,或就某一特性对交易进行分类,或对总体而非样本进行测试。

注册会计师使用恰当的抽样方法通常可以得出有效结论。如果出现下列情况,注册会计师依据样本得出的结论与对总体实施同样的审计程序得出的结论可能不同,出现不可接受的风险:从总体中选择的样本量过小;选择的抽样方法对实现特定目标不适当;未对发现的例外进行恰当的追查。

2. 实质性程序

注册会计师不仅要评估认定层次的重大错报风险,而且要设法发现和找出可能存在的重大错报,这就要求注册会计师要根据评估的重大错报风险设计和实施实质性程序。实质性程序包括对各类交易、账户余额、列报与披露的细节测试以及实质性分析程序。具体来说,应当将下列与财务报表编制完成阶段相关的审计程序包括在内:(1)将财务报表与其所依据的会计记录相核对;(2)检查财务报表编制过程中做出的重大会计分录和其他会计调整。

有时评估的重大错报风险可能会很低,这是不是说实质性程序可以省略呢?答案应该是否定的。所以无论评估的重大错报风险结果如何,注册会计师都应当针对重大的各类交易、账户余额、列报与披露实施实质性程序。因为注册会计师对重大错报风险的评估只是一种判断,并不能证明不存在重大错报;再者,内部控制存在固有的局限性,不可能百分之百地防止和纠正重大错报。

如果认为评估的认定层次重大错报风险是特别风险,注册会计师应当专门针对该风险实施实质性程序。如果针对特别风险的审计方法仅是实施实质性程序,注册会计师应当使用细节测试,或将细节测试和实质性分析程序结合使用,以获取充分、适当的审计证据。

(1)实质性程序的性质

注册会计师要根据各类交易、账户余额、列报的性质选择实质性程序的类型。实质性程序首先包括细节测试,注册会计师为了达到认定层次所计划的保证水平,应当针对评估的风险情况设计细节测试,细节测试适用于对各类交易、账户余额、列报认定的测试,以此获取充分、适当的审计证据,尤其是对存在或发生、计价认定的测试。

在设计实质性分析程序时,注册会计师应当考虑以下几个方面:第一,对既定的认定使用实质性分析程序的适当性;第二,对已记录的金额或比率进行预期时,所依据的内部或外部数据的可靠性;第三,在计划的保证水平上,做出的预期是否足以准确识别重大错报;第四,已记录金额与预期值之间可接受的差异额。

(2) 实质性程序的时间

注册会计师可以在会计年度结束前实施实质性测试,但需要注意的是在期中实施实质性程序,可能增加期末存在错报而未被发现的风险,并且该风险随着剩余期间的延长而增加。如果在期中实施了实质性程序,注册会计师应当针对剩余期间实施进一步的实质性程序,或将实质性程序和控制测试结合使用,以将期中测试得出的结论合理延伸至期末。

如果已在期中实施了实质性程序,或将控制测试与实质性程序相结合,并拟信赖期中测试得出的结论,注册会计师应当将期末信息和期中的可比信息进行比较、调节,识别和调查出现的异常金额,并针对剩余期间实施实质性分析程序或细节测试。如果拟针对剩余期间实施实质性分析程序,注册会计师应当考虑某类交易的期末累计发生额或账户期末余额在金额、相对重要性及构成方面能否被合理预期。

如果在期中检查出各类交易或账户余额存在错报,注册会计师应当考虑修改与各类交易或账户余额相关的风险评估以及针对剩余期间拟实施实质性程序的性质、时间和范围,或扩大实质性程序的范围,或在期末重新执行实质性程序。

(3) 实质性程序的范围

重大错报风险与实质性程序的范围呈正比关系,故注册会计师评估的重大错报风险越高,实施实质性程序的范围越广。如果对控制测试结果不满意,注册会计师应当考虑扩大实质性程序的范围。

在设计细节测试时,注册会计师除了从样本量的角度考虑测试范围外,还要考虑其他选择样本的方法是否更为有效。在设计实质性分析程序时,注册会计师应当考虑已记录金额与预期值之间的差异额是否可以接受而无须进一步调查,这种考虑主要受重要性和计划的保证水平的影响。

(三) 评价审计证据的充分性和适当性

注册会计师应当根据实施的审计程序和获取的审计证据,评价对认定层次重大错报风险的评估是否仍然适当。财务报表审计是一个累积和反复的过程。随着计划的审计程序的实施,如果获取的信息与风险评估时依据的信息有重大差异,注册会计师应当考虑修正风险评估结果,并据以修改原计划的其他审计程序的性质、时间和范围。

对审计证据的充分性和适当性,注册会计师应当运用职业判断,并且在考虑下列因素影响的基础上进行评价:(1) 认定潜在错报的重大性,以及潜在错报单独或连同其他潜在错报对财务报表产生重大影响的可能性;(2) 管理层应对和控制风险的有效性;(3) 在以前审计中获取的关于类似潜在错报的经验;(4) 实施审计程序的结果,包括审计程序是否识别出舞弊或错误的具体情形;(5) 可获得信息的来源和可靠性;(6) 审计证据的说服力;(7) 对被审计单位及其环境(包括内部控制)的了解。

注册会计师对充分适当的审计证据都应当在工作底稿中进行记录,包括对评估的财务报表层次重大错报风险采取的总体应对措施;实施进一步审计程序的性质、时间和范围;实施的进一步审计程序与评估的认定层次重大错报风险的联系;实施进一步审计程序的结果。如果拟利用以前审计获取的有关控制运行有效性的审计证据,注册会计师应当记录信赖这些控制的理由和结论。如果对重大的财务报表认定没有获取充分、适当的审计证据,注册会计师应当尽量获取进一步的审计证据。如果不能获取充分、适当的审计证据,注册会计师应当发表保留意见或无法表示意见。

第五节　管理建议书

管理建议书是注册会计师针对被审计单位内部控制提出的书面建议,尤其是对审计过程中注意到的、可能导致被审计单位财务报表产生重大错报或漏报的内部控制重大缺陷提请治理层和管理层注意以及相应提出的改进措施。注册会计师对审计过程中注意到的内部控制重大缺陷,要根据具体情况分别告知被审计单位治理层和管理层,对一般问题,可以口头或其他适当方式向被审计单位有关人员提出;如有必要,可以出具书面管理建议书。

管理建议书提及的内部控制重大缺陷,仅为注册会计师在审计过程中注意到的,并非内部控制可能存在的全部缺陷。管理建议书不应被视为注册会计师对被审计单位内部控制整体发表的意见,也不能减轻或免除被审计单位管理层建立健全内部控制的责任。

注册会计师出具管理建议书,不应影响其应当发表的审计意见。除有特别规定者外,注册会计师在征得被审计单位管理层同意之前,不得将管理建议书的内容泄露给任何第三者。注册会计师应当将在审计过程中注意到的内部控制缺陷以及与被审计单位的沟通情况,记录于审计工作底稿。

管理建议书一般包括下列基本内容:

(1) 标题,如"管理建议书"。

(2) 收件人,应为被审计单位管理层。

(3) 财务报表审计目的及管理建议书的性质。管理建议书应当指明审计目的是对财务报表发表审计意见。管理建议书仅指出了注册会计师在审计过程中注意到的内部控制重大缺陷,不应被视为对内部控制发表的鉴证意见,所提建议不具有强制性和公证性。

(4) 内部控制重大缺陷及其影响和改进建议。仅供被审计单位治理层或管理层内部参考。因使用不当造成的后果,与注册会计师及其所在会计师事务所无关。

(5) 使用范围及使用责任。指明注册会计师在审计过程中注意到的内部控制设计及运行方面的重大缺陷,包括前期建议改进但本期仍然存在的重大缺陷;指明内部控制重大缺陷对财务报表可能产生的影响,以及相应的改进建议;说明被审计单位治理层和管理层对内部控制重大缺陷和改进建议做出的反应。

(6) 签章和日期。应当由注册会计师签章,并加盖会计师事务所公章,注明日期。

注册会计师在编制管理建议书之前,应当对审计工作底稿中记录的内部控制重大缺陷及其改进建议进行复核,并以经过复核的审计工作底稿为依据,编制管理建议书。管理建议书中反映的内部控制缺陷,可按其对财务报表的影响程度排列。

在出具管理建议书之前，注册会计师应当与被审计单位有关人员讨论管理建议书的相关内容，以确认所述重大缺陷是否属实。

本章提要

1. 内部控制是被审计单位为了合理保证财务报告的可靠性、经营活动的效率性和效果性、法律法规得到遵守，而由治理层、管理层和相关人员设计并执行的各项政策和程序。被审计单位建立内部控制制度的目的在于促进和合理保证其目标的实现。

2. 以五要素框架为基础的内部控制包括下列要素：(1) 控制环境；(2) 风险评估过程；(3) 信息系统和沟通；(4) 控制活动；(5) 对控制的监督。

3. 用以记录调查了解到的内部控制情况的常用方法主要有三种：文字说明法、流程图法和内部控制调查表法。

4. 一般来说，只有当信赖内部控制而减少的实质性测试工作量大于控制测试的工作量，以及通过实质性程序本身获得的认定层次的审计证据不足以保证证据的充分性和适当性时，注册会计师才对内部控制实施测试。

5. 内部控制测试的内容可以包括内部控制五要素，对每个要素从两个方面进行测试，一是控制设计测试，二是控制执行测试。实施控制设计测试，要解决的问题是被审计单位的控制政策和制度是否设计合理和适当，是否能够发现、防止并纠正财务报表认定层次的重大错报。实施控制执行测试，要解决的问题是被审计单位的控制政策和制度是否确实发挥了作用，是否确实发现、防止并纠正了财务报表认定层次的重大错报。

6. 内部控制评价是分析判断内部控制在防止或者发现和纠正财务报表重大错报方面有效程度的过程。对内部控制进行总体上的评价，可以将控制风险评为高、较高、中、低等几个层次。根据内部控制评价结果，结合对重大错报风险的评估，注册会计师要确定完成审计工作所需执行的实质性测试的性质、时间和范围。

7. 注册会计师要在两个层次上识别和评估重大错报风险，一是财务报表层次，二是各类交易、账户余额、列报与披露认定层次。在进行风险评估的过程中，注册会计师应当运用职业判断，确定识别的风险哪些是需要特别考虑的重大风险，即"特别风险"。

8. 注册会计师对识别和评估的重大错报风险需要采取相应的应对措施，以将审计风险降至可接受的低水平。针对评估的财务报表层次的重大错报风险，应当确定总体应对措施；针对评估的认定层次的重大错报风险，应当设计和实施进一步审计程序。

练习与思考

1. 你认为应该如何给内部控制下定义？内部控制应该包括哪些要素？这些要素之间的关系如何？

2. 为什么"诚信原则"、"道德价值观"、"员工的胜任能力"和"管理理念"等构成内部控制的一部分？

3. 内部控制要素中的"风险评估"是什么意思？

4. 某公司的仓库保管员对所保管的需要定期通风的货物未进行定期通风处理，致使货物发生霉变造成损失，当问及该保管员时，保管员回答说不知道需要进行通风处理。这一损失发生半年后主管副总经理才偶然听说。这种情况属于内部控制中哪一要素方面的问题？

5. 某公司主管生产的副总经理根据生产记录，与生产计划相比较，以衡量生产计划的完成程度，通过相互比较，分析它们之间的差异原因，然后进行适当的调查，并且根据情况采取调整措施。这种情况属于内部控制中哪一要素方面的问题？

6. 内部控制五要素中的“监督”要素是指什么？

7. 为什么内部控制会有局限性？

8. 用以记录调查了解到的内部控制情况的常用方法主要有哪些？

9. 对内部控制进行测试从哪些方面进行？

10. 以下是对某被审计单位内部控制进行测试后的“内部控制调查测试表”中“高级管理层履行职责的情况”的结果，请对这部分内部控制进行评价。

________事务所审计工作底稿内部控制要素调查测试表

年　月　日

被审计单位：

内部控制要素	是	否	执行情况		
			好	中	差
（一）内部控制环境					
高级管理层履行职责的情况：					
• 是否执行董事会批准的各项战略、政策、制度和程序？	✓		✓		
• 是否建立授权和责任明确、报告关系清晰的组织结构？	✓			✓	
• 是否建立识别、计量和管理风险的制度？其程序和措施是否健全？		✓			✓

（1）注册会计师在哪两个层次上识别和评估重大错报风险？

（2）什么是“特别风险”？

（3）注册会计师针对财务报表层次的重大错报风险可以有哪些总体应对措施？

案例分析

凯德公司是一家有限责任公司，其前身是一家国有企业，由于经营不善，连年亏损，到2005年时已资不抵债，企业生产经营处于停顿状态，职工不得不回家待业，数月拿不到工资。在上级主管部门的主持下，企业在2006年进行了股份制改造，原企业总经理王浩动员原企业管理层和部分职工共同出资买断企业成立了有限责任公司，并按照《公司法》起草了公司章程，成立了股东会、董事会和监事会，王浩任董事长兼总经理，为了使公司保持稳定，原企业的高层管理者都恢复原职，并且都是董事会成员，工会主席兼任监事会主席。

公司成立以后很快恢复了生产，并取得了收入，职工拿到了工资，年终时出资的股东还分到了红利。在以后的几年中，公司销售收入不断增长，管理层适时地拿出一部分收入更新设备，使公司发展增加了后劲。职工是最讲实际的，在王浩总经理等管理层的领导下，公司走出了困境，走上了正常经营的道路，所以管理层在职工中的威信树立起来了。由于公司是在特殊的困难时期成立和运作的，故采取的是一种摸着石头过河的策略。另外，该公司的国企背景和历史使公司许多职工仍有“企业主人”的意识，与管理层的想法开始出现矛盾。

公司的材料采购由采购部经理审批、专门采购员实施。某日采购员在采购时发现当地主要媒体宣传另一公司的产品正在开展促销活动，称其为高科技产品，可以替代本公司主要原料并能够节约成本20%，促销时间还剩三天。采购员认为时间过于紧张，来不及请示采购部经理，因此直接电告公司王浩总经理，王总经理决定采购20吨，价税合计150万元。采购员当即采购并由仓库验收入库，经总经理签字，办理了货款支付手续。后来生产车间反映，该批原料不适应生产要求，只能折价处理，造成损失50万元。王浩总经理指示调整成本数据，将50万元损失计入正常材料耗费。

销售部门比较熟悉客户情况，各业务员负责一定区域的客户群，办理销售、发货、收款等有关业务，公司以收回货款为准对业务员进行考核，货款回收期最长为三个月，不再专设信用部门审核客户的信用，超过三个月收不回货款则在业务员应得收入中扣除货款的利息，货款收回后按规定比例提取佣金作为业务员的报酬，业务员销售不出去产品则没有任何收入。对大额销售业务，销售部可自主定价、签署销售合同。某月销售业务员老刘联系到一个大客户，出售货物200万元，款项已交财务部入账。次月，老刘称对方要求退货，并将商品拉回仓库，仓储部门发现商品商标都丢失，但未进行进一步查验，直接办理了各项手续(但没有出具质检报告)。财务部将退货款项转入业务员提供的银行账号。

要求：分析企业内部控制方面存在什么问题，并说明应该如何纠正。

情景模拟

在蔚蓝化工公司的审计过程中，你被指派负责收集客户的背景信息。你所在的事务所是第一次为蔚蓝化工公司服务。由于与前任审计师在半成品存货的估值以及存货销售确认方面存在争议，蔚蓝化工公司解聘了前任审计师。

蔚蓝化工公司在过去20年中取得了相当大的成就，主要归功于董事会主席兼总经理叶荟林以较低的薪酬雇用年轻人，组建积极进取的执行团队并伴随采用利润共享计划，从而得到公司员工的尊敬。尽管整个化工行业近年来呈现萧条，蔚蓝化工公司仍然保持稳定的收入和成长，仅仅是最近两年公司的利润才有所下降。

现在你面临的主要问题是缺乏完善的会计记录和凭证。叶荟林认为公司盈利主要来源于以前景预测为基础的积极进取行动，而不是依赖于已经发生的历史真实数据。大部分预测数据来源于销售和生产部门而非财务部门。财务部门的员工与其他部门员工相比工作量较大而薪水偏低。新电算化系统的运用将改善会计记录的有效性。但目前并不是所有会计记录都已计算机化，新系统涵盖的领域主要包括存货和销售，因为这些领域对公司运营而言更加重要。

根据与财务人员的交谈和对公司提供的财务数据的分析，你了解到叶荟林所面临的主要问题是公司的融资问题。由于近年来证券市场低迷，蔚蓝化工公司多年的上市计划一直未能实现，致使公司存在过多的短期和长期贷款。在目前的情况下，管理层很难进行股本融资。叶荟林正在同其他现金充足的公司协商希望能和它们合并，以解决资金不足问题。

要求：列出在对蔚蓝化工公司进行审计时，你需要关注的主要问题，并解释这些会是潜在问题的原因，同时指出调查这些问题的合理方法。

小组讨论

什么是重大错报风险？注册会计师针对评估的重大错报风险应采取哪些应对措施？

第七章

审计方法和抽样技术

本章目的

通过本章的学习,你应该掌握审计取证的基本方法和手段,对审计工作中所使用的各种方法及其构成内容,有一个全面、系统的了解,掌握有关审计抽样的基本知识。本章首先介绍审计的一般方法以及各种方法的实际运用,然后讨论各种抽样方法在审计中的具体运用和审计抽样的风险控制。

引例

接受客户的说法，只有2.5%正确的可能性

审计方法有其局限性，因为审计是一种事后检查，任何方法都不可能完全还原企业已发生的业务，尤其是审计抽样技术的运用及其不可避免的限制，这使得审计不可能起到完全查错防弊的作用，也不可能对被审计单位的财务状况和盈利能力给予完全的保证，从而给财务报表使用者吃一颗定心丸。在审计方法的运用中，审计师有时面临两难选择。

津城会计师事务所在审查海河毛纺厂的销售与收款循环时，从2000个应收账款账户余额中随机抽取50个进行审查，结果发现有一个账户记录的客户欠款金额巨大，是在年终前客户刚签署购货合同时记入的。审计师老刘认为这不符合收入确认原则，海河毛纺厂的总会计师解释说，该客户是一个老客户，企业已经按客户口头打招呼和以往的惯例在组织生产，合同早就该签，但由于双方主管领导事务繁忙，一拖再拖；再者由于是老客户，所以直到年终才签合同，合同价款肯定能收到，而且只有这一个客户存在这种情况。

老刘知道，行业审计惯例一般要根据样本中存在的错误推断总体，据此推断该客户当年虚增收入为样本中的错误数乘以40（2000÷50）。如果要按这一推断进行审计调整，则该企业将由盈变亏。如果确如总会计师所说，这种情况是唯一的，则只应调整一个数据。接受客户的说法，只有2.5%（1÷40×100%）正确的可能性。老刘觉得需要好好想想这个问题。

人们总是要采取一定的手段来达到预期的目的，审计目标的实现同样需要借助一定的手段，这些手段就是审计的方法和技术。为实现表达意见的审计目标，注册会计师的核心工作可以说就是取得支持其意见的审计证据。故从狭义上讲，审计方法是指与取得审计证据直接有关的各种办法和手段。但审计过程不仅仅是取证，还有编制计划、进行分析、撰写报告等许多工作，这些工作中采用的方法和技术也是从广义上理解的审计方法。概括来说，审计方法是指审计人员计划审计过程、收集审计证据、检查审计对象、形成审计结论并据以编写审计报告的各种办法和手段的总称。

第一节　审计的一般方法

一、审计方法概述

作为一名审计师在执行一项审计任务之前，如果对人们已积累起来的各种审计方法有一个清楚的了解，那么在审计过程中就会针对不同的情况得心应手地选用不同的审计方法。审计方法选用得当，可以节省人力物力，提高工作效率，并有可能很快发现问题，弄清事实真相，收到事半功倍的效果；反之，如果采用的审计方法与审计的特定目的和被审计事项的实际情况不相适应，则有可能得不到必要的审计证据，甚至有可能误入歧途，导

致错误的审计意见和结论。所以，要想很好地完成审计任务，或者要想很好地理解审计工作，就应该研究一下审计方法，对各种审计方法做到心中有数。

谈到审计方法时你也许听到过传统审计方法、现代审计方法等提法，那么什么是传统审计方法？什么是现代审计方法呢？其实并没有一个明确的划分界线。大体上讲，传统的审计方法是指以账项审查为基础的事后查账技术，而现代审计方法则是在制度基础审计和风险导向审计的基础上逐步发展起来的审计调查、风险分析、内部控制系统评审、抽样技术、电算化审计技术等形成的方法体系。

审计方法和其他任何工作方法一样，要受到人们的基本思维方式的影响，如根据唯物论和辩证法的思维方式，要客观地看问题，一切从实际出发；要透过现象看本质，不能只从表面现象看问题；要全面地看问题，防止片面性；要以长远的观点看问题，既要了解被审计单位的眼前利益，又要考虑其长远利益，等等。

当我们讲到审计方法时，主要是讲收集审计证据的方法。不同的审计目的，需要收集或取得不同的证据，因而也需要采用不同的审计方法。收集审计证据的方法多种多样，我们可以从不同角度进行划分，如按审计取证工作的顺序划分，包括顺查法和逆查法；按审计取证审查的数量划分，包括详查法和抽查法；按审计取证的技术手段划分，主要包括审阅法、核对法、复算法、比较法、分析法、查询法、盘点法、调节法、观察法等。

有这么多可供选择的方法，在实际工作中你如何做出选择呢？审计方法是为完成审计任务服务的，所以选用什么审计方法，应考虑特定的审计目标。不同的审计目标决定了必须使用不同的审计方法，否则审计的结果就会与特定的目标和要求相背离。例如，审查实物资产是否账实相符必须使用盘点法；了解内部控制制度是否被有效执行，必须进行实地观察。同时，审计方法的选择也要符合被审计单位的实际情况，不同的被审计单位的经营管理情况不一，所处行业各异，所以针对不同的审计对象和审计环境需要选用不同的审计方法，只有这样才能有效地完成审计任务，达到审计目的。

二、审计方法详述

（一）顺查法和逆查法

顺查法和逆查法是依审查顺序划分的方法，这是一种程序性的方法。这里的顺序是指被审计业务资料的形成顺序，是反映和记录经济业务的会计资料形成的过程，这一过程一般地可以概括为如图 7-1 所示。

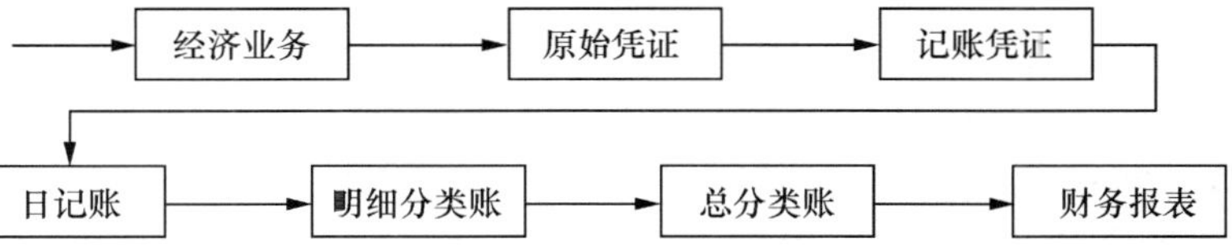

图 7-1　会计资料形成过程

1. 顺查法的步骤和特点

顺查法是指审查顺序与反映经济业务的会计资料形成过程顺序一致的方法。在这种方法下，首先弄清被审计单位经济业务的范围和流程，据此审查反映经济业务发生原因和事实经过的原始凭证；其次，核对与记账凭证是否一致，并审查凭证要素登记是否符合规定，科目运用、数量金额、借贷方向等是否正确；再次，检查日记账、明细分类账、总分类账的登记，进行账证、账账、账实的核对；最后，验证财务报表编制的正确性和合规性并分析其公允性。

顺查法的具体步骤概括如下：(1) 弄清经济业务的范围和流程以及相应的责任部门与人员；(2) 分析检查原始凭证，确认其真实性、合法性，然后审查凭证所反映的经济业务是否真实、合规、合法；(3) 分析核对记账凭证，分析记账凭证的内容是否与原始凭证相符，查对有无错弊；(4) 进行账证核对，将记账凭证与有关的明细分类账、日记账、总分类账核对，检查账簿记录是否与记账凭证相符；(5) 进行账账核对，根据平行登记的原理，查明总分类账科目与所属明细分类账、日记账是否一致；(6) 进行账表核对，将总分类账与财务报表核对，检查分类账与财务报表的记录是否一致，以及表与表之间的钩稽关系是否正常。最终验证财务报表编制的正确性和合规性并分析财务报表的公允性。

顺查法从原始凭证入手，循序渐进，比较全面、详细。检查过程中着重于证、账、表之间的核对。这种方法的优点是：从基础开始，审计内容有连续性，全面细致，易于查对、易于掌握；不足之处在于：事无巨细，机械繁杂，不利于及时抓住审计的要点和主要问题，工作量大，不利于提高审计工作效率。

2. 逆查法的步骤和特点

逆查法是指审查顺序与反映经济业务的会计资料形成过程顺序相反的方法。在这种方法下，首先与顺查法一样应弄清被审计单位经济业务的范围和流程，据此从分析检查财务报表做起，若从中发现反常现象和薄弱环节，可作为审计的重点，追根溯源检查分析其相关的总分类账、明细账、日记账，然后核对记账凭证直至原始凭证，以最终查明问题的原因和过程。

逆查法的具体步骤概括如下：(1) 弄清经济业务范围和流程；(2) 分析检查财务报表，复核报表的数据和各项财务指标的计算是否正确，核对报表之间的钩稽关系是否正确，分析报表中年初、年末余额的增减变动是否正常、合理，报表中反映的有关经济指标是否合理等，以此找出财务报表中存在的问题及其所反映的经济业务中可能存在的重大错报及业务处理中的薄弱环节，并确定进一步审计的重点；(3) 财务报表与总分类账、明细分类账、日记账核对，根据检查财务报表时所确定的审计重点，通过与有关总分类账、明细分类账、日记账核对，确定这些账簿记录的正确性和完整性，找出存在于账簿记录中的问题；(4) 进行账账核对，检查分析总分类账及其所属的明细分类账或日记账，找出可能存在于总分类账中的问题，并通过明细分类账和日记账进行验证；(5) 进行账证核对，明细分类账、日记账与记账凭证核对，以验证账证是否相符，并查明可能存在于明细分类账、日记账中的问题；(6) 记账凭证与原始凭证核对，弄清记账凭证和原始凭证是否相符，找出存在问题的来龙去脉。原始凭证审查中还要逆查到业务流程和各种记录，这一环节是决定审计质量的关键。

逆查法从分析财务报表入手，根据对“面”的分析结果，确定审计的重点对象，这样可以将审查的重点放在数额较大、影响盈亏明显、反映内部控制制度健全性、易发生差错和舞弊行为、增减变化异常等项目上。如果能就此找准主要问题，明确主攻方向，有重点、有目的地进行审查，则这种方法的优点是显而易见的，其结果有可能节省人力和时间，提高工作效率。不过不容忽视的是，这种方法凭借审计人员的判断来确定审计的重点容易出现遗漏、判断失误的问题。

综上所述，顺查法和逆查法各有特点。注册会计师在选择审查顺序时，应考虑审计的目标。比如，目标在于证实存在性方面的状况(列入报表或计入账簿中的业务是否确实发生或存在)，采用逆查法取得的证据质量较高；相反，若目的在于证实完整性方面的状况(实际存在或发生的交易、事项是否在账簿和报表中得到完整反映、有无遗漏)，则采用顺查法取得的证据质量较高。有时可以将顺查法和逆查法有机地结合。比如，在审计存在性和完整性目标共存的情况下，可同时采用这两种方法(一部分项目由凭证查到账簿；一部分项目由账簿查到凭证)，并根据两种目标的侧重点，在审查项目的数量上进行调节。

(二) 详查法和抽查法

详查法和抽查法是依对某一被查总体，是逐一全部进行审查还是从中选取一部分进行审查而划分的审计方法。这里的被查总体一般是指某一类会计资料，如某一时期的全部销售发票、某期期末的所有应收账款明细账余额等。

1. 详查法的概念和特点

详查法是指对被审计项目或某类经济活动及有关资料的全部内容毫无遗漏地进行全面详细审查的方法。这种方法的特点是，在审查会计资料的规模上，对被审计单位的全部或某类业务及涉及的会计记录和凭证进行逐一验证，实际上要审查会计及其他有关业务人员已完成的全部工作。

采用详查法的优点是：可以有效地查出会计资料中存在的各种差错，不易出现遗漏，一般能够收集到证明被审计项目的完整的证据，使审计质量有可靠的保证。缺点主要是：因为要审查全部账表凭证，因而必须安排足够的人员和时间才能完成审计任务，工作量大，比较费时、费力，审计成本相对较高。

2. 抽查法的概念和特点

抽查法，也称抽样法，是指对被审计单位审查期内被查总体中的部分经济业务或会计资料进行检查，并根据检查结果推断总体状况的方法。根据审计人员使用抽查法确定样本所依据的原理不同，抽查法可以分为统计抽样法和非统计抽样法。抽查法的特点是，必须假定被查总体对象中每个项目都具有代表性，即能代表总体特征。采用抽查法在很大程度上依赖于对被审计单位内部控制制度有效性的评价。

抽查法的最大优点是：能减少审计人员工作量，从而提高审计工作效率，节约审计资源，收到事半功倍的效果。另外，抽查法是以部分资料的检查结果去推断总体的状况，必然对审计质量的可靠性产生影响。如果抽样的结果能够代表整体的特征，则审计结论可获得较好的保证，但如果选样不当或样本缺乏代表性，则抽查结果往往不能代表总体情况，甚至有可能以偏概全，使审计人员得出错误的审计结论。

(三) 若干具体的技术方法

1. 审阅法

审阅法是指通过对有关资料的审查，以鉴别资料本身及其反映的经济活动是否真实、合法、合理、有效的一种方法。审阅法是审计工作中常用的一种取证方法。审阅法可以用于下列书面资料的审查:(1) 原始凭证的审阅,注意技术形式和实质内容两方面的审查,原始凭证反映的经济活动是否符合有关法规、政策、经营管理制度等;(2) 记账凭证的审阅,除审查有关项目是否填列齐全、正确外,还要审查编制、复核、记账、财会主管、单位主管的签章是否齐全,以考查有关内部控制程序是否落实,等等;(3) 账簿的审阅,主要注意有无异常情况;(4) 报表的审阅,财务报表的审阅绝不只采用审阅一种技术,而是一个复杂的应用有关审计技术体系的过程;(5) 其他书面资料的审阅,包括预算、计划、方案、合同、规章制度等。

2. 核对法

核对法是指检查有关被查资料之间是否相互符合的一种审计技术。例如,资产负债表上存货项目同各存货明细分类账余额合计数相核对,以查明有无不符的情况。根据复式记账核算原理,各种会计资料会形成一种相互制约或统驭与被统驭的关系,如证证、证账、账账、账表、表表之间不管是有意或无意的错弊,都会使这种制约或统驭与被统驭关系失衡,通过相互核对,就可发现各种资料是否真实、正确、合法。核对法的应用比较广泛,主要有以下几方面:(1) 凭证之间的核对;(2) 凭证与账簿的核对;(3) 账簿之间的核对;(4) 账簿与账表之间的核对;(5) 明细表与有关报表的核对;(6) 报表之间有关项目的核对;(7) 其他书面资料之间的核对,包括预算或计划、核算表或计算单、分析表或说明书等,应将这些资料同其他来源取得的资料相核对。例如,成本计算单与在产品盘点表核对;银行对账单与银行存款日记账核对;财务报表与计划报表、统计报表核对,等等。

3. 复算法

复算法又称重算法,是指对于所审计资料在核对、审阅其数据来源正确、真实的基础上,采用一定的方法重新计算,以确定书面资料数额的计算是否正确的技术。复算法可用于以下资料的审查:(1) 原始凭证复算,包括数量乘单价的积数、小计、合计的加算等;(2) 记账凭证复算,包括明细科目的金额合计等;(3) 账簿的复算,包括每页各栏金额的小计、合计、月计、累计以及转页金额等;(4) 报表的复算,包括有关项目的小计、合计、总计及有关指标的计算等;(5) 其他有关资料的复算,包括预算、分析、检查、计划等数据的计算等。

复算也要结合审阅才能取得审计经济活动真实性、合法性、效益性的证据。复算技术的应用应首先掌握有关规章、原理、运算理论和方法。例如,复算财务报表时,要懂得财务报表的钩稽关系;复算预测、计划等资料时,要熟悉预测、分析的方法及有关指标的含义。

4. 比较法

比较法是指对被审计项目资料之间进行比较,以取得审计证据的方法。通过比较以判断被审计单位的经济活动和财务报表是否正常,从中找出疑点,确定进一步检查的重点。

比较技术一般多用于相同资料不同时期的对比,包括指标绝对数比较和相对数比较。指标绝对数比较适用于同质指标数额的比较,主要内容有:实际指标与计划指标比较;本期实际指标与上期实际指标或历史最好水平比较;被审计单位的指标与先进的同质指标比较等。比较后得出的差异,可用作审计证据并据以做进一步分析。指标相对数比较是指将不能直接比较的指标，可先将其数值核算为相对数，然后比较各种比率。例如，考核和比较规模不同的企业之间的利润水平，可利用各企业资本金利润率进行比较，借以评价被审计企业的财务状况和经营成果。不论采用绝对数比较还是相对数比较，都要求注册会计师选择恰当的基础。

5. 分析法

分析法是通过分解被审计项目内容，以揭示其本质和了解其构成要素相互关系的一种审计技术。采用分析法的目的在于帮助审计人员找到审计线索和查出原因，以确定进一步检查的内容和步骤，为审计意见提供依据。

分析技术有两种用法，一是通过对账户余额或发生额的分析，查清被审计项目的本来面目，判明其真实性、合法性和效益性；二是借用财务报表分析、管理会计及经济数学等有关分析方法，用以明确被审项目的效益性。分析法主要有报表分析法、账户分析法、期龄分析法、因素分析法、结构分析法、比率分析法、趋势分析法、动态分析法、平衡分析法等。分析法在使用过程中与比较法有较密切的联系，它们有许多共同的特点。

6. 查询法

查询法是向被审计单位有关知情人或经办人调查询问，以求了解被审计事项真实情况的方法。查询往往是在应用审阅、核对、比较、分析等技术发现疑点和问题后加以运用。例如，发现书面资料未能提供充分可靠的信息，或书面资料存在不足之处，或有核对不符之处，或经比较发现了异常情况等时，可以通过调查询问，弄清事实真相，并取得切实可靠的审计证据。查询必须做成书面记录，并由答询人签字盖章。

7. 函证法

函证法是通过向有关单位发函来了解情况及取得证据的一种审计技术。这种方法往往是由注册会计师发函给被审计单位的债权人、债务人及其他有关方面，请求核实往来账目，有关财产和余额，借以补充审阅、核对、查询等审计技术，取得查询证实证据。需要注意的是，函证必须由注册会计师办理有关函件的收发，不能由被审计单位代为办理，以保证审计的质量。函证分为积极函证和消极函证两种。积极函证要求收函单位对函证事项无论与事实是否相符必须给予复函。审计人员收到复函后，应同被审计单位账面记录核对，如有不符应再进行查询。这种方法在手续上较麻烦，但能取得书面证据，提高审计证据的可信性，对于数额较大、有疑点的往来款项宜采用这种方法。如果函证遇到对方不予合作或未有回复，就要采用其他替代的审计方法，比如必要时由注册会计师前往收函单位观看察访，务求取得有关证据，尤其是在经济秩序较差的环境中，更应如此办理，以确保审计质量。消极函证只是要求收函单位发现函证事项与事实不符时才给予复函，如相符则可不复函。发函方经过一段时期未收到答复，则认为所询证事项与事实是相符的。消极函证不如积极函证可靠性高。

8. 盘点法

盘点法是指通过对财产物资的清点、计量，证实账面反映的资产是否确实存在的一种审计技术。盘点法可分为直接盘点和监督盘点、突击盘点和通知盘点等。

直接盘点是由注册会计师亲自到场直接盘点，证实书面资料同有关财产物资是否相符。盘点以前，需要先审查有关账目的记录是否正确，然后才可进行盘点。盘点时，要有被审计单位经管人员在场，做好盘点记录，并由被审计单位经管人员及审计人员签字盖章。一般对于数量较小的贵重财产物资可用直接盘点法。监督盘点是由注册会计师参加被审计单位的财产盘点，但并不亲自动手，而是在一旁监督。监督盘点一般适用于固定资产、在产品、产成品、存货等。盘点时由被审计单位组织盘点工作，并有主管人员在场。盘点表由盘点人、主管人、注册会计师签字盖章，然后同经过审核后的账面数字核对。

突击盘点是指注册会计师在事先不通知被审计单位有关人员的情况下突击组织盘点工作。突击盘点有利于发现盘点对象在一般情况下的状况。突击盘点一般可用于现金、有价证券、贵重物资的检查。通知盘点是指注册会计师在预先通知被审计单位有关人员的情况下组织盘点工作。财务报表审计主要是确定账实的一致性，因而在盘点时多采用通知盘点。

由于盘点往往在结账日后的某一日进行，因此盘点后的实存数需要再通过调节技术将其调节至结账日的实存数，然后与结账日账存数核对，以证明账实是否相符。例如，盘点存货的实际日期是1月10日，资产负债表日是12月31日，则某年12月31日的存货实际数据需要用下一年1月10日的盘点结果加上1月1日至1月10日的存货发出数，减去1月1日至1月10日的存货收入数，所得结果再与12月31日的账面金额进行核对。

9．调节法

调节法是指由于有关被审计项目之间记账日期不一致，或账面金额不相符，故通过对有关数据进行调节，验证被审计项目在审查日金额是否正确的一种审计技术。调节技术有两种用途：一是对未达账项的调节。在审计过程中，审计人员在对银行存款账面余额进行审查时，要将银行存款日记账金额与银行对账单进行核对。一般的情况下，被审计单位根据内部控制的要求应已编制过银行存款余额调节表，审计人员可索取该调节表，对其可靠性进行审核；如果被审计单位尚未编制调节表，或审计人员对被审计单位自编的银行存款余额调节表有疑问（一般是被审计单位内部控制不可信赖的情况下），则审计人员应采用调节技术自己编制调节表进行调节。

二是对盘点财产物资的调节。在实际工作中，审计人员一般是在被审计单位编表日之后进行审计工作的，因而财产物资的盘点日（即审计日）往往与结账日（编表日）不一致，在这一段时间内，被审计单位的经济业务已发生变化，即发生了正常的财产物资的收、发业务，因而审计人员已无法直接取得被审计单位编表日实际资产结存数来验证账实的一致性。采用调节法就是以一定时点（审计盘点日）上的数据，将被审计单位正常业务而发生的资产增加、减少的数据相应进行调节，然后将盘点日的有关数据倒推到编表日，以调节后的数据与账面余额进行核对，这样就可验证财务报表的编制日账实是否相符。调节法一般结合盘点法使用。

盘点日在结账日之后采用调节法可用以下公式表示：

结账日存量＝盘点日存量＋结账日至盘点日发出量－结账日至盘点日收入量

上述公式，即从盘点日存量追溯到结账日存量，应用这个调节公式前，必须将结账日至盘点日期间收发业务的有关凭证进行审阅核对。调节后结账日实际存量要与结账日账面存量相符，如不符，应采用审阅、核对、查询等审计技术进行核实。

例如，对某企业的材料明细分类账进行审查。该企业2012年12月31日账面结存A

材料4 000千克。审计人员于2013年1月15日对A材料进行了监督盘点。1月1日至1月15日止A材料收入28 000千克,发出37 900千克。1月1日期初余额(2012年12月31日期末余额)及1月1—15日的收、发料数额,经审阅、核对收发料凭证、材料总分类账、明细分类账无误。盘点后,1月15日的A材料实存量为3 900千克。调节计算如下:

结账日存量 = 3 900 + 37 900 - 38 000 = 3 800(千克)

经过上述调节,12月31日A材料的实存数为3 800千克,与账面A材料4 000千克不一致,审计人员应要求有关人员说明情况,并查清事实。这样通过调节技术发现了A材料账实不符的错误,并取得了分析计算证据。

10. 观察法

观察法是指审计人员通过实地观察以取得审计证据的一种审计技术。通过对被审计单位外部环境和内部环境的观察,以了解其经营气氛和人员素质,从而取得环境证据;通过对被审计单位人员行为的观察,以发现存在的问题,进而取得行为证据;通过对被审计单位的财产物资进行实地观察,了解其存放、保管和使用状况,并在此基础上确定盘点的重点,取得账实是否相符的直接证据。观察法还广泛地应用于了解内部控制的执行情况,如通过开票、收款、发货等环节了解销售业务过程实际存在的控制环节。

第二节 审计抽样技术

一、审计抽样概述

(一) 选取测试项目以获取审计证据

在设计审计程序时,注册会计师需要确定选取测试项目的适当方法。注册会计师可以使用的方法,包括选取全部项目、选取特定项目和审计抽样。注册会计师可以根据具体情况,单独或综合使用选取测试项目的方法,但所使用的方法应当能够有效地提供充分、适当的审计证据,以实现审计程序的目标。

当存在下列情形之一时,注册会计师要考虑选取全部项目进行测试:(1) 总体由少量的大额项目构成;(2) 存在特别风险且其他方法未提供充分、适当的审计证据;(3) 由于信息系统自动执行的计算或其他程序具有重复性,对全部项目进行检查符合成本效益原则。对全部项目进行检查,通常更适用于细节测试。

根据对被审计单位的了解、评估的重大错报风险以及所测试总体的特征等,注册会计师可以确定从总体中选取特定项目进行测试。选取的特定项目可能包括:(1) 大额或关键项目;(2) 超过某一金额的全部项目;(3) 被用于获取某些信息的项目;(4) 被用于测试控制活动的项目。需要注意的是,根据判断选取特定项目容易产生非抽样风险。

选取特定项目实施检查,通常是获取审计证据的有效手段,但并不构成审计抽样。对按照这种方法所选取的项目实施审计程序的结果,不能推断至整个总体。当总体的剩余部分重大时,注册会计师应当考虑是否需要针对该剩余部分获取充分、适当的审计证据。

（二）取证时的考虑和审计抽样的根据

1．获取证据时对审计抽样等方法的考虑

注册会计师需要通过设计和实施下列审计程序，获取充分、适当的审计证据，得出合理的审计结论，作为形成审计意见的基础：(1) 风险评估程序；(2) 控制测试（必要时或决定测试时）；(3) 实质性程序或细节测试。

风险评估程序通常不涉及使用审计抽样和其他选取测试项目的方法。但如果注册会计师在了解控制的设计和确定其是否得到执行时，一并计划和实施控制测试，则会涉及审计抽样和其他选取测试项目的方法。

当控制的运行留下轨迹时，注册会计师可以考虑使用审计抽样和其他选取测试项目的方法实施控制测试。

实质性程序包括对各类交易、账户余额、列报的细节测试，以及实质性分析程序。在实施细节测试时，注册会计师可以使用审计抽样和其他选取测试项目的方法获取审计证据，以验证有关财务报表金额的一项或多项认定，或对某些金额做出独立估计。在实施实质性分析程序时，注册会计师不宜使用审计抽样和其他选取测试项目的方法。

2．审计抽样的根据

我们先来对审计抽样做一个概括，审计抽样是指注册会计师对具有审计相关性的总体中低于百分之百的项目实施审计程序，使所有抽样单元都有被选取的机会，为注册会计师针对整个总体得出结论提供合理的基础。因此，审计抽样是从某一特定的审计对象总体中选取一定数量具有代表性的样本进行测试，并根据对样本的测试结果推断总体特征的审计方法。在许多情况下，注册会计师没有必要甚至没有可能对被审计单位的所有经济业务、所有会计记录进行全面的详细审查。因此，注册会计师可以采用抽样审计方法检查部分经济业务和会计记录，根据检查结果推断和估计全部审计对象的整体情况。

审计抽样大体分为设计、抽样、审查、推断等基本过程，如图 7-2 所示。

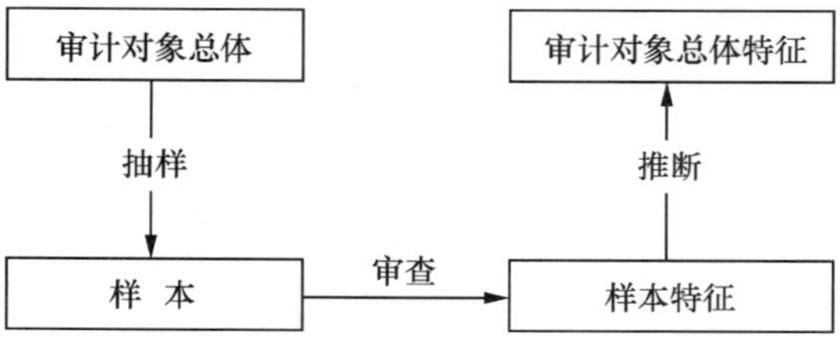

图 7-2　审计抽样的基本过程

为什么在审计业务中可以采用审计抽样的方法呢？这样做有没有理论基础和现实依据呢？审计的目的是对财务报表整体表达一种意见，要达到这一目的并不一定必须将全部会计记录和经济业务资料都作为审查对象进行详细审查。注册会计师收集的审计证据足以使其得出审计结论，能为其表达审计意见提供合理保证，这时的审计证据就是充分的，就可以通过抽样的方式取得，就可以达到审计目的。从成本的角度考虑，采用全面详细审查的方法，耗费的时间以及人力、物力和财力将会很大，这无论对于审计机构还是被审计单位都会产生较大的消耗和开支。在这种情况下，通过采用抽样的方法，可以大幅度降低取证数量和审查的内容而不降低审计结论和意见的正确性，或者说审计结论和意见出现错误的可能性在审计人员可容忍的范围内，由此促进了既省时又省力的抽样审计的发展。

随着现代企业管理理论和实务的发展，企业内部控制制度日益完善，为审计抽样方法的运用创造了合理的现实基础，使得注册会计师可以在评审内部控制结构的基础上，有针对性地确定抽查的范围，合理地选取被审查的样本。

概率论和数理统计理论的发展和完善使审计抽样方法的运用变得更加科学、合理，它不仅使样本数量的确定、抽样项目的选择有了客观的依据，而且能够预先控制抽样误差，并对样本结果予以恰当评价。这使得审计抽样真正成为一种十分有效的审计方法。

（三）审计抽样中运用的统计概念和方法

在对某类交易或账户余额使用审计抽样时，注册会计师可以使用统计抽样法，也可以使用非统计抽样法，实务中两种方法都可以采用。选用哪种方法是由注册会计师根据具体情况决定的，需要运用职业判断，标准是要最有效率地获取审计证据。统计抽样是指同时具备下列特征的抽样方法：(1) 随机选取样本项目；(2) 运用概率论评价样本结果，包括计量抽样风险。不同时具备上述两个特征的抽样方法为非统计抽样。需要注意的是，如果注册会计师采用的方法不符合统计抽样的定义和程序，而只使用了统计方法的部分要素，则不能有效计量抽样风险。

审计对象总体是注册会计师为形成审计结论，拟采用抽样方法审查的有关会计或其他资料的全部项目，是注册会计师从中选取样本并期望据此得出结论的整个数据集合。注册会计师在确定审计对象总体时，要保证其相关性和完整性。抽样单元是指构成总体的个体项目。注册会计师需要根据审计目标及被审计单位的实际情况，确定抽样单元。注册会计师要根据不同的要求，运用适当的方法，从审计对象总体中选择若干样本单元，以组成适量、有效的样本。

样本的代表性是指样本具有的特征与总体具有的特征相似。比如，某企业的领料单必须有车间主任签字仓库才能发料，这是内部控制的一个环节，但是在实际生产过程中，总有一些领料单由于种种原因未经车间主任签字材料也被领走，这样的领料单在一年当中大约占3%。若在一年的领料单中抽取200张审查，发现这样的领料单在3%上下，如2%、5%等，就可以说这200张领料单组成的样本具有代表性。审计抽样中关键的环节就是要让抽取的样本具有代表性，这是做出正确推断的基础。

实务中，注册会计师不可能知道一年中有问题的领料单占多大比例，即注册会计师不可能知道总体特征，总体特征是注册会计师通过抽样要推断的结果。注册会计师必须通过选择正确的抽样方法、精心设计样本规模和取样方式、认真审核和评价样本等来提高样本的代表性。

专业判断是注册会计师在审计过程中遇到问题时根据自己掌握的理论知识和积累的实务经验进行分析、得出结论的过程，注册会计师在设计与选择样本、评价抽样结果时，除了运用统计方法外，还需要运用专业判断。在获取审计证据时，注册会计师必须运用专业判断，评估重大错报风险，并设计进一步审计程序，以确保将审计风险降至可接受的低水平。抽样风险和非抽样风险可能影响重大错报风险的评估和检查风险的确定。

注册会计师在设计样本时,需要考虑因抽样引起的抽样风险及其他因素引起的非抽样风险,这是影响样本的代表性的两个主要因素。抽样风险是抽样方法中固有的风险,只要对总体中的项目不是百分之百的审查,就会存在对总体得出的结论、发表的意见出现错误的可能性。所以抽样风险是注册会计师根据样本得出的结论,与对总体全部项目实施与样本同样的审计程序得出的结论存在差异的可能性,或者说是依据抽样结果得出的结论与审计对象总体特征不相符合的可能性。抽样风险与样本量成反比,样本量越大,抽样风险越低。所以扩大样本规模是降低抽样风险的主要途径,但这要增加审计工作量和各种耗费,因而需要确定一个恰当的样本规模。

抽样风险分为下列两种类型:(1) 在实施控制测试时,注册会计师推断的控制有效性高于其实际有效性的风险;或在实施细节测试时,注册会计师推断某一重大错报不存在而实际上存在的风险。此类风险影响审计的效果,并可能导致注册会计师发表不恰当的审计意见。(2) 在实施控制测试时,注册会计师推断的控制有效性低于其实际有效性的风险;或在实施细节测试时,注册会计师推断某一重大错报存在而实际上不存在的风险。此类风险影响审计的效率,原因是其通常导致注册会计师实施额外的工作,以证实初始结论是错误的。

非抽样风险是指注册会计师由于任何与抽样风险无关的原因而得出错误结论的风险,也可以说是注册会计师进行审计测试后未发现样本中存在错误的可能性。这里有两种情况:一是注册会计师失误,没有看出样本中存在着的错误,或误解审计证据等而未能发现重大误差;二是审计程序不当,注册会计师采用不恰当的审计程序或方法,因而不能发现样本中存在的错误。要降低非抽样风险,则必须精心设计和认真实施适当的抽样程序。

无论是控制测试还是细节测试,注册会计师都可以通过对业务的指导、监督与复核降低非抽样风险。上述提到的误差在不同的测试中其含义有所不同,在实施控制测试时,误差是指控制偏差;在实施细节测试时,误差是指错报。总误差用来表示偏差率或错报总额。可容忍误差则是指注册会计师可接受的总体中的最大误差。

(四) 审计抽样的基本程序

在审计过程中采用抽样的方法,就是要在一个较大数量的被查总体中抽出一定数量的项目进行审查,并根据审查结果对该被查总体做出判断、得出结论。抽样过程可以采用很复杂、严谨的技术和程序,也可以采用相对简单、易做的方式方法。不论哪种情况,采用抽样方法实施审计的基本程序可概括为八大步骤:(1) 确定测试目标和总体范围;(2) 分析能否采用抽样的方法;(3) 确定要审查什么和什么是抽样单元;(4) 分析影响样本规模的因素;(5) 确定抽取多大规模的样本;(6) 从被查总体中抽取样本;(7) 对抽出的样本进行审查;(8) 根据对样本审查的结果推断总体,并最终得出结论。

下面对这八大步骤进行详细讨论。

1. 确定审计测试的目标和被审查总体的范围

在实施抽样之前必须首先确定审计测试的目标和被审查总体的范围。比如,是测试内部控制的有效性,还是测试经济业务的真实性?是测试账簿记录的完整性,还是测试账户余额的正确性?要在哪些项目中进行抽样,这些项目的边界在哪里?等等。被审计总体的确定应该与审计测试的目标保持一致，这将直接关系到审计目标的实现和抽样结果的准确性。

确定审计测试的目标和被审查总体时需要考虑：(1) 审计测试目标与被审查总体的相关性。只有二者具有直接的相关性，从总体中抽取样本进行审查，再用审查结果推断总体特征的结论才能实现具体审计目标。(2) 被审查总体中项目的同质性和可辨性。如果完全不同质的项目存在于一个总体中将影响抽样结果的可靠性。同质的被审查总体中的各项目还应具备明显的可辨识标志，以利于抽样方法的实施，通常需要采取一些措施达到这一目的，如给各个项目粘贴标签等。

注册会计师应当确保总体的适当性和完整性。如果在实施审计程序时使用被审计单位信息系统生成的信息，注册会计师应当获取与该信息的准确性和完整性有关的审计证据。在实施审计抽样时，注册会计师应当实施相应的审计程序，以确保实施审计抽样所依据的全部信息足够完整和准确。

2. 分析审计抽样的可行性

审计抽样适用于注册会计师计划根据样本对总体进行推断的情况，需要注册会计师对审计方案进行分析，以确定在哪些审计程序和哪些被审查总体中可以实施审计抽样。在分析审计抽样的可行性时，首先要考虑被审查总体中项目数量的充分性，即被审查总体中的项目必须达到一定的数量。当某一总体中的项目很少时，不宜运用统计抽样法，因为总体项目过少会影响抽样的准确性，这时可以运用非统计的判断抽样法，或对其进行全部详查，这样并不会增加太多的耗费。注册会计师有时会发现总体规模太小时实施抽样技术变得没有必要。

3. 定义特征和确定抽样单元

审查什么换个说法就是要查找被审查项目的什么特征。特征是指被查对象应当具有的属性和要件，只有明确了要审查的被查对象的特征，才能指导注册会计师查出被查对象中缺乏或错报其应有属性和要件的内容，才能确定什么是错误的或有问题的项目。例如，销售发票上应载明所售商品的单价和数量，将此确定为被查企业销售发票应有的特征，那么在抽查的样本中发现没有载明所售商品的单价和数量或列报有误的发票就可被列为错误的或有问题的项目范围。

特征是在每一个被查单位上表现出来的，所以需要确定抽样单元。抽样单元的确定需要与审计测试的目标保持一致。通常情况下抽样单元是直观的、较易确定的，定义总体时实际上即将抽样单元确定下来了。例如，审计测试的目标是审查已记录的销售的存在性或是否发生，那么销售发票存根就成为被查总体，抽样单元就可以确定为每一张发票。

在设计审计样本时，注册会计师应当考虑审计程序的目标和抽样总体的属性。注册会计师应当根据调查了解阶段所获取的审计证据的性质，以及与该审计证据相关的可能的误差情况或其他特征，界定误差构成条件和抽样总体。

4. 分析影响样本规模的因素

从被审查总体中抽取样本的数量称为样本规模。在审计抽样中，注册会计师面临选取多大规模样本的抉择，样本规模过小往往不能反映出总体的特征，而样本规模过大则会加大审计成本，失去抽样的意义。因此，样本规模大一些还是小一些，审计人员做出的抉择应有所依据。在非统计抽样中,注册会计师主要依据经验来确定样本规模;在统计抽样中,注册会计师则可以依据一些客观因素来确定样本规模,这些因素主要包括:

(1) 可容忍误差。可容忍误差是注册会计师认为抽样结果可以达到审计目的,因而愿意接受的审计对象总体的最大误差。注册会计师需要在审计计划阶段,根据审计重要性原则,合理确定可容忍误差。确定可容忍的误差率直接影响抽取多大规模的样本,可容忍误差越小,需选取的样本量相应越大,其极限是不容忍存在误差,这种情况下只能进行百分之百的全面审查,抽样方法不再适用。

(2) 总体误差率或误差额。总体误差率或误差额是指总体的偏差水平,它对样本规模有直接的影响。一般来说,总体偏差水平高,所需要的样本规模就要大。在实施控制测试时,注册会计师通常根据对相关控制的设计和执行情况的了解,或根据从总体中抽取少量项目进行检查的结果,对拟测试总体的预计误差率进行评估。在实施细节测试时,注册会计师通常对总体的预计误差额进行评估。

(3) 审计结论的可信赖程度。在抽样审查中,由于是从总体中抽取一部分样本进行审查,而并非全部审查,因此从样本特征所推断的总体特征与实际的总体特征之间必然存在抽样误差,这使得通过抽样所得出的审计结论处于某种可信赖程度水平上。审计结论的可信赖程度与抽样规模成正比,要求审计结论可信赖程度越高,抽样规模就越大,反之则越小。

(4) 总体数量。总体数量对样本规模只有很小的影响,甚至没有任何影响,当总体规模趋于无穷大时,样本规模将不受总体数量的影响。

5. 确定样本规模

根据影响样本规模的因素,按照确定样本规模的计算公式或经验规则,确定样本规模。在确定样本规模时,注册会计师应当考虑能否将抽样风险降至可接受的低水平。样本规模受注册会计师可接受的抽样风险水平的影响;可接受的风险水平越低,需要的样本规模越大。注册会计师可以使用统计学公式或运用职业判断,确定样本规模。

6. 抽取样本项目

确定了总体范围和样本规模后,可以开始实施抽样,即从总体中选取相当于样本规模数量的样本。注册会计师在抽取样本时,最关键的是应使审计对象总体内所有抽样单元均有被选取的机会,以使样本能够代表总体。实务中有各种不同的抽样方法可供注册会计师选择,按照是否运用随机原则抽样可以分为统计抽样法和非统计抽样法两类。随机原则是指在选取样本时,总体中抽样单元被选中与否完全是由概率因素决定的,主观因素一般不起作用,因而总体中每一个抽样单元以已知的机会被选中。在非统计抽样中,注册会计师应当运用职业判断选取样本项目。由于抽样的目的是对整个总体得出结论,注册会计师应当尽量选取具有总体典型特征的样本项目,并在选取样本时避免偏见。注册会计师可以采用统计抽样或非统计抽样方法选取样本,只要运用得当,均可获得充分、适当的审计证据。

在抽样审计中经常使用的选样方法有以下几种。

(1) 随机选样

随机选样是指对审计对象总体中的所有项目,按随机规则选取样本的一种方法。通常利用随机数表选取样本项目。随机数表是随机生成的由 0 到 9 十个数字所组成的数目构成的数表,每个数目在表中出现的次数是相同的,出现在表上的顺序是随机的。表 7-1 为计算机随机数表生成程序产生的五位随机数表的一部分。

随机选样的步骤如下:首先,对确定的被查总体项目进行编号。一般情况下,可利用总体项目中原有的某些编号,如凭证号、支票号、发票号等。若总体项目中原无编号,审计人员须按一定的方法自己进行编号。其次,采用随机数表,从随机数表中任选一行或一列开始,按照一定的方向(上下左右均可)依次查找,符合总体项目编号要求的数字,即为选中的号码,与此号码相对应的总体项目即为样本项目,一直到选足所需的样本量为止。采用计算机随机数表生成程序,输入有关参数后即可获得所需的随机数目。例如,从编号 1 到 100 000 的材料出库单中选取 100 张出库单进行测试,则通过计算机随机数表生成程序可获得如表 7-1 所示的随机数目结果,为便于抽取样本,可以将随机数目按升序排列。

表 7-1 随机数表

随机数表生成程序

变量数量: 1　　随机数目数量: 100

参数:从 1 到 99 999　　帮助

行\列	1	2	3	4	5	6	7	8	9	10
1	32 044	69 037	29 655	92 114	81 034	40 582	01 584	77 184	85 762	46 505
2	23 821	96 070	82 592	81 642	08 971	07 411	09 037	81 530	56 195	98 425
3	82 383	94 987	66 441	28 677	95 961	78 346	37 916	09 416	42 438	48 432
4	68 310	21 792	71 635	86 089	38 157	95 620	96 718	79 554	50 209	17 705
5	94 856	76 940	22 165	01 414	01 413	37 231	05 509	37 489	56 459	52 983
6	95 000	61 958	83 430	98 250	70 030	05 436	74 814	45 978	09 277	13 827
7	20 764	64 638	11 359	32 556	89 822	02 713	81 293	52 970	25 080	33 555
8	71 401	17 964	50 940	95 753	34 905	93 566	36 318	79 530	51 105	26 952
9	38 464	75 707	16 750	61 371	01 523	69 205	32 122	03 436	14 489	02 086
10	59 442	59 247	74 955	82 835	98 378	83 513	47 870	20 795	00 013	89 906

按升序排列:

1	00 013	07 411	17 964	32 044	38 464	52 970	68 310	77 184	82 835	94 987
2	01 413	08 971	20 764	32 122	40 582	52 983	69 037	78 346	83 430	95 000
3	01 414	09 037	20 795	32 556	42 438	56 195	69 205	79 530	83 513	95 620
4	01 523	09 277	21 792	33 555	45 978	56 459	70 030	79 554	85 762	95 753
5	01 584	09 416	22 165	34 905	46 505	59 247	71 401	81 034	86 089	95 961
6	02 086	11 359	23 821	36 318	47 870	59 442	71 635	81 293	89 822	96 070
7	02 713	13 827	25 080	37 231	48 432	61 371	74 814	81 530	89 906	96 718
8	03 436	14 489	26 952	37 489	50 209	61 958	74 955	81 642	92 114	98 250
9	05 436	16 750	28 677	37 916	50 940	64 638	75 707	82 383	93 566	98 378
10	05 509	17 705	29 655	38 157	51 105	66 441	76 940	82 592	94 856	98 425

（2）系统选样

系统选样又称等距选样，是指首先计算选样间隔，然后从第一个间隔中确定一个随机起点，以随机起点作为开端，按照计算的选样间隔，等距离地顺序选取样本。选样间隔按下式计算：

$$选样间隔 = \frac{确定的被查总体规模}{计划抽取的样本规模}$$

例如，从前述 100 000 张出库单中选择 100 张进行测试，则选样间隔为 1 000，如从第 1 个间隔中选择 1 个随机数 84 作为随机起点，则样本为编号 84，1 084，2 084，3 084，……98 084，99 084 的 100 张出库单。

如果测试的特征在总体中的分布具有某种规律性，则采用系统选样法选择的样本的代表性就可能较差。例如，企业某型号材料是按照一定的固定间隔领取的，则采用系统选样法选择的样本有可能选不到该型号材料的出库单，或在极端的情况下选择的样本均是该型号材料的出库单。因此，在采用系统选样法之前需对总体特征的分布进行观察。如果发现总体特征的分布呈随机分布，则可采用系统选样法；否则，应考虑使用其他选样方法。有时增加随机起点的个数可以在一定程度上克服单一起点系统选样法的这一缺点。

（3）分层选样

总体可分为多个层或子总体。每一层或子总体可予以分别检查。因此，当某一特定被查总体按某种标准或特征分为若干层次或子总体，且各层次或子总体作为相对独立的被查总体可对其给予不同程度的关注或运用不同的抽查方法时，注册会计师可以采用分层选样的方法。分层是将某一审计对象总体划分为若干具有相似特征的子总体的过程，经过分层每个子总体由一组具有相同特征（通常为货币金额）的抽样单元组成。注册会计师也可以按照显示较高误差风险的某一特定特征对总体进行分层。分层可以降低每一层中项目的变异性，从而在抽样风险没有成比例增加的前提下减小样本规模。注册会计师可以考虑将总体分为若干个离散的具有识别特征的子总体（层），以提高审计效率。在这一过程中需要仔细界定子总体，以使每一抽样单元只能属于一个层。

当实施细节测试时，注册会计师通常按照货币金额对某类交易或账户余额进行分层，以将更多的审计资源投入到大额项目中。对某一层中的样本项目实施审计程序的结果，只能用于推断构成该层的项目。如果对整个总体做出结论，注册会计师应当考虑与构成整个总体的其他层有关的重大错报风险。

采用分层选样法，首先按照一定标准或特征将总体划分为若干层次或子总体，然后再对各层次或子总体中的项目进行随机选样。严格地讲，分层选样法并非一种独立的样本选择方法，它必须结合随机选样或系统选样等方法使用。使用该方法可以使注册会计师将样本的选择与总体中的关键项目联系起来，能针对不同的层次采用不同的审计技术。同时，总体经分层以后，同一层次或子总体中的项目的同质性提高，在此基础上选出的样本的代表性会有所提高，比纯粹随机选样产生的误差要小。

例如，对存货可以采用 ABC 分类法对其进行分层，对 A 类存货的出库单抽取较多的样本进行重点审查，对 C 类的则可抽取较少的样本进行一般审查。再如，对应收账款年末余额进行测试时，依据各应收账款明细账余额的金额大小作为分层标准，然后针对不同层次采用不同的测试方法，如表 7-2 所示。

表 7-2 分层选样

层次	分层标准	测试规模（%）	选样方法
1	金额在 500 000 元以上	100%	全部选取
2	金额在 100 000 —500 000 元	30%	随机选样
3	金额在 100 000 元以下	2%	系统选样

（4）整群选样

实务中某些情况下可以采用整群选样的方法进行选样。整群选样法是先将总体项目按某一标志分成若干群，然后用随机选样或系统选样的方法，按群选取样本项目的一种选样方法。例如，某被查企业全年的现金支出凭单按星期划分为 52 个组，注册会计师在与管理人员的交谈中得知，负责现金支出业务的出纳员在第 17 周和第 36 周因病、因事不能上班，由其他人员临时代办现金支出业务。审计人员可据此选择第 16、17、18、35、36、37 周的现金支出凭证作为审查的样本。当没有明显的判断依据抽取哪些样本时，审计人员也可以采取随机的方法选样，如从 52 个星期的现金支出凭证中选出 5 个星期进行审查，利用前面的随机数表，可随机选出 5 个星期的现金支出凭单组成样本。

整群选样法使用起来比较简便，但样本的代表性可能较差。一般在需要选取的样本项目较多，且样本特征呈均匀分布的情况下，或者根据经验判断某些样本群应重点审查的情况下，使用这种方法比较适宜。

（5）金额加权选样

在实施细节测试时，特别是测试高估时，将构成某类交易或账户余额的每一货币单位（如人民币元）作为抽样单元，通常效率很高。注册会计师从总体中选取特定货币单位，然后检查包含这些货币单位的特定项目，这种方法称为金额加权选样。金额加权选样法是以金额单位（如人民币元）作为抽样单元进行选样的一种方法。在该方法下总体中的每个货币单位被选中的机会相同，所以总体中某一项目被选中的概率等于该项目的金额与总体金额的比率。项目金额越大，被选中的概率就越大。这种方法可以与系统选样方法结合使用，且在使用计算机辅助审计技术选取项目时效率最高。

应用金额加权选样法的步骤如下：首先，将负数金额从总体中删除；其次，计算总体项目的累计金额表；再次，根据所需的样本规模，按照随机数表法或系统选样法选取随机数字；最后，找出选取的随机数在累计金额表中的位置，与此相对应的项目，即为样本项目。

下面我们举一个极简单的例子。注册会计师欲从 9 张销售发票组成的总体中选择 4 张进行测试，已知 9 张发票总计金额为 5 000 元，总体项目单位的累计金额表如表 7-3 所示。

表 7-3 总体项目累计金额表

项目号	记录金额	累计金额
1	524	524
2	1 176	1 700
3	416	2 116

（续表）

项目号	记录金额	累计金额
4	215	2 331
5	604	2 935
6	965	3 900
7	404	4 304
8	340	4 644
9	356	5 000

$$采用系统选样法计算的抽样间距 = \frac{5\,000}{4} = 1\,250$$

在第一个间距内选择随机数500，则选出的4个样本数额为500、1 750、3 000、4 250，这4个数字分别包含在第1、3、6、7张销售发票的累计金额之内，选择的样本即为这4张发票。

（6）其他选样方法

审计准则1314号“审计抽样”应用指南允许注册会计师采用随意选样的方法。随意选样，即不考虑金额大小、资料取得的难易程度及个人偏好，以随意的方式选取样本。随意选样听起来和看起来好像不如前述的方法科学严谨，但实际运用并不少见。节省时间、节约成本、不学自会等是其明显的优点。它的缺点也相当明显，即很难消除审计人员的偏见，审计人员出现审计失误、陷入法律诉讼困境时不易为自己的行为辩护。因此，随意选样不能理解为简单随便地选样，它应该是在经验积累的基础上，在应有的职业谨慎的前提下，运用专业判断进行选样。它的约束条件是审计目标和审计责任。

7. 审查样本项目

注册会计师选取样本之后，要对每一个样本实施适合于具体审计目标的审计程序。如果选取的项目不适合实施审计程序，注册会计师通常使用替代项目。如果因凭证缺失等原因导致注册会计师无法对所选取的项目实施已设计的审计程序，且不能针对该项目实施适当的替代审计程序，注册会计师通常考虑将该项目视作误差。

注册会计师获得样本的误差率后，要将这一样本误差率与预期的总体误差率进行比较，以确定所使用的样本规模是否合适，如不合适应做适当调整。一般来讲，如果样本误差率与预计总体误差率大致相同，则说明对总体中的错误估计恰当，预计总体误差率较为正确，以此确定的样本规模是合适的；如果样本误差率小于预计总体误差率，则说明对总体中的错误估计过分，预计总体误差率过大，以此确定的样本规模也过大，但也无缩小样本规模的必要；如果样本误差率大于预计总体误差率，则说明对总体中的错误估计不足，预计总体误差率过小，以此确定的样本规模也过小，此时必须以样本误差率代替预计总体误差率，重新确定样本规模，抽取和审查新增的样本项目，并重新获得样本误差率，再与预计总体误差率比较，直至小于或等于它为止。经过上述的审查和比较过程后，注册会计师应把最终的审查结果记录下来，作为推断总体特征，即总体误差率的依据。

注册会计师对样本实施必要的审计程序后，可以按下列步骤评价抽样结果：（1）分析样本误差；（2）推断总体误差；（3）重估抽样风险；（4）形成审计结论。注册会计师应当考虑样本的结果、已识别的所有误差的性质和原因,及其对具体审计目标和审计的其他方面可能产生的影响。

当实施控制测试时,注册会计师应当获取控制在整个拟信赖的期间有效运行的充分、适当的审计证据。当识别出控制的运行存在误差时,注册会计师应当进行专门调查,并考虑下列事项:(1) 已识别的误差对财务报表的直接影响;(2) 内部控制的有效性及其对审计方法的影响。在上述情况下,注册会计师应当确定实施的控制测试能否提供适当的审计证据,是否需要增加控制测试,或是否需要使用实质性程序应对潜在的错报风险。

在分析发现的误差时,注册会计师可能注意到许多误差具有共同的特征。在这种情况下,注册会计师应当考虑识别出总体中具有共同特征的全部项目,并将审计程序延伸至所有这些项目。这些误差有可能是故意的,并显示可能存在舞弊。如果将某一误差视为异常误差,注册会计师应当实施追加的审计程序,以高度确信该误差对总体误差不具有代表性。追加的审计程序取决于具体情况,但应能为注册会计师提供充分、适当的审计证据,以证明该误差并不影响总体的剩余部分。异常误差是指由某一孤立事件引起的误差,该事件只有在特定条件下才会重复发生,因而异常误差对总体误差不具有代表性。

8. 推断总体、进行评价

一般来说,如果注册会计师推断的总体误差超过可容忍误差,经重估后的抽样风险不能接受,那么应增加样本量或执行替代审计程序。如果注册会计师推断的总体误差接近可容忍误差,那么是否要增加样本量或执行替代审计程序要由注册会计师运用职业判断来决定。

当实施细节测试时,注册会计师要根据样本中发现的误差金额推断总体误差金额,并考虑推断误差对特定审计目标及审计的其他方面的影响。注册会计师需要将推断的总体误差金额与可容忍误差比较。在细节测试中,可容忍误差即可容忍错报,其金额小于或等于注册会计师针对所审计的某类交易或账户余额而使用的重要性水平。

在根据样本误差推断总体时,如果将某一误差确定为异常误差,注册会计师可以将其排除在外。如果异常误差未得到更正,注册会计师除需推断非异常误差外,还需考虑异常误差的影响。如果某类交易或账户余额已经分层,注册会计师应当在每一层分别推断误差。在考虑误差对某类交易或账户余额的总额可能的影响时,注册会计师应当将每个层的推断误差与异常误差汇总起来考虑。

在实施控制测试时,由于样本的误差率就是整个总体的推断误差率,注册会计师无须推断总体误差率。

注册会计师应当评价样本结果,以确定对总体相关特征的评估是否得到证实或需要修正。在实施控制测试时,如果样本的误差率超出预期,注册会计师应当修正评估的重大错报风险,或获取进一步审计证据支持初始评估结果。

在实施细节测试时,如果样本的误差额超出预期,除非有进一步的证据证明不存在重大错报,注册会计师应当认为所测试的交易或账户余额存在重大错报。如果推断误差总额与异常误差之和低于但接近可容忍误差,注册会计师应当根据其他审计程序考虑样本结果的说服力,并考虑是否需要获取更多的审计证据。

如果对样本结果的评价显示,对总体相关特征的评估需要修正,注册会计师可以单独或综合采取下列措施:(1) 提请管理层对已识别的误差和存在更多误差的可能性进行调查,并在必要时予以调整;(2) 修改进一步审计程序的性质、时间和范围;(3) 考虑对审计报告的影响。

审计抽样的最终目的不在于抽取和审查样本,而是希望通过审查样本,从样本特征推断总体特征,进而形成审计结论。根据样本的审查结果,了解样本的差错率或样本的金额水平,以此去推断总体的差错率或总体的金额水平,并计算在预先确定的可靠程度之上,样本推断结果与实际情况之间的误差有多大,将这一误差控制在可能接收的范围之内,从而获得切合实际的审计结论。

二、内部控制测试中的审计抽样

内部控制测试是指这样的过程,即注册会计师通过运用符合性测试技术,对被审计单位的内部控制制度及其执行情况进行审查,以了解其内部控制的健全和有效程度,并以此作为确定实质性测试的性质、时间和范围的依据。统计抽样和非统计抽样方法都可以运用于符合性测试过程中。

(一) 统计抽样方法在内部控制测试中的运用

1. 属性抽样法基本原理

内部控制测试主要是进行符合性测试,根据这一特点,最适合使用的统计抽样方法是属性抽样法。属性抽样法是一种用来推断总体中具有某一特征的项目所占比率的统计抽样方法,这一比率也被称为发生率,常以百分比来表示。在内部控制测试中,注册会计师主要关注的是例外情况,即无制度或制度得不到执行的情况,并将这种情况的发生率称为误差率。在符合性测试中,注册会计师要对内部控制是否健全、执行是否有效做出推断,其推断的依据正是所欲测试的总体中内部控制不健全或没有被有效执行的例外情况的发生率,也就是说注册会计师只需做出总体误差率是多少、被审查对象能否接受的结论,而不必对总体错误的金额大小做出估计。

2. 属性抽样的具体方法

属性抽样主要有固定样本量抽样、停—走抽样和发现抽样三种具体方法。

固定样本量抽样是主要根据一个样本量和一次抽样结果对被查总体进行推断的方法,采用这种方法,根据审计目标和影响样本规模的因素确定一个样本量,然后实施抽样程序,并根据样本审查结果对总体进行推断,必要时对原样本量进行修正,做一些补充抽样和审查的工作。

采用固定样本量抽样的方法,预期总体误差往往定得较高,其结果是选取了过多的样本,降低了审计工作效率。停—走抽样是提高效率的一种选择。停—走抽样是根据一系列样本量和多次抽样结果对被查总体进行推断的方法,采用这种方法,根据审计目标和影响样本规模的因素,从预期总体误差率为零开始,首先确定一个样本量,然后实施抽样程序,并根据样本审查结果对总体进行推断,得不到满意的结果则提高预期总体误差率和扩大样本规模,重复前面的程序,直到得到满意的结果为止,这样边抽样边评价来完成审计抽样工作,从而可以有效地提高工作效率。

发现抽样是针对特定属性进行抽样审查,以明确确定总体中这种属性是否存在的方法。采用这种方法一般是在既定的可信赖程度或可靠性程度条件下,假定误差以既定的误差率存在于总体之中,通过抽样、审查,若发现了这种误差,则可据此确定进一步审计程序的性质、时间和范围;若未发现要查找的误差,则可以既定的可信赖程度得出结论,即总体中不存在这种误差。

3. 属性抽样法基本步骤

下面以固定样本量抽样方法说明在内部控制测试中运用属性抽样法的基本步骤。

(1) 确定审计测试的目标和被审查总体的范围。符合性测试的总体目标是评价内部控制制度设计和执行的有效性,对于每一类业务和不同的控制环节应确定一个或多个具体审计目标。审查总体应由被测试的某一类业务或凭证构成,必须与具体审计目标相关,并保持所构成项目的同质性。

(2) 分析审计抽样的可行性。需要注册会计师对内部控制测试方案进行分析,以确定在哪些审计程序和哪些被审查总体中可以实施审计抽样。

(3) 定义特征和确定抽样单元。特征的确定在属性抽样中十分关键,对减少某个具体审计目标相关的控制风险所需的每项控制程序都应确定为一个特征。抽样单元是留有内控痕迹的文件、凭证或其他各种记录。

(4) 分析影响样本规模的因素。在内部控制测试的统计抽样中,注册会计师要分析影响样本规模的因素,并确定这些因素的具体数值,这些因素包括可容忍误差率、预期总体误差率、审计结果的可信赖程度、总体规模等。

(5) 确定样本规模。可容忍误差率是注册会计师不改变对内部控制的可信赖程度,所愿意接受的最大误差,它是所要求的抽样推断结果与总体实际情况之间的误差范围。可容忍误差要求越小,所需的样本量越大。根据前期审计所发现的误差、被审计单位经营业务和经营环境的变化、重大错报风险的评估及分析性复核的结果等,来确定审计对象的预期总体误差率。可信赖程度通常用预计抽样结果能够代表审计对象总体特征的百分比来表示。注册会计师对可信赖程度要求越高,需选取的样本量相应越大。总体规模越大,所需样本规模也越大;相反,总体规模越小,所需样本规模也越小。

在实际工作中,可使用样本规模确定表确定测试所需的样本量。首先根据确定的可信赖程度选择适当的表格,然后根据要求的可容忍误差和预期总体误差率查表,在表上其交叉点上的数字即为所需的样本规模。例如,确定的可信赖程度为95%,可容忍误差定为5%,预期总体误差率为2%,则可容忍误差上限为7%(5% +2%),从表7-4中可查到所需样本规模为90。

(6) 选取样本项目。可按前节所述的各种随机选样方法选取样本。

(7) 审查样本项目。注册会计师要对样本进行审阅、核实,并将审查中发现的误差情况记入工作底稿。用发现的样本误差数除以样本规模得出样本误差率。如果样本误差率与预期总体误差率大致相同,说明样本规模符合抽样要求;如果样本误差率小于预期误差率,说明样本规模过大,但此时无缩小样本的必要;如果样本误差率大于预期总体误差率,说明样本规模过小,此时应以样本误差率代替预期误差率重新确定样本规模并选样审查,如得出的样本误差率仍大于预期误差率,则应重复以上操作,直至样本误差率与预期误差率相同为止。若经过几次扩大选样仍达不到要求,则审计人员应根据职业判断决定提高预期误差率或放弃抽样,转为扩大的实质性测试。

表 7-4　样本量确定表（可信赖程度:95%）

预期误差率%	可容忍误差上限															
	0.5%	1%	2%	3%	4%	5%	6%	7%	8%	9%	10%	12%	14%	16%	18%	20%
0.00	600	300	150	100	80	60	50	50	40	40	30	30	##	##	##	##
0.25	#	650	240	160	120	100	80	70	60	60	50	40	40	30	30	30
0.5		#	320	160	120	100	80	70	60	60	50	40	40	30	30	30
1			600	260	160	100	80	70	60	60	50	40	40	30	30	30
1.5			#	400	200	160	120	90	60	60	50	40	40	30	30	30
2				900	300	200	140	90	60	60	50	40	40	30	30	30
2.5				#	550	240	160	120	80	60	50	40	40	30	30	30
3					#	400	200	160	100	90	80	60	50	30	30	30
3.5					#	650	280	200	140	100	80	70	50	40	40	30
4						#	500	240	180	100	90	70	50	40	40	30
4.5						#	800	360	200	160	120	80	60	40	40	30
5							#	500	240	160	120	80	60	40	40	30
5.5							#	900	360	200	160	90	70	50	50	30
6								#	550	280	180	100	80	50	50	30
6.5								#	1 000	400	240	120	90	60	50	30
7									#	600	300	140	100	70	50	40
7.5									#	#	460	160	100	80	50	40
8										#	650	200	100	80	50	50
8.5										#	#	280	140	80	70	50
9											#	400	180	100	70	50
9.5											#	550	200	120	70	50
10												800	220	120	70	50
11												#	400	180	100	70
12													900	280	140	90
13													#	460	200	100
14														1 000	300	160
15														#	500	200
16															#	300
17															#	500
18																#
19																#

#大于 1 000

小于 25

（8）推断总体、进行评价。样本误差率并不直接代表总体的误差率，因为存在抽样误差。根据样本情况推断总体，一般是以根据样本特征做出的直接推断加减一定的可容忍误差区间来进行的。在属性抽样中，样本误差率加减可容忍误差区间即为样本属性的推断值，即可容忍的上限和下限。在实际工作中，注册会计师只关心可容忍误差上限，即在一定可信赖程度条件下，总体误差的上限。这可以通过查阅“样本结果评价表”求得。例如，注册会计师确定的可信赖程度为95%，样本规模为90，通过审查样本发现有 3 个错误时，从表 7-5 中样本规模为 90 的一行中找到误差数为 3 的一列，其对应的可容忍误差上限为 9%，由此可得出结论，注册会计师有 95% 的把握确信总体的误差率不超过 9%。如果认为该可容忍误差上限过高，则须扩大样本规模，重复前面的抽样和审查程序，看新的样本中有多少错误项目，再用表 7-5 确定可容忍误差上限。扩大样本规模甚至再次扩大样本规模后仍然达不到令人满意的水平，注册会计师可以考虑放弃依赖客户的内部控制，并据此设计进一步的实质性程序。

表 7-5　样本结果评价表（可信赖程度：95%）

样本量	可容忍误差上限															
	0.5%	1%	2%	3%	4%	5%	6%	7%	8%	9%	10%	12%	14%	16%	18%	20%
25												0				1
30											0			1		2
40									0			1		2		3
50							0				1		2	3	4	5
60						0			1			2	3	4	5	6
70						0		1		2		3	4	5	7	8
80					0	1		2			3	4	5	7	8	9
90					0		1	2		3	4	5	6	8	9	11
100				0		1		2	3	4		6	8	9	11	13
120				0	1		2	3	4	5	6	8	10	12	14	16
140				0	1	2	3	4	5	6	7	10	12	14	17	19
160			0	1	2	3	4	5	6	8	9	12	14	17	20	23
180			0	1	2	3	5	6	8	9	11	14	17	20	23	26
200			0	1	3	4	6	7	9	11	12	16	19	23	26	30
220			0	2	3	5	7	8	10	12	14	18	22	25	29	33
240			1	2	4	6	8	10	12	14	16	20	24	28	33	37
260			1	3	4	7	9	11	13	15	17	22	26	31	36	41
280			1	3	5	7	10	12	14	17	19	24	29	34	39	44
300		0	1	3	6	8	11	13	16	18	21	26	31	37	42	48
320		0	2	4	6	9	11	14	17	20	22	28	34	40	45	51
340		0	2	4	7	10	12	15	18	21	24	30	36	42	49	55
360		0	2	5	8	10	13	17	20	23	26	32	39	45	52	59
380		0	2	5	8	11	14	18	21	24	28	34	41	48	55	62
400		0	3	6	9	12	15	19	22	26	29	37	44	51	59	66
420		0	3	6	9	13	16	20	24	27	31	39	46	54	62	70
460		0	4	7	11	15	18	22	26	31	35	43	51	60	68	77
500		1	4	8	12	16	21	25	29	34	38	47	56	66	75	84
550		1	5	9	14	18	23	28	33	38	43	53	63	73	83	94
600	0	1	6	10	15	20	23	31	36	42	47	58	69	80	92	103
650	0	2	6	12	17	23	26	34	40	46	52	64	76	88	100	112
700	0	2	7	13	19	25	28	37	43	50	56	69	82	95	108	122
800	0	3	9	15	22	29	31	43	51	58	65	80	95	110	125	141
900	0	4	10	18	26	34	36	50	58	66	74	91	108	125	142	159
1 000	1	4	12	20	29	38	47	56	65	74	84	102	121	140	159	178

（二）非统计抽样方法在符合性测试中的运用

注册会计师在内部控制测试中使用非统计抽样方法主要根据经验进行专业判断，确定抽取多少样本、选取哪些样本以及如何根据样本审查结果推断总体，其基本步骤和所需考虑因素与前述统计抽样法基本相同，不同之处主要有三个方面：一是确定样本规模的因素不需量化，注册会计师可根据各因素的变化对样本规模的影响主观判断样本规模，如表7-6所示；二是样本选择方法可采用任意选样法；三是从样本特征推断总体特征时可根据注册会计师的经验和专业判断进行。由此可见，采用非统计抽样方法，无法确定可容忍误差上限和可信赖程度的允许限度，这样可能会导致审计结论不够准确。

表7-6　样本规模影响因素

因素	对样本规模的影响
（1）可容忍误差率	反向
（2）预期总体误差率	正向
（3）审计结果的可信赖程度	正向
（4）总体规模	正向

三、实质性测试中的审计抽样

注册会计师必须针对重大的各类交易、账户余额、列报与披露实施实质性测试，可以说实质性测试是审计工作基本程序中不可缺少的重要环节。注册会计师通过运用实质性测试，对被审计单位涉及数额或金额的交易和事项，以及账户和财务报表的期末余额进行审查，以确定这些数额或金额以及期末余额是否正确，并以此作为形成审计结论和表达审计意见的依据。同样，统计抽样和非统计抽样方法都可以运用于实质性测试过程中。

（一）统计抽样方法在实质性测试中的运用

1．变量抽样法基本原理

根据实质性测试的特点，最适合使用的统计抽样方法是变量抽样法。变量抽样法是一种能够对总体数额、金额或余额做出估计的统计抽样方法，在实质性测试中，审查工作主要涉及数额、金额或余额，即要对总体中的数额、金额或余额是否存在错误，以及错误数额、金额或余额的大小进行定量测试和分析评价，而变量抽样法是直接针对总体中的数额、金额或余额实施抽样，并从样本审查结果推断总体特征，从而对总体进行定量估计，这就为对被审计对象总体数量特征的审查提供了简便而有效的方法。应用变量抽样法，可直接对涉及数额、金额或余额的被审计项目的正确性进行测试，因此被广泛运用于实质性测试之中。

2．变量抽样法基本步骤

（1）确定审计测试的目标和被审查总体的范围

变量抽样法一般用于测试交易总额、账户余额记录的正确性。例如，被审计单位应收账款总账余额是由3 000个明细账余额组成的，要核实该总账余额的正确性，可以将3 000个明细账余额加一遍进行验证，但这样做相对要耗时费力。这时可以采用变量抽样法对该单位应收账款余额进行测试，估计这3 000个顾客的账户余额构成应收账款总额的应有金额。这时应收账款3 000个明细账余额即构成了被审查总体的范围，因此变量抽样法下的总体一般由构成某类交易总额或某一账户余额的各单个记录组成，相应地各单个记录则成为适当的抽样单元。

（2）分析审计抽样的可行性

注册会计师对审计方案进行分析，以确定哪些被审查总体中可以通过实施变量抽样法估计其数额、金额或余额。这时要考虑构成被审查总体中项目数量的充分性。

（3）定义特征和确定抽样单元

变量抽样法下的特征就是一个具体的数值，构成某类交易总额或某一账户余额的各单个记录即为抽样单元。

（4）分析影响样本规模的因素

样本规模的大小受预计总体标准差、可容忍误差、预计总体误差及可靠性程度（或可信赖程度）、总体规模等因素的影响。总体标准差是衡量总体中个别项目值在总体平均值周围的变异或离散程度的尺度，用下式计算：

$$总体标准差 = \sqrt{\frac{\sum_{i=1}^{n}(x_i - \bar{X})^2}{N}}$$

式中，X_i 代表第 i 个项目的数值，$\bar{X}$ 表示总体的平均值，N 表示总体规模。总体中各项目之间差异越大，总体标准差越大，反之亦然。在均值估计中，预计的总体标准差越大，则要求的样本规模越大。在实际工作中，通常可以在正式抽样之前预先选取 30—50 个较小的样本，并以这些样本的审计值为基础计算出其标准差，作为预计的总体标准差。

在进行实质性测试时，可容忍误差是注册会计师能够对某类交易总额或某一账户余额做出合理估计，所愿意接受的最大金额误差。可容忍误差受重要性判断的影响。注册会计师确定为重要的金额越大，则确定的可容忍误差也可以越大。可容忍误差与预计总体误差之差称为计划的抽样误差。计划的抽样误差大，所需的样本规模可以减小。由此可知，其他条件不变的情况下，可容忍误差越大，所需的样本规模越小；预计总体误差越大，所需的样本规模也越大。可靠性程度对样本规模的影响是，要求的可靠性程度越高，所需样本规模越大。与属性抽样法类似，总体规模越大，要求抽取的样本规模也越大，反之亦然。

（5）确定样本规模

在通过样本均值估计总体均值时，样本规模可采用如下公式计算：

$$n' = \left(\frac{U_r \times S \times N}{P}\right)^2$$

$$n = n'/(1 + n'/N)$$

式中：U_r 代表可靠性程度系数；S 代表预计的总体标准差；N 代表总体规模；P 代表计划的抽样误差（即可容忍误差减去预计总体误差）；n'代表放回抽样时的样本规模；n 代表不放回抽样时的样本规模。

所谓放回抽样，是指样本选取后将其放回总体之中，使其还有被选取的机会。审计工作中，通常采用不放回抽样。可靠性程度可从表 7-7 中查出。

表 7-7　可靠性系数表

可靠性程度	可靠性系数
80%	1.28
85%	1.44
90%	1.65
95%	1.96
99%	2.58

假定注册会计师在 3 000 个应收账款明细账余额中通过预选 40 个样本计算出其标准差为 80，并以此作为预计的总体标准差。可容忍误差确定为 50 000 元；根据以往经验，预计应收账款总账余额记录的误差，即预计总体误差为 15 000 元，则可知计划的抽样误差为 35 000 元(50 000 − 15 000)。注册会计师要求的可靠性程度为 90%，从表 7-7 中可知相应的可靠性系数为 1.65，则有

$$n' = (1.65 \times 80 \times 3\,000 \div 35\,000)^2 = 125$$

$$n = \frac{125}{1 + \dfrac{125}{3\,000}} = 120$$

所需的样本规模为 120 个。

(6) 抽取样本项目

这时可以采取前面介绍的方法从 3 000 个应收账款明细账余额中抽取 120 个项目进行审查和计算。

(7) 审查样本项目

120 个样本项目选取之后，注册会计师要实施必要的审计程序对其进行审查。对于应收账款项目来说，必要的审计程序包括：向欠款客户进行直接函证；审查相关的原始凭证，如发票、发货单等；对相关的交易记录进行测试等。在实施审计程序的过程中，如果发现错误，影响了样本项目的账户余额，注册会计师应当确定该账户的正确余额。

完成样本项目的审查之后，根据正确的样本项目金额，可以进行总体金额的推断。假设前例中 120 个项目经审查后样本总金额为 240 000 元。为估计总体金额，需要计算每一项目的平均金额，即用样本总金额除以样本数，计算如下：

每一项目的平均金额 = 240 000 ÷ 120 = 2 000(元)

(8) 推断总体、进行评价

变量抽样法根据样本结果推断总体有三种方法，即单位均值估计法、差异估计法和比率估计法。

单位均值估计法是通过样本的单位平均值估计总体值的一种变量抽样方法。采用该方法时，要确定样本中每个项目的审计值并计算样本的单位平均值，然后以样本的单位平均值乘以总体规模作为总体价值估计值。

差异估计法是一种通过样本记录值与审计值的差异来推断总体记录值与审计值的差异，进而对总体记录值做出推断的变量抽样方法。采用该方法时，须先计算样本项目记录值与审计值的差异的平均值，以此平均差异乘以总体规模作为总体差异的估计数，然后对

总体价值做出估计并结合精确度区间对实际总体记录值做出评价。

比率估计法是一种通过审计值与样本记录值的比率来推断总体审计值与记录值的比率，进而估计总体审计值并对原记录值的正确性做出评价的变量抽样法。采用该方法时，须首先确定样本的审计值，然后计算样本审计值之和占样本记录值之和的比率，并以该比率乘以总体记录值作为总体审计值的估计，最后结合形成的精确度来评价原记录值。

下面说明单位均值估计法的具体运用，首先要根据样本平均值与总体规模得出总体的点估计值，然后再根据实际抽样误差得出总体的区间估计值。实际抽样误差和总体的区间估计值采用下式计算：

$$E = \bar{V} \times N$$

$$I = E \pm P$$

$$P = Ur \times \frac{S}{\sqrt{n}} \times N \times \sqrt{1 - \frac{n}{N}}$$

其中：E 表示总体的点估计值；N 表示总体规模；$\bar{V}$ 表示样本审计值的平均值；I 表示总体的区间估计值；P 表示实际抽样误差；S 表示样本的标准差；n 表示样本规模。

假设经计算样本标准差为 95，根据上述公式计算如下：

$E = 2\,000 \times 3\,000 = 6\,000\,000$（元）

$P = 1.65 \times 95/\sqrt{120} \times 3\,000 \times \sqrt{1 - 120/3\,000} = 42\,060$（元）

$I = 6\,000\,000 \pm 42\,060$

通过抽样推断总体值落在的区间为 5 957 940—6 042 060 元，如果应收账款记录值为处于该总体区间估计值之内，可以推断应收账款总额账面记录值是正确的。如果账面记录值没有落在总体的区间估计值之内，则注册会计师需要分析原因，采取扩大样本量的措施进行进一步估计，如果有证据表明被审计单位账面值有错误，则应要求被审计单位调整账面值。

（二）非统计抽样方法在实质性测试中的运用

非统计抽样方法在实质性测试中使用，其基本步骤和所需要考虑的因素与统计抽样方法基本相同，不同之处主要表现在确定样本规模、选择抽样方法和评价样本结果时可更多运用注册会计师的专业判断，根据经验采取行动。比如，在确定样本规模时，对于影响因素不需量化，可根据经验判断各因素的变化对样本规模的影响，如表 7-8 所示。

表 7-8　样本规模影响因素

因素	对样本规模的影响
总体规模	正向
预计总体标准差	正向
可容忍误差	反向
预计总体误差	正向
可靠性程度	正向

四、审计抽样的风险及其控制

（一）审计抽样中的风险

由于审计抽样不是百分之百地审查被审查项目，故未审查项目中存在重大错报的可能性就存在，另一方面审查过的项目也不一定得出的结论都正确，因此审计抽样是有风险的，该风险可以分为两类：抽样风险和非抽样风险。

1. 抽样风险

抽样风险存在的主要原因是由于抽样审查并非对总体中100%的项目进行审查，而只是对抽取的样本进行审查，并从样本特征推断总体特征这种方法造成的，通过抽样得出的审计结论与总体实际情况间必然存在差异，这一差异就会导致抽样风险。

在控制测试中，抽样风险主要有两种，一是信赖过度风险，二是信赖不足风险。信赖过度风险是抽样结果使注册会计师对内部控制的信赖超过了其实际上可予信赖的可能性，即在注册会计师选取的样本中，表现出内部控制制度较之总体实际水平有更好得到执行的状况，这样对样本考察的结果将导致注册会计师对内部控制给予过度的依赖。信赖不足风险是指抽样结果使注册会计师没有充分信赖实际上应予信赖的内部控制的可能性；对内部控制的执行进行测试时，基于对样本的考察得出了不能信赖内部控制的结论，但总体的实际情况却是可以信赖的，即对内部控制应该信赖而未予信赖。

在实质性测试中，抽样风险也有两种，一是误拒风险，二是误受风险。误拒风险是指抽样结果表明交易金额或账户余额存在重大错误而实际上并不存在重大错误的可能性，即将事实上正确的金额或余额看成是错误的金额或余额。误受风险则相反，是指抽样结果表明交易金额或账户余额不存在重大错误而实际上存在重大错误的可能性，即实际上某项金额或余额是错误的，而注册会计师考察样本后却得出该项金额或余额正确的结论，将事实上错误的金额或余额误作为正确的予以接受。

2. 非抽样风险

非抽样风险是指在审计抽样过程中，由于抽样方法之外的其他原因所造成的风险。例如，审计程序设计不当、审计方法选择不合理、某些审计人员工作疏忽等原因，导致审计目标未能实现，得出错误的审计结论。非抽样风险一般难以量化，可以通过审计程序和审计方法的科学周密设计以及审计工作的适当监督指导将其消除或减少。

（二）对抽样风险的控制

信赖不足风险与误拒风险一般导致注册会计师执行额外的审计程序，降低审计效率；信赖过度风险与误受风险很可能导致注册会计师形成不正确的审计结论，面临审计风险，对此应予以特别关注。

1. 对Ⅰ类抽样风险的控制

信赖不足风险和误拒风险都是将正确判断为错误的风险，我们称其为Ⅰ类风险或α风险。此类风险出现时，审计总体实际上是正确的，或者不存在重大实质性错误，但是注册会计师根据从审计总体中随机抽取的样本项目审查的结果判断得出审计总体是错误的或者存在重大实质性错误的结论，从而拒绝了审计总体是正确的或者没有重大实质性错误而应予以接受这样的审计结论。此类风险主要与审计效率相关,它将直接导致测试范围扩大,样本容量增加,使审计效率下降。如果根据这样的审计结论出具审计意见,那么有可能引起与客户的矛盾,若客户认为由此遭受了损失,则还有可能对注册会计师提起法律诉讼,这是Ⅰ类抽样风险导致的审计风险。

对Ⅰ类风险最为有效的控制方法就是扩大审查的样本规模,因为增大样本容量,可以提高样本对审计总体特征的代表性,从而使抽样结果更为有效。这种方法不仅符合审计准则的要求,而且也为被审计单位所愿意接受,他们愿意注册会计师充分地审核审计总体项目,以表明自己有关审计总体的认定是正确的。因此,在抽样审计中,通常是使用增大样本规模的方法来控制和降低审计人员可能承担的Ⅰ类抽样风险水平的。

2. 对Ⅱ类抽样风险的控制

与Ⅰ类风险相对应,过度信赖风险和误受风险都是将错误判断为正确的风险,我们称其为Ⅱ类风险或β风险。此类风险出现时,审计总体实际上是错误的,或者存在重大实质性错误,但是注册会计师根据从审计总体中随机抽取的样本项目审查的结果判断得出审计总体是正确的或者没有重大实质性错误的结论,从而接受了实质上是错误的应予以拒绝的审计总体。此类风险主要与审计效果相关,它将直接导致错误的和不可靠的审计结论,使审计工作质量下降。

由于Ⅱ类抽样风险直接影响审计质量,而且不易被注册会计师较早地察觉,也就是说对于一个错误的审计总体,注册会计师依据样本审查结果接受了它,被审计单位往往不会提出异议,当在审计过程后期发现了潜在的Ⅱ类错误时,往往为时已晚,常常使注册会计师十分被动。因此对Ⅱ类风险的控制更加重要,而控制Ⅱ类风险最为有效的方法就是改进抽样方法,因为所选用的抽样方法越科学,其对抽样过程的精度限度就越高,抽样结果的可靠性程度也越高,只有这样才能有效地将Ⅱ类风险控制在审计人员可以接受的范围之内,以保证审计工作质量。

（三）审计抽样的质量控制

为提高审计抽样的作用,减少审计风险,必须对审计抽样的质量进行控制,为此应了解影响审计抽样质量的因素。影响审计抽样质量的因素主要有:(1) 样本的代表性。能否从样本审查结果准确推断总体特征以形成可靠的审计结论,在很大程度上取决于从审计总体中抽取的样本是否能够充分、有效地代表审计总体,样本的代表性越强,用样本审查结果推断审计总体特征就越精确,抽样误差也就越小。(2) 抽样误差。根据样本特征所推断的审计总体特征与审计总体实际情况之间的差异是由于审计中采用抽样方法所直接导致的,抽样误差的大小将直接影响审计结论的准确性。(3) 由样本审查结果对总体做出的推断对审计抽样工作质量有直接的影响,在这一过程中审计人员还要承担Ⅰ类和Ⅱ类抽样风险,使得这一推断过程成为审计抽样质量控制的关键环节。(4) 注册会计师的素质。注册会计师能否胜任审计抽样工作,能否充分发挥其主动性、积极性和创造性,也会影响审计抽样的工作质量。

要保证审计抽样的最终质量,不是抽样工作过程中某一个或某几个环节、某几个人的事,而应该是全体审计人员在审计抽样工作全过程的系统控制,即从审计抽样的开始阶段到终结阶段的各个环节、各个步骤、各个过程实行全面的质量管理和控制。在质量控制中可以考虑以下几个方面：

第一，从技术控制的角度讲，选择的审计抽样方法越科学，即越严格遵循抽样的随机原则，抽样结果的准确性就越高。因此，对审计抽样整个过程的技术控制就是在成本效益原则允许的范围内，尽可能选择更科学、更准确的抽样技术，使样本规模的确定更合理，样本的选择更具代表性，由样本特征所推断的总体特征与总体实际情况间的抽样误差更小，由样本对总体的推断过程更精确，在实施抽样之前就要将精确度和可靠程度控制在可以接受的范围之内。

第二，从实施控制的角度讲，审计抽样技术选择得再科学，也需要由人来组织实施，审计抽样的实施控制就是在审计抽样的全过程中保证其有效和合理地得以实施。

第三，从管理控制的角度讲，对审计抽样工作的控制不能只局限于一个具体的审计项目，审计抽样的管理控制就是要求会计师事务所应该建立起一套完整的、科学的审计抽样质量控制体系，并配套一系列必备的实施措施，使事务所对每个审计抽样项目的管理和控制系统化、规范化，使事务所的整体审计工作质量得以提高。

本章提要

1. 审计方法主要是讲收集审计证据的方法。不同的审计目的，需要收集或取得不同的证据，因而也需要采用不同的审计方法。审计方法可以从不同角度进行划分，如按审计取证工作的顺序划分，包括顺查法和逆查法；按审计取证审查的数量划分，包括详查法和抽查法；按审计取证的技术手段划分，主要包括审阅法、核对法、复算法、比较法、分析法、查询法、盘点法、调节法、观察法等。

2. 在审计业务中可以采用审计抽样方法，这是因为审计的目的是对财务报表整体表达一种意见，要达到这一目的并不一定必须将全部会计记录和经济业务资料都作为审查对象进行详细审查。注册会计师收集的审计证据足以使其得出审计结论，能为其表达审计意见提供合理保证，这时的审计证据就是充分的，就可以通过抽样的方式取得，就可以达到审计目的。

3. 在审计过程中采用抽样的方法，就是要在一个较大数量的被查总体中抽出一定数量的项目进行审查，并根据审查结果对该被查总体做出判断、得出结论。采用抽样方法实施审计的基本程序可以概括为八大步骤：(1) 确定测试目标和总体范围；(2) 分析能否采用抽样的方法；(3) 确定要审查什么和什么是抽样单元；(4) 分析影响样本规模的因素；(5) 确定抽取多大规模的样本；(6) 从被查总体中抽取样本；(7) 对抽出的样本进行审查；(8) 根据对样本审查的结果推断总体并最终得出结论。

4. 内部控制测试是指这样的过程，即注册会计师通过运用符合性测试技术，对被审计单位的内部控制制度进行审查，以了解其内控的健全和完善程度，并以此作为确定实质性测试范围的依据。统计抽样和非统计抽样方法都可以运用于符合性测试过程中。

5. 注册会计师通过运用实质性测试，对被审计单位涉及数额或金额的交易和事项，以及财务报表的期末余额进行审查，以确定这些数额或金额以及期末余额是否正确，并以此作为形成审计结论和表达审计意见的依据。同样，统计抽样和非统计抽样方法都可以运用于实质性测试过程中。

6. 在运用审计抽样的过程中，有两类风险因素可能导致样本的选择和测试，或者总体特征的推断出现偏差，进而可能导致错误的审计结论，它们是抽样风险和非抽样风险。在控制测试中，抽样风险主要有两种，一是信赖过度风险，二是信赖不足风险。在实质性测试中，抽样风险也有两种，一是误拒风险，二是误受风险。非抽样风险是指在审计抽样过程中，由于抽样方法之外的其他原因所造成的风险。

7. 信赖不足风险与误拒风险一般导致注册会计师执行额外的审计程序，降低审计效率；信赖过度风险与误受风险很可能导致注册会计师形成不正确的审计结论,面临审计风险,对此应予以特别关注。信赖不足风险和误拒风险都是将正确判断为错误的风险,我们称其为Ⅰ类风险或 α 风险,通常是使用增大样本规模的方法来控制和降低审计人员可能承担的Ⅰ类抽样风险水平的。信赖过度风险和误受风险都是将错误判断为正确的风险,我们称其为Ⅱ类风险或 β 风险,对Ⅱ类风险的控制更加重要,最为有效的方法就是改进抽样方法。

8. 影响审计抽样质量的因素包括:(1) 样本的代表性;(2) 抽样误差;(3) 由样本审查结果对总体做出的推断;(4) 注册会计师的素质。对审计抽样的质量控制包括:(1) 技术控制;(2) 实施控制;(3) 管理控制。

练习与思考

1. 试述审计取证的技术方法与审计目标和审计证据的内在联系。
2. 审计抽样的基本过程是怎样的?
3. 现代审计中采用抽样方法的理论基础和现实依据是什么?
4. 不同测试中确定样本规模的决定因素有哪些?
5. 在编制审计计划中,确定样本量规模时,如果可信赖程度要求高、可容忍误差要求要小,那么对需选取的样本量是何影响?
6. 抽样审计的结论是如何形成的?
7. 有人说统计抽样可以减少审计过程中注册会计师的专业判断,你同意这种说法吗?
8. 控制测试中属性抽样法的基本原理是什么?
9. 在进行控制测试时,如果确定的可信赖程度为95%,可容忍误差定为5%,预期总体误差率为4%,那么所需样本规模为多少? 在样本审查后发现3个错误,那么可以得出怎样的结论?
10. 实质性测试中变量抽样法的基本原理是什么?
11. 注册会计师在2 800个应付账款明细账余额中通过预选50个样本计算出其标准差为90,并以此作为预计的总体标准差。可容忍误差确定为60 000元;根据以往经验,预计总体误差为15 000元。注册会计师要求的可靠性程度为90%。计算其样本规模应为多少?
12. 前例经审查后样本总金额为200 000元,假设经计算样本标准差为85,据此推断总体值的区间。
13. 什么是抽样风险? 主要有哪些种类? 什么是非抽样风险?
14. 如何控制各类抽样风险?
15. 影响审计抽样质量的因素有哪些? 如何对审计抽样进行质量控制?

案例分析

注册会计师刘路是负责东海制造公司审计的合伙人。东海公司在上海证券交易所上市,该公司在过去的十年里一直有着良好的经营业绩。刘路与公司管理层保持着非常密切的关系,并为公司的发展提出过很多有用的意见。刘路所在的会计师事务所,曾几次考虑为该项目更换不同的审计小组,但刘路总是表示反对。

在该项目的最初几年里,公司的内部控制很不完善,其会计人员缺乏应有的职业素质。因此,在审计过程中需要获得大量的证据和编制许多调整分录。然而在刘路坚持不懈的努力下,公司逐渐改善了内部控制并雇用了合格的员工。近年来,审计师基本上不用做出审计调整,收集审计证据的工作也逐渐减轻。在过去的三年里,由于该项目的审计工作相对变得轻松以及管理层的合作,刘路花在该项目的时间也越来越少。

在今年的审计中，刘路认为该项目的时间预算应该基本与往年保持一致。负责该项目的高级经理李沃伦参与该项目不久，他工作能力很强，并常常能够提前完成预计任务。刘路最近刚刚接手了一个新的审计项目，这可能会增加审计的时间预算，但是李沃伦出色的工作效率会弥补所超出的时间。

对内部控制的测试所花费的时间比预想的要多，这主要是由于(1) 审计项目组增用了几位新的审计人员；(2) 公司的存货和其他会计记录由手工记录改为电算化；(3) 公司的会计人员有所变动；(4) 系统测试中存在错误。然而，刘路和李沃伦对项目进程超过预算的时间并不感到担忧，因为他们在年底很容易将时间补回来。

年底时李沃伦将存货审计的任务委托给之前从未做过审计的新手，不过这个新手十分能干，工作效率也比较高。尽管存货的总价值增加了，但由于该审计年度中的错误很少，该审计新手仍然减少了样本的规模。他发现有一些样本项目被高估，这主要是由于计价错误和存货过时的原因。然而样本中这些错误的总和仍然是不重要的。他完成存货测试所用的时间比去年少25%。整个项目审计不但按时完成，还比前一审计年度稍微节省了一些时间。这年的调整分录很少，且其中只有两个是重要的。刘路对此结果感到十分满意，并称赞了李沃伦和负责存货审计的新手。

半年后，刘路接到东海公司管理层的电话，得知公司出现了十分严重的财务危机。其后的调查显示存货被严重高估，其主要原因是存货中包含有过时项目，并且新的计算机系统在计价上存在错误。此外，最后的存货列表中还包含有并不存在的存货。公司新的财务总监故意高估存货以掩盖当年销售额的下降。

要求：请讨论该案例中审计过程存在的主要缺陷，并说明为什么会存在这些缺陷；如果刘路所在的会计师事务所被东海公司的股东或债权人起诉，可能的结果是什么。

情景模拟

注册会计师毕升对审计抽样非常熟悉，以下是他给新手出的一个练习题，你若有兴趣可以完成这个填空：

项目	情况	项目	情况
可靠性水平	95%	可靠性水平	95%
可容忍误差	3%	样本中错误数	30
预期总体误差率		样本规模	340
样本规模	240	可容忍误差上限	

毕升领导的审计组在对紫汇机械制造有限公司的销售业务实施内部控制测试和实质性测试中，重点关注销售发票上的价格确定、金额加总等的内部核对以及计算的准确性。测试中利用了审计抽样方法，对内控的测试确定的属性是内部核对的存在性。由于内控被认为良好，毕升确定的可信赖程度为95%、预期总体误差率为零、可容忍误差率为5%，据此计算的样本规模应为多少？在对抽取的样本实施测试中，毕升发现销售发票的2个样本没有表明经过了内部核对。要求估计或确定内部控制存在性属性的误差率上限；根据计算结果确定内控是否可以接受，实际的业务是否可以接受；如果误差率上限超过可容忍误差率，注册会计师应该怎么办？

要审查的销售发票共有5 000张，对控制测试中选出的样本，毕升让助手计算了发票金额的标准差，结果为150，他要以此作为预计的总体标准差。可容忍误差确定为100 000元。毕升根据以往的经验，预计销售发票总体误差为35 000元。毕升要求的可靠性程度为95%。请据此计算样本规模为多少？假设对抽取的样本进行审查计算后确定的样本总金额为 835 200 元，样本标准差为 120，请据此推断总体值应落在的区间。

小组讨论

请讨论信赖不足风险、信赖过度风险、误拒风险、误受风险与审计效率和审计效果的关系。

第八章

销售收入及收款循环的审计

本章目的

销售收入及收款循环包括收到顾客订单、发送商品并向顾客开具账单、记录应收账款以及收款等程序。对销售收入及收款循环账户(例如,主营业务收入、应收账款以及现金收入)的审计,通常由控制测试和实质性测试组成。大多数企业都有大量的销售交易,因而管理层有必要对这些交易进行控制。注册会计师通常在了解了特定企业销售收入及收款循环的具体内部控制情况的基础上,对这些控制进行控制测试,以确定控制的有效性及控制风险的大小,并根据控制测试的结果确定实质性测试的性质、时间和范围,从而提高审计效率。

引例

麦克森-罗宾斯公司案

1938年之前,注册会计师在执行独立审计时并不对应收账款和存货进行函证或盘点,这种情形直到麦克森-罗宾斯案发生之后才得以改变。

美国的麦克森-罗宾斯公司(McKesson & Robbins)曾经是一家在纽约证券交易所上市的大型化学和医药公司,1937年其对外报告的资产额接近1亿美元——这在当时来说算是非常大的企业了。它的审计师是当时最大且最具影响力的会计师事务所——普华会计师事务所。1938年12月,纽约证券交易所为协助法院的案件调查而暂时停止了麦克森-罗宾斯公司股票的交易。其后,SEC经调查发现,麦克森-罗宾斯公司有将近两千万美元的存货和应收账款是虚构的——也就是说,有近20%的资产是根本不存在的,这在当时的经济萧条时期是一个巨大的数字,从而引起强烈的震动。

根据调查结果以及报道显示,麦克森-罗宾斯案是由冒名顶替总裁的菲利浦·缪斯克(Philip Musica)和他的三个兄弟操纵的一起诈骗案。菲利浦·缪斯克以化名参与公司经营,其真人曾因商业欺诈罪被判刑。会计师事务所在接受该公司作为客户的时候,没有对公司高层人士的背景进行任何调查。麦克森-罗宾斯公司通过虚构一个根本不存在的加拿大供应商来虚增采购业务,通过虚构一个根本不存在的采用供应商直接装船送货方式进行运输的机构——史密斯有限公司(W. W. Smith and Company, Inc.)来虚构销售业务。虚构的收款是以麦克森-罗宾斯公司的名义从一个冒充的蒙特利尔银行(Montreal bank)那里得到的。在对麦克森-罗宾斯公司审计时,会计师事务所既没有直接向顾客确认应收账款的余额,也没有对实物存货的发出进行盘查,这样的做法虽然符合当时广为接受的审计实务标准,但很显然,如果他们实施了上述审计程序的话,就可以使这一欺诈案件曝光。此外,审计师对内部控制的调查也没有充分地考虑到公司内部职责划分不清所带来的影响。

会计职业界很快就对该案件做出了反应。在证券交易委员会尚未结束听证及提交报告之前,美国会计师协会已经成立了一个专门委员会,该委员会发布了一份题为“扩展审计程序”的报告。这一报告成为1939年发布的与此同名的《审计程序公告 第1号》的基础。从此,独立审计实务进入了以财务报告审计准则为依据的现代时期。

第一节 销售收入及收款循环的审计目标

注册会计师为了更有效地实施相应的控制测试和实质性测试,需要首先了解企业中销售收入及收款循环的具体情况。大多数企业中的销售收入及收款循环可以划分为四类主要的交易活动:(1) 销售货物/提供服务;(2) 货物和服务的回款;(3) 可能的顾客退货换货;(4) 提取坏账准备或注销坏账。

根据内部控制的基本原则，被审计单位应该将销售、授信及批准、发货与开单职能相分离，分别交由不同的部门或人员负责处理，不得由同一个部门或个人负责销售与收款业务的全过程。

在考虑处理销售交易的会计系统以及应用于它们的监督和控制活动时，注册会计师关注的控制主要是用来确保所有实际发生的销售交易都经过授权而且被正确记录。这些控制目标与销售循环账户（尤其是销售和应收账款账户）的完整性、准确性和存在/发生等审计目标密切相关。其他控制，即使同那些审计目标之间没有直接的联系，也有可能引起注册会计师的注意。例如，信用检查已经被执行这一事实可以为注册会计师评估坏账准备的计提是否适当提供证据，这便会影响应收账款的估价审计目标。

根据对销售收入及收款循环的了解，注册会计师需要设定该循环的审计目标。一般的销售收入及收款循环中相关账户的审计目标及相对应的管理层认定如表 8-1 所示。

表 8-1　销售收入及收款循环的审计目标

管理层认定	一般审计目标	销售收入及收款循环相关账户的项目审计目标
	1. 总体合理性	• 所有的相关账户都是合理的，看起来无重大错报
1. 存在或发生	2. 真实性	• 已记录的应收账款代表在资产负债表日被审计单位应向客户收取的金额 • 未实现收入是被审计单位已收到的与未来销货交易相关的金额 • 已记录的销货交易确实在会计报告期间内已提供商品或服务
2. 完整性	3. 完整性	• 资产负债表日由销货交易带来的所有应收款项均已包括在应收账款账户中 • 所有未发货销售或未提供服务而收到的款项均被记为未实现收入 • 所有发货或提供服务均发生在财务报告的相应期间，所有的退回和折让在报表中都有反映
3. 权利和义务	4. 所有权	• 被审计单位在资产负债表日对应收账款拥有法定所有权 • 未实现收入反映的是被审计单位在未来具有法定义务提供商品或服务的已收到的金额
4. 准确性	5. 估价	• 应收账款以可变现净值（即扣除不可收回部分、折扣、退回及类似项目后的金额）报告 • 只有达到恰当的确认与计量标准后才确认收入
	6. 机械准确性	• 收入交易以正确的价格和数量为基础，在相关总分类账户和应收账款明细分类账户中计算准确、分类无误 • 应收账款明细分类账数字计算正确，与总分类账核对相符
5. 截止	7. 截止	• 销货交易、现金收入以及销售退回和折让都已记入正确的会计期间
6. 列报与披露	8. 披露	• 应收账款、收入、未实现收入及相关账户在财务报表中正确披露 • 已抵押的应收账款已做恰当披露 • 应收账款无法收回的风险已恰当披露
	9. 分类	• 应收账款、收入、未实现收入及相关账户在财务报表中分类恰当

第二节 对销售收入及收款循环内部控制的测试

一、对销售收入及收款循环的了解

（一）销售货物／提供服务

下面我们将讨论销售货物过程中所包含的各种主要活动，以及在对交易进行处理时可能采用的典型控制方法。我们在这部分中所描述的某些活动也可以适用于对服务的提供/销售。

1. 收到和记录客户订单

企业收到客户的订单应被记入到预先编号的销售订单记录表或类似文档中，以等待进一步的处理，或者被直接输入到计算机信息处理系统中。在实务中将收到的载有明确的价格、数量、质量及发送要求的客户订单视为要约，从而成为构成合同要件的有机组成部分。在批准了客户订单之后，下一步就应编制一式多联的销售单。销售单是列示客户所订商品的名称、规格、数量以及其他与客户订货单有关资料的表格，作为销售方内部处理顾客订货单的依据。销售单是证明管理层对有关销售交易的“存在或发生”认定的凭据，也是此笔销售交易的轨迹的起点。

2. 批准赊销条件

对于赊销业务，赊销批准是由信用管理部门根据管理层的赊销政策，使用相应的评估程序，来决定给予顾客多少信用限额的业务；同时，还要与顾客恰当地交流信息，定期修改信用条款，监督对既定赊销条件的遵守情况。信用管理部门的职员在收到销售单管理部门的销售单后，即将销售单与该顾客已被授权的赊销信用额度以及至今尚欠的账款余额加以比较。设计信用批准控制的目的是降低坏账风险，因此这些控制与应收账款净额的“估价与分摊”认定有关。

3. 确认订单

错误转送或丢失的订单，会导致顾客的不满以及收入的减少。更重要的是，从法律上讲，要约只有在被承诺之后才构成一个有效的合同。因此，订单的确认具有重要的意义，它表明购销双方权利义务关系的正式确立。订单的确认一般采取书面形式，或者发给顾客一份内部编制的销售单表格复印件或计算机生成的确认表。但是，也有些企业的订单处理时间过短，以至于确认订单的办法并不可行。由于在处理订单以后再修改或取消订单的成本高昂，或者可能会引起法律纠纷，所以在大多数企业里，订单确认程序都是一项重要的业务操作。订单的收到与确认（即销售合同的要约及承诺）与应收账款的“存在或发生”认定相关。

4. 按销售单供货

企业管理层通常要求商品仓库只有在收到经过批准的销售单时才能供货。设立这项控制程序的目的是防止仓库在未经授权的情况下擅自发货。因此，已批准销售单的某一联通常应送达仓库，作为仓库按销售单供货和发货给装运部门的授权依据。

5. 按销售单装运货物

将按经批准的销售单供货与按销售单装运货物的职责相分离，有助于避免负责装运的职员在未经授权的情况下装运产品。此外，装运部门职员在装运货物之前，还必须进行独立验证,以确定从仓库提取的商品都附有经批准的销售单,并且所要装运的商品与销售单列示的项目一致。装运凭证是在发运货物时编制的、用以反映发出商品的规格、数量和其他有关内容的凭据。发运凭证的一联寄送给顾客,其余联(一份或数份)由企业保留。业经客户签收的装运凭证表明销售的完成,可用作向顾客开票收款的依据。按序归档的装运凭证通常由装运部门保管。装运凭证提供了商品确实已装运的证据,因此,它是证实销货交易"存在或发生"认定的另一种形式的凭据。而对每张装运凭证后是否附有相应的销售发票进行定期检查,则有助于保证销货交易"完整性"认定的正确性。

6. 记录发货和向顾客开具账单

从会计角度来说,发货记录通常是对销售交易进行会计记录的开始。开单包括编制账单和开具并向顾客寄送事先连续编号的销售发票。销售发票是一种用来表明已销售商品的规格、数量、销售金额、运费和保险费的价格、开票日期、付款条件等内容的凭证。销售发票中的一联寄送给顾客,其余联由企业保留。销售发票也是在会计账簿中记录销售业务的基本凭证。

7. 记录销售

记录销售的过程包括区分赊销、现销,并按销售发票编制转账凭证或现金、银行存款收款凭证,再据以登记销售明细账和应收账款明细账或现金、银行存款日记账。如果会计系统或开具发票和记录销售的控制活动设计得不恰当或者低效,就会导致重大的错报。例如,已发出的货物没有开具发票,会导致低估收入和应收账款;没有经过授权的交易被记录,可能导致坏账;没有查出发票中的错误,会导致低估或高估收入和应收账款;被记录在控制账户和明细账中的交易如果存在错误的话,会导致相关余额的错误(过账时的错误或延期,后者也会影响账款的可收回性)。

(二) 货物和服务的回款

在收到客户所支付的货物和服务的款项阶段,通常包括以下活动:

1. 收到现金并将其存入银行

现金可以由企业人员来收取,也可以直接由银行来收取。资产保护是收取现金阶段非常重要的控制目标。根据现金是由银行收取还是由企业收取的不同,关于资产保护目标的控制也有所不同。

2. 比较汇款数额和记录数额

将现金汇款与应收账款余额进行比较,可以保证企业及其客户对已偿付发票的具体内容和总金额达成一致意见。然后要编制异常报告,在报告上列出所有无法与应收账款记录中的未支付发票相匹配的现金收款。通过比较,能够确定信用的销售折扣或折让形式,以及这些信用是否经过了授权。这种比较还能披露顾客享受的折扣是否处于折扣期内,现金收款是否被计入恰当的客户账户内,还包括是否存在任何有关应付款项的潜在争议。它同时还确定了输入错误或者不是由于应收账款而产生的现金收入,例如,从销售循环之外的交易活动收取的现金(比如销售固定资产)。另外,如果应收账款记录中的销售收入没有及时更新,也可以通过调查不匹配的现金收入发现该问题。例如,如果某笔销售没有被更新到应收账款记录中,对不匹配现金收入的调查,就能发现这个错误。监督人员不仅调查差异,而且还要审核解决方案以及任何必要的更正。

3．批准折扣和折让

折扣和折让代表了已记录发票和应收金额的非现金减少量。需要对顾客享受的折扣进行审核，以确定它们是否处于规定的期限内，以及数量是否正确。在一些企业里，折扣是一种惯例，而且相应的批准和记录职能组织得很好。在输入现金收款时，可以将折扣条件、金额与发票或包括折扣信息的文件相比较，然后生成有关未经授权的折扣的异常报告，以便进行追踪、调查和做出必要的更正。

4．记录现金收入、折扣和折让

记录现金收入，可以在比较发票之前，也可以在批准顾客享受的折扣或折让之后，或者在比较和确认折扣或折让的同时。无论哪种情况，记录现金收入的过程都是相同的。在收取现金时编制的详细清单，通常被用作输入现金收入的原始文件。通常情况下，计算机每天生成现金收入日报，列出输入的所有收入。一旦完成输入，每天记录的现金收入总额，通常会与原始清单或批总数以及经正式鉴定的存款凭据副本或其他银行通知进行核对。这类核对调节通常由独立于输入和收款工作的人员来执行，以确保输入所有现金收入。

（三）客户退货换货

销售循环中的第三类交易活动，是处理顾客的退货或换货。因为退货换货要求很可能是零星的，而且没有共同特点，所以这些交易通常比销售或现金收入交易更难控制。

顾客退货换货和要求退款的过程主要包括以下步骤：

1．接收并接受货物退换或退款要求

接收部门处理顾客的换货要求或接受被退回的货物。退回货物经过的接收程序可能与接受其他货物的程序相同，也可能会通过特定的单独接收区域、检查程序和纸上作业系统来处理。无论在哪种情况下，计算、检查、记录数量和条件的过程，都是其后决定给予客户应收账款扣除额、确定货物是需要维修还是直接退回仓库的基础。

2．编制收货或换货报告

收货或换货报告主要用于记录和建立对被退货物或被换货物的控制。一般情况下，在收到货物的同时完成收货报告。接收部门通常在预先编号的单据上填写收货报告，该过程应独立于装运职能。应记录所有相关资料，以备将来处理。如果可能的话，收货报告应在顾客在场的情况下完成，以确保顾客的所有投诉都已被确认。对收货报告的后续控制，包括对数字序号的会计处理以及调查缺失或重复的收货报告，都是由独立于装运和接收职能的人员来执行的，这种设计能确保记录所有的退回货物。

3．审核退款要求

在接收部门收到货物并且进行记录之后，由独立于接收职能的客户服务部门负责审核相关的退款要求。这个程序可以确定退款要求的真实性，而且如果退款要求被认可，就能够确定应收账款的扣除金额。在有些企业，顾客服务部门会编制由信用、销售和会计部门批准的贷项通知单。而在其他一些企业，检查和审核结果则被直接记录在收货报告上，并被送往这三个部门。

4．批准扣除金额

一般由销售部门负责扣除金额的最终授权。该授权是根据收货报告以及对货物的独立的质量检验报告做出的。如果贷项通知书是由销售部门编制的话，通常还要由独立人员对销售部门编制的贷项通知单进行审核。审核的目的有两个，一是确保扣除金额是按照企业的相关规定执行的，二是确保用户的合理要求能得到及时满足。

5. 发出贷项通知单并记录退货

贷项通知单通常只根据经过授权的收货报告和检验报告来编制。编制贷项通知书的人员（最好隶属于销售部门）不能负责收取现金和记录应收账款。贷项通知单通常是预先按顺序编号的，并在邮寄之前，由非编制人员审核其数量、期限、条件、价格和范围的准确性。销售退回的记账方法与折让相同。经过审批的收货报告可被用作计算扣除金额的原始文件。

（四）提取坏账准备和注销坏账

不管信用管理部门的工作如何积极主动，因顾客宣告破产、死亡等原因而不支付货款的事仍时有发生。企业若认为某项货款再也无法收回，就必须注销这笔货款。对这项坏账，正确的处理方法应当是获取货款无法收回的确凿证据，并经适当审批后再及时做出会计调整。

应当由独立于信用管理部门的人员定期对应收账款余额进行账龄分析，并依据管理层的相关政策和法定的计提比例，计算坏账准备并由会计部门做账务处理。坏账准备提取的数额应当能够抵补企业以后无法收回的本期销货款。

（五）监督控制

正如前文中所讲的，管理层在经营企业时需要有可靠的财务信息来作为决策的依据。在某些情况下，管理层会复核会计系统产生的信息，并检查提供这些信息的控制活动的执行情况。我们已经在本章前面部分对相关的控制活动进行了讨论。而在其他情况下，管理层会在复核、分析企业经营的监督报告时，对这些信息进行评价。管理层实施了以上业绩复核的证据，能为注册会计师提供某些关于财务信息可靠性的保证。

高层管理者（包括销售、生产和财务人员）通常复核关键业绩指标，比如销售量、退货情况、毛利和其他财务比率。他们会比较销售和会计系统以外的相关信息，比如预算、预测、生产量统计数据以及以前年度的业绩指标。信用和财务经理可通过复核应收账款账龄表以及超过信用限额的账户数量和价值、已拒绝的订单数量和价值、坏账的数量和价值等数据来监督信用风险。信用和销售经理还会监督关于新顾客、收账投诉和非正常数量或价格的销售交易信息。

二、初步的控制风险评估

注册会计师通常利用在了解被审计单位内部控制的过程中所获取的资料来初步评价内部控制风险。下面主要讨论一下与销售收入及收款循环特别相关的控制。

（一）适当的职责分离

适当的职责分离有助于防止各种有意的或无意的错报。为了防止舞弊的发生，负责记录主营业务收入和应收账款的会计人员不得经手货币资金。赊销审批职能与销货职能的分离，是一种理想的控制方式。负责内部数据比较的人员也应当独立于那些输入原始数据的人员。

（二）适当的授权

对于授权问题，注册会计师主要关心以下三个关键点上的授权程序：(1) 在赊销发生之前信用已经过正确授权；(2) 只有经过适当授权之后才能发出货物；(3) 销售价格、销售条款、运费、折扣等必须经过授权。前两项控制的目的在于防止企业财产因向虚构的或者无力支付货款的顾客发货而蒙受损失，价格授权的目的则在于保证销货业务按照企业政策规定的价格开票收款。

（三）充分的凭证和记录

每个企业交易的产生、处理和记录等会计系统都有各自的特点，因此，也许很难评价其各项控制的设立是否足以达到最大的控制效果。然而，必须具备充分的记录程序，才能实现大多数与交易相关的审计目标。例如，有的企业在收到客户订货单后，就立即编制一份预先编号的一式多联销售发票，分别用于批准赊销、授权发货、记录发货数量以及向顾客开具账单等。在这种系统下，只要定期清点销售发票，漏记收入的情形就几乎不会发生。而有的企业只在发货以后才编制销售发票，如果没有其他补偿性控制措施的话，那么在这种会计系统下漏记收入的情况就很有可能会发生。

（四）凭证的预先编号

预先编号是销售凭证的一个重要特点，这是为了防止销货以后忘记向顾客开具账单或登记入账，也可以防止重复开具账单或重复记账。当然，如果对凭证的编号不做清点，预先编号就会失去其控制意义。例如，由收款员对每笔发货开具账单后，将装运凭证按顺序归档，而由另一位员工定期检查全部凭证的编号，并调查凭证缺号的原因，就是实施这项控制的一种方法。还可以让计算机在月末准备一份未使用号码的清单，由适当的人员实施后续程序。

（五）按月寄出对账单

由不负责现金出纳和销货及应收账款记录的人员按月向顾客寄发对账单，能促使顾客在发现应付账款余额不正确后及时做出说明，因而这是一项有效的控制。为了使这项控制更有成效，最好将账户余额中出现的所有核对不符的账项，指定一位既不掌管货币资金也不记录主营业务收入和应收账款的主管人员处理。

（六）内部核查程序

由内部审计人员或其他独立人员核查销货交易的处理和记录，是实现与交易相关的审计目标所不可缺少的一项控制措施。例如，说明预先编号凭证的数字顺序，检查凭证编制的准确性，以及复核异常或不正确项目的报告。

如果初步的控制风险评估表明管理层的控制程序不足以证明控制风险低于最大值，那么注册会计师对于系统的记录可以只限于一份备忘录，描述不再进一步考虑内部控制的原因。但是，如果控制程序看起来可能是充分的，注册会计师就应当记录该系统。

三、系统的记录

注册会计师通常使用流程图、调查问卷和描述性文字来记录一个企业的内部控制。

前面的"内部控制"章节中已经详细地介绍了这几种记录方式。下面针对销售收入及收款循环，列举调查问卷的示例如表8-2所示。

表8-2 调查问卷：销售收入及收款循环（示例）

问题	回答	备注
顾客订单环节： 1. 接受和批准顾客订单的政策和程序是否已经明确制定？ 2. 是否为所有已批准的顾客订单编制了预先编号的销售单？ 3. 关于价格、折扣政策、运费、保修和退回货物等的最新信息是否可用，并且与顾客订单部门的人员进行了沟通？ 4. 销售单的各联是否被发送到信用部门、装运部门和开具账单的部门？		
信用环节： 1. 是否已经制定了信用批准的政策并且与信用部门的人员进行了清晰的沟通？ 2. 在批准信用之前是否进行了调查？ 3. 信用部门的人员是否独立于开账单、现金收取及会计人员？ 4. 关于过期账户的信息是否与信用部门的人员进行了沟通？		
装运环节： 1. 是否只有与已批准的销售单一致的货物才被装运？ 2. 是否为所有的装运编制了装运凭证？ 3. 仓库是否只根据已批准的销售单发出货物？ 4. 装运的货物数量是否通过重复清点或者独立清点（例如，由货运公司清点）进行核实？ 5. 装运凭证是否经过复核并且与开具的账单进行比较以确保所有装运的货物都开具了账单？ 6. 装运部门的人员是否独立于开账单、收款以及记录的人员？		
开账单和记录环节： 1. 是否为所有已装运的货物填制了预先编号的销售发票？ 2. 销售发票与已批准的销售单和装运凭证是否匹配？是否检查了销售发票的机械准确性？ 3. 预先编号的信用备忘录与收款报告（如银行进账单）是否匹配，并且它们是否被迅速记录？ 4. 是否定期对应收账款分类账与总分类账进行核对和调节？ 5. 每月的对账单是否由独立于应收账款和收款部门的人员进行复核和邮寄？ 6. 应收账款的账龄分析表是否由独立于开账单和收款部门的人员每月进行编制？ 7. 信用经理是否复核应收账款余额和账龄分析，他是否调查过期的账户？ 8. 开账单的人员是否独立于信用和收款部门的人员？		
收款环节： 1. 收到的邮寄的支票是否由独立于装运、开账单以及会计部门的人员来打开？ 2. 打开邮件后是否立即对支票进行背书？ 3. 当打开邮件后是否编制了收款清单？ 4. 支票是否被迅速交给负责银行存款的人员？ 5. 是否每日将支票存入银行？ 6. 是否编制了现金汇总并发送给会计部门？		
编制人： 日期：		

注册会计师通过询问管理人员和员工、观察员工执行任务以及复核企业手册中的书面政策和程序等方法来获取上述与内部控制系统相关的信息。在连续审计业务中,注册会计师应当复核前一年的记录并且确定它是否准确反映了当前的情况。只有当分配的职责和规定的程序没有变化时,才能依赖先前的记录。

四、穿行测试和确认控制程序

注册会计师实施穿行测试的目的是验证他对内部控制系统的了解是否符合实际。例如,注册会计师可以追踪一笔销售交易,从接受顾客的订单直到收取顾客的现金。如果对一笔或几笔交易的追踪揭示出它与注册会计师所了解、记录的系统有差异,那么应当确定差异的原因,并且在必要的时候修改记录。

当注册会计师了解了一个企业的内部控制并且确定这些控制对于评估控制风险低于最大值是潜在可靠的,那么他可以确认系统的控制目标、考虑潜在的错误或舞弊,并且确定管理层预防或检查潜在重大错误或舞弊所使用的控制程序(见表 8-3),然后据此设计对销售收入及收款循环的控制测试。

表 8-3　确认控制程序

控制目标	可能发生的错误或舞弊的类型	控制程序
交易的授权		
• 应当在装运货物之前批准顾客的信用	货物被发送给未经信用授权的顾客,这可能导致无法收回的应收账款	对所有的新顾客实施信用检查 编制并定期更新授权顾客的清单,明确每个顾客的最大信用额度
• 应当为所有产品或服务确定单位价格和销售条款	接受的订单中列出的是未经授权的价格或不利的销售条款,这可能会导致收入减少或不良现金流,甚至使企业面临法律诉讼	维护授权价格和销售条款的更新列表 建立在发货前复核和批准价格及销售条款的程序
• 与销售相关的折让应当得到管理层的授权	向不应得到折让的顾客给予未经授权的折让,这可能导致无法收回的应收账款 本可收回的应收账款被注销,这可能导致无法实现资产的服务潜能	为销售折让的批准建立书面的标准和政策 为信用备忘录或其他相关的表格进行预先编号和控制
交易的执行		
• 对于已批准的订单,应当根据客户的具体要求及时发货	货物被发送给错误的客户,这可能导致应收账款无法收回 货物的发出时间太早或太晚,这可能导致货物被退回或者销售被取消 不正确的货物被发出可能导致货物被退回或者销售被取消	确定仓库中有被订购的产品,并且能够被及时发出 只有被授权的人员才能够接触装运凭证,记录确定装运时间的政策和程序
• 所有的货物装运之后都应当迅速开具账单	已装运的货物没有开具账单,这可能导致收入的损失 延迟开具的账单,这可能导致顾客推迟现金支付	将提货单预先编号,并且确保定期(每日)开具相关的账单 为迅速报告和调查未开账单的发货(和未发货的账单)确定程序 要求将提货单(和相关的销售单)迅速提交给开具账单的部门

（续表）

控制目标	可能发生的错误或舞弊的类型	控制程序
记录		
• 销售、现金收取以及相关的交易应当按照正确的数额记录在适当的期间，并且应当被适当分类	总分类账余额是不准确的，这可能会导致错报的财务报表	对输入的凭证进行合计（例如，凭证的数量、金额）并且对相关的日记账和分类账进行调节 确定处理和记录的程序 比较实际和计划（例如，预测、预算）的结果，并且分析差异
• 开账单、收款以及相关的调整交易（例如，退回和折让）应当被准确地过入单个顾客的账户	详细记录的汇总与控制账户不一致，这可能意味着调整日记账分录中存在不准确的信息 交易被过入不正确的顾客账户，这可能导致被错误开具的账单	将单个顾客账户的合计与控制总额进行调节；迅速调查顾客的信件 将输入总额与处理和输出的总额进行调节；复核顾客报表的准确性，并且追查其中的差异；定期证实和评价记录的账户余额；调节明细分类账与总分类账控制账户
• 记录的应收账款余额（和相关的交易）应当公允地反映相应的交易和事件	账户中包括错误和舞弊，这可能导致重大错报的财务报表 管理人员的决策基于错误的数据可能导致不适当的决策	确立政策和程序手册、组织系统图以及支持性文档（例如，将选择的顾客余额与相应的凭证进行比较） 对顾客的投诉进行迅速的追查
资产的保护		
• 应当将能接触现金和相关记录的人限制为管理层授权的人员	赊销的现金收取丢失或者被挪用，这可能导致应收账款被高估和现金资产未被记录 非赊销的现金收取未被报告，这可能导致现金资产未被记录 现金短缺未被发现，这可能导致现金丢失和高估现金余额	在集中的场所建立现金收取职能 要求每天将现金收取记录与银行存款单进行调节；将现金汇款单进行预先编号和控制；分离处理现金与记录现金的职责；确立定期调节现金记录与银行对账单的程序 建立现金和未使用支票的保护措施维护已授权的签字人的清单以及签名 授权、执行和记录职能之间的职责分离
• 应当将能接触装运、开账单、仓库和会计记录的人员限制为管理层授权的人员	资产的记录被滥用，这可能导致资产的盗用	表格和凭证的预先编号和保管

五、控制测试：销售收入及收款循环

对于大多数企业来说，销售、应收账款和现金收取通常代表了相当大量的交易，假设控制风险为最大值，那么年末的详细的实质性测试范围很可能是非常广泛的。因此，注册会计师在考虑销售收入及收款循环时，常常在期中花费相当大的精力来了解企业内部控制并执行控制测试，这是因为如果根据控制测试的结果控制风险可以被认定为低于最大值的话，那么就可以减少年末的实质性测试的范围。也就是说，减少期末实质性测试的范围的前提是必须执行控制测试。而执行控制测试的目的则是合理保证企业的员工遵循管理层的控制程序，并且这些程序是按照管理层的计划良好运行的。对于企业销售活动的控制测试通常关注于销售是否被适当的授权、执行和记录。对现金收取活动的控制测试主要关注于现金收取是否被迅速地记录并存入银行。而对退货、折让和坏账的控制测试，则主要关注于适当的授权和记录。

下面我们将讨论装运、开账单、记录和现金收取（及存款）职能以及销售退回、折让和坏账的一些有代表性的控制测试。对于每一个职能，简要介绍注册会计师的主要任务，列出一组有代表性的控制测试，并且描述每个测试的目的。注册会计师首先考虑可能的错误和舞弊情况，然后设计控制测试以确定相关的控制程序是否有效。

（一）装运

装运部门如果存在控制不足的话将产生两个主要的错误或舞弊风险：货物的发送未经授权（例如，发送给虚构的顾客），或者装运的货物完全没有被开具账单或被记录。因此，有关装运的控制测试旨在确定是否只根据已批准的销售单装运货物，以及是否已为装运的货物开具账单并进行适当的记录。表 8-4 是一些装运的控制测试示例。

表 8-4　装运的控制测试示例

控制测试：装运
1. 从装运部门的文件中随机选取装运凭证的样本。 2. 检查每一个装运凭证，以确定该凭证： a. 是否附有一份经过信用部门和仓储部门授权的销售单。 b. 是否与销售单上对货物的描述、数量、目的地等一致。 3. 追踪装运凭证的详细内容至装运凭证的各联以及开账单部门文件中相关的销售发票。 4. 追踪相关销售发票的详细内容（例如，顾客的名字、金额）至销售日记账中的分录以及应收账款明细分类账。 5. 追踪销售发票至存货会计的存货记录。

作为控制测试的步骤 1，装运凭证是实施其他测试的主要来源。也就是说，装运的所有进一步测试都来自于装运凭证中包含的信息。这些测试想要确定装运的货物是否是用于真实的销售，是否被适当的记录并进而开具账单。

在步骤 2a 中，注册会计师测试了两个事项。首先，将装运凭证与相关的销售单进行比较，以测试货物的装运是否经过了适当的授权；其次，将装运凭证与销售单上仓储部门的授权进行比较，以测试货物是否确实是从仓库发送到装运部门。在步骤 2b 中，审计小组测试将销售单上的信息转录到装运凭证上时是否出现了文书、计算或其他错误。步骤 3 的设计是为了确定装运的货物已开账单，并且账单反映了装运的货物数量。

步骤 2 和步骤 3 解决的是交易的授权和记录，而步骤 4 和步骤 5 主要关注交易的记录。步骤 4 测试与装运凭证样本相关的销售发票是否准确并且在销售日记账和应收账款分类账中进行了适当的记录。步骤 5 想要确定是否在存货记录中反映了货物的相应减少。

（二）开具账单

前面的控制测试解决了货物的装运是否被恰当地开具账单，而表 8-5 的测试则主要关注于已开账单的货物是否已经被装运，以及账单（即销售发票）是否准确并且被恰当的编制和记录。

表 8-5　开具账单的控制测试示列

控制测试:开账单
1. 从开账单部门的文件中随机选取销售发票的样本。
2. 对于每一个选取的发票,核实单位的价格和文书的准确性。
3. 追踪销售发票的详细内容至装运凭证。
4. 追踪销售发票的详细内容至销售日记账中的分录和应收账款的明细分类账。
5. 追踪销售发票至存货会计的存货记录。

就像装运凭证是对装运进行测试的主要来源一样,销售发票是对开账单进行测试的主要来源。步骤 2 要求注册会计师将销售发票上的单位价格和销售条款与已授权的价格及销售条款清单进行比较。因此,步骤 2 测试的是对货物开具的账单上是否是适当的价格和条款。

在步骤 3 中,注册会计师追踪销售发票至装运凭证,主要关注销售发票上列出的货物是否确实被装运。步骤 3 与装运测试的步骤 3 类似:装运测试处理的是是否所有的装运都开具了账单,而开账单测试处理的是是否所有记录的销售都被装运。这两个步骤的区别在于它们分别是从不同方向对装运和开单环节的测试。

步骤 4 将注意力转移到了记录职能,测试销售发票是否被适当地记录在销售日记账和应收账款明细分类账中。步骤 5 也是对记录职能的测试,它测试的是存货记录是否准确地反映了货物的转移——也就是说,对于每一个销售分录,都有一个相对应的销售成本结转分录(但在会计实务中,大多数企业,特别是采用手工记账的以及采用月末一次性加权平均法结转成本的企业,往往在月末对各品种存货汇总结转成本,在这种情况下,就不一定存在销售确认分录与销售成本结转分录一一对应的关系)。

(三) 记录

装运和开账单的测试中包括追踪装运凭证详细内容至销售发票以及追踪销售发票至会计记录,其目的是核实抽取的交易已被记录。表 8-6 是与记录职能特别相关的额外测试。

表 8-6　与记录职能特别相关的额外测试

控制测试:记录
1. 复核以下内部程序的证据: a. 由会计人员将每天的销售汇总与销售日记账的合计进行调节。 b. 定期调节应收账款余额与总分类账控制余额。
2. 查看销售日记账中是否有异常的交易或不寻常的大笔金额。
3. 核实销售日记账的文书准确性,并且追踪合计至总分类账中的过账。

记录职能的这三个测试的目的是确定详细内容是否被汇总、定期调节以及准确地过账至销售日记账、应收账款分类账以及总分类账。步骤 1a 和 1b 本质上并不是测试,而是想要确定管理层是否已经实施程序来调节销售汇总与销售日记账(步骤 1a)以及应收账款明细记录与总分类账(步骤 1b)间的差异。简而言之,销售汇总应当与销售日记账一致,应收账款明细记录应当与总分类账一致。如果所有的销售都是赊销,那么销售日记账

还应当与应收账款记录一致。

在步骤2中,注册会计师查看销售日记账中是否有异常的交易。例如,向关联方的大额销售。步骤3测试销售日记账的数学准确性,并且追踪合计至总分类账中的过账,即从详细内容至控制账户。

（四）收款

一个企业的收款活动特别容易受到舞弊的影响,因为收到的支票很容易转化为现金或者存入不适当的银行账户。对收款和存款的有代表性的控制测试如表8-7所示。

表8-7　对收款和存款的有代表性的控制测试

控制测试:收款和存款
收款: 1. 在客户员工到银行存款之前,对银行存款(存款单和支票)采取控制。 2. 将支票的金额合计与存款单上记录的总额进行比较。 3. 将支票与现金收取记录和应收账款明细分类账(例如,顾客名称、金额)进行比较,以确定现金收取和存款之间间隔的时间是合理的。 存款: 4. 选取期中的一个月(或多个月): a. 将银行存款收入日记账中的分录与每月银行对账单中列出的存款进行比较。 b. 确定没有在银行对账单中列出的现金收入被列为银行余额调节中的在途存款,并且包括在下个月的银行对账单中。 5. 追踪现金收入日记账中的合计至总分类账中的过账。

步骤1—3的设计是为了检查现金收取是否被盗用(尤其是截留挪用)。截留挪用同时涉及执行(收款)和记录(应收账款)职能,因此,当一个员工既负责收款又负责记录应收账款时,就很有可能发生这种舞弊情况。

截留挪用是指负责收款和记录应收账款的员工将顾客支付的款项留作个人使用,然后用第二个顾客的支付来弥补现金的短缺;当收到第三个顾客的支票时,再用这一款项去贷记第二个顾客的应收账款余额,以此类推。截留挪用的程序可能会在舞弊员工补上短缺款项后停止,也可能无限期地继续,甚至由于盗用更多的现金而扩大范围。

分离收款和应收账款的职责是防止截留挪用的一种良好控制方法。但是,即使收款和应收账款的职责被分离,注册会计师仍然要针对截留挪用进行测试,以防止两个或多个员工相互勾结的情况。步骤1—3通过确定顾客的支票是否被迅速地存入银行并记录来测试截留挪用。

步骤4和步骤5是要测试已记录的收款是否全部被迅速地存入银行。步骤4a追踪现金收入日记账至银行对账单中列出的存款,测试已记录的收款是否被存入银行。步骤4b与那些收到且存入银行较晚以至于出现在下个月的银行对账单中的款项相关,这些款项应被追踪至银行余额调节表中的在途存款以及下个月的银行对账单。步骤5追踪现金收取合计至总分类账,以确保明细记录的合计与控制账户相一致。

（五）销售退回和折让

注册会计师对于销售退回和折让的控制测试主要关注信用备忘录是否经适当的批准和记录。表8-8是销售退回和折让的控制测试示列。

表 8-8　销售退回和折让的控制测试示列

控制测试:销售退回和折让
1. 随机选取信用备忘录的样本。 2. 追踪选取的信用备忘录至: a. 收货报告; b. 永续盘存记录; c. 应收账款明细分类账和总分类账中的分录。 3. 复核异常项目的信用记录并调查。

在步骤 1 中,从相关部门(通常是顾客订单部门)取得信用备忘录,也即销售退回和折让测试的主要原始凭证。步骤 2 通过追踪信用备忘录的详细内容至收货报告以及永续盘存和应收账款记录中的分录来测试货物是否确实被退回,这一步骤还追踪应收账款的合计至总分类账,从而测试过账的准确性。步骤 3 的设计是为了检查异常的信用。例如,非常大额的信用可能是将来大量退货的信号,也可能意味着大量的应收账款无法被收回。

(六) 坏账

注册会计师对于坏账的控制测试主要关注注销是否被适当授权和记录。表 8-9 是坏账的控制测试示列。

表 8-9　坏账的控制测试示列

控制测试:坏账
1. 从注销分录中选取样本(如果注销不经常发生,可以选择全部测试)。 2. 追踪每笔分录至相关的注销授权,检查适当授权的备忘录并且将授权的数额与记录的数额进行比较。 3. 追踪每笔分录至总分类账中的过账。 4. 复核所有异常项目的注销分录并且进行调查。

对坏账的控制测试开始于已记录的注销分录,而不是前面讨论的原始凭证。在步骤 2 中,注册会计师通常通过检查注销授权备忘录以及公司与顾客之间的相关信件,测试注销是否经过授权。步骤 3 追踪注销分录至总分类账,测试对过账的控制。假定对注销进行抽样测试而不是全部测试,那么步骤 4 是复核异常项目的注销分录,例如对一个顾客的多次注销,这可能表明错误或舞弊,因为对于之前无法收回的账户通常不应当接受其订单。

六、评估控制风险

为了完成是否依赖销售收入及收款循环的内部控制的考虑,注册会计师应当复核对系统的记录以及控制测试的结果。在评估控制测试的(包括对计算机控制的测试)结果时,注册会计师应考虑企业的内部控制整体,是否经过适当的设计以达到控制目标,并且被有效地运行。这将决定是否将特定的账户和审计目标的控制风险评估为低水平,以及注册会计师是否能按原计划减少实质性测试的范围。如果评估结果不同于初步评估控制风险时的预期水平,注册会计师就需要重新考虑原计划的实质性测试性质、时间和范围——不仅限于销售循环账户,而且包括其他可能受影响的账户。例如,如果用以保证销售记录完整性的控制活动无效,那么可能也会对存货和销售成本产生影响。

因此在实务中,注册会计师要对交易循环的相关账户余额、交易类别以及财务报表披露中所包含的财务报表认定进行控制风险评估。为了举例说明,我们来考虑一下前面表格中交易授权的第一个目标:

目标:应当在装运货物之前批准顾客的信用。

这一目标相应的控制程序是:

控制程序:对所有的新顾客实施信用检查。

装运的控制测试步骤2a是为了测试该控制程序是否有效运行:

控制测试:检查每一个装运凭证,以确定该凭证是否附有一份经过信用部门和仓储部门授权的销售单。

假定注册会计师实施测试后发现所附的销售单大部分都没有信用部门的授权。那么在这种情况下,注册会计师将会得出结论,认为“估价”认定的控制风险为最大值。因为不在销售前检查并批准信用可能会导致高估应收账款的可变现净值(企业有可能批准对高信用风险的顾客的赊销)。因此,在评估控制风险时,注册会计师应当将控制测试的结果与相关的财务报表认定联系起来,从而确定相应的实质性测试的性质、时间和范围。

第三节　对销售收入及收款循环的实质性测试

本节主要讨论注册会计师为达到与销售收入和收款循环账户相关(主要是应收账款和收入账户)的审计目标而可能采用的实质性测试。在销售收入与收款循环中,决定每一账户余额和交易分类的实质性测试的性质、时间安排和范围的审计策略主要取决于注册会计师对重大错报风险、重要性水平、与特定审计目标相关的控制风险以及审计效率的考虑。

一、确认重大错报风险

我们在前面章节已经讨论过,注册会计师从不同方面获取或更新被审计单位及其业务活动的信息,以确定重大错报风险。为了粉饰报表,被审单位管理层可能对于将应收账款账面价值减至可变现净值的计提准备估计不充分,或在收入实现前就提前确认。因此,应收账款和相关的销货收入通常容易被高估或虚报。所以,尽管应收账款的不完整和被低估的可能性仍然存在,但销货循环中实质性测试的重心应是寻找有关应收账款的存在性、准确性和计价的依据,或者说,更关注应收账款及销售收入被高估的风险。

一些收入确认事项涉及异常或复杂交易;另一些则涉及对日常事项的不恰当会计处理。注册会计师应关注被审计单位已记录的特殊销货交易,包括有退回权的销售、售后再购回协议或其他款项的可收回性,甚至包括被审计单位在销货法定权利方面存有问题的销售事项。当上述交易发生在关联方之间时,滥用会计准则的可能性就更大。注册会计师尤其应当关注年底或接近年底时发生的大额或异常的交易。表8-10是不当及异常交易的例子。

表 8-10 不当及异常交易的例子

• 顾客付款取决于以下条件的销售交易： —— 收到从其他单位(第三方)筹到的资金； —— 在售给另外的(第三方)单位后(如受托代销)； —— 销售方需完成某重要条件而目前还尚未完成； —— 顾客需在一段评估期后才最后予以确认。
• 货款收回存在重大不确定因素的销售
• 货物发出后仍需持续、大量的卖方服务的销售(例如,需要安装、调试、大量修改及其他重要支持工作等的软件销售)
• 交付承运商后仍可退回公司并按顾客需要进行修改的销售
• 未经顾客同意而较计划装货时间提前交货的商品销售
• 已提前开票而产品还在生产过程中或未实际发货就已开票的销售
• 期末以后才发货的销售(如欲在账户中记录期末以后才发运的货物的收入)
• 涉及完工百分比法的交易(曾有过因过度乐观估计完工百分比,而找不到合理的估计基础或历史成本信息的例子)
• 没有以实际的(公司)订单为基础的销售
• 按已取消或重复的订单装货的销售
• 在没有顾客指令的情况下发往仓库或其他中间存放地的货物
• 在发货前已向顾客开票却一直不发货的销售,或者是很长一段时间都没有要求对方付款的销售
• 销货条件与公司正常销售政策不相符合
• 关联方交易
• 易货交易
• 接近年末时发生的重大、异常交易
• 未发运产品的关键部件的部分发货销售(例如,发运的是没有中央处理器的计算机主机)

二、运用分析程序

在审计收入和应收账款时,一项重要的审计程序便是检查载有应收账款明细账户名及余额的详细清单,并调查重大的非常项目,如贷方余额。检查应收账款详细账户清单可以有效地确认与收入和应收账款审计相关的审计风险。例如,应收账款贷方余额的存在可能意味着销货交易的漏记或对现金收入的滥用;过小的余额可能意味着不准确的开票程序。在决定是否要检查应收账款详细清单时,注册会计师应考虑贷方余额是否重大以及被审计单位的内部控制情况,尤其是监督控制的情况。例如,若信用额度管理人员或其他人经常细查清单,那么出现非正常余额的可能性就会减少。

基于以下两个方面的原因,注册会计师在对收入进行审计时经常运用分析程序。其一,理解收入的形成及其主要影响,将有助于注册会计师了解被审计单位的业务活动,选择更恰当的审计策略。其二,分析性审计程序所提供的证据使收入及应收账款的重大错报无所遁形,这影响着对这些账户实施实质性测试的范围。另外,由于收入常与利润表上其他项目有着直接关系,一旦注册会计师有充分证据——无论是从分析程序中或是从其他测试中得到的——表明收入未被错报,则收入就可作为其他分析性审计程序——如毛利分析时的一个参考量了。

分析程序对判断销货收入和应收账款是否被高估或低估非常有帮助。对已记录销售所进行的合理性测试及账户间关系的分析性比较，可保证销售与应收账款的完整性。

设计以收入为基础的分析程序可有不同的形式，且不同行业、不同企业之间也有差异。例如，分析程序可指明销货、退回和应收账款回款的趋势，以帮助注册会计师确认财务报表中是否存在可能的错报。较常见的收入分析性审计程序是将本季度的销售额与上季度及去年同季度的情况进行比较。这样，一年一年地，对差异的解释就为注册会计师提供了非常宝贵的信息来源，以利于对未来进行预测。

收入账户之间以及收入与其他账户之间的关系还可与前期值、预算值或预测值进行比较和检验。这些关系包括应收账款占销售收入的比重、各种折让与销售收入的比值、销售成本率。将不同产品线的销货收入进行比较也是非常有用的。比率和账户余额本身可逐月地比较，也可与去年同期的水平进行比较。对趋势和波动（季节性波动或其他波动）都应予以关注，对异常事项更应找出原因。有时，还可将销售收入与销货量或生产量联系起来，以观察“平均单价”的趋势。

注册会计师根据分析程序做出询问时，管理层做出回应的方式也可以在一定程度上显示被审计单位控制环境的质量。例如，被审计单位管理层能够对毛利在今年和去年两年间的变动给予及时、有理、有意义的解释，在没有相反证据的情况下，就意味着管理层“控制有效”，其会计系统、控制活动等按预期在发挥着作用。然而，即使是在控制良好的被审计单位，通过分析程序也可能会发现一些趋势，使得注册会计师扩大其实质性测试的范围。例如，应收账款可回收性不断恶化的趋势。

三、实施详细的实质性测试

对收入循环的详细测试主要针对销售和应收账款账户。一般来说，对于利润表账户可以通过控制测试、分析程序以及对资产负债表账户进行实质性测试而予以确保。实际选用的测试，包括其使用时间和范围，均取决于注册会计师对内部控制的评估、对重大错报风险的判断和对重要性的选择。一般来说，在某一审计项目中同时运用下述所有程序的情况是比较少见的。

（一）应收账款的具体审计目标

应收账款的具体审计目标按照 7 个一般审计目标分别阐述如表 8-11 所示。注册会计师应当获取旨在实现这些具体目标的充分证据。

表 8-11　应收账款的具体审计目标

• 完整性	所有应收账款都已记入资产负债表。
• 准确性	应收账款已准确地予以确定、汇总及记录。 财务报表中报告的金额与会计记录一致。
• 真实性	应收账款在资产负债表日真实存在。
• 截止	与应收账款、销售、贷项通知单和现金收入相关的交易都已记入正确的会计期间。
• 估价	应收账款已按可收回净值列示，呆账、折扣、退回及类似项目的备抵适当而不超额。
• 权利与义务	已入账的应收账款表示资产负债表日顾客欠企业的金额，企业承担几乎所有风险并享有由此产生的几乎全部报酬。
• 列报与披露	应收款项已在财务报表中正确地予以分类、描述及披露。

（二）应收账款的实质性测试

注册会计师应当考虑在中期的某一天实施这一节讨论的部分程序，将其作为初步实质性测试的一部分。应收账款审计策略应当具体说明在中期的某一天实施哪些程序，并且预期是否有必要在资产负债表日重复这些程序或扩大其实施范围。

1. 完整性

注册会计师通常从销售完整性测试得出的结果中获取有关完整性目标的充分保证。如果需要获得进一步的保证（譬如在已经识别特定错报风险的情况下），则有必要实施下列测试：(1) 向所选定顾客直接函证其总销售额；(2) 扩大截止程序的实施范围；(3) 针对已评估为完整的对象总体中选取的各项应收账款余额进行详细测试。

2. 准确性

注册会计师应当检查应收账款总分类账控制账户和应收款明细记录中各项金额合计数之间的调节。为此，有必要实施下列程序：(1) 将应收款余额清单中的金额与各明细账户进行核对；(2) 测试调节项目和清单中的增加额；(3) 调查调节项目的对冲调整和异常项目；(4) 复核期后对调节项目的清理。

如果在中期的某一天检查了调节项目，除了可能需要在资产负债表日重复对调节项目本身的测试或扩大实施范围外，注册会计师一般还应当针对中期测试日与资产负债表日之间的间隔期实施下列程序：(1) 检查实质性测试日与资产负债表日之间的期间的控制账户，以确认没有遗漏经常性分录，并识别异常项目；(2) 测试控制账户的增加额；(3) 测试从原始分录到控制账户的重要过账金额；(4) 测试原始分录中的增加额。

如果被审计单位不能调节控制账户或者这样做有难度，注册会计师应当考虑有关记录是否可靠。注册会计师应当将被审计单位不能调节控制账户或者严重并反复推迟这项工作的情况通报审计业务经理。

注册会计师应当将财务报表中报告的应收账款数字与总分类账中调节后的控制账户进行核对，通常是通过试算平衡表将这些金额与财务报表进行核对。

3. 真实性

(1) 函证样本的选取

对应收账款余额真实性的测试一般是采用函证的方法来进行。这是因为，函证是最有效地验证余额真实性的方法，设计和组织良好的函证可以最大限度地节约注册会计师的工作量，并达到理想的效果。

当选取需要函证的项目时，注册会计师应当考虑应收账款的对象总体性质。例如，对某类余额（如超过一定金额的余额）进行100%的测试。如果注册会计师认为剩余的余额中存在重大错报风险，则应从这些剩余余额中选取代表性样本进行测试。但是，如果应收账款总体相对来说是同质的，则从整个应收账款总体的代表性样本中获取所需要的保证，往往更有效。

选样的依据应当记录于工作底稿，其中包括：① 应收账款余额中被100%测试的那部分余额、这样选取出来的项目数量以及选取这些项目的标准（如超过一定金额的余额）；② 应收账款余额中作为抽样对象的那部分余额，以及由此产生的样本量；③ 剩余余额的金额，表明注册会计师将如何从实质性测试中获得所需要的保证。

注册会计师应当确保从其中选样的清单中的合计数与应收账款控制账户一致,并测试该清单的增加额。

(2) 函证方式

函证方式分为肯定式函证和否定式函证两种。肯定式函证需要被函证方对函证的内容进行函复,而否定式函证,如果函证内容与被函证方的记录一致的话,则不许函复。财政部、中国人民银行制定的肯定式询证函参考格式如表 8-12 所示。

表 8-12　肯定式询证函

企业询证函
____________(公司):　　　　　　　　　　编号:
本公司聘请的××会计师(审计)事务所正在对本公司财务报表进行审计,按照中国注册会计师审计准则的要求,应当询证本公司与贵公司的往来账项等事项。下列数据出自本公司账簿记录,如与贵公司记录相符,请在本函下端"数据证明无误"处签章证明;如有不符,请在"数据不符"处列明不符金额。回函请直接寄至××会计师(审计)事务所。
通信地址:
邮编:　　　　电话:　　　　传真:
1. 本公司与贵公司的往来账项列示如下:
截止日期
贵公司欠
欠贵公司
备注
2. 其他事项:
本函仅为复核账目之用,并非催款结算。若款项在上述日期之后已经付清,仍请及时函复为盼。
(公司签章)(日期)
结论:1. 数据证明无误
(签章)(日期)
2. 数据不符,请列明不符金额
(签章)(日期)

注册会计师采用哪种函证方式,可以根据下述情形做出选择。当债务人符合下列情况时,采用肯定式函证较好:① 个别账户的欠款金额较大;② 有理由相信欠款可能会存在争议、差错等问题。当债务人符合以下所有条件时,可以采用否定式函证:① 相关的内部控制是有效的;② 预计差错率较低;③ 欠款金额小的债务人数量很多;④ 注册会计师有理由确信大多数被函证者能认真对待询证函,并对不正确的情况加以反馈。

有时候两种函证方式结合起来使用可能更适宜:对于大金额账项采用肯定式函证,对于小金额账项则采用否定式函证。

询证函应当在函证日后尽快寄出。对所选取金额的函证,应当要求按应收金额采用的币种进行。如果余额中包含未能配比的项目,注册会计师应当考虑寄送一份详细说明。

为进行函证而选取的项目应经过被审计单位的同意。如果被审计单位不愿意注册会计师向某个债务人进行函证,则注册会计师应通知业务经理或业务合伙人,而且如果他们对被审计单位给出的理由感到满意,则应当实施替代程序。这种情况下,注册会计师应当考虑要求被审计单位在管理层的声明中记录其理由。

注册会计师在寄送询证函时，应确保其符合下列要点：① 询证函应当简洁明了，并且应当采用一种便于答复的编制方法；② 询证函中包含的账户余额及其他信息应当与被审计单位的会计记录进行核对；③ 姓名和收件人应当与被审计单位的记录进行核对；④ 应附上已付邮资的信封（内有业务经理的介绍信）或航空信封凭证；⑤ 所有信函都应当由注册会计师或在注册会计师的监督下寄出。

尽管常规的函证方式是信函，但注册会计师可以使用像传真这样的电子手段，尤其是在互寄信函时间不充裕的情况下。使用传真时，有必要遵守下列进一步的规定：① 传真应当由注册会计师自己的工作人员发出，并且应当要求被函证方直接答复注册会计师；② 注册会计师应当采取适当措施获取关于回函者的确切身份，如将被函证方的传真号与其列示的号码进行验证；③ 对传真做出书面答复是一项必不可少的要求。

注册会计师应当检查所有答复，以便查明每个债务人都核实了余额或特定发票，并签署了回函。应对函证所暴露的所有差异都进行调查。没有得到答复的，应当在顾客的同意下继续以传真、电传和/或电话发出第二封信函。二次申请应当在注册会计师的监督下发出，涉及函证的电话都应当由注册会计师亲自拨打，除非打电话只是为了提示要寄出书面询证函。

注册会计师可以与被审计单位的员工共同对函证所暴露的差异实施调查。如果由被审计单位的员工调查差异，注册会计师应当保留对被调查账户的记录并且应当检查被审计单位所做的说明或解释。如果某类差异很普遍，注册会计师应当考虑修正实质性测试计划，以便回应其可能表明的错报风险。

下面是一些差异产生的常见理由：

① 被审计单位在实质性测试日以前错误地确认销售，而有关费用直到后来才被被审计单位作为一项负债确认。在这种情况下可能有必要扩大截止的测试范围。

② 货物可能由顾客退回而被审计单位未将退回货物入账。同样，可能有必要扩大截止的测试范围。

③ 债务人可能在实质性测试日以前付款，但被审计单位在该日期以后才收到或记录这笔款项。可能有必要检查银行余额调节表中记录的在途款项，以确保在实质性测试日前后收到的款项记入正确的会计期间的现金和应收账款记录。

④ 被审计单位（或相关的人员或公司）可能设置了其他的销售分类账，而且像销售、现金或调整事项等项目可能已过入这些账户中的一个。如果属于这种情况，用于控制过账记入应收款分类账的金额的程序可能存在缺陷。注册会计师应当复核被审计单位的程序，并且在适当的时候测试过账记入分类账的金额。

⑤ 如果债务人同时也是供货商，则销售和采购分类账的余额可能已被对冲抵消。如果是这样，注册会计师应当确认与顾客/供货商之间的安排是否允许这样的抵消。

⑥ 可能有证据表明被审计单位和债务人之间有争议，或者得到的答复可能表明不愿意或者不能支付的情况。注册会计师应考虑为该项债权计提准备的必要性。

⑦ 差异可能是由旨在掩盖一种或多种挪用公款行为的“现金舞弊”引起的。应收账款余额的现金舞弊，是指有意将来自其他债务人的汇款（或部分汇款）错误地过账以至于

没有哪一个应收账款账户非常明显地显示出拖欠迹象，从而掩盖其现金偷盗行为的一种方法。通过这种方法，从明显被拖欠的某一应收账款账户中挪用公款的行为就不会显现出来，而所识别的差异则可能归结为收取的现金记入该账户时的时间差异。如果注册会计师已识别出某种舞弊风险，则要检查针对收回的应收款款项的控制职能，并检查现金收入记录。

函证程序的结果应当被汇总并予以评价。注册会计师应当认真地对从函证结果中所发现的例外情况的性质和影响予以复核。为此，注册会计师应当：① 要求顾客调整这些事项；② 对于期中的函证，考虑是否有必要在资产负债表日重复有关程序，如果期中函证时发现的例外情况的性质造成了对该会计系统可靠性的质疑，这样做可能就是必要的；③ 记录有关在综合记录表中发现的错误的详细内容。

注册会计师应当查询那些不是由特定未结算交易构成的余额的存在性，以及/或者出现的部分或大额的收款或账户之间的转账。这些可能表明：① 存在对有关金额的争议；② 存在严重过账错误的情况；③ 可能是由现金舞弊掩盖的对顾客汇款的挪用；④ 顾客处于财务困境且债务变为呆账。因此，注册会计师应当通过检查往来信函和汇款通知单来测试大额的收款，将其与现金记录进行核对，并在银行到款单中识别这些款项；应当对账户之间的转账予以测试，以便与作为凭证的往来信函进行核对。

4. 截止

这里所说的截止可定义为，为确保财务报表只反映截止到资产负债表日的销售、顾客销售退回和支付或收取的现金，并且不反映资产负债表日后的发出货物和现金收入而设立的程序。

与存货的截止相关的这些程序也是为了确保本年度作为销售入账的那些项目的成本被恰当地从存货中剔除并记入销售成本。鉴于两者之间的密切关系，销售截止实质性测试应当结合存货截止的发货部分实质性测试以及银行存款与现金余额截止实质性测试进行。

注册会计师通常应当实施下列程序：

(1) 将本期最后几天的应收账款控制账户（或其他有关记录）中的样本分录，与报告期结束以前已发出存货或已提供服务的证据进行核对。如果可能，被审计单位应当对收到货物或服务的确认（或者如果做不到，则对有关发货的证据）予以检查。

(2) 从本期最后几天的销售退回账户或销售账户中选取主要的借方余额并检查像退货通知单、往来信函和销售发票这样的凭证，以确保这些金额是有效的并被记入正确的会计期间。

(3) 选择资产负债表日后最初几天销售账户的贷方余额，并通过检查发出货物或所提供服务的原始证据，来确定销售记入正确的期间。

(4) 选择该期间最后几天的主要发货项目（从发货凭证中选择）或者所提供服务的证据，并确保相关销售及应收账款已在资产负债表日以前入账。

(5) 从该期间最后几天和资产负债表日后那一期间的销售退回及折让证据（如退回货物记录）中选取主要项目，并将其与应收账款控制账户的贷方进行核对。

(6) 将资产负债表日后那一期间签发的贷项通知单与相关凭证进行核对，并确保为所有应计提准备的金额计提了准备。

(7) 检查该期间最后几天收到顾客现金的证据(如汇款通知单),将其与应收账款控制账户进行核对,并确保这些金额已过账并记入正确的会计期间。

(8) 检查未经处理的发票,以确定其中是否有发票与本期有关并且尚未入账。

如果已识别特定错报风险,则审计测试的性质和范围应当能够对这些风险做出回应。为提供高度保证而可能做出的回应包括:

(1) 复核货物发出或服务记录的完整性。

(2) 分析资产负债表日前后的经营活动水平,并且将其与根据上一年度的水平确定的预期值进行比较。

(3) 检查主要销售交易的销售条款,以确保其中没有对销售确认或可能的销售水平产生影响的条款。

(4) 从被审计单位那里获得对资产负债表日前后已入账的重要销售或销售退回交易的确认。

5. 估价

首先,对计提坏账或呆账准备进行检查。

(1) 检查被审计单位的账龄分析

如果可能,审计程序应当以被审计单位的账龄分析为依据。因此,注册会计师应当通过实施下列程序来测试账龄分析的编制是否正确:① 从应收账款清单中选取金额,并将该分析与主要发票上的日期进行核对。注册会计师通常应当对选取的部分或全部金额进行函证,前提是这项工作和有关计提准备的工作在同一天进行。如果函证过程中,顾客确认了特定发票的详细内容,通常就足够了。② 测试账龄分析表的增加额,并查明合计数与控制账户核对相符。③ 检查是否有重要的未使用信用额度或未分配的现金。这些项目的存在可能表明账龄分析不准确并且应当检查这些项目。

如果被审计单位不同意编制账龄分析表,或者如果该表所反映的并非是最新信息,则注册会计师应当要求管理层提供一份根据被审计单位的正常信用收款期予以具体说明的、超过一定期限的全部债务的清单。

(2) 复核各项年久的或大额的项目

有关某项应收账款可收回性的最好证据就是事后收回现金。但是,如果注册会计师认为存在舞弊风险(例如,有意歪曲财务报表或通过现金舞弊掩盖挪用公款的行为),则应当检查现金收入记录,以验证收入是真实的。在这种情况下,由于采用的审计程序相似而且可能需要相同的审计证据,所以这项工作应当与替代程序结合进行。

如果某项债务在测试日仍未结清,注册会计师应当与负责信用控制的管理人员讨论其可收回性,并且复核与顾客的相关往来信函。如果有理由对顾客的支付能力提出质疑,注册会计师应当考虑实施下列一项或多项程序:① 确定该债权是否已提供抵押或担保;② 复核被审计单位对其信用可靠性所做的最新独立检查,如果不能得到最新数据,则要求专为该项测试进行一次检查;③ 复核被审计单位最新一期的财务报表(如果顾客只有少数重要的应收账款,这一点尤其重要);④ 将到期的金额与顾客的信用额度进行比较;⑤ 复核顾客的付款记录,以确定账款回款天数是否正在增加。

(3) 债权的抵押

如果被审计单位有某项已提供抵押的呆账,注册会计师应当确定:是否有证据表明对抵押资产的收费已根据有关各方之间的协议正确地予以登记,并且根据公司法的规定,收费不是无效的;提供抵押的企业是否处于良好的财务状况;所提供的抵押物价值是否足以弥补呆账。

如果对这些事项有疑问,注册会计师应当考虑获取进一步信息的必要性(如对提供抵押的公司进行检查),确定是否还提供了与该项呆账有关的担保。

如果已提供担保,注册会计师应当像下一段所讨论的那样考虑这些项目。如果没有提供担保,注册会计师应当在考虑被审计单位能够偿还的金额以及抵押品的价值以后,考虑该项债权应当列示的金额。

(4) 债权担保

如果被审计单位有已为其提供担保的呆账,不论是否是在提供了抵押之后做出的,如果担保人为公司,注册会计师都应当确定:担保公司的设立章程是否赋予其提供担保的权利;担保公司的董事是否有公司条例赋予其允许公司承担这种或有负债的权利;签署担保书的董事是否具有董事会授予的签字权。

如果对这些事项有疑问,注册会计师应当考虑获取进一步信息的必要性,通过考虑下列内容,确定该项债务应当列示的金额:顾客能够偿还的金额;所提供抵押的价值(如果有的话);可以从担保人那里收回的金额。

(5) 估计需计提准备的总金额

首先,注册会计师应当通过考虑下列内容来确定对可能计提的呆账准备的估计数:被审计单位以往的坏账经验,以及以前计提准备的适当性;实质性测试日应收账款的账龄;被审计单位信用控制程序的有效性;被审计单位计提准备政策的变更;行业中有关债务收回的趋势。如果这些程序和计算导致的估计数超出被审计单位已入账金额的可接受范围,注册会计师应当与其讨论该事项,并且在没有令人满意的方案的情况下,应将该项金额视为一项错误。

其次,检查资产负债表日后事项。注册会计师应当查询自资产负债表日以来是否有债务人陷入破产清算、破产管理或破产的困境,因为这种情况通常表明其债务价值在这一天已减损。另外,考虑自资产负债表日以来是否有事项(如现金收入)表明为坏账计提的准备过多,也是必要的。

6. 权利与义务

与存在目标相关的工作通常可提供和权利与义务目标有关的充分证据。但是,如果需要提供进一步的保证,则有关程序包括下列一项或多项内容:(1) 复核被审计单位的销售条款及主要协议或合同;(2) 向事务所内部某一行业的专家或其他专家咨询或者要求他们参与其中;(3) 复核与代表被审计单位收回债务的有关方面之间的往来信函或者从他们那里获得函证;(4) 与被审计单位的主要顾客联系并向其确认销售条款(只有在事先征得业务合伙人和被审计单位的同意之后才可以这样做)。

如果被审计单位已将其附追索权的应收账款出售给某一银行或金融公司,则资产负债表日将有一项或有负债,其金额可能是重大的。

7. 列报与披露

为了协助实现列报与披露目标,注册会计师应在审计结束时复核财务报表并考虑会计准则的要求。此外,注册会计师应当对以下需要披露或重新分类的事项保持警觉:(1) 某项应收账款余额中自资产负债表日起12个月内未能收回的部分;(2) 已被应收票据替代的应收账款;(3) 应向集团及相关公司收取的金额;(4) 已设立抵押的债务;(5) 从应收账款中错误扣除的贷方余额;(6) 与已售出的附有追索权的应收账款相关的或有事项。

本章提要

1. 销售收入及收款循环中相关账户的审计目标及相对应的管理层认定包括针对"存在或发生"、"完整性"、"权利和义务"、"准确性"、"截止"、"列报与披露"等认定的"真实性"、"完整性"、"所有权"、"估价"、"机械准确性"、"截止"、"披露"以及"分类"等审计目标。

2. 为了有效地实施相应的控制测试和实质性测试,应当了解企业中销售收入及收款循环的具体情况。大多数企业中的销售循环,可以划分为四类主要的交易活动:(1) 销售货物/提供服务;(2) 货物和服务的回款;(3) 顾客退货换货;(4) 提取坏账准备和注销坏账。

3. 对销售收入及收款循环内部控制的控制测试包括:初步的控制风险评估;对控制系统的记录;确认控制程序;对销售收入及收款循环实施控制测试以及评估控制风险。

4. 对销售收入及收款循环的实质性测试包括:确认重大错报风险;实施分析程序;详细的实质性测试,等等。

练习与思考

1. 开账单职能为什么要与信用批准、收款以及会计等职能相分离?

2. 如果顾客的信用没有经过适当人员的批准,那么可能发生哪些潜在的错误或舞弊?

3. 对一个企业的销售及收款活动进行控制测试时,首要的关注点是什么?

4. 列举两个可能由发货控制缺陷导致的主要错误或舞弊。

5. 注册会计师如何评价被审计单位控制程序的有效性和可靠性?

6. 注册会计师如何测试已记录的应收账款是否存在?

7. 注册会计师为什么要对应收账款实施分析程序?

8. 注册会计师如何测试已记录的应收账款是否代表了被审计单位的真实权利?

9. 注册会计师如何测试应收账款和销售的估价?

10. 说明销售截止测试的目的和性质。列举注册会计师进行截止测试时可用的内部和外部凭证。

11. 假设你正在考虑一个企业中有关赊销及收款的内部控制情况。系统的记录已经通过调查问卷和描述性文字完成,在结合了穿行测试之后,发现下列潜在的内部控制缺陷,其中的一些缺陷可能导致你将控制风险设定为最大。要求:针对每一个潜在的缺陷,指出管理人员为了降低错误或舞弊的可能性所能采用的控制。

(1) 在向新顾客发送其订购的货物之前没有先经过批准。

(2) 不同顾客的销售价格不同。

(3) 顾客退回的货物不需要经过批准。

(4) 应收账款明细记录与总分类账控制账户并不总是保持一致。

(5) 空白的支票被放在没有锁的抽屉里。

12. 在对 F 公司 2012 年财务报表进行审计的过程中,注册会计师实施了一些截止测试。

要求:

(1) 什么是截止测试,实施截止测试的原因是什么?

(2) 注册会计师准备在 12 月 31 日实施销售截止测试。请讨论测试中应当包括的程序。

13. 以下是管理层对应收账款的认定与审计应收账款余额相关的审计目标。要求对每项应收账款余额相关的审计目标,确定相应的管理层认定。

管理层认定:(1) 存在或发生;(2) 完整性;(3) 计价与分摊;(4) 权利和义务。

应收账款余额相关的审计目标:(1) 没有未入账的应收账款;(2) 应收账款没有被出售或者贴现;(3) 收回存在疑问的科目已进行了备抵;(4) 不可收回的应收款项已经核销;(5) 所有列示的应收科目都预计在一年内收回;(6) 所有反映应收项目实质的协议或者合约都进行了核实;(7) 所有列示的应收科目都是由正常的业务产生的,并且不涉及关联方;(8) 销售收入的跨年度分期是恰当的。

14. 以下是可能发生在销售和收款循环的错误行为:

(1) 销售经理批准了客户所订购商品的价格,但是他所认可的价格不在公司价目表内。

(2) 一些汇款通知被归集在一起等待输入。负责现金收款的职员将它们放在一起却未送至负责数据输入的同事那里。

(3) 一张销售发票上的顾客编号有误,从而被记入错误的客户名下。当错误被发现时,原先的客户已不存在。

(4) 有一个程序员原为计算机操作员。他在计算机系统中输入了虚构的销售退回信息并将收到的钱存入自己的账户。

(5) 一个计算机操作员将一个销售数据文件在系统中处理了两遍。

(6) 一个负责数据输入的操作员在将交易输入系统时,遗漏了一笔,从而导致销售员不能收到此笔交易的佣金。

(7) 运货单上的货品描述中有一个并不存在的零件号,从而导致这些货物无法计价。

要求:

(1) 指出这些错误行为分别属于哪个(些)与交易相关的审计目标?

(2) 对每一个错误行为,应设计怎样的控制测试程序或实质性测试程序来查找出这些错误行为?

15. 北京东方会计师事务所注册会计师王豪、李民对 ABC 股份有限责任公司(上市公司)2012 年度财务报表进行审计的过程中,获得 ABC 股份有限责任公司 2012 年 12 月 31 日的相关会计记录资料如下(单位:万元):

项目名称	金额
银行存款	5 000
交易性金融资产	600
应收票据	12 000
应收账款	75 000
其他应收账款	24 000
存货	84 000
固定资产(净额)	97 800
在建工程	26 300
应付账款	34 570
银行借款(抵押借款部分)	56 800

（续表）

项目名称	金额
实收资本（内部职工及社会公众股）	18 000
资本公积	48 750
主营业务收入净额	675 000
主营业务利润	67 898
利息支出	5 464

要求：

（1）上述项目中适用函证程序的有哪些？

（2）接受函证的对象有哪些？

（3）函证的主要内容是什么？

（4）可以选用的函证方式是什么？

案例分析

无存货跌价准备，宜华木业涉嫌虚增利润

截至2012年第三季度末，宜华木业（600978.SH）存货达12.43亿元，同比增加43.5%。但《证券市场周刊》记者发现，该公司从不计提存货跌价准备，有虚增利润之嫌。

宜华木业主营家具、地板木制品生产与销售，同样经营实木等家具的美克股份（600337.SH）2012年第三季度末存货为11.33亿元，与宜华木业相差不远，但是每年年末以及中期期末，每股股份均计提存货跌价损失。如2012年中期期末，公司计提存货跌价损失313.4万元，2011年年末计提770.7万元，2010年年末计提1 018.5万元……

2012年4月27日，宜华木业向48名员工授予了1 566万份限制性股票，授予价格是3.60元/股。上述被授予的限制性股票首次解锁的业绩条件为，公司2012年扣非后的净利润较2011年增长不低于15%。

宜华木业2011年扣非后的净利润为2.57亿元，也就说，公司2012年要达到2.96亿元。公司2012年1—9月净利润为2.59亿元，要达到上述规定的业绩条件不难，这其中就有从未计提跌价损失的存货贡献。

2012年11月17日，宜华木业更是通过调整会计核算科目以达到不计提存货跌价损失的目的。根据公告，公司将原先放在“存货——库存商品”科目中进行财务核算的2.45亿元名贵家具及木雕艺术品调整列入“其他非流动资产（其他长期资产）”科目进行财务核算。

公司解释原购入上述名贵家具及木雕艺术品时是以在销售网络中进行展销为目的，现在存放于木制品精品展示馆用于展示，因此调整会计核算科目。

但根据公司2012年中期报，公司存货总额为11.53亿元，其中，原材料存货4.25亿元，库存商品仅为4.04亿元。

对于上述会计科目调整后对于存货跌价的影响，公司证券部人士以需要董秘回答为由拒绝接受采访。（证券市场周刊供稿）

（来源：证券网 www.capitalweek.com.cn，2012年12月31日，作者：陈予燕）

要求：

1. 请讨论“宜华木业”涉嫌采月的舞弊手法是什么；
2. 审计师采用怎样的方法和程序核查和证实像“宜华木业”这样的舞弊问题？

小组讨论

本章引例中反映出审计师在哪些方面出现了失误？在控制测试和实质性测试中应加强哪些环节或程序来避免这些失误？

第九章

采购及付款循环的审计

本章目的

采购及付款循环，包括通过支付货款或承诺支付货款的方式，取得货物或接受服务。对采购及付款循环账户（例如，商品或原材料采购、各种费用、应付账款以及现金支付）的审计，通常由控制测试和实质性测试组成。在大多数企业，费用和现金支出金额巨大，管理层因而对其采取了必要的控制，因此注册会计师在对这些控制进行控制测试的基础上，再有针对性地实施实质性测试，将会提高审计工作效率。本章还讨论了在什么条件下，注册会计师可以将控制风险初步评估为低于最大值或低水平，以及在不同控制风险评估水平下的控制测试的内容。最后，描述了控制风险评估结果为最大值、低于最大值和低水平时，采购及付款循环账户的实质性测试所适用的性质、时间和范围。

引例

购货与付款循环的控制测试

注册会计师吴生对大华公司的购货与付款循环进行控制测试，在审计调查阶段，通过问卷形式了解大华公司购货与付款业务情况，并对购货与付款的相应记账凭证、原始凭证等记录进行抽样测试，形成了“购货与付款循环控制测试表”，如下表所示：

购货与付款循环控制测试表

被审计单位：大华公司　　编制人：吴生　　页次：
会计期间：2012 年　　复核人：李文　　索引号：

序号	测试过程	记录索引号
1. 测试情况 随机抽取 2012 年度签订的购货合同 30 份，与公司请购单、发票、验货报告单、入库单、付款凭证、记账凭证等相核对，并追查至明细账和总分类账 2. 固定资产内部控制的控制测试 (1) 抽查本年度新增加固定资产项目，均有预算，并经过董事会授权批准 (2) 固定资产的增加均有充分的原始凭证 (3) 固定资产的处置均有一定的申请报批手续 (4) 固定资产实行定期盘点制度 (5) 固定资产的折旧方法为直线法，折旧率符合规定 (6) 完工工程已办理转入固定资产的有关手续 3. 付款业务的测试与现金和银行存款业务的测试结果相同 4. 对购货与付款业务循环的描述(略) 5. 存在的主要缺陷(略) 6. 改进建议(略) 7. 测试结论：该循环测试相符率高，可适当简化实质性测试程序		

注册会计师吴生根据对购货与付款循环控制测试的结果确定了内部控制的关键控制点、应有的控制测试以及交易的实质性测试，汇集结果如下：

内部控制目标	关键的内部控制	常用的控制测试	常用的交易测试
所记录的采购都已收到物品或已接受劳务，并符合采购方的最大利益	请购单、订货单和发票齐全，并附在付款凭证后；购货按正确的级别批准；注销凭证以防止重复使用；对卖方发票、验收单、订货单和请购单作内部核查	查验付款凭证核实是否有单据表明核准采购标志、注销凭证的标志、检查内部核查的标志	复核采购明细账、总账及应付账款明细账，注意是否有大额或不正常的金额；检查卖方发票、验收单、订货单和请购单的真实性和合理性；检查取得的各项资产
已发生的购货业务均已记录	订货单均已事先编号并登记入账、验收单均已事先编号并登记入账、卖方发票均已事先编号并登记入账	检查订货单连续编号的完整性、检查验收单连续编号的完整性、检查卖方发票连续编号的完整性	从验收单追查至采购明细账、从卖方发票追查至采购明细账

（续表）

内部控制目标	关键的内部控制	常用的控制测试	常用的交易测试
所记录的购货业务估价正确	计算过程和金额的内部查核；采购价格和折扣的批准	审核内部检查的标志、审校采购价格和折扣的标志	将采购明细账中记录的业务同卖方发票、验收单和其他证明文件比较复算包括折扣和运费在内的卖方发票的准确性
购货业务的分类正确	采用适当的会计科目表分类的内部核查	检查工作手册和会计科目表；检查有关凭证上内部核查的标志	参照卖方发票，比较会计科目上的分类
购货业务按正确的日期记录	要求一收到货物或接受劳务就记录采购业务	检查工作手册并观察有无未记录的卖方发票存在，检查内部核查的标志	将验收单和卖方发票上的日期与采购明细账中的日期进行比较
购货业务被正确记入应付账款和存货等明细账中，并被准确汇总	应付账款明细账内容的内部核查	检查内部核查的标志	通过加计采购明细账，追查过入商品采购和应付账款、存货明细账的数额是否准确，用以测试过账和汇总的准确性

在测试该循环中的大多数属性时，注册会计师吴生选择了相对较低的可容忍误差。同时，由于购货与付款循环中各财务报表项目所涉及的业务交易量和金额的大小往往悬殊，注册会计师吴生在审计时将其中大额的和不寻常的项目筛选出来，百分之百地进行测试。

第一节 采购及付款循环的审计目标

大多数企业中的采购及付款循环，可以分为三种典型的交易：取得货物和服务；支付货物和服务的款项；在某些情况下将货物退回给供应商。

根据内部控制的基本原则，被审计单位应该将采购、授权及批准、运货、验收与保管职能相分离，分别交由不同的部门或人员负责处理，不得由同一个部门或个人负责采购与付款业务的全过程。

在考虑处理采购交易的会计系统及其所用的监督和控制活动时，注册会计师关注的控制主要是用来保证所有实际发生的采购交易都经过授权，并且被准确记录。这些控制目标与采购及付款循环账户（特别是采购和应付账款）的完整性、准确性和存在/发生等审计目标紧密联系。与这些审计目标没有直接联系的其他控制，也可能会引起注册会计师的关注。例如，注册会计师可以利用管理层审核待处理采购单的报告，来评估待处理采购承诺中是否存在潜在损失并会影响“估价”这个审计目标。

根据对采购及付款循环的了解，注册会计师需要设定该循环的审计目标。一般的采购及付款循环中相关账户的审计目标以及相对应的管理层认定如表 9-1 所示。

表 9-1　采购及付款循环的审计目标

管理层认定	一般审计目标	采购及付款循环相关账户的项目审计目标
	1. 总体合理性	• 所有的相关账户都是合理的，看起来无重大错报
1. 存在或发生	2. 真实性	• 记录的应付账款表示的是企业在资产负债表日所欠的金额 • 记录的采购交易表示的是在财务报表涵盖期间内真实收到的商品或服务
2. 完整性	3. 完整性	• 应付账款包括了被审计单位在资产负债表日由于购买货物或服务而外欠的所有金额 • 在财务报告涵盖期间内收到的所有货品或服务，减掉采购退回后，都已反映在财务报表中
3. 权利和义务	4. 义务	• 应付账款表示企业在资产负债表日的法定义务
4. 估价或分摊	5. 估价	• 应付账款以企业所欠的正确金额表示 • 当期所有的费用和损失都已确认，包括在不利的采购承诺下的未实现损失
	6. 截止	• 采购交易、应付账款及采购退回交易被记录在正确的期间内
	7. 机械准确性	• 采购交易是以正确的计价和数量准确计算的，在总分类账及应付账款明细分类账中分类恰当 • 应付账款明细分类账数值计算正确，并与总分类账户保持一致
5. 列报与披露	8. 披露	• 应付账款在财务报表中表述正确 • 与采购承诺相关的潜在损失已被恰当披露
	9. 分类	• 应付账款在财务报表中分类正确

第二节　采购和付款循环内部控制的控制测试

一、对采购及付款循环的了解

（一）取得货物和服务

下面描述了购买货物和服务时所涉及的各项活动，以及处理这些交易时应用的典型控制。在这部分所描述的某些控制活动，同样适用于购买服务，然而其他如接收、检查、储存和使用等活动则不适用。只要货物和服务的交易过程类似，关于采购货物的控制讨论也就适用于购买服务的控制。

1. 确定需求

当确认了某项采购需求时，采购及付款循环就开始了，确认需求可能以不同方式出现：

（1）当库存量达到再订货水平时，或者根据生产计划编制出所需材料清单时，就会通过人工或自动方式，确定补充原材料存货的需求。某些电算化系统能够参照现有数量的存货记录或生产通知单来确定需求，并且同时执行采购过程中的若干步骤，如选择供应商和编制订购单。在某些系统中，可以不经过任何人为处理，就确认原材料的需求并自动编制订购单然后交给供应商，即企业的计算机可以直接与供应商的计算机进行通讯。

(2) 当使用者确定并描述偶然性的货物和服务采购需求时,通常提出请购单,然后由使用者所属部门或特种采购的负责人员批准。

(3) 某些一直由同一供应商提供的服务需求(比如电话),通常在最初时确定,然后一直持续到合同期满、确定不再需要该服务或者选择了其他供应商时为止。

(4) 对特种服务(如保险、广告、法律和审计服务)的需要,通常由指定人员负责。

(5) 关于固定资产的需要,通常由资本预算程序予以确认。

对于采购申请的控制,一般包括适当级别人员的审核和授权,以及按照序号记录预先编号的请购单。设计这些控制的目的,是确保只有必需的货物和服务才被订购,而且所有被批准购买的项目确实都已被订购。这些控制活动的目的与管理层制定决策的联系要比与财务报表认定的联系更为紧密,但它们也可能对某些财务报表账户产生影响。例如,如果请购单的审核和授权程序缺失或无效,就会出现库存过剩以至于最后过时,从而减少了存货的价值。

2. 订购

在很多大型企业里,会成立专门的采购部门,由接受过特别培训的采购代理人而不是使用生产部门的人员负责决定货物来源、商议条款并且提出订单。对供应商选择的控制和持续监督,能同时影响应付账款和存货账户。独立履行采购职能可以降低企业成本,并通过职责分离来加强对采购的控制。

在开出订购单之前需要将采购申请进行汇总,这需要具备专业技术和经验,以便最有效地综合所有项目。在保持供应来源多样化的同时,集中订购可以获得数量折扣、有效的招标、商议供应商在交货之前的生产和储存时间表以及得到最好的价格和服务。尽管无效控制经常导致所购项目的成本增加,但是低效率采购的成本通常无法计量,所以这方面控制的缺失或无效通常很难被量化。

当采购部门收到申请时,通常会首先确定申请购买的货物或服务的数量和种类,是否已经得到了具有相应授权人员的批准。然后该申请就可以作为输入订单的源文件。输入申请信息并使其与供应品、价格及存货文件(如果适用的话)相匹配,能够帮助选择供应商、评估报价、决定产品号码或描述的准确性。为了保证供应商数据的完整性,可以限定只有采购人员才能修改供应商文件。在文件被更新后,需要由指定人员重新审核文件变更的完整性和准确性。

当有关采购的所有具体信息(比如交货的时间和方式、原料的说明、数量和价格)被确认以后,便生成订购单,并且更新待处理的订购单文件。订购单授权供应商可以交货或提供服务,并根据既定条件开出账单;同时,也授权接收部门接受订单上面列出的货物。由于订购单批准了交易的执行,因此一般需要严格控制订购单的发送。通常由于供应商不知道或者不去证实订单是否是由被授权人员开出,所以企业需要限制未经授权人员接近待发出的订购单,以防止其启动新的交易。尽管这种情况对财务报表没有任何影响,但它仍会导致存货过量或购买不需要的产品。对订购单进行预先编号并按序号进行会计记录,有助于保证企业人员了解所有的待处理采购承诺。该了解有助于确保记录关于采购承诺损失的适当准备金。

对订购单准确性和授权的控制,主要包括比较订购单和请购单,审核它们是否经过了适当人员的批准，这些程序需在将订单发送给供应商之前执行。另外还有一项关于订单准确性的控制，就是发给申请人一份订购单的复印件，以便他们审核其内容是否与自己的申请相符。在复核小额或常规订购单的时候，一般可以对流程进行适当简化。

对于某些特别定制的产品和特殊服务来说，由于其技术上和性能上的要求十分专业，或者在某些情况下无法事先确定，因而不能由采购部门处理。例如，购买财产的意外保险时，通常需要进行保险风险分析。该分析以及随后与独立保险代理或经纪人的谈判，都需要负责人员具备专业技能并接受相关的培训。这类特殊的购买交易，必须由负责部门的代表直接和供应商进行谈判。企业可能使用集中采购来进行控制，但是这与每个使用者的期望之间存在矛盾，使用者认为直接和供应商沟通能够获得更好的服务质量，因此有可能希望绕过采购部门，这很可能是大多数企业常见的问题，并且有时也是高度敏感的问题。在不同企业中，对于经营自主与集中采购之间的界限也不同，不过即使是采购职能高度集中的企业，也会允许一些特殊服务不通过采购部门采购。在这些情况下，控制活动通常包括要求书面协议、货物在接受时得到批准以及由使用者批准发票等。

3．接收、检查并接受货物

接收职能需要由独立于申请、采购和会计等部门的专职部门来执行。设立独立的接收部门的做法能通过职责分离来增强对购买行为的控制。

接收职责主要包括检查货物与订购单上的具体说明是否一致，以及通过清点、称重或测量来证实货物的数量。接收人员还应尽可能地确定货物的质量，其中包括是否存在运输途中的损坏。对进货进行检查是出于管理目的而进行的一项基本控制活动。在某些情况下，需要对货物进行实验或技术分析，以确定货物的质量是否达到了具体规定要求。这项工作需要专业技术的支持，因此通常将该职责分配给拥有具备相应胜任能力的职员和专业设施的检查部门。

接收人员通常在收货单、随货发来的装运凭证以及订购单的复印件上，记录接收信息。这些信息包括供应商、接收日期、数量和接收货物的状况，有时还包括运输工具。记录文件由接受货物的人员签字。接收人员可以直接将信息输入电算化系统，然后系统会更新待处理订购单文件，标明已经收到货物的订单，生成收货单和待处理收货单文件；有的系统还可以更新永续存货记录。收货单一般会预先编号，随后记录它们的数字序号。这项控制是为了确保接收的货物全部被及时地报告，避免低估应付账款和存货成本。

对于服务项目以及某些货物来说，并不是通过接收部门而是直接由使用者对其进行接收。尽管正式程序可能规定应该由使用者编制收货单，但通常的做法是将供应商的服务或货物发票交给使用者，以作为批准和承认接收的证明。

4．储存或使用货物

由接收部门接收的货物，被送往适当的地点，以便储存或使用。存放货物的仓储区应相对独立，限制无关人员接近。

5．记录

在大多数情况下，对资产或费用以及相关的负债的记录，是由独立于订购和接收职能的人，根据与被批准的订购单相匹配的供应商发票和已接收货物或服务的收货单来执行的。在某些系统中，在接收部门输入接收情况时，永续存货记录也同时被过账；或者由会计部门根据收货单转记存货记录。到了期末，对于无法与发票匹配的收货单，应该编制一笔分录，来记录已经接收了货物但没有收到账单的债务。

一种很常见的内部控制缺陷是在接收供应商发票的同时没有及时对其进行控制，尤其是在将很多发票送给经营人员批准，而经营人员的主要兴趣却在其他方面的时候。根据会计系统和相关控制的不同，因这种情况而延误发票记录，可能会导致错报应付账款和相关资产或费用账户，或者由于没能及时支付而导致折扣损失。特别是如果存在大量未被批准和记录的不匹配发票或收货单的情况时，将预示着控制缺陷、故障或者处理和批准发票程序的延迟。

在发票没有经过特别批准的情况下，可根据经审批的相关订购单，以及收货单与订购单相匹配的证据来记录采购。此后检查发票与待处理收货单文件是否相匹配，将不匹配的发票列入异常报告，并更新到不匹配发票的临时文件中。

发票一旦经过可予记录的授权，相关交易就应被记入采购分类账中，继之进行汇总和过账。需要有截止审核程序，以确保发票被记录在正确期间。截止程序包括审核收货单文件，并关注货物的接收日期。监督人员可以审核并批准发票处理的授权过程，或者在准备填制付款支票或签署支票时批准发票。

文件维护控制，主要是在监督性的审核下，将应付账款分类账与控制账户进行调节。调节和审核过程中检查出的错误结果，也应受到恰当的监督。在负责批准支票、将存货和应付账款明细记录并进行过账、管理控制账户、执行调节和监督性审核以及负责解决错误的人员之间，应进行职责分离，以增强控制的有效性。

（二）支付货物和服务的价款

有关现金支出过程的控制，主要是为了确保不会出现未经授权的付款，正确记录每笔付款。其他控制是为了保证所有负债的支付方式能达到现金流及供应商关系的相关目标，包括取得及时付款所能获得的所有折扣。这些控制与管理决策的联系比与财务报表认定的联系更加紧密。

为了避免未经授权的付款，所有的付款申请都要经过批准，在签署支票后注销相关发票和货物接收文件，以免这些文件被重复提交处理。如果将填制支票和提出付款申请的人员进行职责分离，那么上述控制将会得以加强。签署支票的人员在签字时，应该取得该笔付款已经过授权的证据。除非发票与相应的采购文件相匹配，否则系统应该拒不打印支票。资产保护控制，要求签署人员采用授权的方式或处理付款的人员不能接触到支票的方式，邮寄或处理已签字的支票；未签发的支票要受到保护，损坏的支票应该销毁或以其他方式进行控制。

如果员工的人数有限，而从严格的内部控制角度来看，由同一个人执行的职责是不相容的，那么可以采用在处理过程中增加监督人员的控制方法。例如，有时候同一个人既记录对供应商的付款，也负责开出支票。在这种情况下，负责签署支票的监督人员，在签字时可能要求提交支票并附有全部支持性凭证，同时指派另一个人注销使用过的支持凭证，并直接将支票寄给供应商。

只有在每个签署人都独立地检查支票及其支持性凭证的情况下，联署才是一项有效的控制。尽管在正确理解并履行所分配职责的情况下进行联署，可以提供有效的控制，但是一名员工在仔细检查支持文件之后的签名比敷衍性的联署能够提供更好的保证，后者会造成控制的假象，并致使其他不执行此功能的人员相信此控制假象。

用来确保所有已知负债都已及时偿付并取得现金折扣的控制，能够促进与供应商的良好关系，并且维持企业的信用等级。这些控制与管理层制定决策的联系比与财务报表认定的联系更为密切。定期审核不匹配的收货单文件和发票，计算待处理应付账款的账龄，能够确保企业及时付款。

完整正确的记录付款，可以通过下述措施进行控制：支票的预先编号、详细登记支票登记簿、对输入登记簿的支票序号进行处理以及将银行返回的已支付支票与支票登记簿进行比较（这也是定期调节银行存款余额的一部分）。在调查长期未兑现支票的原因后，让银行停止支付该款项，然后使用抵消分录来调整账户，或者将其记录在一个单独的负债账户中。

（三）在某些情况下退回供应商的货物

因退货或商定折让而形成的每笔应得款项，尽管与应收账款的记录方式并不相同，但正如下面所讨论的一样，它仍然是一项等同于应收账款的资产。因此，虽然这类要求权很可能不是常规的而且很少发生，但是仍然有必要对它们进行充分的控制。此外，许多企业制定有处理其自身内部生成的借项通知单的政策和程序。

贷记的退货必须做好运回给供应商的准备；发货部门通常定有程序，要在退货的同时，通知应付账款和采购部门。其控制类似于销售控制，例如，要求所有发货单和支持材料都要附有预先编号的借项通知单。该通知单通常由采购部门准备，并且由会计部门记录在借项通知单日记账上。关于相应运费的控制，通常也可以采取类似的方法。

当收到供应商的贷项通知单时，可以将其与借项通知单、发货单或其他内部生成的文件相匹配。由独立于采购、发货和存货控制职能的人员，比较上面的退货数量、价格、日期、供应商的名称、范围和关系等信息。如果企业拥有正式的借项通知单程序，通常可以不等收到供应商的贷项通知单，就立即从该供应商的下一笔应付账款中减去贷项金额。

不在以上程序控制范围之内的折让、调整和偶尔退货的要求权，需要进行如下控制，即告知会计和采购部门有关的争议或要求权。因为没有积极的方法能够控制对该类程序的遵循情况，所以只能向企业内部了解相关信息的人员定期询问是否存在未解决的要求权或折让。

尽管供应商贷项通知单或内部生成的借项通知单代表了一项合法资产，但是由于此类情况下通常存在对冲的合法权利，所以一般不把它们记录为应收款项，而是记录为应付供应商金额的减项。如果这种对冲导致应付供应商借方余额，那么该借方余额可以被记为一项应收账款。除非供应商借方余额的总额非常大，否则不必重新分类。如果因其数额重大而被重新分类的话，就必须考虑其可收回性，以计提适当的准备，这是因为产生该借方余额的供应商可能不会再与企业有业务往来。

（四）监督控制

正如前面章节中所讲过的，管理层需要可靠的财务信息来运营企业。在某些情况下，管理层审核会计系统生成的信息,并监视为了提供这些信息而建立的控制活动的执行情况。管理层在审核和分析报告的时候,要监督企业经营并对此类信息进行评估。能够证明管理层进行了此类审核(通常被称为业绩审核)的证据,可以为注册会计师提供一些财务信息可靠性的保证。

高层管理者(包括生产和财务人员)主要审核关键业绩指标,比如毛利和其他财务比率。他们将费用与会计系统以外的累计信息(比如生产和现金预算,前期的业绩指标)进行比较。负责采购的管理人员监督有关新供应商、长期待处理订购单以及数量或价格异常的采购交易信息。财务主管通常可复核应付账款分类账与控制账户并进行定期调节,以确定控制活动的执行是否及时、充分。财务主管还可以监督每月应付账款的截止程序和任何必要的调整分录,并分析应计费用以确保所有负债和费用都已经记录。

二、初步的控制风险评估

通常注册会计师通过测试企业采购及付款循环的控制程序,来获得证明其运行有效性的证据。这样针对完整性、准确性和存在/发生等审计目标进行的实质性测试就可以减少。如果企业已经在年末执行了针对会计期间截止目标的控制,注册会计师也可以决定结合其他控制测试对其进行测试。与此相似,企业在有关估价目标的数据完整性和准确性方面,可能存在令人满意的控制,注册会计师同样可以对其进行测试。对于此外的其他事项,注册会计师一般执行实质性测试(根据对企业自有风险的考虑和控制的了解来加以设计),以实现其余的审计目标。

注册会计师通常利用在了解被审计单位内部控制中所获取的资料来初步评价内部控制风险。下面主要讨论一下与采购及付款循环特别相关的控制。

(一)采购的授权

采购的适当授权是必要的,因为它确保取得的货物和服务是用于已授权的公司目的,并且可以避免购买过多或不需要的项目。大多数公司允许对经常性的运营需求项目的购买进行一般性的授权,例如存货。而对于资本性资产或类似项目的购买,可能需要特别的授权。例如,超过特定金额限制的固定资产购买可能需要董事会的批准;购买频率相对较低的项目由某些高级主管批准,譬如保险单和长期服务合同;成本低于指定金额的供应品和服务由主管和部门负责人批准;而一些类型的原材料和供应品则在低于预先确定的水平后自动再订货。

在请购单被批准之后,订购单上必须要有批准人签名。发给卖主的订购单上要指明特定的项目、价格以及交付的日期。订购单通常是以书面形式发出,它是购买要约的法律文件。

公司通常会建立采购部门以确保用最低的价格购买到符合质量要求的货物和服务。在内部控制良好的情况下,采购部门不应当负责对请购进行授权或者接收货物。所有的订购单都应当预先编号。

(二)资产保管与其他职能的分离

大多数公司都由接收部门编制收货单并将其作为收到货物并进行检查的证据。收货单一份送到仓库，一份送到应付账款部门。为了防止偷盗和滥用，从收到货物直到它们被使用或处置，都要进行实物控制。接收部门的员工应当独立于仓储部门和会计部门的员工。最后，当货物从接收部门转移到仓储部门和从仓储部门转移到生产部门时，会计记录应当表明对货物所负保管责任的转移。

（三）交易的及时记录和独立复核

在一些公司，负债的记录是基于收到货物和接收服务，而在另一些公司，直到收到卖主的发票才记录。无论是哪种情况，应付账款部门都负责核实采购的适当性。他们通过将订购单上的详细内容与收货单及卖主发票进行核对，以确定发票上的货名、价格、数量、期限和运费都是正确的。

在应付账款部门和信息技术部门中，一个重要的控制就是要求那些记录采购的员工不能接触现金、有价证券和其他资产。充分的凭证和记录的适当程序以及业绩的独立检查都是应付账款职能中必要的控制。

（四）付款的授权

对于现金支付来说，最重要的控制包括由权限适当的人员签署支票。签署支票与应付账款职能之间的职责应予以分离，签署支票的人在签字之前应对支持性文件进行仔细检查。

支票应当被预先编号；应当注意对空白支票、作废支票和已签署支票提供实物控制；应当及时注销支持性文件，避免它们以后被用于支持其他支票。一个常用的办法就是将支票号码写在支持性文件上。

如果初步的控制风险评估表明管理层的控制程序不足以证明控制风险低于最大值，那么注册会计师对于系统的记录可以只限于一份备忘录，描述不再进一步考虑内部控制的原因。但是，如果控制程序看起来可能是充分的，注册会计师就应当记录该系统。

三、系统的记录

注册会计师首先要获取对内部控制的了解，这一了解至少应满足计划审计工作的需要。这些了解与注册会计师对控制设计有效性的评估一起，用来确定可能出现的错报类型，发生错报的风险，并进而用于设计实质性测试。取得或更新这些了解的渠道主要包括：注册会计师以往与企业合作的经验、以前年度的审计结果、询问企业人员、观察他们的工作情况、审核企业人员所制定的政策和程序、检查文件和记录。

除了关于企业层次的控制如何影响采购及付款循环、处理交易的主要手段（手工或电算化）、系统的复杂程度以及内部控制的其他一般特征等信息之外，注册会计师还应该视情况考虑以下可能与采购及付款循环相关的各类信息：采购的数量、金额和类型，以及企业的供应商数量；采购及付款循环交易在会计系统中的流动过程。下面针对采购及付款循环，列举调查问卷的示例，如表 9-2 所示。

表 9-2 调查问卷:采购及付款循环

问题	回答	备注
采购: 1. 审核和处理请购单的政策和程序是否已经被清楚定义? 2. 是否为所有已批准的请购单编制了预先编号的订购单? 3. 是否取得了要购买的货物和服务的竞价或报价? 4. 是否为那些不需要竞价或报价的重复性交易维持了一份价格表? 5. 采购交易是否由独立于采购部门的人员进行定期复核? 6. 订购单的副本是否被转发给请购的部门以及接收部门和应付账款部门? 7. 之前已授权的卖主清单是否由采购部门进行维护?		
收货: 1. 是否为收到的所有货物编制了预先编号的收货单? 2. 是否为已处理的所有收货单维持了一份收货日志? 3. 所有收到的货物是否都被检查、清点,并且与订购单的副本进行比较? 4. 接收部门的员工是否独立于采购部门、应付账款部门和现金支付部门?		
现金支付和记录: 1. 在批准支付之前是否复核了收货单? 2. 是否采取了适当的步骤以确保不熟悉的卖主是真实的? 3. 签字人在签署支票之前是否复核了收货单和支票? 4. 当签署了支票后是否及时注销了收货单? 5. 签署的支票是否直接寄出而没有被其他人干预? 6. 现金支付部门的员工(例如,资金部门)是否独立于采购部门、接收部门和应付账款部门? 7. 是否根据采购部门的请购单和订购单、接收部门的收货单以及收发室收到的发票编制了收据? 8. 应付账款部门是否将已处理收据的每日汇总转发给总会计部用于汇总账项?		

四、穿行测试和确认控制程序

为了验证对系统的了解,注册会计师可以选择一份已注销的收据,比较请购单、订购单、收货报告和发票,以确定其符合公司的政策并且与采购部门、接收部门和应付账款部门存档的文件相一致。如果交易的穿行测试揭示出注册会计师对于内部控制的了解不准确,那么应当在必要的时候修改对系统的记录。

当注册会计师了解了一个企业的内部控制并且确定这些控制对于评估控制风险低于最大值是潜在可靠的,那么他可以确认系统的控制目标、考虑潜在的错误或舞弊并且确定管理层预防或检查潜在重大错误或舞弊所使用的控制程序(见表 9-3 示例),然后据此设计对采购及付款循环的控制测试。

表 9-3　控制程序确定表

控制目标	可能发生的错误或舞弊的类型	控制程序
交易的授权 • 在购买货物之前应当先批准供应商	可能从未经授权的供应商处进行采购，导致从关联方处进行采购而高级管理层并不知情或者从国外卖家处采购而违反了进口限额	编制已授权供应商的清单为供应商清单的增加、变更或删除制定标准
• 应当为所有产品和服务确定明确的类型、数量、付款期限、条款和价格	可能订购了不需要的货物，导致减记不可用或不可销售的存货 购买的货物可能是以不合适的价格或不利的条款成交，导致盈利减少	为采购交易维护更新的指南（例如，超过最低金额的所有采购的特殊授权）；确立程序，用于在购买前复核和批准购买价格及条款
交易的执行 • 收到的货物应当进行清点并且检查其质量 • 所有的现金支付都应当基于真实的负债	可能会接受损坏的或未订购的货物，导致延迟接收那些想要的货物 现金可能会被支付给未经授权的方面，导致欺骗性的支付 可能会重复支付，导致浪费现金	确立程序，用于在卸货前检查和清点货物 预先编号和控制收据及支票；支付之后立即注销收据；对于超过指定金额的所有支票都要求手工的双重签名
记录 • 收到的所有货物和服务都应当准确及时地记录	收到的货物可能未被报告，导致存货和负债的低估	预先编号的收货报告，以及随后对迅速记录的复核
• 采购和现金支付交易应当记入适当的会计期间	账户余额可能是不准确的，导致错报的财务报表	合计输入凭证（例如，凭证的数量、金额）并且调节日记账与分类账；确立处理和记录的程序
• 采购和现金支付交易应当被准确地过入单个卖主的账户	明细记录的汇总可能与控制账户不一致 交易可能被过入不正确的卖主账户，导致不正确的支付	确立证实程序以核实过账（例如，校验数位） 迅速调查与卖主的往来信函（例如，收款通知）
资产的保护 • 应当将能接触采购和现金支付记录以及表格和凭证的人限制为管理层授权的人员	记录、表格或凭证可能会被未经授权的人滥用，导致错报的应付账款或者被转为私用	确立对未使用的表格和凭证的实物控制；将授权、执行和记录职能进行职责分离；维持已授权签名者的清单和样本

五、控制测试：采购及付款循环

在对采购及付款这一类的大量交易进行控制测试时，注册会计师的策略就是将主要的精力放在控制测试的实施上，因为证明控制风险低于最大值就可以在年末限制对账户余额的实质性测试范围。下面列示了对采购、收货和现金支付系统的控制测试。

（一）采购

由于很多企业中的大量资源都常常花费在货物和服务上，因此，是否能以有竞争力且经过授权的价格进行采购就成为成功企业与不成功企业之间的差异。对一个企业的采购活动进行控制测试将主要关注是否所有的采购都经过适当授权。代表性的测试如表 9-4 所示。

表 9-4　采购测试示例

控制测试：采购
1. 从已支付的收据中随机选取样本。 　a. 复核每一份收据的注销情况（例如，打孔）。 　b. 复核每一份抽取的收据中凭证的授权情况。 　c. 将请购单、订购单、收货报告、卖主的发票及收据上的详细内容进行比较，并且核实其计算准确性。 2. 对于每一份抽取的收据，从采购部门文件中取得相应的订购单和请购单的副本。 　a. 将收据所附的订购单与采购部门文件中的订购单副本进行比较。 　b. 追踪订购单上的价格至竞价、正式报价或者其他的定价来源。 　c. 由独立于采购部门中价格和供应商选择职能的人员检查定期报告。

对采购实施测试的主要来源是已支付的收据。在步骤 1a 中，注册会计师测试已支付的收据是否被注销，从而确定重复的支付是否可能发生。但是，这一测试不能确保注销是与支付同时发生的或在支付之后迅速进行的，只有注册会计师直接进行观察才能够评估支付与注销之间间隔的时间是否合理。

步骤 1b 处理交易的授权，要求注册会计师检查以下各项单据上的签名：(1) 订购单，表明交易已被授权；(2) 收货报告，表明对收到货物的责任；(3) 收据，表明现金支付已被授权。在步骤 1c 中，注册会计师测试所有的凭证是否一致，收到的货物是否与订购的数量一致，支付的价格是否与报价一致。

在步骤 2a 中，注册会计师将抽取的收据与财务部门中存档的订购单和请购单的副本进行比较，这是为了确定是否所有已支付的收据都来源于经过授权的采购。步骤 2b 和 2c 则是为了测试支付的价格是否是具有竞争力的价格。也就是说，竞价或报价的证据将会证明管理人员在寻求最优的价格来尽责地保护企业资产。

（二）收货

货物的接收是准备存货用于生产或销售并且确认负债的第一步。注册会计师可以考虑在不事先通知的情况下访问接收部门，以确定接收的货物是否被尽责地清点并且与订购单进行比较。表 9-5 是收货测试的示例。

表 9-5　收货测试示例

控制测试：收货
对于抽取的每一份收据，从接收部门的文件中取得相应收货报告的副本。 1. 将收据所附的收货报告与接收部门文件中的收货报告副本进行比较。 2. 复核收货报告中的证据，以证实收到的货物经过了检查和清点，并且与包装单和订购单进行了比较。 3. 追踪收货报告至收货日记账中的分录。

除了在不事先通知的情况下观察接收部门，注册会计师还可以测试收据上列出收到的货物是否与接收部门文件（例如，接收部门中存档的收货报告的副本和收货日记账）相一致。在步骤1中，注册会计师将应付账款部门的收货报告与接收部门存档的接收部门的副本进行比较，并且测试应付账款部门准备收据时所使用的副本是否是错误的。步骤2通过检查证据证实收到的货物经过了检查和清点并且与包装单一致，以测试收到货物的数量的准确性。卖主发运货物的清单通常可以在货运箱上或里面找到。在步骤3中，注册会计师通过比较收货报告与收货日记账中的分录，进一步测试数量的差异。

（三）现金支付和记录

现金支付活动尤其容易受到舞弊的影响，因为现金流动性很强。注册会计师对于向供应商付款的控制测试主要关注付款的批准、适当的日记账分录以及签名的真实性。采购与现金支付的记录职能包括应付账款的分录，这要求注册会计师确定收据中的详细内容是否被记录到适当的供应商账户中并且合计数与总分类账一致。代表性的测试如表9-6所示。

表9-6　采购与现金支付的测试示例

控制测试：现金支付和记录
对于每一份抽取的收据，取得已签发的支票。 1. 检查已签发支票上的签名。 2. 将收据的详细内容与已签发支票进行比较：支票号码、日期、收款人和金额。 3. 追踪收据和已签发支票至应付账款中的过账以及收据登记簿中的分录。 　a. 复核收据登记簿中的分录，查看账户分配（分类）的适当性。 　b. 核实收据登记簿中的计算准确性，并且追踪合计数至总分类账中的分录。 　c. 查找收据登记簿中的异常项目（例如，不熟悉的供应商名字）和异常大额的项目，并且调查已经确认的项目。

在步骤1中，注册会计师检查已签发支票上的签名，查找异常项目。例如，支票上的金额可能已经超过授权的限额，手签章的签名可能表明一项舞弊等。步骤2将已签发支票的详细内容与相关的收据进行比较，从而确保支付的金额就是所欠的金额。在步骤3中，注册会计师追踪收据至应付账款及收据登记簿中的分录；测试分录中账户分配的适当性，例如财务报告目的和税务目的下的费用分类；测试收据登记簿的计算准确性和异常项目。

六、评估控制风险

为了完成对采购及付款循环的内部控制的考虑，注册会计师应当复核对系统的记录以及控制测试的结果。在评估控制测试的（包括对计算机控制的测试）结果时，注册会计师应考虑企业的内部控制整体是否被适当地设计以达到控制目标，并且有效地运行。这将决定是否将特定的账户和审计目标的控制风险评估为低水平，以及注册会计师是否能按原计划减少实质性测试。如果评估结果不同于初步评估控制风险时的预期水平，注册会计师就需要重新考虑原计划的实质性测试的性质、时间和范围。

在实务中，注册会计师需要对采购及付款循环中的相关账户余额、交易类别以及财务报表披露中所包含的财务报表认定进行控制风险评估。为了举例说明，我们来考虑一下前面表 9-3 中交易授权的第一个目标：

目标：在购买货物之前应当先批准供应商。

这一目标相应的控制程序是：

控制程序：编制已授权供应商的清单。

现金支付和记录的控制测试步骤 3c 是为了测试该控制程序是否有效运行：

控制测试：查找收据登记簿中的异常项目（例如，不熟悉的供应商名字）和异常大额的项目，并且调查已经确认的项目。

假定注册会计师检查收据登记簿中的不熟悉供应商和大额项目，发现与未经授权的供应商之间进行的采购交易超过了可容忍的数量。在这种情况下，注册会计师应当得出结论，认为“义务”认定的控制风险为最大值，因为应付账款中可能包括不适当的负债。例如，一名员工利用企业的资源购买货物供自己使用，那么这项负债就应当是该员工的，而不是企业的。

第三节　对采购及付款循环的实质性测试

本节主要讨论注册会计师为了达到与采购及付款循环账户相关的审计目标而采用的实质性测试。审计策略决定着对采购及付款循环中每一账户余额及交易分类进行实质性测试的性质、时间及范围，而审计策略本身又主要取决于注册会计师对错报风险的评估、对与特定审计目标相关的重要性及控制风险的评估以及对工作效率的考虑。

一、评估错报风险

注册会计师应获取或更新企业及其经营情况的各方面信息以评估错报风险。一般说来，负债和相关费用账户更可能被低估或忽略，原因在于这些账户余额所包含的项目在被记录之前往往都被仔细查对并经过认可，而且改善财务报表意愿可能会导致未确认正确的负债或费用。因此，尽管负债被高估的可能性仍然存在，但采购及付款循环中的实质性测试主要集中于寻找负债被忽略或被低估的证据。

分析程序常能凸显出在风险评估中并不醒目的账户与风险间的关系。在审计计划过程中必须采用分析程序；在审计过程中越早采用分析程序，就越有利于形成信息含量丰富的战略决策。本部分所讨论的程序对实质性测试和审计最后的复核阶段仍然适用。

与应付账款和采购审计尤其相关的分析程序包括核查应付账款明细清单，并对其中的重大异常项目，如借方余额、久未支付的票据等进行调查。核查应付账款明细清单是确认与应付账款和采购相关的异常审计风险的有效方法。例如，如果发现存在久未支付的票据或未结平的借项通知单，则可能意味着与供应商之间有争议或者账簿中包含了非法的发票。在决定是否核查应付账款详细清单时，注册会计师会考虑借方余额是否重大、被审计单位的内部控制尤其是监督控制是否健全。例如，如果被审计单位管理层出于管理现金流量或复核预算的目的对应付账款清单进行定期检查，则出现异常余额的可能性将降低。

分析程序可显示出费用的变动趋势从而帮助注册会计师对风险进行评估。应检查各费用账户之间的关系以及费用账户与其他账户之间的关系，并将其与前期情况以及预算数或预测数进行比较。可将相同账户不同月份之间的余额进行相互比较，也可与以前年度同期水平进行比较。对其中的趋势和波动情况（季节性波动或其他原因引起的波动）应予以注意，并寻求对异常情况的解释。

如果管理层将分析程序作为其监督控制的一部分，那么注册会计师应考虑其执行情况。注册会计师应当去了解管理层执行的程序并考虑利用其结果来补充自己的分析程序。管理层通常会检查各种内部费用及预算报告和数据，比如：实际的毛利润与历史趋势和预算或预测数的比较；实际的费用与历史趋势和预算数的比较；退货与借项通知单的趋势；应付账款的账龄；未决的采购承诺。以上这些管理层的检查报告可帮助注册会计师确认出采购交易处理过程中的重大错报。例如，对报告的费用额与预算数或历史数据之间的重大差异进行调查可查出在总分类账中不完整的发票记录。

注册会计师在分析程序中可能会询问管理层一些问题，而管理层的回应在一定程度上可能暗示着被审计单位控制环境的质量。例如，在没有其他相反证据的情况下，针对当期费用额与某一期预算数之间的差异或与以前年度同期数字之间的差异的询问，及时的、富有逻辑性的、有意义的回答在一定程度上意味着被审计单位的管理层是控制有力的，其会计系统和控制活动也如预期那样发挥作用。不过，即使控制良好的单位，分析程序也可能指出某些趋势，从而引导注册会计师扩大实质性测试。

二、详细的实质性测试

应用于采购及付款循环账户的详细实质性测试主要针对的是应付账款账户。损益表账户所需要的保证常通过对资产负债表账户的控制测试、分析程序和详细实质性测试的组合测试来获得。实际选用的测试方法，包括其时间和范围，将取决于注册会计师对控制风险的评估、对重大错报风险的确认以及对重要性的估计。在某一具体审计项目中需要以下全部测试程序都同时应用的情况并不常见。

（一）控制风险的评估与实质性测试的性质、时间和范围

为了计划好审计项目，注册会计师需要充分了解被审计单位的内部控制情况；注册会计师还应对财务报表中各认定的相关控制风险做出评估——在本节中，指与应付账款和相关费用相关的认定。通过这些了解和评估，注册会计师可以确认可能发生的错报类型以及降低错报发生可能性的相关控制。在这些信息的基础上，注册会计师再决定实质性测试的性质、时间和范围。

注册会计师通过实质性测试或者实质性测试与控制测试相结合来实现与采购及付款循环账户相关的审计目标。注册会计师常对相关控制进行控制测试以获得其是否有效运作的证据。而如果控制经测试有效的话，注册会计师就可减少针对完整性、准确性和存在或发生审计目标的实质性测试。

在对应付账款执行实质性测试以前，注册会计师需首先保证明细分类账中的应付账款详细清单包含了所有在年末仍未支付的采购交易，并根据总分类账中的相关控制账户做出适当调节。如果控制测试的结果已为详细清单的完整性提供了充分的证据，则针对

应付账款完整性的实质性测试通常仅限于分析程序就可以了。同样的，如果控制风险被评估为低，或由于安全软件包的应用使得会计系统可以被充分信赖，就不必再对详细清单进行计算准确性的测试。不过，注册会计师应考虑到详细清单上的信息可能在报告撰写过程中或接下来的打印过程中被隐匿掉的可能性。

一般情况下，被审计单位自身会将应付账款总分类账户余额与明细分类账户余额之和进行例行比较，对其中的差异展开调查，并进行必要的调整。注册会计师应追踪明细分类账余额总额至总分类账，并查明是否所有的调节项目都是恰当的。调节项目可能暗示着由截止性错误、异常交易或内部控制失效等引起的潜在重大错报。

注册会计师还可以检查应付账款明细账根据控制账户所做的调节，查明其调整依据，以保证这些调整都是经过适当授权的，并已过入控制账户中。在考虑是否执行此项测试时，注册会计师应考虑到职务分离是否恰当以及明细账户和控制账户调节时所揭示的差异是否经过适当的调查并得以及时的修正。如果这些程序无效，或者在采购及相关交易的产生及记录、现金支付的记录、会计记录的维护以及明细记录与控制账户记录的调节等职责之间缺乏适当的职务分离，则错报的风险将会增加，注册会计师应执行此项测试。不过，在一些企业中，控制账户中的记录可能非常多，此时就无须再对其中的每一笔都进行评估。通过对调节事项的检查，注册会计师应将注意力集中于由调节过程引起的分录，在适当的时候找出其中的异常调整，检查其授权情况，并追踪这些调整至支持性凭证和总分类账中。

如果注册会计师已将与采购和应付账款的完整性、准确性和存在与发生审计目标相关的控制风险评估为低，则这些目标的实质性测试只要限于分析程序就可以了，不需要再实施支持货物或服务购买的完整性和准确性的详细交易测试。

如果注册会计师将与采购和应付账款的完整性、准确性和存在与发生审计目标相关的控制风险评估为低于最大值，则有必要取得证据证实被审计单位已执行了适当的程序，以确保所有采购交易都已被记录(完整性)且这些程序运行良好。注册会计师还应选择资产负债表日后一段时期内的大额项目支付记录进行检查，从实质性测试中获取关于详细清单上应付账款的准确性和存在性的保证。当控制风险被评估为低于最大值时，注册会计师应确定测试范围从而以中等或较低的水平保证完整性、准确性和存在与发生审计目标的实现。注册会计师还应考虑，从基于某一审计目标的测试中获取的证据是否同时对其他审计目标也有效。

当注册会计师将与采购和应付账款的完整性、准确性和存在与发生审计目标相关的控制风险评估为最大值时(当然这种情况较少发生)，获取所有采购交易都已被记录(完整性)的证据自然显得非常必要。为了确定应付账款的完整性，注册会计师应检查资产负债表日后一段时期内的支付记录和不能一一匹配的收货报告、订购单、销售方发票以及未决退款请求和退货贷记单。注册会计师还应追踪应付账款清单中的特定负债至其支持性凭证和支付记录，以查明该负债在资产负债表日确实存在(存在或发生)并经准确记录(准确性)。当控制风险被评估为最大值时，注册会计师应确定测试范围以高度保证完整性、准确性和存在或发生审计目标的实现。注册会计师还应考虑，从基于某一审计目标的测试中获取的证据是否同时对其他审计目标也有效。

由于企业通常都没有专门针对截止这一目标建立控制活动，注册会计师常需执行详细的实质性测试来达到截止目标。不过，在某些情况下，控制活动可能强调了截止目标，或管理层在年末采用了专门的控制程序，注册会计师可对其进行测试。同样的，针对输入与更新的完整性的控制在保证交易被记录在恰当期间方面也是有效的。例如，会计系统本身的设计可减少截止的控制风险。然而，不管怎样，对注册会计师来说，执行详细的实质性测试来达到截止目标通常会更加有效。在决定这些测试的范围时，注册会计师应当考虑针对截止的控制活动、控制风险的评估水平、在以往年度审计中发现的截止错误的类型及出现频率以及预期可从其他相关实质性测试——如对存在性和完整性的测试中获得保证的大小等因素。

估价、权利和义务以及列报与披露目标的控制风险极少被评估为低，因此，如果可能的话，对这些目标通常都需执行详细的实质性测试。

（二）应付账款的具体审计目标

应付账款是指企业在正常经营过程中，因赊购货物和服务等引起的短期债务。应付账款的具体审计目标按照七个一般审计目标分别阐述，如表 9-7 所示。注册会计师应当获取旨在实现这些具体目标的充分证据。

表 9-7　应付账款的具体审计目标

• 完整性	资产负债表日属于应付账款的全部金额都已包含于资产负债表
• 准确性	应付账款余额已准确的予以确定、汇总及记录 财务报表中报告的金额与会计记录一致
• 真实性	只有有效的应付账款包含于财务报表
• 截止	已适当考虑了截至资产负债表日与所交付的货物或提供的服务相关的全部负债 资产负债表日后交付的货物或提供的服务的相关负债已被排除在外
• 估价	已针对借方余额计提了适当准备 已针对因采购承诺而产生的潜在亏损计提了适当准备
• 权利与义务	应付账款表示被审计单位于资产负债表日应支付的金额
• 列报与披露	应付账款已在财务报表中正确地予以分类、描述及披露

注册会计师应当考虑在中期的某一天实施这一节讨论的部分程序，将其作为早期实质性测试的一部分。应付账款审计策略应具体说明在中期的某一天实施哪些程序，并且预期是否有必要在资产负债表日重复这些程序或扩大其实施范围。

（三）应付账款的实质性测试

1. 完整性

（1）检查并调节供应商对账单

对所选定供应商对账单（可直接从供应商或从被审计单位那里获得）的检查与核对，除了实现完整性目标以外，还将提供有关准确性、存在、截止和权利与义务目标的证据。因此，这主要是对应付账款的实质性测试。如果可能，注册会计师应当于存货盘点日实施这些程序。

在没有识别出舞弊或错误风险的情况下，注册会计师一般不必要求供应商提供对账单，而且可以使用由被审计单位保留的供应商对账单。如果不能得到供应商对账单，则有必要确定其中的原因并直接要求供应商提供一份对账单。审计工作不应当以对供应商发票的检查来替代对供应商对账单的检查,因为这样不能提供有关所有发票都被记录的充分证据。

① 检查。应当从最有可能识别被审计单位已经或曾经与其有过大量业务往来的所有供应商的来源中选取用于检查和调节的账户。其中的一个来源是自上期资产负债表日以来增加的债权人名单。注册会计师可能还应当考虑从该期间后半段进行的采购中识别的供应商中以及从现金付款记录中进行选择。由于更有可能从主要供应商中漏掉大额款项,所以选择的目标应当是主要供应商,即使本期已入账金额可能很小。

注册会计师还应当通过从经营复核中获得的对被审计单位主要供应商的了解以及通过复核上一期各项余额的对账单等方式来复核各项余额对账单中供应商的姓名,以查找有遗漏的地方。

② 与被审计单位记录之间的调节。应当要求被审计单位将每一个选定的供应商对账单中反映的余额与其在资产负债表日的记录进行核对,并调查其中的差异。注册会计师应当检查调节事项并将有关的详细内容与支持性凭证进行核对。当需要调节的项目重大、异常或值得怀疑时,注册会计师应当考虑要求供应商直接向注册会计师确认有关细节。

下面是通常要求予以核对的项目:

第一,已包含于供应商对账单但未包含于被审计单位记录的商品发票。这种情况下,注册会计师应当检查收到货物的日期以确定是否应当记录一笔负债。如果货物是在资产负债表日以前收到的而发票不在分类账中,则有必要确保已在应计事项中包含了该数额。

第二,被审计单位已支付但供应商对账单中没有显示的款项。这种情况下,注册会计师应当检查支票通过银行结算的日期,以确认付款时间。

第三,记入被审计单位分类账中供应商账户的借方但供应商对账单中没有显示的购货退回。注册会计师应当检查有关货物退回的证据,如发货记录和往来信函,并且还应当查明货物退回的理由以及是否存在由供应商提起的、可能对被审计单位处理该项目的做法提出质疑的证据。

③ 异常项目及差异。为了确认无效的交易,注册会计师应当调查未能配比的项目、调节事项中的异常项目及其他差异。尤其是下列情况:第一,不构成未结清特定交易的余额以及账户之间的转账,可能表明存在舞弊或错误。第二,过去未付款的发票或大额的整数未付款,可能表明与供应商之间有争议或包含无效发票,或者表明被审计单位不能支付到期债务。

④ 要求供应商提供对账单。如果注册会计师决定直接要求供应商提供对账单,则应当实施函证程序,除非要求提供的是对账单而不是对某项余额进行确认。这样的要求应当在资产负债表日以前的几天内寄出,因为如果供应商在编制对账单的同时收到询证函,则更有可能给予答复。对于未答复事项,注册会计师应当使用后续处理程序。

⑤ 用于检查供应商对账单的替代程序。如果不能从被审计单位那里获得供应商对账单,而且也不可能直接从供应商那里获得,则注册会计师应当针对所选账户实施下列替

代程序：第一，将该账户的期初余额与上年末的应付账款对账单进行核对；第二，检查该账户的增加额；第三，检查该账户（支出、退货或折让）借方分录的抽样并将其与已付款支票或贷项通知单等支持性凭证进行核对来确定其有效性。另外，注册会计师应当识别最合适的替补对象总体（如，收货记录）、从该对象总体中选取项目并将其与已收到货物和服务的发票及相关应付账款分类账户进行核对。

⑥ 对中期调节事项进行后续处理。注册会计师如果已复核供应商对账单中的调节事项，将其作为早期实质性测试的一部分，则可能需要在资产负债表日实施进一步的工作，其中包括：第一，检查间隔期的发票或其他支持性凭证；第二，询问在履行义务方面的异常延误情况并调查异常项目；第三，检查被审计单位对供应商对账单所做的调节以确保有关调节事项看似已恰当地完成、调查异常项目并重新执行若干事项的调节；第四，复核借方余额的增减变动并针对新生成的重大借方余额采取适当步骤。对这些程序及其范围的选择将取决于具体情况，尤其是在间隔期对重大错报风险所做的评价。

（2）检查未入账的负债

注册会计师应当设计截止测试以便查找自资产负债表日起短期内被低估的负债。这些测试应当以下列程序作为补充：第一，询问被审计单位的管理层以及其他管理人员有关他们知道的未入账负债的情况；第二，从资产负债表日后的采购及费用记录（包括现金记录）中选取项目并进行检查，以确定这些项目是否应当在这一日作为应付账款入账。注册会计师应当询问是否有资产负债表日后已收到但在接受审计时仍未处理的重要发票。

（3）检查借方余额

应付账款分类账中的借方余额可能表明存在未入账的采购发票或存在截止问题。所有重大借方余额都应当予以检查，以便确定对该项金额的正确处理。如果借方余额重大，应当在资产负债表中作为应收款进行重分类。

借方余额测试通常应当包括：第一，确认作为借方余额重要组成部分的各项借方分录；第二，通过检查往来信函或其他证据确定各项大额借方分录产生的原因，并且在适当的情况下考虑其可收回性；第三，确认并证实借方分录所要支付或注销的贷方余额，并考虑未入账发票的风险；第四，如果对一项借方余额的性质或存在性有疑问，则直接向供应商确认借方余额。

对借方余额的调查除了可实现完整性目标外，还将提供所需要的与特定准确性、存在、截止和估价目标相关的部分或全部保证。

2．准确性

与特定准确性目标有关的大多数保证一般可以从针对其他目标的工作中获得。例如，旨在验证应付账款完整性而针对供应商对账单的工作将提供有关应付款项已准确入账的次要保证。但是，注册会计师应当实施以下程序：测试对控制账户的调节；在适当的情况下测试应计事项清单的准确性；测试公司间的余额；检查外汇折算；查明财务报表中报告的金额与会计记录是否一致。

(1) 对控制账户的调节

注册会计师应当测试总分类账应付账款控制账户中记录的金额与应付账款分类账明细账户清单之间的调节。为此,有必要实施下列程序:将清单中的金额与各明细账户进行核对;测试所调节事项和清单中的增加额;调查抵消调整事项和调节事项中的异常项目;复核需要调节项目的事后结算情况。

如果这项工作是作为早期实质性测试的一部分来完成的,注册会计师可能需要实施下列追加程序:检查实质性测试日和资产负债表日之间的控制账户,以证实没有遗漏经常性分录并确认异常项目;复核资产负债表日的调节事项并调查需要调节的异常事项;测试控制账户的增加额;测试从原始分录记录过账记入控制账户的金额;测试原始分录记录中的增加额;测试应付账款分类账余额中的增加额。

这些程序的选择及其范围将取决于对间隔期重大错报风险的评价,并且应当在应付账款审计策略中具体予以说明。

如果被审计单位不能将控制账户与各项基本余额的合计数进行调节,或者这样做有难度,注册会计师应当考虑有关记录是否可靠。注册会计师应当将被审计单位不能调节控制账户或者严重并反复推迟这项工作的情况提请业务经理注意。业务经理应当决定是否应当在重大审计事项汇总中报告该事项。

(2) 应计事项清单

如果单独的应付账款应计事项清单不是由系统生成的并且总分类账中没有控制账户,那么注册会计师应当测试该清单的增加额并将其合计数与试算平衡表进行核对。

(3) 应付公司间的金额

针对所欠公司间金额(包括集团公司金额)的主要审计程序是为了确保公司间的余额已经过被审计单位的正确核对。重要的是,这些金额已经正确地予以调节,并且注册会计师应当考虑从当地注册会计师那里获得对这些余额的书面确认。

注册会计师应当复核已调节事项并测试需要调节的项目,尤其是在有外币业务发生或者有错误历史的情况下,因为错误或有争议项目造成的差异可能被被审计单位不经调查而予以冲销(如将其作为"汇兑差异"分类)。这些程序不仅提供有关所欠公司间金额准确性的保证,而且还会提供与其完整性和存在性相关的保证。

(4) 外汇

如果被审计单位与外国供应商之间发生交易,注册会计师应当实施下列程序:确定这些交易的支付币种;询问被审计单位是否采用程序以确保用外币列示的负债准确地折算为本位币;测试折算结果。

(5) 与会计记录核对相符

注册会计师应当将财务报表中报告的应付账款金额与总分类账中调节后的控制账户进行核对。通常应当通过试算平衡表来核对这些数字。

3. 真实性

(1) 保证的来源

注册会计师往往可以从针对其他目标及其他审计领域的工作中获得与存在目标相关的大多数保证。例如,为了确认应付账款完整性而对供应商对账单进行的检查与调节将提供有关存在目标的保证。

如果审计策略要求对应付账款的存在进行进一步的特定测试,注册会计师通常应当从应付账款清单(或者从单独的应计事项清单中的项目)中选取已入账余额。这项工作也将提供有关准确性和权利与义务目标的保证。

(2)特定测试

注册会计师应当选取若干应付账款余额,并且对于实质性测试日尚未结算的那些项目,检查发票或其他支持性凭证并确保这些余额是由需要批准的特定及近期发票构成的。对于选定的余额,注册会计师应当询问是否有异常项目,并且还应当考虑询问有关异常推迟偿还负债的情况。

如果有单独的应计事项清单,注册会计师应当复核该清单并获得对长期未结算项目的解释。另外,还应当选取该清单中的若干项目并检查支持性凭证。支持性凭证一般包括由随后的采购发票作为证明的收货通知单,如果没有给这些项目开具发票,则包括可获得的价格清单、相同货物的近期发票或其他支持性凭证等。

4. 截止

被审计单位经常会收到在注册会计师实施测试的日期仍未通过应付账款分类账处理的大额货物。由于不正确的截止可直接影响利润,所以有必要获得有关截止程序有效运用的证据,确保截止到资产负债表日向供应商的付款、采购及退货业务已在本期的财务报表中予以反映。与存货截止一样,应付账款截止程序也是为了确保存货中包含的所有这些项目的负债已纳入财务报表。

重要的是应记住:不能正确配比财务报表中的交易(如包含存货而遗漏其采购债务),比起把少数几项交易的所有方面都记入错误的会计期间(如漏记在途存货及其相应负债)来说,可能对财务报表有更大的影响,尽管这两点都很重要。由于它们两者之间的密切关系,注册会计师一般应当将应付账款截止的实质性测试与存货"入库"截止测试结合起来。虽然截止测试的性质与范围取决于对错报风险的评估,但是通常应当非常强调价值高的项目和接近截止日的项目。

注册会计师通常应当实施下列详细测试程序:

第一,测试收货记录的顺序并在资产负债表日即将到来时选取项目以便查明存货及相关负债已记入正确的期间。该项负债可以记入各供应商账户,如果尚未收到发票,记入应付账款应计事项清单。

第二,在资产负债表日即将到来时选取记入应付账款控制账户借方的金额并通过检查付款凭证、购货退回及其他重要分录来查明其正确性。如果购货退回水平异常得高,注册会计师应当考虑被审计单位是否可能通过退回过多的而不是真正有缺陷或损坏的货物来"粉饰报表"。

第三,从当期最后几天的购货记录中选取分录,检查收货通知单以确保货物在当期交付,并确保已像上述第一点那样记录了相关负债。

第四,从资产负债表日后存货账户的借方分录中选取项目,如果该项目与资产负债表日以前收到的货物相关,则查明这些项目已包含于存货及应付账款。

第五,选取资产负债表日后的付款,如果付款与资产负债表日的负债相关,则查明这些负债已在这一天正确地予以记录。

第六,复核已收到但尚未处理的发票,以查找有关未入账负债的证据。如果可行的话,注册会计师应当从购货发票登记簿(或类似记录)中选取项目。

第七,从资产负债表日后的收货记录中选取项目,以查明有关负债已记入正确的期间。

第八,复核资产负债表日后的供应商贷项通知单,以查明其已在正确的期间予以核算。

5. 估价

(1) 借方余额

注册会计师将通过"完整性"所做检查的工作中获得有关供应商账户中借方余额可收回性的保证。

(2) 采购承诺

如果未完成采购承诺可能造成重大损失,注册会计师可以通过下列部分或全部程序来识别承诺:在可能的情况下检查尚未付款的订购单记录;向做出采购承诺的员工询问;向选定的主要供应商(根据以前与被审计单位达成的协议)提出申请,要求其提供有关资产负债表日尚未履行的购货承诺的详细内容。

如果不能确定是否已确认所有的承诺,注册会计师应当复核资产负债表日后某段期间供应商的发票,以查找下列证据:高于现行价格的购货;购入超过目前需要量的货物,或者滞销或过时的货物。有些情况可能表明资产负债表日尚未履行的有偿采购承诺。

6. 权利与义务

注册会计师通常可以从与完整性和存在目标有关的工作中获得和权利与义务目标相关的充分保证。但是,如果应付账款审计策略要求实施追加程序,则这些程序一般包括检查支持性凭证或者扩大其检查范围。

7. 列报与披露

注册会计师一般将通过复核财务报表并考虑会计准则中所述的事项,在审计结束时实现列报与披露目标。还有重要的一点是,注册会计师应当对需要披露或重新分类的事项以及可以在外勤工作中更有效地予以识别的事项保持警觉。这些事项包括:① 保留所有权;② 自资产负债表日起 12 个月内不能支付的某项应付账款余额;③ 应付集团及关联公司的金额;④ 应按总额予以披露的净额;⑤ 资本采购应付账款(应按"其他"应付账款而不是商业应付账款进行重分类);⑥ 应付票据;⑦ 应付账款的付款期限。其中,有关保留所有权,如果确认了根据保留所有权条款提供货物的债权人,注册会计师应当考虑资产负债表日的金额是否重大。调查有关保留所有权的有效性并要求披露相关金额的做法可能是必要的。

(四) 采购与费用的实质性测试

1. 具体审计目标

采购及费用的具体审计目标按照七个一般审计目标分别阐述,如表 9-8 所示,注册会计师应当获取旨在实现这些具体目标的充分证据。

表 9-8　采购与费用的具体审计目标

• 完整性	所有采购及费用都已记入财务报表
• 准确性	相关交易已准确地予以确定、汇总及记录
• 存在性	已入账的采购及费用代表出于经营目的的有效支出
• 权利与义务	财务报表中报告的金额为已履行或应履行的义务
• 截止	采购及费用已记入正确的会计期间
• 估价	与采购及费用相关的估计和计算正确
• 列报与披露	采购及费用已在财务报表中予以正确地分类、描述及披露

2. 实质性测试

注册会计师可以考虑在中期的某一天实施这一节讨论的部分程序，将其作为早期实质性测试的一部分。采购及费用审计策略应当具体说明在中期的某一天实施哪些程序，并且如何将这些程序更新至资产负债表日。

(1) 完整性

注册会计师一般可以从对采购及费用完整性的直接测试结果中获得有关完整性目标的充分保证。但是，如果需要额外保证，则有可能依赖为实现存在、准确性及权利与义务目标而实施的实质分析程序(只要注册会计师对这项复核可提供有关完整性的额外保证感到满意)，或者针对已确认的特定风险实施详细测试(例如，注册会计师可能要求与该期间所采购货物的供应商直接进行确认，或者扩大截止测试范围)，或者依赖这些程序的综合使用。

(2) 准确性、存在、权利与义务

下面所讨论的重新计算、实施分析程序以及详细测试等程序，将提供有关准确性、存在真实性和权利与义务目标项下所有特定目标的保证。

① 重新计算

有些情况下(例如，在加工业)，注册会计师可以使用从供应商的价格清单中获得的单位成本信息，对照已交货数量的独立记录，重新计算采购成本。如果被审计单位所购货物的很大一部分来自一家供应商，则有可能获得对本期采购的直接确认，或者有可能参照供应商的对账单来计算本期采购总额。

在被审计单位从同一集团的一个公司采购大部分或所有货物或者被审计单位是分销商时，重新计算是有效的。作为对租金等费用的测试，这一技术也是有效的。

② 分析程序

为了实现分析程序目的而确定一项预期时，注册会计师应当利用对经营情况的了解来确认采购及费用项目所依赖的那些变量。其中的例子如表 9-9 所示。

表 9-9　相关示例

采购/费用类别	相关数据
• 销售成本	销售、毛利、产品组合、间接费用分配率
• 采购总额	体积、所购货物重量或件数、价格指数
• 原材料	所加工货物体积/重量、价格指数
• 间接费用	价格、经营规模、通胀率、员工配备水平、占地面积

为了获得较高水平的保证，注册会计师可能需要完成下列一项或多项工作：

第一，加大数据分解的程度，例如通过单独确定每一大类原材料的预期。

第二，考虑可能影响该项预期的额外数据（例如，通过考虑生产过程中浪费的材料）。

第三，更详细地检查相关数据，例如，通过参照大额采购的时间来确定材料价格的加权平均值。

③ 控制账户的调节

如果注册会计师决定根据样本实施详细测试，则可以从下列两者之一中选取样本：总分类账中的采购及费用账户；现金付款记录。这种情况下，注册会计师应将总额与总分类账进行核对，并复核总分类账户中是否存在不是从现金付款记录中生成的异常项目。

注册会计师应当通过检查供应商的发票来证实每项选定交易的有效性，以便查明：发票的收款人为被审计单位，货物或服务是被审计单位订购的，以及交货地点是被审计单位的某一经营场所。

如果没有书面订单（如与供电或供水相关的交易），则有必要确定发票或其他支持性凭证看似合理。如果货物或服务由同一集团中的某公司提供，注册会计师应当查明其价格是合理的"公允价格"。如果该项交易看似没有按照正常商业条款定价，注册会计师应当提请业务经理注意该事项。

注册会计师还应当查明已入账货物或服务实际上已收到。对于货物，一般可以通过检查收货记录做到这一点，但查找有关接受服务的证据可能比较难。某些情况下（如办公室保洁和电话及电传费）可能有特别证据。但是，注册会计师经常可以根据被审计单位的经营规模或者通过观察或者检查相关货物的交付（确定货物的运费时）而得出已接受服务的结论。

注册会计师还应当确认下列内容：

第一，该项交易是正确的。这是通过将发票价格与订购单、价格清单或其他可得到的证据进行核对以及通过测试发票的计算准确性来完成的。

第二，该项交易经过适当授权。注册会计师应当确保发票已由相关负责人交付给相关人员办理付款。

第三，该项交易被分配记入总分类账中的正确账户以及采购分类账中正确的供应商账户。

在没有已识别舞弊风险的情况下，注册会计师一般将从对供应商对账单的检查与调节中获得与该项交易的付款相关的充分保证。

④ 销售成本

销售成本通常以下列两种方法中的一种确定：一是每销售一个项目，就有相应的从产成品到销售成本账户的转账记录；二是定期从本期的采购及费用中计算销售成本（根据存货盘点对存货增减变动进行调整）。

在发生上述第一点的情况下，注册会计师应当通过选取该账户的借方并确保其只代表从产成品账户转出的数额的方法来测试销售成本账户。有时，可能有必要证明过账金额的合计数。由于本章前面所述的采购测试中已对产成品账户的借方实施了审计，所以没有必要进一步测试销售成本账户。

在发生上述第二点的情况下，销售成本账户将由采购加减存货增减变动、加上由日记账过账分摊的人工及间接费用构成。注册会计师一般将分别测试基本材料、工资和费用账户。因此，有关销售成本账户的工作，将集中于确保人工及间接费用的分摊基础是适当的。

⑤ 购货退回

购货退回水平将取决于被审计单位经营的性质。只有在预期购货退回数额重大或已识别重大错报风险的情况下，注册会计师才应当测试购货退回。这可以根据对经营情况的了解或者复核收货记录并查找有关货物是在不能令人满意的状况下收到的证据来加以确定。

第一，分析程序。通过实施分析程序，注册会计师可以重新估计本年金额。该估计数一般应当基于前一年度购货退回与采购之间的关系并根据经营模式的已知变化做出相应调整。

第二，详细测试。对于详细测试，应当从合适的替补对象总体（如退货通知单、货物检查记录或与供应商的往来信函）中选取样本。注册会计师应当测试查明有关金额与原采购金额相同并将其（及增值税）与有关分类账户进行核对，并且应当测试这些账户的合计数。

⑥ 增值税

在实施有关采购及费用的测试工作的同时测试增值税控制账户中的借方分录，往往是方便且有效的。有以下两种类型的分录：

第一，向海关及税务机关支付的增值税款。注册会计师应当通过检查适当的增值税申报表，如果已识别与付款有关的特别舞弊风险，则通过检查已付款支票或支付转账授权证明来测试这些付款。为确保支付的金额正确，有必要查明申报书是否已与有关记录核对相符。

第二，采购及费用的增值税。注册会计师应当通过检查相关发票上的增值税计算来测试这一项目。

⑦ 与会计记录核对相符

注册会计师应当获取有关总分类账中的采购及费用账户与财务报表核对相符的充分证据。这通常应当通过采用试算平衡表将总分类账户与财务报表进行核对的方法来完成。

（3）截止

注册会计师一般将从应付账款的测试工作中获得所需要的与采购截止相关的保证。

（4）列报与披露

注册会计师一般将通过复核财务报表并考虑会计准则中所述的事项，在审计结束时实现列报与披露目标。还有一点重要的是，注册会计师应当对需要披露的事项以及能够在外勤工作中更有效地予以识别的事项保持警觉。这些事项包括：第一，应当予以资本化的项目；第二，涉及董事或关联方的交易；第三，从已将保留所有权纳入其交易条款的供应商那里购入货物；第四，为了遵循公司法的规定格式而对采购及费用进行的正确分类；第五，应作为异常或例外事项予以披露的事项。

本章提要

1. 采购及付款循环中针对管理层的认定确定相关账户的审计目标。大多数企业中的采购及付款循环,可以分为三种典型的交易:取得货物和服务;支付货物和服务的款项;在某些情况下退回货物给供应商。

2. 采购和付款循环内部控制的控制测试中主要包括以下内容:(1) 在了解的基础上进行初步的控制风险评估,注册会计师通过测试企业采购及付款循环的控制程序来获得证明其运行有效性的证据。(2) 对系统的记录,尤其注册会计师还应该视情况考虑以下可能与采购及付款循环相关的各类信息:采购的数量、金额和类型,以及企业的供应商数量;采购及付款循环交易在会计系统中的流动过程。(3) 穿行测试和确认控制程序。(4) 对采购及现金支付循环实施控制测试。(5) 评估控制风险。

3. 对采购及付款循环实施实质性测试。首先,要评估错报风险;其次,实施详细的实质性测试,主要包括对应付账款余额的实质性测试,以及对采购与费用的实质性测试。采购及费用审计策略应当具体说明在中期的某一天实施哪些程序,并且如何将这些程序更新至资产负债表日。

练习与思考

1. 为什么要确保只从经过批准的供应商处购买货物和服务?

2. 管理人员如何控制未经授权的或重复的现金支付?

3. 总分类账控制账户中的适当记录不代表交易被准确地过入单个供应商的账户。管理人员可以实施哪些控制来确保详细的记录与控制账户一致?

4. 注册会计师在审计应付账款时,为什么通常不是仅仅依赖实质性测试?

5. 注册会计师在对采购进行控制测试时的主要关注点是什么?

6. 注册会计师如何测试采购交易是否依据管理层指定的标准得到了授权?

7. 注册会计师如何测试是否所有的采购交易都被确实记录?

8. 说明注册会计师如何确定已记录的所有应付账款都代表了企业的真实义务。

9. 注册会计师可以使用哪些程序来测试采购和应付账款的估价认定?

10. 在什么情况下,注册会计师最有可能函证应付账款?

11. 注册会计师如何对采购交易进行截止测试? 为什么要进行截止测试?

12. 注册会计师使用哪些主要的方法来测试高估的应付账款?

13. 假设你正在考虑被审计单位对采购和现金支付的控制。系统的记录已经通过流程图和描述性文字完成,再结合穿行测试,发现了如下潜在缺陷,要求:针对每一个潜在的缺陷,说明管理人员为了降低错误或舞弊的可能性所能实施的控制。

(1) 存货的账面价值与上年相比大幅增加。

(2) 采购的价格有时候异常的高,或者波动很大。

(3) 常常没有取得采购折扣。

(4) 财务主管告诉你年度中发生了两次重复支付的情况。

(5) 现金支付记录与总分类账控制账户并不总是保持一致。

14. 李明是 B 公司采购部门的经理,他制定了新的政策和程序来指导采购部门的每日运营。下面就是其中的一些政策和程序。要求:指出 B 公司采购政策和程序中的不足和缺陷,并提出改进建议。

(1) 所有重要的采购都采取竞标的形式。

(2) 采购部门向供应商提供备忘录,详细说明产品质量的最低要求。

(3) 材料部门经理(而不是采购部门经理)负责确保供应商达到了产品质量要求。

（4）材料部门经理根据每个季度的生产计划编制采购申请。

（5）90%的关键原材料由一个供应商供应。该供应商在过去几年内的竞价都最低，并且拥有良好的交货记录，十分可靠。

（6）当生产计划发生变动时，由生产部门经理直接向采购部门提交急需的订单。而取消的生产计划所订购的材料就储存起来供以后使用。加急订单的成本完全由采购部门承担。

（7）工程的变动所需的材料在工程部门批准了变动之后由采购部门订购。李明对采购部门的快速反应很满意。在提交订单之前不会先去查看已有的材料。

15. 下面是注册会计师在对2012年12月31日的应付账款进行年末详细测试时可能遇到的错误、舞弊或其他情形。要求：针对每一点，指出可以发现错误、舞弊或其他情形的特定详细测试，以及每个测试对应的财务报表认定。

（1）账龄试算表与单个的应付账款分类账记录不一致。

（2）注册会计师怀疑应付账款被高估。

（3）有几批货物在2013年1月2日收到。

（4）2012年12月31日的应付账款账户余额与前两年相比较低。

（5）应付账款部门维护一份专门的文件来记录不匹配的收货报告（即尚未收到对应发票的收货报告）。

（6）通常等收到货物后两天，才记录应付账款。

案例分析

案例一：注册会计师张刚在审计大华公司2012年度会计报表将近结束时，大华公司财务主管提出不必抽查2013年付款凭证来证实2012年度的会计记录，其理由如下：2012年度的有些发票因收到太迟，不能记入12月份的付款记账凭证，公司已经全部用转账分录入账；年后由公司内部审计师进行了抽查；公司愿意提供无漏记负债业务的声明书。

要求：是否应该改变原定的审计程序？是否因客户愿意提供无漏记债务声明书而受影响？可否因内部审计师的工作而取消或减少审计程序？

案例二：注册会计师吴生审计新兴公司“应付账款”时发现，该公司因财务状况不佳，无法支付已有3年账龄的欠A公司的货款10万元（增值税项不计，下同），经与债权人协商，并达成如下债务重组协议：债权人同意以新兴公司生产的产品总成本6万元用于抵偿上述债务。双方已在本年度履行了债务重组协议，但新兴公司未按规定进行账务处理。

要求：注册会计师的审计处理应该是什么？

案例三：注册会计师李文在审计H公司“应付账款”时，发现该公司存在3年以上账龄的应付账款——A公司600万元。通过查阅原始凭证和询问有关业务人员，未能取得充分审计证据可以证明此款项的业务性质，无法判定负债的存在性。

要求：在此情况下应实施什么补充替代审计程序？如果通过这些程序仍无法获取充分的审计证据，则注册会计师应该怎么办？

案例四：注册会计师吴生在审计新兴公司“应付账款”时，发现：该公司于12月28日购入的G货物50万元，已按规定纳入12月31日存货盘点范围进行了实物盘点。但卖方发票于次年1月5日才收到，并在次年的1月份进行了账务处理，本年度无进货和相应负债记录。

要求：这里反映出什么问题？如何查出此类问题？如何处理？

案例五：E公司是一家生产小型电子设备的公司，根据发布的行业数据，其2012年的市场份额大约为12%。E公司2011年和2012年的简要资产负债表和损益表如下所示：

E公司资产负债表 单位:万元

	2012	2011
资产		
现金	420	525
应收账款(净值)	3 255	1 750
存货	2 520	2 435
其他流动资产	175	210
固定资产(净值)	2 100	2 800
总资产	8 470	7 630
负债和权益	1 330	1 435
应付账款	1 050	504
应付税款	700	1 400
长期负债	2 450	2 450
普通股	2 940	1 841
留存收益	8 470	7 630
负债和权益总额		

E公司损益表 单位:万元

资产	2012	2011
销售净额	58 940	43 750
销售成本	32 445	24 850
毛利润	26 495	18 900
销售和管理费用	23 870	17 640
税前利润	2 625	1 260
所得税	1 050	504
净利润	1 575	756

整个行业2012年的销售额大约为37.5亿元。E公司2012年的平均涨价幅度为11%,2011年为10.5%。2010年12月31日的期末存货和应付账款余额分别为1 405万元和1 250万元。

要求:

(1) 实施你认为适当的分析程序。例如,资产负债表和损益表中包含的信息可以用于计算应付账款天数和应付账款周转率并进行一些比较。

(2) 对每个比率或比较进行解释。例如,应付账款周转率的提高可能意味着采购被低估或者应付账款被高估。

(3) 讨论适当的实质性测试。例如,分析程序表明应付账款被高估,则促使注册会计师扩大截止测试的范围。

小组讨论

如何通过函证程序发现被审计单位应付账款中的重大错报问题?

第十章

生产循环审计(一)

本章目的

生产循环涉及的内容包括存货的管理及销售成本的计算、人力资源的利用及工资计算以及固定资产和无形资产等长期资产的价值转移等,这一部分经常是审计工作中最重要和最困难的领域。本章主要是从制造业的角度来撰写的。但是,大部分的讨论同样也适用于其他类型的企业,如为了未来的销售购入并持有存货的零售业和批发业,以及在赚取收入的过程中需要消耗各种类型存货的服务性组织等。由于内容较多,生产循环审计分两章讲解,本章以存货的管理及销售成本计算的审计为主;下一章包括人力资源的利用及工资计算以及固定资产和无形资产等长期资产的价值转移等的审计。

引例

实物资产审计业务中存在诸多问题①

根据中国注册会计师协会《关于开展2005年会计师事务所执业质量检查工作的通知》(会协[2005]年37号)要求和统一部署,福建省注册会计师协会与省财政厅监督局联合开展了2005年会计师事务所执业质量检查工作。在检查情况通报中,涉及存货、固定资产等实物资产的审计业务中存在的问题如下:

普遍存在问题是实质性测试深度不够,取证不足,部分重要审计程序执行不到位甚至未执行,所获取的证据不能支持或充分支持审计意见。个别事务所的审计工作只抄列企业账面余额、发生额或复印企业的会计账册,基本无审计程序轨迹记录。

对存货、固定资产等实物资产的监盘、取证和审查程序较少,未对实物状况予以充分关注,亦不注重对权属证明的收集,所履行的程序和获取的证据不足以确认余额的正确与否。例如,某审计项目,存货年末余额2 000多万元,占资产总额的50%,审计人员只取得了部分盘点表、对发出计价进行了简单测试,既没有抽盘,也没有替代程序,确认了存货余额。又如,某审计项目,固定资产年末余额9 505万元,占资产总额的94.21%,审计人员未能取得明细账和盘点表、产权证明,未进行监盘,仍确认其余额。

审计意见类型不恰当。例如,某审计项目,被审计单位是盐场,由于受条件限制无法盘点,存货年末余额708万元,占资产总额的26.3%,金额较大,仍然出具无保留意见的审计报告。又如,某审计事项,被审计单位是养殖场,存货年末余额981万元,由于企业条件限制造成的未能盘点,仍确认存货余额。

第一节　存货循环的审计目标

存货循环中相关账户的审计目标以及相对应的管理层认定如表10-1所示。

表10-1　存货循环的审计目标

管理层认定	一般审计目标	存货循环相关账户的项目审计目标
	1. 总体合理性	• 所有的相关账户都是合理的,看起来无重大错报
1. 存在或发生	2. 真实性	• 已记录的存货项目确实存在并适于出售,可视为在企业日常经营过程中能对外销售的财产 • 已记录的销售成本代表了在财务报表涵盖期间内已发出的商品成本

① 摘自《关于2005年会计师事务所执业质量检查情况的通报》,闽注会协〔2005〕99号。

(续表)

管理层认定	一般审计目标	存货循环相关账户的项目审计目标
2. 完整性	3. 完整性	• 被审计单位拥有的所有原材料、在产品和产成品,包括库存的、在途的和存放在别处的,都包含在存货项目中 • 财务报表涵盖的会计期间内发生的所有货物发出(包括退回)都包含在销售成本项目中
3. 权利和义务	4. 所有权	• 被审计单位对存货拥有法定权利或所有权;存货中不包括法定所有权属于其他主体的项目或已开票售给客户的项目
4. 估价或分摊	5. 估价	• 与存货相关的成本和销售成本是一贯遵照会计准则进行确定和累计的 • 存货(包括滞销和废旧的存货项目)以不高于其可变现净值的金额予以报告
	6. 截止	• 发生并记入在产品的生产成本、完工产品成本的转账及销售成本(包括销货退回)都记录在恰当的会计期间
	7. 机械准确性	• 永续盘存的详细记录中数字计算正确,且与总分类账中的存货控制账户保持一致 • 与存货有关的成本项目分类恰当,计算正确 • 销售成本是根据正确的成本和数量数据计算出的,并在恰当的加总后过入销售成本和存货总账账户,并且如果适当的话,贷记入永续盘存的存货账户
5. 列报与披露	8. 披露	• 存货和销售成本在财务报表中表述恰当 • 所有留置的存货都已充分披露
	9. 分类	• 存货和销售成本在财务报表中分类恰当

第二节　存货循环的主要业务活动及相关凭证和记录

一、典型的存货循环

存货循环主要涉及生产、储存和出货。“存货”这一名词专指为销售或在生产或服务过程中使用或消耗的物品。典型的存货项目包括商品、原材料、在产品或产成品。存货的分类取决于持有存货的被审计单位及其经营的性质。例如,卷钢对钢铁厂来说是产成品,但对模具制造商来说就是原材料。

销售成本包括与购入和生产已售产品直接相关的所有成本项目。可归属于存货的材料成本包括商品、原材料以及在生产过程中使用和为再出售而购入的组成部件,减去购货退回、折扣和其他折让后的净额。在购货过程中发生的所有直接费用,如运输成本(包含运费的)、关税和税金、仓储费等也应包括在内。其他与生产相关的成本项目包括直接人工和相关费用,如员工福利及制造费用等。制造费用是指那些无法直接归属到某一特定生产对象但又与生产过程直接相关的成本项目,如间接人工、生产监督、场地占用成本,共用设备、修理、维护与折旧等。生产辅助用品及其他不构成产品组成部分的材料,如机器设备需用的润滑油等,通常也应包含在制造费用中。

销售成本还可能包括一些额外的项目,如将存货价值调整为市价时发生的损失,为生产某一产品或使用某特许生产过程或设备而支付的特许权使用费,以及生产前期费用和模具摊销费用等。副产品的销售额和残料余值常需从销售成本中减去。估计的保修费用、担保费和其他可能引起未来支出的承诺项目也常常包含在销售成本中,尽管它们也可能被归入其他费用项目内。

从本质上来讲,有两类主要的成本会计制度——分批法和分步法:在分批法下是按照某一特定的订单生产特定数量和规格的产品;而在分步法下,产品是按生产计划重复大批量生产。无论是在以上哪一成本会计制度下,存货循环中的典型交易都包括:为生产发出所需的原材料,分配人工和制造费用,计算计件工资和奖金,将材料直接投入生产,加工材料,以及将完工产品转为产成品存货等。存货循环还包括对原材料、配件和完工产品的贮藏及产品发运的控制。

与生产产品、储存原材料和产成品有关的控制可有无数的组合和序列。由于现代制造技术的多样化,与生产相关的生产过程、会计程序和控制活动也有许多表现形式。本章中关于典型交易、会计系统和控制活动的普遍性建议只针对以下三类存货循环主要交易中可能遇到的情况:生产待售产品;储存原材料(包括配件)和产成品;发出产成品。

二、生产待售产品

生产待售产品的过程及相应的会计处理一般包括以下活动:确定生产需求,制订生产计划;生产产品;生产成本的会计处理;在产品的会计处理。

企业通过会计系统处理存货交易并进行相应的控制活动,注册会计师在考虑会计系统时,最感兴趣的是那些能保证发生的生产成本都是经过授权的,并且完整和准确地加以记录和汇总的程序,即达到交易处理和文件维护的控制目标。这些控制目标与存货循环的部分账户——尤其是原材料、在产品和产成品及销售成本账户的完整性、准确性和存在性审计目标密切相关。内部控制的其他部分,尽管与这些审计目标没有直接联系,也可能引起注册会计师的关注。例如,仔细地计划生产以达到预期销售额这一事实可为注册会计师评估废旧存货的跌价准备是否适当提供证据,这影响着与存货有关的估价审计目标。

由于生产和存货数据的错误将导致错误的决策,因此,生产过程的控制对生产运作管理也是十分重要的。例如,不准确的存货记录将导致不利的采购和生产计划决策。持有过多的存货将增加存货的持有成本并加大其废旧过时的风险;而存货储备过少将导致存货不足,引起生产停工并失去销售机会。有效控制存货水平的程序还能减少管理层在经营企业时使用错误的会计数据或其他数据的概率,从而有利于提高运营效率。

(一)确定生产需求并制订生产计划

在产品的加工过程中,确定生产需求是不可或缺的一部分,可以通过计算现有存货水平和销售预测数来完成。这种需求可通过将实有存货的盘点数或存货的账存数字与预计最小存货数量进行定期的比较来予以确定。计算机存货记录可形成精确的预测和估计。

确定了生产需求后,下一步应当是下达生产指令。经复核和批准后的生产指令是授权生产的依据。产品的规格、时间和成本预计常构成生产计划过程的一部分。尤其是成本预计数据,管理层可根据该数据对实际成本进行详细审查。计划的结果就作为生产的指令,即列明运营过程和期望结果的可执行指令清单。

(二)生产产品

当被批准的生产单据进入系统时,原材料可能会按照某些书面单据或电子化单据(如经过批准的用于生产的审定材料单、经批准的领料单或按启动生产计划的报告)的要求进入生产过程。无论是哪种情况,都需要生成一份表明适当授权的单据或文件,以解释材料的流动情况,这既是生产管理的需要,也是会计处理的需要。通常这些单据或文件可作为材料被发送到生产部门记录从而成为更新永续盘存记录的依据。已预先编号并可作为材料流动情况说明的单据,以及作为程序的一部分而定期予以复核的开放性文件,可用于确认是否所有交易都已经处理并记录在案。如果材料是生产直接需要的,则生产指令(有时还附有购买指令)能提醒员工注意预期发货日。

生产过程中的机器使用时间计划是否需要单独予以说明取决于管理层的信息需要。工具和模具有时被归入直接成本,尤其是在分批生产制度下,因为此时工具很可能是为某一特定的订单特别设计的,并且有时是直接由客户支付的。尽管在大多数情况下,工具和模具可在其他时间进行的其他工作或工序中被多次使用,其成本是被资本化的。通常,为记录这些处理步骤,需要编制以下凭证:时间报告单,或准备时间的作业单和发货单,或表明所需工具的生产指令单。这些单据编制后应经管理人员复核并批准。

计量生产数量在许多工作中都是个问题。生产负责人和成本会计人员都希望准确地计量生产数量,但在许多情况下,需要计量的品种数太多,或者计量工具不够精确,以及区分合格产品和不合格的难度,都使得精确计量生产数量显得非常困难或不经济。

在生产的不同阶段和水平上都需要进行检测。操作者在他们完成工作时要检查有无出现问题的征兆;管理人员可能会通过测试来检查产出的产品。还可能会有质量控制专家,或者有必要雇用专业人员或利用实验室设备以检查生产质量。与计量和检查完工产品有关的控制活动可为存货的可销售性以及售后可能发生的保修成本水平提供依据。

(三)生产成本的会计处理

存货循环的会计处理部分主要表现为被审计单位的成本会计制度。不同制造业企业之间所采用的成本会计制度差别也很大,包括从每年盘点一次期末存货余额的极简单制度,到对所有的材料、在产品和完工产品进行会计处理,并将其与预先设定的标准成本之间的差异进行分析的标准成本制度。一套良好的成本制度应能提供从原材料转变为在产品、从在产品转变为产成品过程中的详细信息,还应能提供成本中心、工作订单或生产流水线的材料、人工和制造费用的分配和累积的详细信息。

在分步法下,根据成本会计制度结构的不同,原材料可能被计入某个生产订单中或某原材料耗用账户中。若采用标准成本制度的话,以标准数量和标准价格计算出来的原材料标准成本价值部分会被记入到生产成本中,由此引起的标准成本和实际成本之间的差异随后应在存货和销售成本之间进行分配。

可根据计划生产指令对原材料的发出记录（与实际生产指令进行比较），或者根据预先编号的原材料仓库的发货单来记录。有的时候，尤其是在计算机处理系统下时，原材料的耗用可定期（通常是按月）予以计量，重新确定期末原材料的价值，并将账户差额调整到生产成本中。

生产过程的人工费用的总成本在人力资源及工资循环中予以解释。工资记录册或生产报告中的人工费用被分配到详细的成本账户中。被分配到生产成本或其他费用账户中的累计人工费用需与工资记录册中的控制总额核对，以确保所有的人工费用都已分配到订单或部门费用账户中。该系统应能提供空闲时间、等待时间、调整准备时间、清理时间、返工时间等的详细原因和处理方法。在采用标准成本制度时，生产所耗人工通过标准工资率和标准工时加以计算，并与实际人工费用比较，便可得到工资率和工作效率的差异。

制造费用包括许多不同类型的成本项目，它们在发生时即在账户中进行累计。一般使用某个标准作为衡量手段将制造费用分配进入各订单、部门或在产品中，如直接人工小时数或价格。根据会计或工程学的研究，对不同的部门，可能会有不同的制造费用率。记录制造费用分配的会计分录可以是单独的会计程序，但在大多数情况下，它们与特定数据——人工费用和材料耗用等分配赖以存在的基础分录是结合在一起的，而这些数据是计算分配率的基础。

在标准成本制度下，制造费用在最终进入在产品和产成品及销售成本（出于管理目的，在计算价格、效率和数量差异时需要）以前，需先被计入某些中间账户。为防止存货的报告价值超过其实际成本，超额分配的制造费用应从存货中去掉；而未足额分摊的制造费用常被分配给存货，除非该成本在发生时就同时注销。为与制造费用相区分，当涉及金额较大时，一些单位还单独为材料的处理（购买、收货、检查和储存）建立间接费用账户，并将其进行分配。

存货的标准数据包括已购买和已生产项目的描述信息和标准成本。这些数据的完整性常通过限制存货主控制文件的更改权力和限制购货及生产人员对标准成本的更改来达到。

出于成本会计目的，需报告检查结果中的不合格生产情况。有时还需单独报告残次品返工情况以及达到相关规格要求所花费的时间。使废料与返工的费用最小化是一个重要的生产目标；对废料与返工费用的确认和会计处理有助于达到这一目标。一旦有了废料，就应该注意对其的保管和控制工作，并且以最合适的价格将其处理，从而减小生产成本。

（四）在产品的会计处理

出于生产管理目的，需要报告制造过程中产品在部门间的流动情况，但从会计目标的需要出发，不一定需要记录这些流动情况。当生产完成后，根据完成的生产订单、检查报告或经授权的产成品收到单据，贷记在产品账户并同时借记产成品账户。另外，大多数单位还有一个程序——出具证据证明已按照质量控制标准进行检查。

由于必须确认大量的完工程度不同的项目，对在产品存货的实物盘点通常很困难。这些项目可能是分散的，或是还存放在输送架中、桶中或者是在管道中的，有时它们可能存放在外部加工者手中,接近、查看和计量它们都是十分困难的。不过,准确的生产管理要求有人应了解每一项目的存放位置及完工程度。控制生产越是困难,就越有必要确保在产品账户中的成本记录没有被高估或低估。

三、存货的储存

从企业收到原材料和配件,一直到它们在生产过程中被耗用,这些原材料通常都是处在控制之中的。这些控制包括限制未经授权的人员接近、仅根据适当的授权发出材料、根据材料发出建立永续盘存记录以及定期对库存材料进行实物盘点并与永续盘存记录核对相符等。原材料的收到及相应存货永续盘存记录的更新是前面章节已讨论的内容。而生产领用原材料在本章前面部分已有讨论。

生产完成并通过最后的质量检查后,产品被运入仓库或某一存放地以等待发运给客户。生产管理部门得到的通知应是完成的生产订单或质量检查报告或仓库的收货报告的副本。产成品账户记录的完整性可由生产或收货报告的编号顺序予以保证。

大部分单位对存货的主要控制活动是对库存的实物数量进行盘点并定期与永续盘存存货记录或总分类账户余额核对相符。实务工作中,大部分单位都有各种精确程度的存货记录,一些单位的永续盘存记录同时反映存货的数量和成本;另一些单位的永续盘存记录则只记录数量。不过,业务简单且存货项目相对较少的单位可能不采用永续盘存记录制度。

(一) 存货储存期间的盘点

实地盘点存货是有效的内部控制的一部分。在控制有效的单位中,至少每年进行一次实地盘点,且根据业务类型的不同、存货的性质和价值、内部控制的有效性,有时还会更频繁。"实地盘存"概念不仅指实地存货的数量,还包括将这些数量的存货转换为相应的金额,并将其加总,与账户记录核对。完整的存货盘点要求将生产暂停,各分厂、各部门在同一时刻进行,或者在采用永续盘存制度并且其他条件都令人满意时,也可在年中对特定项目进行定期的若干次盘点(即循环盘点存货)。在后一种情况下,通常所有的存货项目至少应每年盘点一次。有时,这两种存货盘点方式可能同时被采用。由于两种方法涉及的技术有一些差别,以下分别予以讨论。

1. 一次性盘点存货

为方便盘点工作的进行,生产、发货、收货活动必须暂停或减少,还得重新安排存货的存放,因此,完整的存货盘点要求生产、会计及仓储负责人的相互合作。这通常需要成立一个由生产部门、财务主管部门、会计核算部门、存货收发部门、内部审计部门等的管理代表和注册会计师共同组成的"存货盘店工作组"。此外,调动并训练熟悉存货的员工参与存货盘点工作是十分必要的。

在许多情况下,盘点存货的人都是被审计单位自己的员工,因为他们对存货项目及其存放地都非常熟悉,且在盘点过程中,他们无法执行自己的日常工作。不过,由于对零售商店来讲,盘点分类如此众多的存货是非常困难的,常需要来自第三方的盘点支持。这种盘点支持的提供者拥有盘点者数量多的优势,且常采用最现代的信息技术来保存电子化的盘点结果。

存货的实地盘点可选择在工厂员工度假时进行,也可在生产由于某些原因停工时进行,还可在存货处于某一较低水平时、年末时或在资产负债表日之前某个合适的月末进行。但是,只有在存货安全具有严格的控制保障,并且盘点日和资产负债表日之间存货的移动能被控制和记录的情况下,在资产负债表日之前盘点存货才是可取的。

盘点工作的执行主体可以是生产部门、办公室或会计部门的人员、仓库保管人员、内部会计师或提供专业盘点服务的外部人员。盘点队伍中应至少包括一位来自生产部门的人员。这样一种安排充分利用了生产部门员工对存货的熟悉和了解,为控制提供了额外的保证。不管最初的盘点工作是如何组织的,都需要经过核实。在一些被审计单位中,会由一支独立的队伍来进行完整的再盘点工作。其他单位则指派其生产管理人员或内部会计师对盘点工作进行随机检查。为证明其执行情况并区分相关的责任,这些随机检查的盘点也应被记录。

存货实地盘点工作中几乎不变的要求是,应在事前编制书面计划。一项有效的计划应包括指导做好以下事项:(1) 现场安排存货的盘点,使过程简便;(2) 确认存货并恰当的描述,如果可能的话,还应包括其完工程度和所处的情形;(3) 将流动性差的、废旧的或已经毁损的存货隔离,或做出适当的确认;(4) 确认属于他人的存货,并列出清单;(5) 用数字编码控制存货标签或图表;(6) 对特别的盘点进行记录并核实;(7) 收货、发货和存货在部门间的流动截止恰当,并取得相关证据;(8) 确定存放在其他企业处的存货,并列出清单;(9) 修正盘点工作中发现的错误。

除了对控制和记录存货进行指导外,盘点计划还应指导会计部门做好数量汇总、成本(价格)、价值(由数量与价格的乘积得到)和已定价存货汇总工作。为保证实际盘点记录与账簿之间的调整的正确性,盘点计划应考虑将永续盘存记录与盘点日的总分类账相核对。对货物的运入和运出、在途存货及存放在公共仓库或分支机构的存货,可能会有一些特殊的程序要求。适当的监督有助于确保存货的安排和盘点、定价以及之后对盘点的适当总结。

应调查存货的实地盘点结果和账上记录数之间的差异,并应当考虑存货漏损或被偷盗的可能。记录可能是正确的而盘点出现了错误;没有仔细的调查,则不能进行重大的调整。

2. 循环盘点存货

企业的存货盘点过程是可分割的。由于盘点过程中的存货项目流动会影响盘点工作的准确性,加之需要被审计单位的员工来执行盘点工作,因此盘点常需要停止正常的企业活动。为尽量减少营业活动的中断,可采用循环盘点存货的方法。循环盘点是指对一部分存货进行持续的盘点工作。在一年当中,存货中的每一项目至少应被盘点一次。为采用循环盘点程序,被审计单位对收货与发货的截止控制必须可靠。否则,存货数量实际的变化与永续盘存记录中对该变化的记录之间的时间差异可能导致存货的盘点数与实际盘存数不同。

如果永续盘存记录准确,而且对存货实物移动和截止的控制有效,就可采用循环盘点程序。循环盘点的结果应向会计人员报告,并应将其与永续盘存存货记录进行比较,以确认、调查并重新处理两者之间的差异。引起差异的原因可能是盘点结果不正确、笔误、截止问题或不正确的交易记录等。确认并对差异产生的原因进行更正是循环盘点的重要方面。当采用定期盘点并认为其可信时,永续盘存记录则相当于是一完整的实物存货记录,年末时,在其价格、价值及总计价值计算出之后,可将其与总分类账户进行比较。

(二)几类特定的存货

1. 存放在公共仓库中的存货

其控制活动常包括对公共仓库管理人的初步调查和持续评估,其中包括:考虑企业的声誉和仓库所有者、经营者的财务情况;检查其设备情况;对仓库所有者、经营者的内部控制及其是否持有个人存货进行调查;调查仓库所有者、经营者保险的类型和适当性;调查有关政府或其他许可权及合同的要求,了解其性质和范围,了解政府或其代理机构的调查结果;复核仓库所有者、经营者的财务报告和相关的独立审计报告;复核并更新从以上调查中所得到的信息;当条件许可且合理时,对货物进行实物盘点(或抽样盘点);核对仓库所有者、经营者的报告数量与货主记录的数量。

2. 其他未存放在企业的存货

其他未存放在企业的存货一般包括委托销售存货、由加工方或供应商保管的存货以及存放在分部的存货。这些存货分类记录在永续盘存记录中的不同账户。相关的控制活动可能包括复核月度存货情况报告,进行询证,并定期进行实地盘点。对收货和发货的控制与存放在企业的存货相类似,不过其记录是在备忘簿中的。为避免双重记录的可能,对在途存货应予以特别关注。

3. 属于他人的存货

许多企业都会收到其客户购买的材料,以各种方式对其进行加工,并在得到进一步的指令以前保管它们。所有属于他人的存货都需清楚界定并单独隔离,以避免被错误地包括在盘点的存货中。如果涉及数额较大且经常发生这种情况,也应对其建立永续盘存记录。对他人财产的记录常需额外的小心与仔细,当这些存货项目与企业自己的类似或容易相混时尤其如此。为确立所有者的责任,这些项目也应被盘点。

4. 已转为费用但仍持有实物的存货

某些存货,如小器具、小工具等,经常在购买时就被记入了费用或在领用时其价值就被摊销或被摊销一半(如采用五五摊销法)。这些项目的实物必须得到有效的保护和保管;未发出的这些项目与其他存货一样也要进行盘点。被注销的、价值不明的而仍持有的项目应被隔离并处于有效控制之下,直到其报废。废料及有缺陷但可以其他方式利用或二次销售的项目也应做类似控制,应对这些项目进行定期的盘查。

四、发运产成品

当产成品被运往客户时,随着发运指令的执行,其成本应从产成品账户转移到销售成本账户(如果详细的永续盘存记录同时反映存货数量与成本的话)。执行指令并记录发运的过程及相关的控制活动在前面的章节中已有讨论。这里讨论的是在将执行的发运指令归入销售交易文件以前要求有支持性证据,以保证应收账款和销售收入记录的完整性和准确性。同时,将这些指令归入销货交易文件(如果永续盘存记录同时反映存货数量与成本的话)可保证销售成本的记录及产成品存货减少的完整性。永续盘存记录的明细信息应定期地调整以与实物盘点的结果保持一致,应计算出成本(如果只记录了数量信息的话)得出合计金额,并将此合计金额与总账余额之间的差异计入销售成本。对重大的或经常发生的差异,应调查其原因,并采取必要的更正措施。

第三节　存货循环内部控制的控制测试

一、初步的控制风险评估

如前面章节所讨论的那样,注册会计师从被审计单位的经营情况和行业发展情况中获取和更新信息,并以此为基础确认固有风险并评估控制风险。与存货相关的审计风险根据被审计单位存货的性质及其在财务报表中的重要性的不同而变化。例如,稀有金属和玉石的相对价值较高,且变现能力很强,由此与存货相关的固有风险水平很高。于是,这样的存货便要求控制活动应与其风险相称。又如,某产品必须达到严格的技术标准或成分要求,这样在估计可实现净值时,与该产品相关的风险水平比许多潜在用户都能普遍接受的商品的风险水平便要高得多。其他可能产生固有风险的因素包括影响存货估价水平的判断(如对存货的废旧程度的判断);主要产品对技术废旧、毁损或需求变化的敏感性;生产过程所需关键材料的获取难易程度、能提供这些材料的供销商的数量、材料价格的稳定性,以及被审计单位将材料价格的上涨转嫁给消费者的能力大小等。

在审计风险评估阶段,分析程序常强调账户之间的关系,揭示不明显的风险。如前面章节所讨论的那样,分析程序是审计计划中的法定要求部分。在审计项目中较早地使用分析程序常能帮助确定更明智的审计策略。

例如,分析程序能指明趋势,帮助注册会计师评估风险程度。这些趋势可能包括:生产成本各组成部分的关系;生产用量与价格差异;产成品存货周转率(销售成本与平均产成品存货的比率),等等。

注册会计师应复核以上关系并将其与前期数和预算数或预测值进行比较;定期对这些比率和账户余额进行逐月的对比,并与以前年度同期值进行比较。注册会计师应注意其中的趋势和波动(季节性的或其他的),寻找异常情况出现的原因。这些分析程序可指明应进一步查证的范围,也可能表明需要修改已拟定的详细实质性测试。

为监控存货交易及其余额,管理层通常会复核和分析主要的业绩指标,而注册会计师应考虑使用这些分析结果以支持自己的分析程序。这些业绩指标可能包括如下各种生产和存货报告:(1)与历史趋势及预算数或预测数比较的实际生产和存货水平;(2)材料、人工和制造费用的标准成本差异;(3)与历史趋势及预算数比较的实际毛利;(4)存货周转率的变化趋势;(5)与预算数和历史数据比较的多余、废旧、流转慢的及其他不可销售存货的注销及其他减少额;(6)存货估价和废旧存货注销的趋势。

这些程序能帮助发现生产成本或销售成本在处理及记录方面的重大错报。例如，调查生产成本的报告数和预算数之间的重大差异可以发现总账中生产成本记录的不完整情况。

管理层对注册会计师在分析程序中所做调查的回应可部分表明控制环境的质量。例如，在缺乏相反证据的条件下，对前期及本期存货周转率的波动情况，管理层及时的、富有逻辑的且有意义的回答，可说明管理层是"控制良好的"，会计程序和控制活动正如计划的那样发挥作用。不过，即使是在控制良好的单位，分析程序同样也可能发现某种趋势，从而需要注册会计师扩大实质性测试程序。例如，导致已记录存货价值的可变现能力出现问题的趋势。作为实质性测试执行的分析程序将在本章后面部分讨论。

二、系统的记录

为了做好审计项目的计划，注册会计师至少应充分了解被审计单位的内部控制。这种了解，再加上注册会计师对控制设计有效性的评估，可用于确认可能发生的错报类型及其发生的风险大小，还可以作为设计实质性测试的基础。通过考虑对该被审计单位的前期审计经验、复核前期审计结果、与被审计单位人员面谈、观察其工作、复核被审计单位编制的对会计程序和控制活动的描述以及检查凭证和记录等方式，可获得对内部控制的了解或加以更新。

除了考虑控制环境、企业层次的其他内部控制组成部分以及交易如何被处理等诸项相关信息外，注册会计师还应考虑成本会计制度、该制度对实际生产过程的反映和它是如何报告发生的生产成本、制造费用的处理和生产成本向完工成本和销售成本转移和存货计价所使用的会计方法，以及当年生产成本与标准成本或预算数之间的差异。注册会计师还应了解生产和发出存货及储存原材料和产成品中的控制活动以及在执行这些任务时职责是如何分离的。

在了解内部控制的过程中，注册会计师可能会获得证据从而对控制设计恰当性和运作有效性的范围进行初步评估。注册会计师通常可以根据这种证据将针对某一个或多个审计目标的控制风险评估为最大或较低。例如，在了解管理层对生产报告的复核（一种监督控制）时，注册会计师还可观察复核的执行或者检查能证明复核进行过的报告或凭据。如果运作有效的话，管理层的复核能为计入生产的成本项目的完整性和准确性提供部分证据。注册会计师应考虑复核的详细程度以及执行复核的人员是否能发现重大的错报。

一个企业的存货控制和存货的会计处理程序可以使用流程图、调查问卷和描述性文字进行记录，不过详细的流程图在实务中并不常用。表10-2例示了存货的内部控制调查问卷，主要关注于实物控制、永续盘存记录和成本记录这三个存货控制中的关键领域。如果问题的答案是否定的，那么就表明没有使用该控制程序；如果还缺乏补偿性控制，就可能导致重大的错误或舞弊。注册会计师也可以使用描述性的备忘录、流程图或调查问卷一起来记录系统。

表 10-2 调查问卷:存货

问题	回答	备注
实物控制 1. 存货的保护是否能够合理地防止实物损坏和被盗? 2. 取得生产所需的原材料和供应品时是否需要材料申请表? 3. 负责存货控制的人员是否独立于采购、收货、发货、生产和记录职能? 4. 存货控制人员是否负责控制存储地点的货物运入和发出? 5. 是否由存货控制人员或其他人员负责监督存货水平并且报告滞销或损坏的项目? 6. 是否只有经过授权的人员才能接触存货? 7. 所有存货的实物盘点是否每年至少进行一次? 8. 是否对所有存货进行了保险,并且定期复核所有存货?		
永续盘存记录 1. 永续盘存记录是否及时更新? 2. 维护永续盘存记录的人员是否独立于发货、收货、成本会计、生产、存货控制和总账会计职能? 3. 是否定期将永续盘存记录与总分类账控制账户进行调节? 4. 与永续盘存记录相关的原始凭证(例如,发票、申请单等)是否被预先编号、批准并且送到总账会计处以输入控制账户? 5. 是否根据定期的存货盘点对永续盘存记录进行调节?		
成本记录 1. 成本记录是否及时更新? 2. 维护成本记录的人员是否独立于永续盘存记录、生产、存货控制和总账会计职能? 3. 是否定期将成本记录与总分类账控制账户进行调节? 4. 成本会计人员是否熟悉生产流程并且不断更新对生产流程的了解? 5. 直接和间接的生产成本是否记录得足够详细,能够在在产品和产成品之间进行准确的分配? 6. 是否所有的存货转移都被报告并且及时记录? 7. 生产人员是否需要解释价格和产量差异?		
编制人: 日期:		

三、穿行测试和控制程序的确认

为了证实对系统的了解,注册会计师可以追踪一个或几个存货从原材料至在产品、产成品永续盘存记录、成本记录中的分类和过账、存货会计以及总账会计的过程。

注册会计师可以使用前面章节中列示的相同方法来确认在将控制风险评估为低于最大值时所要依赖的控制。表 10-3 为生产循环的控制程序确定表。

表10-3　控制程序确定表

控制目标	可能发生的错误或舞弊的类型	控制程序
交易的授权 • 生产应当依据管理层的标准进行授权	生产的数量或产品未经授权,有可能导致过时的、过量的或者无用的存货以及过量的仓储成本	编制标准说明书,用于确定生产的产品和数量
交易的执行 • 使用存货和转移存货的程序应当依据管理层的授权建立	未经授权的人员绕过现有的程序,导致存货被偷或被滥用 存货可能被放错地方,导致闲置的资产	编制存货处理手册,包括控制存货移动的程序 只允许经过授权的人员接触存货
记录 • 使用的存货或转移的存货应当按照正确的数额记录在适当的期间,并且适当分类	用于生产的存货可能未被记录,导致错报的存货和销售成本	确立处理和记录程序 预先编号并控制材料发出单和生产订单 维护存货入、出库的记录 定期进行存货盘点,调查记录的数量和实际数量之间的差异 限制对存货和空白表格的接触
• 与存货相关的调整(例如,调整记录的存货至实际数量;减记陈旧或无用的存货)应当依据管理层的标准进行授权	未经授权的调整可能被记录以掩盖实物的短缺,导致存货被滥用和错报	确立批准和记录调整的政策 预先编号和控制存货调整表格
资产的保护 • 能够接触存货的人应当被限制为经过管理层授权的人员	存货可能被偷窃、丢失或滥用,导致资产被滥用和账户被错报	确立存货的实物控制(例如,锁、存货控制人员) 为资产购买充分的保险 将存货处理的职责与存货记录、成本会计及总账会计等职责相分离
• 能够接触生产、成本会计和永续盘存记录的人应当被限制为经过管理层授权的人员	存货记录被滥用、毁坏或丢失,导致被错报和滥用存货	确立对尚未使用的表格和记录的实物保护 维护授权签名的文件 定期进行合规性审计

四、控制测试:存货循环

(一)确定审计策略

存货与销售成本的审计策略主要取决于注册会计师对所评估风险的确认和对与特定审计目标相关的控制风险的估计,以及对工作效率的考虑。注册会计师通过执行实质性测试或实质性测试与控制测试的组合来达到前文所述的审计目标。

注册会计师常测试被审计单位的控制活动,以证明其确实是有效的,从而极大地减少以准确性为目的的实质性测试。存在或发生目标主要是通过观察被审计单位存货盘点程序来实现的，而完整性目标是通过确保盘点是完整的且所有已盘点的项目都包括在存货详细清单中来达到。销售成本的截止目标主要随销售截止目标的达到而实现（参照销售循环的审计）。注册会计师通常通过执行实质性测试实现其他审计目标（包括收货的截止性），在确认被审计单位的固有风险和评估内部控制的其他组成部分时所获得证据的基础上，这些实质性测试可得以实施。例如，如果注册会计师意识到了某行业经济下滑，则他应关注存货的销售前景及其计价问题。

支持存货计价的隐含数据主要从购货循环中推导出（参照购货循环的审计）。如果对购货和工薪等事项的控制测试表明相关的会计数据是可信的，则在实现存货计价目标时也可以依赖它，这样就不需要太多额外的测试。尤其是当购货循环中的控制测试与存货循环审计目标一起计划并执行时更是如此。例如，对工薪的控制测试可以很容易地加以扩展，将永续盘存记录中的人工费用分配到各特定生产对象上。这可为作为存货定价基础的永续盘存记录中单位成本的准确性提供证据。

在存货循环中，应分别考虑对生产和储存货物、对每一部分存货（原材料、在产品和产成品）及对存货价值构成的价格和数量是否应执行控制测试。例如，注册会计师也许决定通过观察和测试各项目的实物盘点来获得关于各库存项目数量的证据；注册会计师也可能认为关于存货定价的控制看来已足够有效，不测试它才是经济的。

尽管审计策略决策常需适应特定环境，但是对于什么情况可能导致注册会计师执行或不执行控制测试仍可做一些普遍意义的观察。如果通过对内部控制的了解发现管理层已做到如下事项，这类测试常是有效的：(1) 有效的生产计划、预算和管理信息系统；(2) 生产和存货方面的计算机控制及交易处理与文件维护控制有效；(3) 生产和保管存货的人员和负责相关会计处理的人员、保管存货的人员和负责收发存货的人员之间的职务均分离适当；(4) 对所有重大的存货的实物控制适当；(5) 有定期盘点存货的政策，以保证已记录存货的存在性、准确性和可销售情况；(6) 在累计生产成本和将它们恰当地分配到存货项目方面，会计系统和相关控制活动有效；(7) 在存货收发部门有适当的控制以保证截止恰当。

（二）实施控制测试

对存货的控制测试主要关注于存货在生产过程中的传输是否经过授权并且被记录。但是，对采购和销售的测试都可能包括对存货记录的测试，因此注册会计师应当小心协调各测试，以避免重复劳动。

1. 永续盘存记录

对于企业永续盘存记录的控制测试主要关注于存货在原材料、在产品及产成品之间的传输。记录的准确性非常重要，有以下两个原因：第一，不准确的记录可能表明控制程序既没有被遵循，也没有按计划运行，使人对记录的可靠性产生怀疑。第二，不准确的记录可能表明重复计算存货数量的可能性。例如，如果 100 个单位的原材料存货被转入在产品，那么永续盘存记录就应当反映出 100 个单位的原材料减少和 100 个单位的在产品增加。但是，如果只记录了在产品的增加，那么原材料就会被高估 100 个单位，从而导致重复计算。相应的，如果只记录了原材料的减少，在产品就会被低估 100 个单位。表 10-4 是永续盘存记录的一些代表性测试。

表 10-4　永续盘存记录测试示例

控制测试:永续盘存记录
1. 对于抽取的原材料采购,将供应商发票上的数量和单位价格与永续盘存记录进行比较,同时与采购和付款循环中对采购的测试进行协调。 2. 对于从存货控制中抽取的原材料转移,追踪至: a. 经过批准的材料申请单。 b. 转入的在产品记录,比较数量和单位成本。 c. 总分类账控制账户中的汇总转移分录。 3. 对于从在产品中抽取的转移,追踪至: a. 转入的产成品记录,比较数量和单位成本。 b. 总分类账控制账户中的汇总转移分录。 4. 对于从产成品中抽取的转移,追踪至: a. 发货凭证,比较数量和单位成本,同时与销售和收款循环中对销售的测试进行协调。 b. 销售成本的汇总和销售分录。

在步骤 1 中,注册会计师是为了测试永续盘存记录中的原材料数量和单位成本是否反映了该期间的真实采购情况。相反的,步骤 2 则是从三个方面测试原材料转入在产品的相关记录。首先,在步骤 2a 中,注册会计师测试从原材料至在产品的转移是否由经过批准的材料申请单引起,也就是说,只有当生产人员为特定工作申请原材料时,材料才会转入在产品。其次,步骤 2b 测试材料申请单上的数量和单位成本是否准确地反映了在产品的记录。最后,在步骤 2c 中,注册会计师通过追踪在产品记录中的汇总转移分录至原材料和在产品存货这两个总分类账控制账户,将重点转移到会计记录的公正性上。

在步骤 3 中,注册会计师重点关注从在产品记录至产成品记录的转移。步骤 3a 和 3b 的逻辑及目的分别与步骤 2b 和 2c 是相同的。

步骤 4 重点关注从产成品记录中的转出。由于产成品存货的转出只能是为了发货,因此注册会计师在步骤 4a 中追踪产成品的转出记录至发货部门中归档的发运凭证。在步骤 4b 中,注册会计师要追踪抽取的产成品转移至销售成本和销售分录,从而保证发出的产成品成本与销售收入相匹配。

2. 成本记录

虽然永续盘存记录对于一个企业的存货会计系统来说至关紧要,但是永续盘存记录主要是作为对存货放置和流动数量的控制。控制测试还必须关注存货成本从原材料至在产品、产成品以及销售成本的流动。

不同公司之间的成本会计系统差异很大,依赖于生产或处理的产品。因此,不同审计业务的控制测试也各不相同。不过,在很多审计中,注册会计师都重点关注在产品存货中累计的人工成本和制造费用。表 10-5 是一些典型的测试。

表 10-5　成本记录测试示例

控制测试:成本记录
1. 取得在产品存货中各项费用的汇总。 2. 测试累计的直接人工成本和制造费用: a. 对于抽取的直接人工成本,将账户与(1)部门人工成本报告,同时与工资循环中对人工记录的测试进行协调;(2) 在产品记录进行调节。 b. 对于抽取的制造费用,将费率与经过授权的标准成本进行调节,确保采用的基础(例如,直接人工小时数)是适当的。 3. 复核用于确定标准制造费用率的基础,确定: a. 归入制造费用的各项费用是合理的并且与前一年度相一致。 b. 标准费率接近实际的成本。 4. 确定制造费用分配过多和分配过少的相应处理。

如步骤 1 中指出的那样,对成本记录的测试是基于客户对在产品中各项费用的汇总,并且像步骤 2 至步骤 4 那样,重点关注直接人工和制造费用。

在步骤 2a 中,注册会计师追踪直接人工成本至两个独立的来源:部门人工成本报告和在产品记录(假定人工成本是包括在记录中的,有些公司并不是这样处理)。步骤 2b 是为了解决制造费用是否与经过授权的标准成本相一致,以及分配制造费用的基础(例如,直接人工小时数、生产的单位数等)是否是适当的。接下来,步骤 3 进一步解决标准的制造费用成本,主要是测试制造费用的分配是否与前一年度相一致并且接近实际的成本。

步骤 4 是确定被审计单位如何处理分配过多和分配过少的制造费用。实际成本与标准成本之间的一般差异(即确定制造费用分配过多和分配过少的基础)应当在发生的当期处理,一般是通过销售成本进行结账。相反的,异常的差异(譬如闲置设备费用或者过多的损耗)应当在期末存货和当期运营成本之间进行分配。

五、评估控制风险

注册会计师复核系统的记录以及控制测试的结果,以确定是否能够依赖现有的控制程序将控制风险评估为低于最大值,从而减少对存货的实质性测试。这一评价基于以下四点:(1) 可能发生的错误或舞弊的类型;(2) 应当防止或检查出错误或舞弊的必要控制程序;(3) 必要的程序是否存在并且被遵循;(4) 内部控制中存在的任何缺陷。

第四节　对存货循环的实质性测试

一、存货的具体审计目标

存货的具体审计目标按照七个一般审计目标分别阐述,如表 10-6 所示。注册会计师应当获取旨在实现这些具体目标的充分证据。

表 10-6　存货的具体审计目标

• 完整性	被审计单位于资产负债表日拥有的全部存货项目或数量都已根据成本计算、估价和汇总记录的目的予以确认
• 准确性	存货项目或数量都已正确地予以确认、计量、计算成本及汇总 成本已根据公认的方法之一准确地予以确定 财务报表中报告的金额与会计记录相一致
• 真实性	资产负债表中反映的存货金额包括由实物存货或在产品所代表的存货项目或数量
• 截止	全部存货项目或数量截止到资产负债表日的出入库增减变动都已在财务报表中予以反映
• 估价	所有滞销、毁损或过时的存货都已正确地予以识别并与其估计可变现净值进行了比较,并且必要时予以减记
• 权利与义务	被审计单位承担几乎全部风险并享有由此产生的几乎全部所有权报酬
• 列报与披露	存货已在财务报表中正确的予以分类、描述及披露

二、实质性测试

注册会计师应当考虑在中期的某一天实施这一节讨论的部分程序,将其作为早期实质性测试的一部分。审计策略应具体说明在中期的某一天实施哪些程序,并且预期是否有必要在资产负债表日重复这些程序或扩大其实施范围。

可用通用审计软件对存货进行审计。另外,也可能需要开发一种应用软件包。可以由软件实施的程序包括:重新演示对以单位成本估价的存货进行的评估;选取用于实物盘点或其他目的的项目;识别不同存货单位成本及库存数量的重大增减变动;将单位成本与销售价格进行比较;通过检查过去的用途及上一次增减变动的日期来识别滞销存货;报告本期取消或增加的存货类别。

(一) 完整性

注册会计师应当确定被审计单位是如何决定构成财务报表所含金额基础的存货数量的,而且有必要考虑被审计单位的程序是否可提供有关存货数量将准确地予以确定的合理保证。因此,注册会计师应当确定被审计单位的存货盘点程序是否适合于得出存货数量的准确记录,以及盘点程序是否得到有效运用。

存货在大多数被审计单位的资产负债表中都占有重要地位,但准确地对存货进行量化实际上有很大困难,因此除非存货数量不大,注册会计师都应参加被审计单位的存货盘点过程(通过监盘和抽盘的方式)。

1. 存货盘点程序的适当性

存货实地盘点的次数、时间、范围和方法应当适合于为被审计单位提供这样的合理保证:已入账存货数量是对被审计单位资产负债表日所拥有全部存货的准确计量并且所有其他项目都已被排除在外。不论被审计单位依赖对全部存货的定期(如一年一次)盘点来确定其数量,还是依赖永续盘存制,这一点都适用。

注册会计师应当在存货盘点指令发出以前对其进行复核,并获得有关这些指令可以导致准确盘点的保证。在评估存货盘点指令时应当考虑的一些更重要的事项以及被审计单位的整个程序等内容在本章附录一中阐述。注册会计师应当查明这些指令已经过一名管理人员的复核与批准,并且已经向存货盘点人员说明了有关基本情况。

如果被审计单位拟实施的盘点程序似乎不能令人满意,注册会计师应当立即与被审计单位讨论其中的缺陷并说明其影响程度,并且设法劝说被审计单位在盘点开始以前修正缺陷。如果不能做到这一点,注册会计师应当认真考虑其对存货盘点可靠性的可能影响。

如果拟实施的盘点程序中的缺陷可能非常重大,以至于盘点不能作为在财务报表中列示存货的可靠基础,则应当向被审计单位说明其对审计意见的可能影响。如果缺陷不很重大,则可以通过修正一个或一个以上的审计盘点观察程序,从而获得没有产生重大错误的保证。

如果被审计单位参与盘点的员工没有收到适当的书面指令,则注册会计师应当对有关这些员工不完全理解其责任的风险进行评估。这可能通过事先讨论或在监盘的过程中完成。如果认为风险是重大的,则有必要提高观察和询问的程度以及必要时重新执行其工作。

2. 测试查明盘点程序已得到有效运用

盘点程序的有效性应当通过直接观察予以测试,并辅之以检查有关文件及重新执行盘点测试。因此,注册会计师应当在盘点现场并观察如何盘点。应当实施的程序在本章附录二中讨论。

参加存货盘点的性质、范围及时间将取决于每次盘点的具体情况,尤其取决于对记入审计策略的错报风险进行的评估、对盘点程序适当性的复核以及被审计单位实行定期盘存还是永续盘存。

3. 定期盘存

在被审计单位进行年度或其他定期盘点并且一次完成对大多数或全部存货的盘点时,注册会计师应当参加盘点并实施附录二中讨论的程序。

注册会计师应通过下列步骤测试完整性:

(1) 查明已将所有盘点记录(如存货盘点表)纳入存货汇总记录。

(2) 将被测试项目与存货汇总记录进行核对。如果汇总记录不包含对盘点测试充分详细的说明,则应当要求被审计单位分析将哪些存货盘点表纳入了汇总记录,而且注册会计师应确保已包含所选取的样本。剩余的盘点表也应予以详细检查,以确保没有从汇总记录中排除该项目的其他金额。

(3) 测试存货盘点表和存货汇总记录中的增加额。

4. 循环盘存

如果被审计单位采用循环盘存法,注册会计师应当在实质性测试日以前考虑当期的盘点结果,以确定截止到该日期所揭示错误的范围。重要的是应考虑这些错误是否表明存货记录中的重大缺陷或者发生持续存货损失(这可能表明存货实物保管的不适当性)。

注册会计师可能没有必要参加每一次存货盘点。但注册会计师至少应观察一次盘点并查明盘点程序是否得到有效运用。注册会计师还有必要查明盘点所揭示的差异事后已在存货记录中予以调整。

5. 在中期的某一天审计存货

如果在资产负债表日以前实施定期盘点,则可能有必要实施下列一个或一个以上的程序。在被审计单位采用循环盘存法的情况下实施类似程序可能也是必要的:

(1) 对于盘点日至资产负债表日之间的间隔期:从存货记录中选取存货发出或收取项目并与原始单据进行核对;从存货发出或收取文件(如发货单或收货通知单)中选取项目,并将其详细内容与存货记录进行核对;复核预先编号的存货发出或收取项目文件的序号。

(2) 在资产负债表日实施对存货盘点的测试。

这些追加程序的选择及范围将取决于对间隔期的重大错报风险进行的评估,并应考虑中期盘存结果和内部控制效果。

6. 第三方持有的存货

注册会计师应当确定资产负债表日属于被审计单位和由第三方持有的全部存货是否都已得到确认并记入资产负债表。被审计单位利用第三方持有存货的程度,通常应在经营复核过程中予以确认。

为提高效率,针对这些存货实施的程序通常应当结合针对存在目标的审计工作进行,并在下面章节中进行讨论。

(二) 准确性

资产负债表中存货数字的准确性将取决于下列内容:对不同类型的存货以及不同存货类别的正确识别;对存货数量的准确记录与计量及正确的汇总记录;根据适当的会计政策确定成本;正确的成本在各项或各类别存货中的运用及其准确的横向合计数、增加额及汇总记录。

1. 确认、记录与计量

前文和附录二所讨论的针对完整性的工作,通常应提供有关正确确认、计量并记录存货数量的充分保证。下面将讨论注册会计师如何获得所需要的有关单位成本的确定及其在存货数量上的准确应用方面的保证。

2. 单位成本的确定和应用

(1) 会计政策

注册会计师应当在经营复核期间确认被审计单位用于确定存货成本的政策,并考虑这些政策是否适合于存货的特定性质,是否符合相关法律和会计准则,是否与以前年度一致。

注册会计师特别应考虑下列内容:包括进口关税、运输及装卸成本;不包括商业折扣及折让;对制造企业而言,包括直接人工、直接费用以及生产和其他间接费用的适当分配;不包括销售及流通间接费用和分支机构内部利润。

(2) 检查存货成本

测试项目应从下列内容中选取:存货盘点时被测试的那些项目;最终评定的存货清单。注册会计师应当对包含一个选取项目的最终目录中每一页的增加额或小计数重新进行计算,并证实最终合计数代表全部小计数的总额。通常还应复核存货盘点表中是否有明显的异常现象或错误。

关于所选取的项目，注册会计师应当：将单位成本与被审计单位的成本计算记录进行核对；检查横向合计数的计算准确性；检查单位成本的计算，以便确定单位成本是否已根据被审计单位的会计政策准确地予以确定。为此，注册会计师通常应检查供货商发票、人工分析和间接费用分配记录。

注册会计师应当确认间接生产费用的分配是否反映了被审计单位的正常经营活动水平。这样做的方法之一是将存货中所含间接费用总额和存货中所含材料及人工费用与存货制造期间的间接费用、材料和人工成本总额之间的关系进行比较。

如果已从标准成本记录中获得单位成本，注册会计师应当复核并查询存货制造期间的差异报告。如果差异表明实际成本与用于确定存货价格的标准成本有很大区别，则有必要调查其中的原因。

(3) 检查成本构成

如果在产品和产成品成本中包含特定的外部成本（如以合同方式进行的机械制造和装饰工程），注册会计师应确保在有关会计期间发生的那些成本已全面并准确地予以核算。在缺乏一体化会计系统的情况下，可以通过确定承包人的姓名并确定（根据截止到资产负债表日所完成全部工作）所记录的发票或应计事项来完成这一点。

3. 控制账户的调节

注册会计师应检查总分类账存货控制账户与存货明细分类账（或存货清单）之间的调节。

如果不能调节有关金额或者被审计单位这样做有困难，注册会计师应当考虑有关记录是否可靠。对于被审计单位不能正确记录控制账户的情况，注册会计师应提请业务经理注意。

4. 与会计记录核对相符

注册会计师应当将财务报表中报告的金额与总分类账中的存货控制账户进行核对，通常的方法是通过试算平衡表核查这些金额。如果被审计单位推迟了调整（如由于计提存货准备），则重要的是要确保调整事项记入会计记录。

(三) 真实性

1. 保证的来源

注册会计师应当从前文和附录二中所讨论的与定期或永续盘存相关的程序中获得所需要的与这一目标相关的大多数保证。

应当对这些程序做下列补充：

(1) 从最终评定的存货清单中选取项目、将其详细内容与存货盘点表进行核对，并通过查阅存货盘点期间记录的详细情况来确保存货盘点表是有效的并且自本次盘点以来没有增加新的项目。

(2) 复核最终存货盘点表和汇总记录并查明任何修改内容都经过正确的授权并且是有效的。如果这种解释不能令人满意，则注册会计师可能有必要重新盘点被修正的项目并通过查阅发出货物或收到货物的文件，将其已入账数量与盘点日的数量进行核对。

2. 第三方持有的存货

注册会计师应当获取有关由其他有关方面拥有存货在具体情况下是合理的保证。重要的是应认真询问那些似乎不处于正常经营过程的情形。

注册会计师应评估被审计单位有关这些存货记录的适当性以及被审计单位为确认这些记录而实施程序的适当性。如果被审计单位存货记录的准确性可以用对所持有数量的定期或最新确认作为凭证,并且监管人是独立且声誉良好的,则可能没有必要亲自获得直接确认。

如果做出决定寻求从外部监管人那里获得直接确认,注册会计师应当采用类似于“应收账款”中所讨论的程序,并要求监管人确认存货属于被审计单位的财产并且其保管是免费的或不设留置权的。但出于效率目的,这种确认还应当提供有关完整性目标的保证。因此:

(1) 与寻求对某一特定入账金额进行确认的做法相反,监管人可能需要提供有关代表被审计单位持有全部存货的详细情况。

(2) 注册会计师应根据对经营情况的了解及其他审计程序,获取有关被审计单位存货的所有外部监管人都已得到识别并在确认范围内的保证。

(3) 注册会计师可能还应考虑向所有其他有关各方(已知他们随时持有大额存货,尽管记录表明他们于实质性测试日不持有任何存货)致函。

如果不能获得确认,注册会计师应当实施替代程序。通常,在没有出现令人怀疑的情况下,这些程序将包括检查有关被审计单位采购或制造存货、存货已交付监管人,以及往来信函、发货记录或发票中没有迹象表明存货已售出等证据。但是,如果需要获得有关这些存货的高度保证,则注册会计师应当要求被审计单位安排通过测试盘点对这些存货进行审计检查,如果已识别舞弊或错误风险,或者如果外部所持有的各项存货特别重要,则有必要这样做。

(四) 截止

1. 保证的来源

存货的截止是指,为确保截止到资产负债表日有关存货出入库的增减变动已在本期财务报表中予以反映而实施的程序。这些程序的目的一是与应付账款截止核对确保存货中所含全部项目的负债已在财务报表中予以列示;二是与应收账款截止核对确保财务报表中所含的销售额已与这些销售的相应成本(这些成本已从存货中剔除)相配比。

由于这些原因,针对存货截止的发货部分的工作通常应当与应收账款截止相结合,而针对存货截止的收货部分的工作通常应当与应付账款截止相结合。

测试的性质和范围将取决于:被审计单位用于记录交易的方法;被审计单位采用的特定截止测试程序;盘存时间;截止错误的潜在重要性;实质性测试日前后可能发生截止错误的那段期间的长度。

如果存货盘点在中期的某一天实施,则应当同时对那一天和资产负债表日进行截止测试。

2. 详细测试

注册会计师应当利用在参加存货盘点时记录的有关截止的详细内容实施下列程序:

(1) 从盘存日/资产负债表日的入库和出库两种文件中选取项目并将其与相关存货记录核对。测试应当包括存货盘点过程中记录的最后一次到货、发货和退货文件。

(2) 从盘存日/资产负债表日的两种文件中选取项目并将其与相关入库和出库记录(包括被审计单位退回或退回给被审计单位的货物记录)进行核对。

注册会计师应当选取部分价值高的存货项目进行详细测试。预先编号的发货及收货文件的序号应当予以复核,并查明比存货盘点时的记录更早的那些号码已纳入当期交易,以及后来的号码已被排除在外。

必要时,注册会计师还应测试有关存货的内部增减变动(如不同经营场所之间、同一经营场所的不同部门之间、原材料和在产品之间以及在产品与产成品之间的增减变动)的截止情况。

(五) 估价

估价方面的工作应当包括下列内容:被审计单位用于确认可能需要计提准备的存货的程序;被审计单位用于确定这些存货可变现净值的方法;计算计提的变现损失准备。

1. 确认需要计提准备的存货

注册会计师应当复核被审计单位用于确认其可变现净值低于成本的存货的程序。这些程序可能考虑下列因素:可能表明存货水平过高的销售计划;致使现有存货过时的新产品;现有存货类别的中止;易损耗商品的已知保质期;消除部门间利润。

为测试这些程序所要做的工作如下:

(1) 产成品。将存货水平与预算及以前年度相比较;通过查阅已知订单或近期销售,计算这一存货水平代表几周或几个月的销售;利用参加存货盘点时记录的信息来识别过时、毁损或不能以正常价格销售的存货。

(2) 在产品。根据所持有产成品的水平以及已知订单或近期销售,复核在产品的可销售性。

(3) 原材料。将存货水平与以前年度及预算相比较;考虑是否有过时、毁损或多余的原材料。这可以通过查阅上述存货盘点结果、考虑已知订单或预计销售并确定产品类别近期是否有重大变化等来完成。

2. 确定可变现净值的方法

注册会计师应确定被审计单位如何计算需要计提准备的项目的估计可变现净值。被审计单位方法的适当性应当通过下列方法予以评估:

(1) 根据上面实施的工作以及与管理人员的讨论来复核这些方法。如果使用公式计算准备,注册会计师应当严格复核该公式,查明其是否与以前年度使用的一致,以及该公式是否已根据现有经营经验适当地予以修改。

(2) 按下列方式测试所选取的项目:第一,对产成品,将预计销售收入与成本加可能的处置成本进行比较;第二,对于在产品,估计完工总成本并将其与销售额或净合同价格减处置成本后的余额进行比较;第三,对于原材料,通过参阅残、废料的回收来检查残次品项目。

3. 计算准备

注册会计师应查明已根据被审计单位用于识别需要计提准备的存货的程序以及用于确定这些存货可变现净值的方法正确地计算准备。这应当通过下列方式来完成:

(1) 测试准备的计算结果。

(2) 根据上面实施的工作确定对准备的独立估计。

4. 工作时间

如果上面讨论的程序是作为早期实质性测试的组成部分而实施的,则应通过下列方式于资产负债表日改进这项工作:

(1) 复核被审计单位为确认进一步计提准备的必要性而采用的程序。

(2) 获得有关对早期实质性测试日与资产负债表日之间所计提准备的重大增减变动的说明。

(3) 确定是否由于下列原因需要进一步计提准备:尚未在销售价格中充分予以反映的采购或生产成本的增加;销售价格的下降;作为被审计单位营销战略组成部分的、制造并以亏损价格销售产品的决策;超过预计需求的多余存货。

(六) 权利与义务

通常可通过下列内容获得与权利及义务相关的充分保证:上述有关针对存货完整性和真实性的工作;应付账款测试必然产生的影响。

(七) 列报与披露

为了协助实现列报与披露目标,注册会计师应在审计结束时复核财务报表并考虑会计准则中叙述的事项。还有一点重要的是,注册会计师应当对需要披露的、能够在外勤工作中更有效地予以识别的事项保持警觉。这些事项包括:

(1) 存货按原材料、在产品和产成品正确地进行分类,以及分期付款的正确处理。

(2) 公司间存货中可能包括应当予以识别并从合并报表中剔除的未实现利润部分。

(3) 受产权保留条款影响而购入的、应当在财务报表中予以确认的存货。

(4) 作为被审计单位或第三方债务抵押的存货。

(5) 存货重置成本(当这一成本与账面价值有很大区别时)。

本章提要

1. 典型的生产循环,主要涉及生产、储存和出货。与生产产品、储存原材料和产成品有关的控制可有无数的组合和序列。由于现代制造技术的多样化,与生产相关的生产过程、会计程序和控制活动也有许多表现形式。本章中关于典型交易、会计系统和控制活动的普遍性建议只针对以下三类存货循环主要交易中可能遇到的情况:生产待售产品;储存原材料(包括配件)和产成品;发出产成品。

2. 与存货相关的审计风险根据被审计单位存货的性质及其在财务报表中的重要性的不同而变化。通过分析程序来了解趋势,帮助注册会计师评估风险程度。这些趋势可能包括:生产成本各组成部分的关系;生产用量与价格差异;产成品存货周转率(销售成本与平均产成品存货的比率),等等。

3. 一个企业的存货控制和存货的会计处理程序可以使用流程图、调查问卷和描述性文字进行记录。实物控制、永续盘存记录和成本记录是存货控制中的三个关键领域。注册会计师也可以使用描述性的备忘录或者与流程图或调查问卷一起来记录系统。

4. 为了证实对系统的了解,注册会计师可以追踪一个或几个存货从原材料至在产品、产成品永续盘存记录、成本记录中的分类和过账、存货会计以及总账会计的过程。对存货的控制测试主要关注于存货在生产过程中的传输是否经过授权并且被记录。但是,对采购和销售的测试都可能包括对存货记录的测试，因此注册会计师应当小心协调各测试，以避免重复劳动。

5. 通用审计软件可用于存货审计。可以由软件实施的程序包括：重新演示对以单位成本估价的存货进行的评估；选取用于实物盘点或其他目的的项目；识别不同存货单位成本及库存数量的重大增减变动；将单位成本与销售价格进行比较；通过检查过去的用途及上一次增减变动的日期来识别滞销存货；报告本期取消或增加的存货类别。

练习与思考

1. 制造业公司的生产循环与零售业或其他公司的生产循环有哪些不同？

2. 描述存货成本在公司账户之间的流动。

3. 永续盘存记录和成本记录的控制测试主要关注什么？

4. 管理人员如何进行控制，以防止存货被放错地方或被滥用？

5. 注册会计师使用什么程序来确定已记录的存货是否存在？

6. 确认并简要描述与实地观察存货相关的财务报表认定。

7. 在什么样的情况下，在期中进行盘存而不是在期末进行盘存是适当的？

8. 说明注册会计师在实地观察存货时的角色。

9. 假定你正在考虑被审计单位对存货记录的控制。系统的记录已经通过流程图和调查问卷完成，在结合了穿行测试之后，你发现了下列潜在的内部控制缺陷。请针对每一个潜在的缺陷，指出管理人员为了降低错误或舞弊的可能性所能采用的控制。

(1) 虽然对于财务报表整体来说并不重要，但是该公司员工有时候会拿公司的资产或工具供私人使用。

(2) 存货有时候会被放错地方，导致潜在的生产延迟。

(3) 财务主管发现一些存货（包括贵重金属）被盗。

(4) 废料销售有时未被记录。

10. 当审计 A 公司 2012 年的财务报表时，你了解到下列与存货控制和存货会计活动相关的控制或程序，请针对每一个控制程序，指出该控制程序可以预防或发现的潜在错误或舞弊，以及每个控制程序的控制目标。

(1) 没有管理层的书面授权，不能生产新的产品。

(2) 只有备忘录中记录的人员才能进入仓库。

(3) 存货运入或运出仓库和生产场所需要记入日记账，该日记账由存货控制人员维护。

(4) 备忘录中的所有人员要对损失或偷盗负责。

(5) 处理存货的责任要与存货记录、成本会计以及总账会计相分离。

(6) 所有的生产表格都要锁好，只有得到授权的人员才有钥匙。

11. 根据内部控制调查问卷设计控制测试。下面是从一个公司的内部控制调查问卷中选出的问题，包括存货控制、永续盘存记录以及成本记录。如果回答为“是”，那么表明该项控制良好；如果回答是“否”，则表明系统存在潜在的缺陷。假定每个问题的回答都是“是”。为每个问题设计测试，提供有说服力的证据来证明控制是可靠的。

(1) 是否合理地预防存货变坏和被盗？

(2) 申请材料用于生产是否需要材料请购单？

(3) 所有存货的实地盘点是否每年至少进行一次？

(4) 存货的永续盘存记录是否及时更新？

(5) 永续盘存记录是否与总分类账控制账户定期进行调节?

(6) 是否及时报告和记录了所有的存货转移?

(7) 生产人员是否需要解释价格和数量差异?

12. 下面是注册会计师在对被审计单位存货实施实质性测试时可能遇到的错误、舞弊或其他情况,请针对每一项,指出可能提出错误、舞弊或情况的实质性测试,以及每个程序所提出的财务报表认定。

(1) 选定产品的永续盘存记录不准确。

(2) 大量存货存放在几个公共仓库中。

(3) 选定产品的单位价格看起来较低,该公司使用的是先进先出法。

(4) 最终定价的存货反映了永续盘存记录中的数量。

(5) 货物于 2012 年 12 月 31 日收到,但是直到 2013 年 1 月 2 日才记录。

(6) 该客户在市场份额上开始落后于竞争者。该客户是处于计算机行业中。

13. 李明正在审计 C 公司 2014 年的财务报表。虽然 C 公司已经营业了很多年,但是从未被审计过。李明对于期末存货的各个重大方面都很满意,他正在考虑使用替代程序来审计管理层关于期初存货的声明。

C 公司只销售一种产品——瓶装水,并且维持永续盘存记录。此外,C 公司每月对存货进行实地盘存。李明已经从供应商处证实了采购情况,并且决定将重点集中在永续盘存记录的可靠性以及利用以前年度未审计记录的分析程序上。

要求:李明应当使用什么样的审计程序(包括分析程序)来评价永续盘存记录的可靠性并审计期初的存货?

14. 在对一个家庭用具组装公司 D 公司 2014 年的财务报表进行审计时,王通复核了该公司财务主管为 12 月 31 日的实地盘存制订的计划。

第一部分:完成的用具、未组装的配件以及供应品都储存在仓库中,该仓库属于 D 公司的组装工厂。在盘点的过程中,工厂继续运营。12 月 30 日,仓库根据估计,将 12 月 31 日生产所需的配件和供应品送至工厂,但是可能会有紧急的需要。在盘点的过程中,仓库仍将继续接收配件和供应品,并发出已完成的用具。但是,12 月 31 日完成的用具仍将放在工厂,直到存货盘点完成。

第二部分:仓库人员将与会计部门的人员一起进行存货盘点。

要求:针对第一部分,公司应当确立什么程序以确保存货盘点包括了所有的项目并且没有项目被重复计算?针对第二部分,公司应当给盘存人员什么指示?

案例分析

法尔莫公司

中外上市公司中,涉及存货舞弊的案例为数众多,其中比较著名的,外国有麦克森 & 罗宾斯公司、法尔莫公司,中国有红光实业公司、天津广夏(集团)有限公司等。这些公司所策划的舞弊方案给注册会计师带来了很大的审计风险。下面就选择其中较为典型的美国法尔莫公司案予以介绍。

从孩提时代开始,米奇·莫纳斯就喜欢几乎所有的运动,尤其是篮球。但是因天资及身高所限,他没有机会到职业球队打球。然而,莫纳斯确实拥有一个所有顶级球员共有的特征,那就是他有一种无法抑制的求胜欲望。

莫纳斯把他无穷的精力从球场上转移到他的董事长办公室里。他首先设法获得了位于(美)俄亥俄州阳土敦市的一家药店,在随后的十年中他又收购了另外 299 家药店,从而组建了全国连锁的法尔莫公司。不幸的是,这一切辉煌都是建立在资产造假——未检查出来的存货高估和虚假利润的基础上,这些舞弊行为最终导致了莫纳斯及其公司的破产,同时也使为其提供审计服务的"五大"事务所之一损失了数百万美元。下面是这起案件的经过。

自获得第一家药店开始,莫纳斯就梦想着把他的小店发展成一个庞大的药品帝国。其所实施的策略就是他所谓的"强力购买",即通过提供大比例折扣来销售商品。莫纳斯首先做的就是把实际上并不盈利且未经审计的药店报表拿来,用自己的笔为其加上并不存在的存货和利润。然后凭着自己空谈的天分及一套夸大了的报表,在一年之内骗得了足够的投资用以收购了 8 家药店,奠定了他的小型药品帝国的基础。这个帝国后来发展到拥有 300 家连锁店的规模。一时间,莫纳斯成为金融领域的风云人物,他的公司则在阳土敦市赢得了令人崇拜的地位。

在一次偶然的机会导致这个精心设计的、至少引起 5 亿美元损失的财务舞弊事件浮出水面之时,莫纳斯和他的公司炮制虚假利润已达十年之久。这实在并非一件容易的事。当时法尔莫公司的财务总监认为因公司以低于成本出售商品而招致了严重的损失,但是莫纳斯认为通过"强力购买",公司完全可以发展得足够大以使得它能顺利地坚持它的销售方式。最终在莫纳斯的强大压力下,这位财务总监卷入了这起舞弊案件。在随后的数年之中,他和他的几位下属保持了两套账簿,一套用以应付注册会计师的审计,一套反映糟糕的现实。

他们先将所有的损失归入一个所谓的"水桶账户",然后再将该账户的金额通过虚增存货的方式重新分到公司的数百家成员药店中。他们仿造购货发票、制造增加存货并减少销售成本的虚假记账凭证、确认购货却不同时确认负债、多计或加倍计算存货的数量。财务部门之所以可以隐瞒存货短缺是因为注册会计师只对 300 家药店中的 4 家进行存货监盘,而且他们会提前数月通知法尔莫公司他们将检查哪些药店。管理人员随之将那 4 家药店堆满实物存货,而把那些虚增的部分分配到其余的 296 家药店。如果不考虑其会计造假,法尔莫公司实际已濒临破产。在最近一次审计中,其现金已紧缺到供应商因其未能及时支付购货款而威胁取消对其供货的地步。

注册会计师们一直未能发现这起舞弊,他们为此付出了昂贵的代价。这项审计失败使会计师事务所在民事诉讼中损失了 3 亿美元。那位财务总监被判 33 个月的监禁,莫纳斯本人则被判入狱 5 年。

要求:请讨论该案例中反映出的审计失败的原因,以及应从该案例中吸取的教训。

小组讨论

商业企业生产循环中包括哪些重要的账户?用本章的原理说明对这些账户进行审计的要点。

附录一 复核存货盘点指令及程序时需考虑的事项

收到存货盘点的指令与程序时应考虑的事项如下:

(1) 盘点人相对于存货控制职能的独立性。

(2) 用于收集并检查盘点数据并确保数据完整的程序。

(3) 盘点以前和盘点期间的截止程序。

(4) 用于确保被审计单位所拥有的全部存货都已被盘点,并且代顾客或第三方持有的存货都已排除在外的程序。

(5) 用于调查由存货盘点揭示的差异(必要时,包括期后对记录所做的调整)的程序。

(6) 用于识别并且必要时隔离过时、滞销和毁损存货的程序。

(7) 确保存货记录为最新数据的程序。

(8) 对盘点期间存货在不同区域和不同经营场所之间的增减变动实施的控制。

(9) 为便于准确盘点而做出的存货布置。

(10) 用于确保存放于几个不同经营场所的存货不被重复盘点的程序。

(11) 在永续或循环盘存的情况下,本会计期间存货盘点的范围。尽管被审计单位没有必要100%地盘点全部存货,但存货盘点应当包含本期存货数量和价值的很大比例,以及有错误或存货损失历史的那些项目/领域。

附录二 参加存货盘点

下面讨论的程序旨在提供可支持完整性、存在性和准确性等特定目标的相关审计证据。

参加盘点的审计小组成员应具备一定的经验并了解全部情况。因此,在参加盘点以前,重要的是他们应当熟悉存货的存放地点以及工厂、工作场所、仓库或储藏室的布局。项目组还应当确保对各种存货项目的外观、用途和大致价值有一定的了解,并了解有关的制造或其他程序。

1. 存放于多个经营场所的存货

如果被审计单位在一个以上的经营场所进行盘点,则可能没有必要参加所有的盘点工作。盘点场所应当根据下列标准进行选择:

(1) 每个场所估计存货水平的重要性。

(2) 不同场所受相同程序和总体控制职能涵盖的程度。

(3) 某一场所的异常存货水平、毛利或经营成果。

(4) 作为凭证的存货记录的性质和可靠性以及以前年度和本期的盘点结果。

(5) 内部审计报告结果。

(6) 被审计单位对外部审计参与的预期。

2. 内部审计人员

只要注册会计师对内部审计人员的独立性和胜任能力感到满意,就可以依赖他们参加某些经营场所的盘点。但是,注册会计师应当通过若干次的审计参加所有的重要经营场所的盘点。如果注册会计师希望依赖内部审计人员的工作,则应当实施"利用内部审计工作"中讨论的一般程序。尤其重要的是:

(1) 应当事先与内部审计人员讨论其工作计划,以确保其计划与外部审计要求一致。

(2) 复核其工作底稿和结论。

3. 一般程序

在盘点开始以前,注册会计师应当:

(1) 记录需要盘点的存货的性质、存放场所及其布局。

(2) 确定盘点时使用的台秤或衡量器能得出准确结果。

(3) 确定是否给存货做了标记、贴了标签或以其他方式予以描述,以便盘点小组能够识别。

注册会计师应在盘点开始(或被审计单位介绍情况)时参与这项工作,以确保盘点从一开始就是有序、控制良好和方法得当的。

盘点期间,注册会计师应实施下列程序:

(1) 观察并询问存货是否得到妥善保管并预防其变质。

(2) 确认已实施了程序,用于隔离非被审计单位所有的或者应从盘点范围剔除的存货。

(3) 对于在产品,通过观察确保对每个生产步骤进行了分离并识别了每个完工步骤。

(4) 通过巡视经营场所并观察盘点小组的工作来确认指令的执行是有效的,以确定:① 被审计单位拥有的全部存货都已进行了盘点;② 所有其他存货都排除在盘点结果之外(被审计单位常常对一个经营场所的全部存货进行盘点,以便识别第三方的货物,确保事后将其剔除);③ 存货盘点表或其他用于记录数量的手段都得到适当的控制;④ 盘点期间货物的增减变动得到了适当控制,以避免重复盘点或遗漏;⑤ 滞销、过时或毁损的存货都已确切地予以确认。

（5）为截止目标而记录有关发货和收货的详细内容。这些可能包括，如盘点日以前签发的最后一个预先编号的领料单或收货通知单，或者货物入库/出库登记簿中的最后记录事项。同样，为了截止目标，重要的是应确认并记录：① 似乎已在近期交付的项目（如存放于入库分隔间但尚未拆包的货物）；② 似乎等待发出的货物（如存放于发货分隔间但尚未打包并写明收件人的货物）。

（6）盘点结束时，获得有关盘点中所使用全部记录的详细内容，以便盘点过后检查消除、操纵、增加或替换记录的情况。如果无法保留盘点记录，注册会计师应当记下有关所使用记录的详细内容或从中摘录部分内容。可能有必要通过以草签方式证明记录的有效性。

4．测试盘点

注册会计师应当测试盘点。为了获得有关完整性和存在（以及准确性）的证据，注册会计师应从两个渠道选取需要测试的项目：

（1）盘点记录，以验证存货的存在与数量（存在和准确性）。

（2）实物存货，以确保有关金额已准确地记入盘点记录（完整性和准确性）。

5．盘点程序的不适当性

如果所使用的盘点程序不能令人满意，注册会计师应通过观察、询问和测试盘点等方式加大对这些程序结果的测试力度，以便评估事实上已产生错误的风险。

如果对盘点监督不当，或者盘点不是由具有适当独立性的人员进行的，注册会计师应扩大观察和询问范围，以确定盘点程序在整个盘点过程中的实施是否令人满意。这是因为缺乏本来可以依赖的相关监督。这种情况下，可能有必要参加整个盘点过程，因为如果注册会计师不在场，就无法保证盘点程序令人满意。

如果对盘点的完整性有疑问，注册会计师应增加所记录盘点总数的数量及价值，以便事后与最终存货盘点表进行核对。

6．工作底稿

应当编制一份汇总表，以便记录所实施实质性测试的性质和范围，以及参加盘点时发现的例外情况。

汇总表的编制应在盘点结束后立即进行，以便发现问题并及时处理。

7．独立盘点人

在某些行业，聘用独立的专业盘点人和评估事务所是常见的做法。只要注册会计师对这些人员的专业胜任能力及客观性以及他们采用的程序感到满意，就可以认为他们的盘点是可靠的。因此，有必要确认盘点的组织和实施是为了给予所需要的与审计目标相关的特别保证，并询问有关盘点人员的职权范围及所使用的方法和程序。后面这项工作可能最好是在独立盘点人员在场的情况下通过随时访问被审计单位的经营场所来完成。如果专业盘点人员的工作看似不可靠，注册会计师应通过被审计单位做出安排，加大对独立盘点的观察范围，以便采取步骤克服不足之处。

第十一章

生产循环审计(二)

本章目的

前一章主要讨论了对生产循环中的存货循环的控制测试及实质性测试,本章继续讨论对生产循环中的人力资源及工资的审计以及固定资产和无形资产等长期资产的价值转移等的审计。本章首先介绍人力资源及工资循环的审计,包括相关账户的审计目标、人力资源及工资循环的一般性活动和相关控制、注册会计师对内部控制的考虑和对控制风险的评估以及实质性测试所适用的性质、时间和范围。然后介绍固定资产和无形资产等长期资产的价值转移的审计,简要说明审计中应重点关注的几个方面。

引例

天方药业遭质疑虚增成本870万元(节选)[①]

近日,律师王智斌反映,天方药业因2009年度会计信息不实被财政部行政处罚,2011年10月26日天方药业发布公告,承认了其2009年度会计信息不实的事实。天方药业涉嫌重大项目未公告,隐瞒虚增成本870万元。

据了解,财政部相关文件指出,天方药业2009年列支外单位票据贴现息78 73849.9元,列支跨期费用56 750.61元,假列支费用795 060元,并存在科目外列支、提而未缴等问题,共13 970 155.14元均应调增当年应纳税所得额。

会计师告诉笔者,引起应纳税所得额调整的原因主要分为两种,一种是会计核算真实,但纳税核算出现差错,另一种则是会计造假。

2009年天方药业的年报显示,就天方药业应调增应纳税所得额而言,科目外列支、提而未缴等纳税核算错误导致的应纳税调增额为5 244 494.63元,而"列支外单位票据贴现息"、"列支跨期费用"以及"假列支"均属虚增当期成本的会计造假行为,该造假行为导致利润总额减少,进而导致应纳税所得额减少,该金额总计为8 725 660.51元。

据了解,天方药业涉嫌在2009年度虚增成本人民币870万元,年报显示当期天方药业的利润总额也才1 877.75万元。

据财政部相关文件认定,天方药业"8种原料共计账面价值23 659 045.47元,未在总账上反映,账表不符"。资料显示天方药业2009年度财务报告中的资产总额存在重大不实。

第一节 人力资源及工资循环的审计

一、人力资源及工资循环的审计目标

人力资源及工资循环始于雇用并使员工投入生产或服务过程,结束于向员工提供的服务支付相应的报酬。在这个循环中还包括取得员工提供的与公司目标一致的服务以及对这些服务进行适当的记录和会计处理。

人力资源及工资对于大多数企业来说都是很关键的,这有三个原因:第一,工资报酬是大多数服务性企业、制造性企业和非营利性企业的一项主要支出;第二,在制造性企业中,人工成本是为存货估价的重要组成部分,如果分类错误,那么存货和销售成本都可能出现重大错报;第三,工资的内容并不单一,包括基本工资、计时工资、奖金、加班工资、假期工资以及员工福利等。

---

① 来源:《国际商报》,2013年1月10日,作者:罗韬州。

人力资源及工资循环相关账户的审计目标以及相对应的管理层认定如表11-1所示。

表11-1　人力资源及工资循环的审计目标

管理层认定	一般审计目标	人力资源及工资相关账户的项目审计目标
	1. 总体合理性	• 所有的相关账户都是合理的,看起来无重大错报
1. 存在或发生	2. 真实性	• 记录的工资表示的是在财务报表涵盖期间内员工确实提供的服务所应得的薪金
2. 完整性	3. 完整性	• 在财务报表涵盖期间内由于员工提供服务而应付的工资已完全反映在财务报表中;应付工资表示的是在资产负债表日应支付给员工的所有数额
3. 权利和义务	4. 义务	• 应付工资代表企业在资产负债表日的法定义务
4. 估价或分摊	5. 估价	• 应付工资以企业所欠的正确金额表示
	6. 截止	• 工资交易被记录在正确的期间内
	7. 机械准确性	• 所有的工薪数都是以正确的工资率和工时数正确计算、加总得出的,总分类账户和相关明细分类账户核对相符
5. 列报与披露	8. 披露	• 应付工资在财务报表中已正确披露
	9. 分类	• 应付工资在财务报表中分类正确

二、人力资源及工资循环主要业务活动及相关凭证和记录

人力资源及工资循环的活动主要包括工资处理和工资支付。

(一) 工资处理

工资处理是不同企业之间最有可能具有共同特征的一项工作,正因为如此,在一些企业中工资处理成为由第三方的数据处理服务组织提供的最常见的一种服务。从概念上讲,工资是采购循环的一部分,相当于购买了员工的服务,但是典型的工资交易与采购循环交易的区别在于,工资交易需要提存一定的金额来补偿各种类型的员工义务,并且控制活动有所不同。

工资处理包括:批准雇用;记录工作时间或产量;计算薪金总额和扣除。

1. 批准雇用

批准雇用的人应当独立于未来员工的直接上司和负责工资相关事宜的人员,在员工雇用过程中负责创建批准雇用、工资额和工资扣除等文件的人力资源部门来履行该项职能。人力资源部门同时还负责编制工资额变动及员工合同期满的通知。

人事记录包含的是永久或半永久性质的数据,被称为固定数据。在每次处理工资时,固定数据(比如员工姓名、社会保险号、工资额、已确认的扣除和免税项目)用来计算薪金总额和扣除。因此,与存在于单个工资期间的数据(比如工作时间)错误相比,固定数据中的错误通常更为严重。固定数据不会经常发生变化,其完整性、准确性和授权,应该由人力资源部门通过定期审核工资固定数据记录及其变动情况来进行控制。

2. 记录工作时间或产量

员工工作情况(包括加班)的证据,以时间记录或考勤卡的形式产生,它应该通过监督审核和批准来进行控制。如果支付工资的根据是产量(如计件工作或佣金)而不是时

间，数量同样应该经过审核，并且与产量记录或销售数据进行核对。

3. 计算薪金总额和扣除

在计算薪金总额和扣除时，需要将每名员工当期的工作时间或产量记录与固定数据进行匹配。在确定相关控制活动已经执行之后，应该由一名适当人员批准工资的支付。同时，由一名适当人员审核薪金总额和扣除的合理性，并批准该金额。由于员工都存在自利性，并且他们能迅速向人力资源部门反映问题，故这些都会降低工资支付不足的风险。而工资支付过多的风险，通常可以通过确认工资的总额上限或建立每级都有最高工资额的工资级别等方式来降低。同时，将工资成本与标准或预算进行比较，或者核对工资成本与生产成本或作业订单记录，也有助于控制。

因为大多数员工各个期间的工资都在同一个账户中，出于财务报表目的的会计分配一般不难控制。详细的成本会计系统会要求在各成本中心之间分配工资总额；在这些情况下，对于会计分配完整性的控制，通常通过比较分类金额与总工资来实现。会计分配的准确性，则通过调查变动分析所揭示的差异来保证。

工资扣除的计算方法，是由法律规定（在计算个人所得税的情况下）或者由合同来支配的（工会协议、集体保险合同或信用合作社签订的代理协议）。从员工工资中扣除项目，需由员工本人以书面形式予以授权，并通常由人力资源部门保存授权文件。每个员工的扣除项目，都应该进行汇总记录。对于扣除金额的控制，与支付应付账款的控制相类似。

对于大多数企业来说，在工资处理中进行职责分离的公认优势是不难达到的。将人力资源部门和会计部门的职责分开，而且批准时间记录的人员也应独立于这两个部门。以上所有职责都要与下面所讨论的工资支付处理的职责相分离。

（二）工资支付

支付净工资额，主要是直接将员工应得工资存入员工的银行账户，有时也会使用现金支出的方式，不过后者已经越来越少见。批准工资支出额，往往是工资计算中不可分割的一部分，它通常包括将所有员工应得工资的总额与按不同角度汇总的工资金额进行比较。有关使用打卡支付工资的职责分离，应该与使用现金支出的职责分离相同。

（三）监督控制

管理人员监督工资费用时，可以审核包含业绩指标的生产报告。业绩指标包括全员生产率、每小时平均工资和每标准计量单位的工资费用。非生产管理人员会收到包括工资费用的月度费用分析，并与会计系统以外的累计信息（比如部门预算以及过去的业绩指标）进行比较。

三、人力资源及工资循环内部控制的控制测试

（一）初步的控制风险评估

注册会计师通常利用在了解被审计单位内部控制中所获取的资料来初步评价内部控制风险。评价内部控制风险的步骤已经在前面的章节做过详细阐述，下面主要讨论一下

与人力资源及工资循环特别相关的控制。

1．充分的职责分离

职责分离对于人力资源及工资循环来说是很重要的，尤其是能够防止支付过多工资或者向不存在的员工支付工资。人力资源部门应当独立于工资核算职能，并且负责授权员工的增加和解雇以及工资额和扣除的变动。

2．适当的授权

人力资源部门应当负责授权员工的增加和解雇，确定应当被适当授权工资额和扣除额。每个员工的工作时间，尤其是加班时间，都应当得到主管的授权。

3．充分的凭证和记录

适当的凭证和记录依赖于工资系统的性质。例如，时间卡或时间记录对于按小时计酬的员工来说是必要的，但是对于领取薪水的员工来说就不是必要的。有些员工可能根据计件工资率或其他奖励制度来领取报酬。对于很多公司来说，时间记录必须充分，从而根据工作或任务累计人工成本。时间记录凭证的预先编号在工资领域不是很重要，因为工资的完整性通常不是需要注意的问题。

4．实施情况的独立检查

工资的计算应当被独立核实。管理人员或其他负责的员工应当注意任何明显的错报或异常数额。当生产性的人工成本影响存货估价或者当它对于累计成本是必要的时候，就必须有充分的控制来核实成本的适当分配。

5．工资与存货估价之间的关联

如果工资是存货的重要组成部分(在制造和建筑公司中经常是这种情况)，那么工资的不适当分类就会严重影响资产账户的估价，譬如在产品、产成品或在建工程。

当人工是存货估价的重要因素时，注册会计师就应当重点注意测试工资交易适当分类的内部控制。各期间进行分类的一致性，可以通过复核会计科目表和程序手册来测试，还可以追踪工作通知单至影响存货估价的会计记录。

6．对不存在的工资的测试

由于注册会计师对于检查舞弊负有很大的责任，因此当他们注意到重大舞弊的可能性时，必须扩展其审计程序。下面讨论一下两种常见的舞弊类型：不存在的员工和欺骗性的工作时间。

将工资发给不为公司工作的人(不存在的员工)，这种情况经常出现在解雇一名职员之后仍然继续向他发工资。用这种方式盗用公款的人通常是负责工资的文员、工头或者前雇员。例如，在有些情况下，工头可以每天为员工计时，并且在期末的时候批准时间卡。如果该工头还负责直接支付工资，那么就存在盗用公款的机会。

欺骗性的工作时间通常是指员工报告的时间多于实际工作的时间。由于缺乏可用的证据，注册会计师通常很难发现欺骗性的工作时间。但是，由被审计单位通过充分的控制来预防这一情况要比注册会计师发现它容易得多。

(二) 系统的记录

注册会计师首先要获取对内部控制的了解，这一了解至少应满足计划审计工作的需要。这些了解与注册会计师对控制设计有效性的评估一起，用来确定可能出现的错报类型、发生错报的风险，并进而据以设计实质性测试。取得或更新这些了解的渠道主要包括：注册会计师以往与企业合作的经验、以前年度的审计结果、询问企业人员、观察他们的工作情况、审核企业人员所制定的政策和程序、检查文件和记录。

表 11-2 列示了人力资源及工资循环的调查问卷范例。当然，注册会计师仍然可以使用描述性文字来记录整个或部分工资系统。例如，为了记录按小时工作的员工的工资程序，注册会计师可以使用流程图和调查问卷，并为行政人员的工资编制描述性文字，这通常只涉及比较少的员工，因此，也只需要描述比较少的工资支付情况。

表 11-2　调查问卷：人力资源及工资循环（示例）

问题	回答	备注
人力资源及工资		
1. 是否所有的员工变动——雇用、晋升、调任、解雇——都经过运营部门主管及人力资源部门的批准？		
2. 是否所有的员工变动都记录在人事记录中？		
3. 是否所有的员工变动都迅速与工资部门进行了沟通？		
4. 员工的人事记录是否包括对所有扣除的授权？		
5. 是否为确定人工成本的账户分配建立了指南？		
6. 准备或处理工资的员工是否独立于雇用和解雇的员工，并且不负责将支票分发给员工？		
7. 负责批准工资的管理人员是否独立于编制工资表和工资处理的人员？		
8. 员工时间记录的编制是否受到监督以确保所报告的小时数是准确的？		
工资支付		
1. 负责发放工资的员工是否独立于人力资源和工资核算部门？		
2. 每月对工资银行账户进行调节的员工是否独立于工资表编制、工资处理和分发职能？		
3. 员工在收到某些工资项目之前是否需要提供证明？		
4. 代发银行未发出的工资是否退回给独立于工资表编制、工资处理和分发职能的员工？		

（三）穿行测试和确认控制程序

为了证实对系统的理解，注册会计师可以从已处理的工资表中选择一系列项目，然后追踪信息至工资部门汇总及会计部门存档的时间记录，以及人力资源部门维护的记录。但是，穿行测试的目的不是测试控制程序，而是证实流程图以及完成的调查问卷。

当注册会计师了解了一个企业的内部控制并且确定这些控制对于评估控制风险低于最大值是潜在可靠的，那么他可以确认系统的控制目标、考虑潜在的错误或舞弊并且确定管理层预防或检查潜在重大错误或舞弊所使用的控制程序（见表 11-3 示例），然后据此设计对人力资源及工资循环的控制测试。

表 11-3　控制程序确定表

控制目标	可能发生的错误或舞弊的类型	控制程序
交易的授权		
• 员工的雇用应当依据管理层授权的标准	可能会雇用不符合要求的员工,导致过高的培训成本或者不必要的重新安置成本	为雇佣政策和程序建立清晰的标准 为所有员工维护更新的人事记录 核实雇用申请
• 薪酬和工资的扣除应当根据管理层的授权做出	可能会向员工支付未经授权的金额,导致过高的人工成本 假日工资或奖金的计算可能基于不正确的信息,导致错报的应计数额	为已授权的工资额和扣除维持更新的清单 确立程序,用于复核和批准工资额和扣除
• 工资或人事记录的调整应当依据管理层的授权做出	未经授权的调整可能被处理,提高了向员工的支付额,潜在的盗用现金和高估人工成本的可能性也大大增加	为政策和程序的调整确立清晰的声明
交易的执行		
• 工资和人力资源程序的确立应当依据管理层的授权	员工能够为已解雇或虚构的员工准备应付工资,导致现金被盗用	编制人力资源和工资程序手册
• 所有的工资现金支付都应当基于已确认的负债	现金可能会被支付给未提供的服务,导致现金被盗用和人工成本高估	定期核实员工的职位调动以及人事安排报告 控制时间记录
记录		
• 欠员工的金额都应当以正确的金额记录,记入适当的期间,并且进行适当分类	人工成本和相关的负债可能是不准确的,导致错报的费用和负债 详细记录的汇总(例如,工资单和人工成本的汇总)可能不一致,导致计算错误的工资或错误的人工成本	确立和记录账户分配程序;调节适当的分类账和日记账 对于未使用的凭证和表格建立实物保护
资产的保护		
• 对人力资源和工资记录以及表格和凭证的使用应当被限制为管理层授权的人员	记录、表格或凭证可能会被未经授权的人员滥用,导致滥用现金或未经授权的人工成本	预先编号和控制表格及凭证 将工资和人力资源交易的授权、执行和记录进行职责分离 维持已授权签名者的清单

(四)控制测试:人力资源及工资循环

1. 确定审计策略

通常注册会计师通过测试人力资源及工资流程的控制程序,来获得证明其运行有效性的证据。这样针对完整性、准确性和存在/发生等审计目标进行的实质性测试就可以减少。如果企业已经在年末执行了针对会计期间截止目标的控制,注册会计师也可以决定结合其他控制测试对其进行测试。与此相似,企业在有关估价目标的数据完整性和准确性方面,可能存在满意的控制,注册会计师同样可以对其进行测试。对于此外的事项,注册会计师一般通过执行实质性测试(根据对企业固有风险的考虑和控制的了解加以设计),来实现其余的审计目标。

一般说来,被审计单位准备的内部证据是测试工资时可用的仅有的有说服力的审计证据。因此,注册会计师在审计工资时常常主要依赖控制测试而不是实质性测试。如果控制测试的结果表明在评估控制风险低于最大值时能够依赖控制程序,那么实质性测试就可以主要关注分析程序,例如比率分析。下面讨论人力资源和工资以及工资支付的一些代表性的控制测试。

2. 人力资源和工资

工资单是一个企业对员工薪酬的持续记录,并且为编制工资表、分发和记录提供了基础。表 11-4 是一些代表性的控制测试。

表 11-4　人力资源和工资测试示例

控制测试:人力资源和工资
1. 取得所选期间的工资单并核实其计算准确性。 2. 取得相关的工资汇总和人工分配汇总。 　a. 核实工资和人工分配汇总的计算准确性,并与工资单上的合计数进行比较。 　b. 追踪合计数至总分类账和成本会计记录中的过账。 3. 从工资单中随机选取员工样本,并且取得选取的每个员工的人事档案。 　a. 检查档案的完整性并且复核人事安排报告的授权。 　b. 将人事记录中的工资额和扣除信息与工资单中的分录进行比较;对于按小时计酬的员工,取得时间记录并重新计算工资期间的总收入。 　c. 追踪工资单中抽取的分录至单个员工累计收入记录中的过账。 　d. 追踪所选的员工姓名至前一期间的工资单和后一期间的工资单;检查新雇用员工或被解雇员工的人事安排报告。

如步骤 1 所示,工资单是注册会计师测试人力资源和工资的起点。在步骤 2 中,注册会计师重点处理计算准确性和过账,并且调节合计数与总分类账和存货会计记录。工资的准确性和账户分配对于注册会计师来说是非常重要的事项,这是因为工资对七个财务报表账户都具有重大影响,包括工资费用、个人所得税、在产品存货、产成品存货、销售成本、应付工资以及应计个人所得税。

在步骤 3 中,注册会计师在工资单的分录中抽取样本,用于测试人事记录的完整性和适当授权,并且确定员工的薪酬是否准确反映了已授权的工资额、工资扣除以及工作的时间。此外,注册会计师还要检查单个员工累计收入记录的过账,因为这些记录为计算个人所得税费用提供了基础。

3. 工资支付

对于支付员工工资的测试主要关注员工的存在性和真实性,而不是现金支付本身。代表性的测试如表 11-5 所示。

表 11-5　工资支付的测试示例

控制测试:工资支付
1. 从员工工资支付账户中抽取样本。 a. 追踪抽取账户的详细内容(收款人姓名、日期、金额和账户号码)至工资单中的分录。 b. 将账户上的相关信息与员工人事记录中的信息进行比较。 2. 根据部门主管提供的奖金分配信息,核对并确认向员工支付的情况。

在步骤 1a 中,注册会计师追踪抽取账户的详细内容至工资单中的分录,从而确定工资支付是否被适当记录。步骤 1b 通过将账户上的相关信息与员工人事记录中的信息进行比较,重点关注员工的真实性。注册会计师还在步骤 2 中通过核实奖金分配信息来确定分配给员工的奖金的真实性。

(五) 评估控制风险

为了完成对人力资源及工资循环的内部控制的测试,注册会计师应当复核对系统的记录以及控制测试的结果,确定现有的控制是否有效,是否能依赖该控制将控制风险评估为低于最大值并且减少工资循环的实质性测试。这一评价是基于可能发生的错误或舞弊的类型、预防错误或舞弊的控制程序、确定必要的程序是否存在并且被遵循以及内部控制的缺陷。

假定控制程序是有效的,注册会计师通常会将年末的实质性测试限制在分析程序。如果分析程序表明与工资相关的余额是不合理的,注册会计师就要通过实施扩大的详细测试来增加年末测试的范围。

四、对人力资源及工资循环的实质性测试

本部分主要讨论注册会计师为了达到与人力资源及工资循环账户,主要是应付工资账户和工资费用账户的相关审计目标而采用的实质性测试。

(一) 分析程序:工资和应付工资

如果控制测试的结果表明控制风险不能被评估为低于最大值,那么实质性程序将相应的扩展。如果在控制测试之后,控制程序或者它们的应用方法发生了重大变化,那么注册会计师就不得不重新考虑内部控制(例如,通过额外的控制测试)或者将控制风险评估为最大。但是,如下表列出的代表性程序所示,工资的实质性测试通常主要关注于分析程序,例如:

(1) 将直接人工和工资与预算和以前年度的数据进行比较。

(2) 将工资和总费用的比率以及工资和销售的比率与以前年度的数据进行比较。

(3) 将直接人工和销售成本的比率以及直接人工和销售收入比率与以前年度的数据进行比较。

(4) 将工资与前一年度根据工资额及员工数目变化而做出调整的工资进行比较。

(5) 将个人所得税费用和工资的比率与以前年度进行比较。

(6) 将应付工资和应计个人所得税费用与以前年度进行比较。

例如,如果前两年的直接人工总额大约都为销售成本的 35%,注册会计师将会期望本年的比率也接近 35%,除非发生的变化预期将会改变这一关联。但是,如果该比率与预期相比提高很多,那么注册会计师可以考虑下列可能的原因:工资率发生变化;雇用员工的等级发生变化;高估直接人工;低估销售成本。

在实务中,注册会计师通常使用很少的详细测试来确定应付工资的合理性。例如,如果每两周支付一次员工工资并且年末时有一周的工资是应计的,注册会计师可以简单地确定该应计数额是否大约等于最近一次支付期间的工资的 50%。如果不同类别的员工

按照不同的时间间隔支付工资，那么注册会计师可以重新计算应付工资并且检查期后的工资支付情况。

注册会计师应考虑管理层将分析程序作为其监督控制一部分时的执行情况。注册会计师可取得对管理层所执行程序的了解并考虑利用其结果来补充自己的分析程序。管理层对注册会计师在分析程序中询问的回应一定程度上可能暗示着被审计单位控制环境的质量。不过，即使控制良好的单位，分析程序也可能指出某些趋势，从而引导注册会计师扩大实质性测试。

（二）详细测试

应用于人力资源及工资循环账户的详细实质性测试主要针对的是应付工资账户和工资费用账户。本部分余下的内容讲述可应用于应付工资和工资费用的详细实质性测试。

1. 应付工资

应付工资的具体审计目标按照七个一般审计目标分别阐述，如表11-6所示。注册会计师应当获取旨在实现这些具体目标的充分证据。

表11-6　应付工资的具体审计目标

• 完整性	资产负债表日属于应付工资的全部金额都已记入财务报表
• 准确性、真实性、截止、估价、权利与义务	应付工资已准确地予以确定、汇总及记录 只有有效的应付工资才记入财务报表 财务报表中报告的金额与会计记录一致
• 列报与披露	应付工资已在财务报表中予以正确的分类、描述及披露

（1）完整性

为了确定有关属于应付工资的全部金额都已包含于财务报表，注册会计师应当根据下列内容来复核被审计单位的应付工资明细表：在经营复核中获得的对有关经营情况的了解；与上年末相应金额的比较。

除其他程序外，注册会计师还应当通过实施下列程序来查找尚未入账的应付工资：

① 检查资产负债表日后的工资记录并进行测试，以查明这些项目是否已在资产负债表日作为应付账款入账。

② 复核并在适当的时候检查资产负债表日后支付的工资，以确定其是否偿还了应当于资产负债表日入账的债务。如果是，注册会计师应当查明在资产负债表日做了适当的应计处理。

（2）准确性、真实性、截止、估价、权利与义务

薪金通常在每月固定的一个工作日支付，因此往往没有必要预提。但一些企业工资发放会发生滞后的现象。任何预提数都应当与工资记录进行核对，并且应当检查预提数的正确分配。

① 奖金和佣金。通常可以对照原始协议或其他证明文件重新计算奖金及佣金预提数。如果这样做不可行，注册会计师可以对照上一年度并根据合格员工的人数及奖金佣金百分比的变化而调整的金额来确定预提金额的估计数。如果这两种程序都不可能，注册会计师应当抽样测试构成该项合计数的项目。

② 假日工资。注册会计师应当检查假日工资津贴的依据、复核这一依据的合理性并检查被审计单位的计算结果。

③ 代扣个人所得税与四金。代扣个人所得税与“四金”(养老保险、医疗保险、失业保险和住房公积)账户的贷方通常应当作为工资审计的组成部分而予以测试(见后面的工资费用部分)。因此,注册会计师应当测试其借方数,如通过将支付给税收部门的款项与原始单据进行核对的方式来测试。如果已识别某种舞弊风险,则有必要检查已付款的支票或银行转账。

税务部门有权检查雇主的记录,以确保代扣个人所得税与四金法规得到遵守。除了有理由认为可能有违反法规的情形而实施检查外,定期检查公司记录是税务部门常见的做法。检查期间,调查人员将注意力特别集中在确定是否在没有扣除所得税的情况下向员工或员工代表支付了款项,并且他们有权追溯检查 6 年的记录。因此,如果有违反法规的情形,应支付的额外税款及罚款对于财务报表来说将是重大的。

如果代扣个人所得税与四金的核算看似不正确,注册会计师首先应当向税务专家及劳动保险专家咨询。由于这些事项的潜在敏感性,在与被审计单位讨论该事项之前,注册会计师应当与业务合伙人协商。

注册会计师应当获取有关总分类账中的应付工资与财务报表核对相符的保证,方法是通过试算平衡表将总分类账余额与财务报表进行核对。

(3) 列报与披露

注册会计师应当复核财务报表以确定工资和相关账户被适当分类和描述,并且所有的重要信息都被披露。例如,与股票期权相关的信息应当包括在财务报表附注中。

2. 工资

工资的具体审计目标按照七个一般审计目标分别阐述,如表 11-7 所示。注册会计师应当获取旨在实现这些具体目标的充分证据。

表 11-7　工资的具体审计目标

• 完整性	所有工资成本都已记入相关账户或财务报表
• 准确性、真实性、权利与义务	工资成本总额表示被审计单位的员工应当享有的金额 雇主的额外工资成本表示被审计单位应承担的支出 工资总额的扣除项目完整、经过授权、计算正确并予以适当核算 财务报表中记录的金额与会计记录一致
• 截止	工资成本已记入正确的会计期间
• 估价	不适用
• 列报与披露	工资成本已在财务报表中正确地予以分类、描述及披露

注册会计师通常应当能够在中期的某一天实施这一节讨论的部分程序,将其作为早期实质性测试的一部分。工资审计策略应当具体说明在中期的某一天实施哪些程序,并且如何将这些程序更新至资产负债表日。

(1) 完整性

与工资成本完整性相关的重大错报风险一般比较低,主要是因为大多数员工都希望确保工资及时、足额地予以支付。因此,通常有可能根据应付工资的工作结果得出关于这一目标的结论。

但是,如果已识别与工资完整性相关的重大错报风险(如在有许多希望规避所得税的临时工的公司),则有必要考虑实施适当的直接测试。这种测试可能包括计算为维持生产或服务而必要的劳动力以及将这一计算结果与已入账数字相比较。或者,注册会计师可能在对被审计单位的各经营场所进行审计专访时确认每个员工,确保这些员工出现在工资表中并且记录中已全额支付其工资。

(2) 准确性、真实性、权利与义务

① 工资总额

第一,重新计算工资总额。如果员工人数较少并且像加班这样的变量不重大,则可能重新计算部分或全部工资成本总额。为此,注册会计师应当实施下列程序:获得一份员工名单(包括离开的和新来的),以及他们在年初的薪金和薪金变动日期及金额;测试这一信息的准确性并确认员工的存在;取得已得到被审计单位证实的解释来调查重新计算出的金额与已入账金额之间的重大差异。

在制造企业,生产部门往往保存着对全部直接人工工资成本进行核算的记录,并且有可能利用这一信息证实工资成本总额。但是,注册会计师应当确保这些记录独立于由工资部门保存的记录。

第二,实施分析程序。工资成本的实质性分析程序,一般包括根据上年数额确定本年费用的估计数,并根据平均员工人数及工资率的已知变化做相应的调整。

估计数的确定方式以及应当考虑的信息将视被审计单位的规模及复杂程度,以及注册会计师寻求从这一程序中获得保证的水平而定。

因此,对于员工少的被审计单位而言,有可能以上年度经过平均工资增加额调整后的工资费用总额作为确定估计数的依据;而对于员工众多、工资及福利结构复杂的被审计单位而言,有必要考虑按类别和/或经营场所和/或成本中心分析得出的员工人数及工资率。

同样,为获得较低水平的保证,注册会计师可能为整个期间确定单一的预期,而为获得较高水平的保证,有必要考虑下列一项或多项内容:数据进一步细分,如按月份或周、工作和场所类型、分部或成本中心计算;额外的关键因素,如员工"组合"的变化以及因工作性质而有所不同的工资增加额;检查额外的确凿证据(如有关员工人数的记录或支付记录),以验证工资的增长在相关日期生效。

第三,进行详细测试。如果要实施详细测试,注册会计师一般应当使用一份适合的代表性抽样表格。

样本一般应当从总分类账中的工资成本总额中选取。但是,如果被审计单位有成本计算系统,则可能有必要直接从工资记录中选取。在后一种情况下,重要的是要通过查明工资记录中的总额与总分类账的总额核对相符来确保样本是从完整的对象总体中选取的。

如果公司通过集中控制的工资部门向集团其他公司的员工支付工资,则注册会计师应当谨慎地选取样本,以便反映与每个公司相关的重要性及风险。另外,确保工资成本与公司会计记录中的借方余额核对相符也很重要。

注册会计师应当检查可得到的证据,测试样本,以便获得有关下列事项的保证:

第一个事项,员工是真实的吗?

这可以对照独立于工资部门记录的人事记录进行测试。或者,注册会计师可能向独立的管理人员询问(他们不应当处于维护员工记录的职位),或者观察现金工资发放。独立保存的内部电话簿可以提供有关存在的证据。另外,详细检查工资以确保所选定的员工没有出现一次以上也很重要。

第二个事项,工资总额正确吗?

有关工资率的细节应当与核定的薪金修订清单、商定的工资规模以及职位变化文件进行核对。适当的话,有关已工作小时或者已完成生产的证据(如记时卡、计件工小票或奖金记录)也应当予以检查。注册会计师应当检查工资总额或加班的计算准确性,并确认工资总额减去扣除项目后的余额等于支付的工资净额。

第三个事项,是否已向员工支付应付的数额?

应当对已付款项和员工签收记录予以检查。如果通过银行转账支付,则应查明所付款项包含于送交银行的付款清单。注册会计师应当查明工资明细表是由负责的管理人员在开具转账支票或审批直接支付通知单的时候批准的。工资净额合计数应当与现金登记簿中的付款核对相符,至少要核对一笔支付。如果以现金支付很大数额的工资,注册会计师应当观察工资袋的构成及工资的分配。

第四,观察现金工资发放。观察现金工资发放能够使注册会计师:通过观察工资发放获得有关现金工资内部控制程序有效性的证据;检查员工的存在;观察对未领取工资的控制及后续处理程序。

注册会计师在观察工资发放时应当尽力确保负责发放工资的人员事先对此不知情(尽管应当通知管理人员参加的意图)。如果同时有多次发放工资的情形,审计小组应当有足够的成员被分配到所有选定的工资发放点。

第五,对劳资部门人员的工资实施测试。编制、经办或批准职位变化文件、工资原文件或工资单的员工一般处于可调整自己工资的地位。因此,有必要考虑对这些员工的工资实施额外测试。

第六,审阅裁员支出。裁员支出通常应当予以测试的原因是,作为异常交易,这些支出代表了错报风险。注册会计师应当检查管理层批准的条款以及金额的计算,并确认这些金额至少等于法定最低水平。

② 额外工资成本

雇主的额外工资成本主要包括四金。由于四金与工资总额直接相关,可以用适当的百分比乘以工资总额来重新计算这些款项。

可以通过对照上年度的实际成本和自那时以来的已知变化而估计本年度的数字,实施针对雇主的额外工资成本的分析程序。或者,对于缴纳的养老金款项,如果雇主的养老金扣除额已经过审计而且提供了有关其准确性的适当保证,则估计雇主的该项成本是可能的,因为这两个数字之间往往有直接关系。

实施详细测试。为实施详细测试,应当从雇主总分类账的额外工资成本中选取样本。注册会计师应当确保该样本涵盖包括雇主额外成本的所有账户。对样本进行测试,测试应当检查雇主所缴纳款项的计算。注册会计师应当关注本期员工的该项支出及其他适当的细节。

注册会计师应当查明所有项目都已过账记入适当的负债账户。

③ 工资总额的扣除项目

员工的税款、四金一般是最主要的工资扣除项目。但是,扣除项目还可以包括偿还的贷款和工会会费等。在审计扣除项目时,重要的是应记住一般来说不能从员工的工资中扣除任何项目,除非:第一,法律规定或授权进行扣除(如所得税和四金)。第二,员工雇用合同中的某一"相关条款"授权进行扣除。某一"相关条款"是指合同的某项书面条款,或者一项在扣除之前就已通知员工其存在及影响的明示或暗示条款。第三,由员工在扣款之前书面予以同意。第四,有关超额支付的工资。

与有时可能重新计算雇主的四金成本所使用的方法一样,也可以重新计算员工应缴纳的款项。如果注册会计师重新计算雇主应缴纳的款项,则有可能用简单的比率乘以这一数额以重新计算扣除项目。

对照以前年度扣除的金额并将扣除数与预算进行比较,有可能针对扣除项目实施有效的实质性分析程序。但是,由于所缴纳的四金款项是不同的,因此,注册会计师一般应当查明工资构成中是否有异常特征,如大量不支付四金的低工资员工或临时工。只要不存在重大的异常特征(或者即使存在,也可以进行调整),实施分析程序通常都是有效的。

实施详细测试。通常测试扣除项目完整性的最合适的对象总体是为测试工资总额而选取的样本。但是,如果工资成本总额通过实施分析程序或重新计算予以测试,而注册会计师希望针对扣除项目实施详细测试,则一般应当从工资明细表中的合计数中选取样本。

对于每项选定的扣除项目,注册会计师都应当检查其计算结果(如对照纳税表)或者确认扣除金额是合理且可靠的,然后有必要测试扣除项目的加总金额和过账记入扣除项目账户的金额及加总金额。

在被审计单位雇用临时工、建筑行业的工人分包商或办事处员工的情况下,重要的是应检查确保扣除并核算了适当的项目。另外,注册会计师应当查明对所有临时工都遵循了代扣个人所得税的规定。员工的这些支出常常是通过现金记录或备用金处理的。如果是这样,则有必要询问是否已扣除并核算了代扣个人所得税。

在雇用建筑行业分包商的情况下,他们通常应当要求雇主代为扣缴税款。如果尚未扣缴税款,注册会计师应当查明雇主已确认分包商有适当的免税证明。

办事处的员工应当由办事处代为支付税款,而将发票开具给被审计单位。不论出于什么原因,如果被审计单位不直接向办事处支付,则被审计单位应当计算并缴纳代扣个人所得税。

如果上面一节描述的交易没有正确地予以核算,被审计单位可能需要承担代扣个人所得税的义务。这种情况下,税收部门往往对若干年前发生的错误进行评定。因此,在确定是否有重大错报风险时,有必要考虑较小的错报金额经过若干年的积累变为重大数额的可能性。

④ 与会计记录核对相符

注册会计师应当查明总分类账中的工资额与财务报表核对相符。这应当通过试算平衡表将总分类账户与财务报表进行核对的方法来完成。

(3) 截止

工资成本的支付一般是滞后的。因此,所需要的与截止目标相关的保证,一般可以从有关应付工资的工作中获得。

(4) 列报与披露

为了协助实现列报与披露目标,注册会计师应在审计结束时复核财务报表并考虑会计准则中叙述的事项。还有一点重要的是,注册会计师应当对需要披露或重新分类的事项以及能够在外勤工作中更有效地予以识别的事项(例如,有关员工成本的分析)保持警觉。

第二节　长期资产审计要点

一、长期资产的审计目标

长期资产相关账户的审计目标以及相对应的管理层认定如表 11-8 所示。

表 11-8　长期资产的审计目标

管理层认定	一般审计目标	长期资产相关账户的项目审计目标
	1. 总体合理性	• 所有的相关账户都是合理的,看起来无重大错报
1. 存在或发生	2. 真实性	• 记录的长期资产表示的是在财务报表日实际存在的固定资产和无形资产等长期资产
2. 完整性	3. 完整性	• 在资产负债表日应反映在财务报表中的长期资产无一遗漏地记入了相关账户并相应地反映在了资产负债表中
3. 权利和义务	4. 权利	• 企业在资产负债表日拥有实际存在的所有长期资产的法定权利
4. 估价或分摊	5. 估价	• 长期资产以正确的金额表示
	6. 截止	• 长期资产交易被记录在正确的期间内
	7. 机械准确性	• 所有的长期资产都是以正确的原始成本和累计折旧或摊销数正确计算、加总的,总分类账户和相关明细分类账户核对相符
5. 列报与披露	8. 披露	• 长期资产在财务报表中已正确披露
	9. 分类	• 各项长期资产在财务报表中分类正确

二、固定资产和累计折旧审计

一般来说,固定资产在企业资产总额中占有很大的比重,固定资产的审计范围也很广。除固定资产原值和累计折旧本身的内容外,由于固定资产的增加包括购入、自行建造、其他单位投资转入、接受捐赠和盘盈等多种方式,相应涉及银行存款、应付账款、预付账款、在建工程、实收资本、资本公积和待处理财产损溢等项目;企业的固定资产又因出售、报废、投资转出和盘亏等原因而减少,相应地与固定资产清理、其他应收款、营业外收支等项目有关;另外,企业按月计提固定资产折旧又与制造费用、管理费用和其他业务支出等项目联系在一起。因此,在进行固定资产审计时,不能只限于固定资产本身,应当关注上述相关项目，将审计的范围拓展至与这些项目有关的明细账、凭证和其他相关资料。

(一) 固定资产和累计折旧的具体审计目标

固定资产的具体审计目标一般包括：(1) 确定固定资产是否真实存在；(2) 确定固定资产是否完整；(3) 确定固定资产是否归被审计单位所有；(4) 确定固定资产的计价和折旧政策是否恰当；(5) 确定固定资产的期末余额是否正确；(6) 确定固定资产在财务报表上的披露与列报是否恰当。

固定资产折旧的特性决定了累计折旧审计的具体审计目标在于：(1) 确定折旧是否为真实存在的固定资产计提的，确定是否为所有应提折旧的固定资产计提了折旧；(2) 折旧政策和方法是否符合国家有关的财务会计制度，是否一贯遵循；(3) 确定累计折旧增减变动的记录是否完整；(4) 确定折旧费用的计算、分摊是否正确、合理和一贯；(5) 确定累计折旧的期末余额是否正确；(6) 确定累计折旧在财务报表上的披露是否恰当。

(二) 固定资产和累计折旧的实质性测试程序

1. 获取相关文件资料

获取被审计单位经股东大会或董事会或经理(厂长)会议通过的固定资产目录、分类方法、每类或每项固定资产的预计使用年限、预计净残值、折旧方法的相关文件资料。

2. 获取或编制固定资产及其累计折旧分类汇总表

注册会计师应当获取或编制固定资产及其累计折旧分类汇总表。固定资产及其累计折旧分类汇总表是固定资产审计的重要工作底稿，对于所获取的分类汇总表，应当进行独立审查。注册会计师应当复核固定资产及其累计折旧分类汇总表的加计数是否正确，并与明细账和总账的余额核对相符。

3. 审查固定资产的增加和减少

对于本年度增加的固定资产，注册会计师应当审查其计价是否正确，凭证手续是否齐备，对于已经交付使用但尚未办理竣工结算等手续的固定资产，应当检查其是否已暂估入账，并按规定计提折旧，检查资本性支出与收益性支出的划分是否恰当。同时，注册会计师还应当实地抽查部分新增固定资产，确定新增固定资产是否实际存在。

对于本年度减少的固定资产，注册会计师应当检查是否经授权批准，是否正确及时入账。注册会计师应当关注是否存在未做会计记录的固定资产减少业务。同时，应当审查出售和报废处置固定资产的净损益，验证其真实性与准确性，并与银行存款、营业外收支等有关账户相核对。

4. 验证固定资产的所有权和完整性

注册会计师应当验证有关所有权证明文件，确定固定资产是否归被审计单位所有。例如，对外购的机器设备等固定资产，通过审查采购发票、购货合同确定其所有权。在验证固定资产的所有权时，注册会计师仍需查明是否确实存在此类固定资产；同时，要查明属于企业所有的固定资产是否全部记入相关账户并在财务报表中得到了反映。

5. 检查被审计单位制定的折旧政策和方法

查明是否符合国家有关财务会计制度的规定，确定其所采用的折旧方法能否在固定资产使用年限内合理分摊其成本，前后期是否一致。如被审计单位采用加速折旧法，应取得其批准文件;如没有批准文件,应提请被审计单位改正并建议调整应纳税所得额。

结合固定资产审计,检查其折旧的计提是否正确无误,并追查至固定资产登记卡。特别应注意有无已提足折旧的固定资产继续超提折旧的情况和在用固定资产不提或少提折旧的情况。

6. 对累计折旧实施分析程序

(1) 对折旧计提的总体合理性进行复核,是测试折旧正确与否的一个有效办法。计算、复核的方法是用应计提折旧的固定资产乘本期的折旧率。计算之前,注册会计师应对本期增加和减少固定资产、使用年限长短不一和折旧方法不同的固定资产做适当调整。如果总的计算结果和被审计单位的折旧总额相近,且固定资产及累计折旧的内部控制较健全,就可以适当减少累计折旧和折旧费用的其他实质性测试工作量。

(2) 计算本期计提折旧额占固定资产原值的比率,并与上期比较,分析本期折旧计提额的合理性和准确性。

(3) 计算累计折旧占固定资产原值的比率,评估固定资产的老化率,并估计因闲置、报废等原因可能发生的固定资产损失。

7. 检查折旧的计提和分配

计算复核本期折旧费用的计提是否正确;检查折旧费用的分配是否合理,与上期分配方法是否一致;注意固定资产增减变动时,有关折旧的会计处理是否符合规定,通过更新改造而增加的固定资产是否重新计算折旧费用。将"累计折旧"账户贷方的本期计提折旧额与相应的成本费用中的折旧费用明细账户的借方相比较,以查明所计提折旧金额是否已全部摊入本期产品成本或费用。一旦发现差异,应及时追查原因,并考虑是否应建议做适当调整。

8. 审查固定资产的租赁

注册会计师应当获取租入(含融资租入)、租出固定资产相关的证明文件,并检查其会计处理是否正确。

9. 复核固定资产保险

注册会计师应当复核固定资产的保险范围是否恰当、保险数额是否足够。

10. 调查未使用和不需用固定资产

注册会计师应调查被审计单位有无已完工或已购建的尚未交付使用的新增固定资产、因改扩建等原因暂停使用的固定资产,以及企业多余或不适用的需要进行处理的固定资产,如有,则应做彻底调查,以确定其真实性;同时,还应调查未使用、不需用固定资产的起用及停止使用的时间,并做出记录。

11. 检查涉及固定资产购置的资本性支出

注册会计师应当检查涉及固定资产购置的资本性支出,查实资本性支出中是否存在不属于资本性支出范围的支出。

12. 检查资产评估

对于因资产评估调整累计折旧的,取得有关资产评估报告,检查其会计处理是否正确。

13. 验明固定资产及其累计折旧是否已在资产负债表上恰当披露

固定资产在资产负债表上需要分别列示固定资产原价、累计折旧、固定资产净值等项目。固定资产原价一般以取得成本为基础填列，累计折旧作为其减项一并填列，固定资产净值是固定资产原价减去累计折旧所得的结果。注册会计师应当根据前述各项审计内容，确定资产负债表上有关固定资产各项数据的真实性，并注意固定资产的折旧方法、固定资产的分类情况等是否已在财务报表附注中做恰当披露。

三、固定资产减值准备审计

(一) 固定资产减值准备的具体审计目标

固定资产减值准备的具体审计目标一般包括：(1) 确定计提固定资产减值准备的方法和比例是否恰当，固定资产减值准备的计提是否充分；(2) 确定固定资产减值准备增减变动的记录是否完整；(3) 确定固定资产减值准备期末余额是否正确；(4) 确定固定资产减值准备的披露是否恰当。

(二) 固定资产减值准备的实质性测试程序

围绕上述审计目标，固定资产减值准备的实质性测试程序一般包括：(1) 核对固定资产减值准备报表数、总账数与明细账合计数是否相符；(2) 检查固定资产减值准备的计提；(3) 已计提减值准备的固定资产价值又得以恢复时，是否在原已计提减值准备的范围内转回；(4) 确定固定资产减值准备的披露是否恰当。

四、在建工程审计

(一) 在建工程的具体审计目标

在建工程具体审计目标一般包括：(1) 确定在建工程是否存在；(2) 确定在建工程是否归被审计单位所有；(3) 确定在建工程增减变动的记录是否完整；(4) 确定计提在建工程减值准备的方法和比例是否恰当，在建工程减值准备的计提是否充分；(5) 确定在建工程的期末余额是否正确；(6) 确定在建工程在财务报表上的披露是否恰当。

(二) 在建工程的实质性测试程序

(1) 获取或编制在建工程明细表，复核加计正确，并与报表数、总账数和明细账合计数核对相符。

(2) 检查本期在建工程的增加数和减少数。

(3) 检查在建工程项目期末余额的构成内容，并实地观察工程现场，确定在建工程是否存在；了解工程项目的实际完工进度；检查是否存在实际已使用，但未办理竣工决算手续、未及时进行会计处理的项目。

(4) 查询在建工程项目保险情况，复核保险范围是否足够。

(5) 检查在建工程减值准备的计提。主要应查明在建工程减值准备的计提方法是否符合制度规定，计提的依据是否充分，计提的数额是否恰当，相关会计处理是否正确，前后期是否一致。特别应关注以下两点：

第一，当存在下列一项或若干项情况时，是否按规定计提了在建工程减值准备：① 长期停建并且预计在未来三年内不会重新开工的在建工程;② 所建项目无论在性能上,还是在技术上已经落后,并且给企业带来的经济利益具有很大的不确定性;③ 其他足以证明在建工程已经发生减值的情形。

第二,已计提减值准备的在建工程价值又得以恢复时,是否在原已计提减值准备的范围内转回。

(6) 结合银行借款等的检查,了解在建工程是否存在抵押、担保情况。如有,则应取证记录,并提请被审计单位做必要披露。

(7) 检查在建工程合同,以确定是否存在与资本性支出有关的财务承诺。

(8) 确定在建工程在资产负债表上的披露是否恰当。

五、固定资产清理审计

(一) 固定资产清理的具体审计目标

固定资产清理的具体审计目标一般包括:(1) 确定固定资产清理的记录是否完整;(2) 确定反映的内容是否真实、正确;(3) 确定固定资产清理的期末余额是否正确;(4) 确定固定资产清理在财务报表上的披露是否恰当。

(二) 固定资产清理的实质性测试程序

(1) 获取或编制固定资产清理明细表,复核加计正确,并与报表数、总账数和明细账合计数核对相符。

(2) 检查固定资产清理的发生是否有正当理由,是否经有关技术部门鉴定,固定资产清理的发生和转销是否经授权批准,相应的会计处理是否正确。

(3) 检查固定资产清理是否长期挂账,如有,应做出记录,必要时建议做适当调整。

(4) 检查固定资产清理是否已在资产负债表上恰当披露。

六、无形资产审计

无形资产的具体审计目标一般包括:(1) 确定无形资产是否存在;(2) 确定无形资产是否归被审计单位所有;(3) 确定无形资产增减变动及其摊销的记录是否完整;(4) 确定无形资产的摊销政策是否恰当;(5) 确定无形资产的期末余额是否正确;(6) 确定无形资产在财务报表中的披露是否恰当。

无形资产实质性测试的审计程序可以概括为:

(1) 获取或编制无形资产明细表,复核加计数是否准确,并与明细账和总账的余额核对相符。

(2) 获取有关协议和董事会纪要等文件、资料,检查无形资产的构成内容和计价依据。

(3) 检查以接受或购入方式取得的无形资产的价值是否分别与验资报告及资产评估结果确认书或合同协议等证明文件一致;计价及会计处理是否正确,检查取得无形资产的法律程序是否完备;注意取得的是使用权还是所有权。

(4) 检查无形资产的摊销方法,复核计算无形资产的摊销及其会计处理是否正确。

（5）检查无形资产减值减备的计提是否正确，并关注是否已做纳税调整。

（6）检查无形资产是否已在资产负债表上恰当披露。

本章提要

1. 生产循环中的人力资源及工资循环的活动主要包括工资处理和工资支付。这一循环始于雇用适当的员工，结束于向员工提供的服务支付相应的报酬。在这个过程中包含着取得员工提供的与公司目标一致的服务以及对这些服务进行适当的记录和会计处理。

2. 初步的控制风险评估包括：从职责分离情况评估能否防止支付过多工资或者向不存在的员工支付工资；从适当的授权评估员工的增加和解雇、工资额和扣除的正确性；评估是否有充分的凭证和记录；评估工资发放过程中的支票等资产的管理；工资的计算是否有独立的核实；评估工资与存货估价之间的关联情况；对不存在的工资进行初步测试。

3. 注册会计师可以使用描述性文字来记录整个或部分工资系统。也可以使用流程图和调查问卷，并为行政人员的工资编制描述性文字。为了证实对系统的理解，注册会计师可以从已处理的工资表中选择一系列项目进行穿行测试，在此基础上确定被审计单位人力资源及工资循环的控制程序。通过测试人力资源及工资流程的控制程序，来获得证明其运行有效性的证据。

4. 注册会计师为了达到与人力资源及工资循环账户，主要是应付工资账户和工资费用账户的相关审计目标而必须实施实质性测试。应用于人力资源及工资循环账户的详细实质性测试主要针对的是应付工资账户和工资费用账户。

5. 生产循环审计还包括固定资产和无形资产等长期资产的价值转移的审计，本章简要说明审计中应重点关注的几个方面，包括固定资产和累计折旧审计、固定资产减值准备审计、在建工程审计、固定资产清理审计以及无形资产审计。

练习与思考

1. 人力资源及工资循环的主要业务活动有哪些？

2. 管理人员如何确保工资支出只发给了真实的员工？

3. 为什么人力资源部门的员工应当与工资准备职能相分离？为什么人力资源和工资部门的员工应当与现金支付职能相分离？

4. 当注册会计师考虑人力资源及工资的内部控制时，如何实施穿行测试？

5. 注册会计师使用什么作为测试人力资源及工资活动的起点？

6. 为什么工资表编制的准确性和适当的账户分配是注册会计师重点关注的事项？

7. 注册会计师如何测试工资登记簿上出现的名字是真实的员工，也就是说，确实被公司雇用？

8. 注册会计师如何测试取得工资的员工的真实性？

9. 你正在考虑一家公司对人力资源及工资活动的控制情况。系统的记录已经通过调查问卷和描述性文字完成，在结合了穿行测试之后，发现可能存在下列潜在的错误或舞弊，要求针对每一个潜在的错误或舞弊，指出管理层可用于防止或检查错误或舞弊的控制程序。

（1）向部门 A 的员工的一笔支付没有经过管理人员的批准。

（2）一张未经授权、未被批准且金额过高的支票被一名真实的员工提现。

（3）详细的工资记录有时与人工汇总不一致，而且未被发现。

（4）当一个员工的时间记录表因损坏而不可用时，该员工可以从未锁的柜子中拿到一份新的时间记录表。

10. 在对A公司2012年财务报表的审计中,注册会计师了解到下列有关人力资源及工资活动的内部控制,要求:针对每一个控制程序,指出该控制程序可以预防或发现的潜在错误或舞弊,以及控制程序的控制目标。

(1) 求职申请中的所有重要信息都在签订正式雇用合同之前彻底检查和核实。

(2) 在每个员工的人事记录中维护经过授权的工资率。

(3) 将人力资源及工资部门的所有程序都清晰地写入最新的程序手册。

(4) 超过2000元的支票都必须联署。

(5) 将直接人工小时记入适当作业的程序已经确立。

(6) 工资的授权、执行和记录职能由不同的人员负责。

11. 在对工资循环进行审计的时候,注册会计师常常主要依赖期中的控制测试,而不是年末的实质性详细测试。事实上,在大多数情况下,年末的程序主要包括更新注册会计师对系统的了解、测试工资活动,以及实施分析程序来测试工资余额的合理性。要求:说明注册会计师为什么在审计工资时可以主要依赖控制测试而不是实质性详细测试。

12. 下面是从内部控制调查问卷中选出的与公司人力资源及工资职能有关的问题。如果回答为"是",那么表明该项控制良好;如果回答是"否",则表明系统存在潜在的缺陷。要求:假定每个问题的回答都是"是"。为每个问题设计测试,提供有说服力的证据来证明控制风险低于最大值。

(1) 运营部门主管和人力资源部门是否批准了所有的员工变动(雇用、调职、升职、解雇)?

(2) 准备工资的员工是否独立于处理工资的员工?

(3) 是否由一位独立于编制工资表和工资处理的管理人员负责批准工资?

(4) 是否由一位独立于编制工资表、工资处理和工资发放的员工每月调节工资的银行账户?

13. 一位注册会计师正在为一套计算机化的工资系统设计审计方案,并且为编制工资表、人工成本分配以及工资发放草拟审计程序。要求:针对下列程序,指出该审计步骤是否应当包括在审计方案中。

(1) 复核计算工资的软件。

(2) 核查奖金是否交给工作时间记录员发放。

(3) 复核工人的加班报酬申报单。

(4) 将时间记录上的小时数与生产岗位记录中的小时数进行核对。

(5) 在抽样的基础上向员工分发问卷。

(6) 核实工资文件中的凭证。

(7) 复核工资支票签署的程序。

14. 描述一些适用于固定资产增加和减少的实质性测试。

15. 注册会计师为什么要对固定资产或无形资产交易进行截止测试?

16. 请叙述下列几方面的审计要点:固定资产减值准备、在建工程、固定资产清理。

17. 你在A公司审计时,了解到下列对固定资产的控制程序,要求:针对每一个控制程序,指出该控制程序可以预防或发现的潜在错误或舞弊,以及控制程序的控制目标。

(1) 所有报废的资产在出售之前都要与公布的价格清单进行核对。

(2) 运营、使用、移动以及控制固定资产的程序都在定期更新的程序手册中做了严格的规定。

(3) 将资产确认为报废项目的程序已经确立,而且其销售必须首先得到部门主管的批准。

(4) 固定资产的实物保管职能与记录职能相分离。

(5) 固定资产与固定资产记录之间定期进行调节。

18. 下面是注册会计师在对2012年12月31日的固定资产实施审计测试时可能遇到的错误、舞弊或其他情形。要求:针对下面的每一点,指出可以提出错误、舞弊或其他情形的特定实质性测试,以及每个测试对应的财务报表认定。

（1）在实地观察时，注册会计师看到了 2011 年 12 月 31 日实地观察时不存在的机器。

（2）现在为所有的固定资产分别维护了详细的记录。

（3）新的设备在 12 月底 1 月初安装。

（4）折旧费用比 2011 年低，但是 2012 年增加的固定资产要远远多于处置和报废的资产。

（5）设备可能已经被处置，但是却没有被记录。

19. 在对 B 制造公司 2012 年 12 月 31 日的财务报表进行审计时，你负责以下账户：生产设备、累计折旧以及生产设备维修。你在审核了 B 公司有关固定资产的政策和程序之后弄清了如下情况，要求：确认你审计生产设备、累计折旧以及生产设备维修账户的目的，以及为生产设备账户的本年增加额设计审计程序。

（1）生产设备账户包括发票价格加上相关的运费和安装成本。

（2）生产设备和累计折旧账户得到明细分类账的支持，分类账中列出了每一个设备的成本及累计折旧。

（3）超过 5 000 元的资本支出预算由预算委员会编制，并由董事会批准。超过 5 000 元但没有包括在这一预算内的资本支出必须得到董事会的批准，超过 20% 的差异必须做出解释。低于 5 000 元的资本支出则需要生产主管的批准。

（4）公司员工负责处理机器的安装、拆除、维修和改造。这些工作都需要编制工作单，并且与其他支出一样受预算控制。内部支出不需要工作单。

20. 吴江在对一家制造业公司进行审计时，负责固定资产的审计。管理人员询问吴江，是否要对下列重要事项进行调整或重分类。要求：描述固定资产的一般特征以及审计固定资产时的具体审计目标；指出下列四项是否需要进行审计调整或重分类，并加以说明。

（1）在年内取得了一块土地使用权。这块土地将在下一年用于建造该公司的新总部。取得土地使用权的手续费已支付，并且为重新安置土地上原来的设备支出了相关费用。手续费及其他支出都记作了当期的费用，没有包括在固定资产中。

（2）为了让土地适合开工建设，该公司还花费了清理成本。这一成本包括在了固定资产中。

（3）在土地清理的过程中，木材和砂石被出售。相关收入被记为其他收入，没有包括在固定资产内。

（4）该公司根据特许权协议购买了一批机器，根据这些机器的生产量支付特许权使用费。机器的成本、运费、卸载费用以及特许权使用费都已资本化，并包括在固定资产中。

案例分析

案例一

注册会计师李文审计大华公司 2012 年度会计报表中在建工程项目时发现，公司在建工程支出较大，并且明细账中只设有“综合楼”一个项目。经向公司有关人员了解，并查问了有关工程预、决算资料，其“综合楼”项目中分别包括了实验楼、机修车间土建、仓库改造等工程内容，公司未按具体明细项目设立账户。

通过现场核查，李文发现公司第三车间项目已投入使用，但大华公司有关人员理解为未办理工程竣工验收手续，可不转入固定资产进行会计核算。

李文在审计在建工程项目时还发现，公司科研试验基地所在土地上的工程因城市规划发展需要被全部拆除而造成损失，截至本年底，“在建工程——科研试验基地”科目余额为 250 万元。另外，公司在

“其他应付款——拆迁补偿费”科目中挂账80万元,经了解系政府因拆除科研试验基地给予公司的经济补偿费。公司未能在本年度对上述经济事项进行会计处理。

要求:对于李文发现的问题应进行怎样的处理?

案例二

注册会计师吴生审计东华公司2012年度财务报表固定资产项目时,发现“在建工程”科目中购建的一号工程项目中部分已具备预定的可使用状态,并已于2012年1月投入使用,但东华公司未按有关法规规定估计价值入账,并相应计提折旧,吴生建议被审计单位予以纠正。

吴生发现,2012年7月结转完工的生产线安装调试工程在转入“固定资产”科目时,没有安装费和调试费,而有关资料显示这种生产线的建造应该有相关的安装调试费。

吴生根据有关规定及审计程序的需要,要求被审计单位提供股东大会或董事会通过的固定资产目录、分类方法、每类或每项固定资产的预计使用年限、折旧方法等会计政策,但由于公司2012年未按新《企业会计制度》的要求制定固定资产及其折旧政策,仍按原行业会计制度规定的方法及折旧年限执行,吴生建议东华公司及时补充制定固定资产相关的会计政策。

吴生还发现2012年度公司对综合办公楼进行了较大的改建,并于2012年7月投入使用,改建总支出为400万元。在改建过程中实现变价收入50万元,改建后预计可使用年限为15年。截至7月31日原办公楼的原值为800万元,累计折旧为400万元,已使用年限为20年,剩余使用年限为20年。东华公司对于改建后的办公楼仍按40年计提折旧。

吴生了解到,2009年公司接受捐赠设备一台,其同类设备的市场价为80万元,九成新,所得税税率为33%,东华公司接受捐赠设备的会计处理为:

借:固定资产	800 000	
贷:累计折旧		80 000
资本公积——接受捐赠非现金资产准备		482 400
递延税款		237 600

2011年经公司董事会批准报废该设备,该设备已提取折旧16万元,已提取减值准备2万元。东华公司对此进行的会计处理为:

借:固定资产清理	640 000	
累计折旧	160 000	
贷:固定资产		800 000
借:营业外支出	640 000	
贷:固定资产清理		640 000

要求:对于吴生发现的问题应进行怎样的处理?

案例三

注册会计师张刚审计新兴公司2012年度财务报表时,了解到该公司2012年3月1日购买某项专有技术,支付价款240万元,根据相关法律规定,该项无形资产的有效使用年限为10年。2012年12月31日,公司与转让该技术的单位发生合同纠纷,专有技术的使用范围也因此受到一定的限制而可能造成减值。审计中未发现新兴公司进行账务处理。

张刚了解到新兴公司从年初开始研究开发一项新技术,至2012年9月10日研究成功,共发生开发费用150万元及律师费50万元。为使该项新技术运用到生产中,新兴公司发生相关费用30万元。

2012年11月,新兴公司与可可公司签订协议,将开发的该项新技术出售给可可公司,双方协议价格400万元,可可公司于12月5日预付了300万元价款。协议中规定,该项新技术出售给可可公司后,新兴公司需继续提供售后服务,以保证可可公司使用该项技术所生产的产品必须达到新兴公司规定的质量标准,如果1年内未能达到规定的质量标准,可可公司有权将该新技术原价返还新兴公司。

张刚发现新兴公司无形资产中的土地使用权价值计3 000万元,其中原列"无形资产——西广场土地使用权"1 500万元已于当年7月1日进行综合大楼的建设。新兴公司2012年度每月按80万元摊销无形资产。

张刚了解到新兴公司当年报废第二生产车间厂房一栋,公司已按照《企业会计制度》的规定通过固定资产清理进行了处理。在查阅该项目固定资产清理资料时,注意到该厂房的原值中包括了所占用土地使用权100万元,按当时支付土地出让金购买土地使用权的协议规定使用年限为50年计算,该土地剩余使用年限为20年。

要求:对于张刚发现的问题应进行怎样的处理?

小组讨论

请讨论在生产循环中人力资源价值、固定资产价值和无形资产价值是如何转移和周转的,在会计上是如何反映的,注册会计师应确定哪些相应的审计程序。

第十二章

筹资循环和投资循环的审计

本章目的

筹资循环涉及以有息债务和所有者权益的形式取得资本以及偿还资本。筹资循环还包括支付利息和股利。这一循环十分重要，因为它是大多数企业筹资的首要来源。“投资”这一概念是指非金融业性质的工商企业所持有的、非经营性的、但能为企业带来盈利的资产，包括对子公司和关联或联营公司的控股。它既可以是企业存放多余现金的一种方式，也可以用作达到某些特定的目的。通常，财务报表中对投资的描述能帮助我们更好地理解其持有目的。报表阅读者应注意对投资的类别、标题说明及解释性描述，以判断投资的性质和管理层持有它的目的。与投资相关的损益表账户包括利息收入、股利收入、利得与损失以及由权益法核算的投资收益或损失。

引例

短期债券投资的账务处理

注册会计师李文对京东公司2012年度财务报表进行审计，发现该公司2012年3月1日购入八通公司一批债券，面值共计10万元，票面利率为12%，该债券的付息日是每年的2月1日和8月1日，八通公司本应在2月1日兑付的半年利息，此时仍未兑付，京东公司共支付买价14万元，经纪人佣金2000元，其他相关费用1000元。对此，京东公司做了如下会计处理：

借：交易性金融资产　　137 000
　应收利息　　6 000
　贷：银行存款　　143 000

八通公司于3月5日兑付了本应在2月1日兑付的利息，京东公司做了如下会计分录：

借：银行存款　　6 000
　贷：应收利息　　6 000

当年6月30日，该债券投资的市价为12万元，京东公司对该短期投资做了跌价准备的处理，具体步骤如下：

首先，认定此时点的债券投资价值为137 000元；然后，相比市价120 000元，认定中期末应提足的跌价准备为17 000元，由于这是第一次计提跌价准备，故应做如下会计分录：

借：公允价值变动损益　　17 000
　贷：交易性金融资产　　17 000

当年8月1日，八通公司如约兑付了半年利息，京东公司认为：该债券当年购入时所含的1个月利息已计入了债券投资成本，这次收到的利息属于该部分的应冲减投资成本，其余5个月的利息因为是在公司的持有期内获取的，应作投资收益确认，具体会计分录如下：

借：银行存款　　6 000
　贷：交易性金融资产　　1 000
　　投资收益　　5 000

11月25日，京东公司出售该债券的40%，售价为6万元，并支付相关税费为1 000元，京东公司做如下会计处理：

借：银行存款　　59 000
　贷：交易性金融资产［(137 000 - 1 000) × 40%］　　54 400
　　投资收益　　4 600

12月31日，该债券投资的市价为68 000元，京东公司根据目前的债券投资成本137 000 - 1 000 - 54 400 = 816 600(元)，确认公允价值变动损益13 600元，具体会计分录如下：

借:公允价值变动损益　　13 600

　贷:交易性金额资产　　13 600

注册会计师李文对京东公司以上债券业务的会计处理有些疑虑,他要查找有关会计准则和会计制度的规定看京东公司的处理是否正确。

第一节　筹资循环的审计目标

筹资循环中相关账户的审计目标以及相对应的管理层认定如表12-1所示。

表12-1　筹资循环的审计目标

管理层认定	一般审计目标	筹资循环相关账户的项目审计目标
	1. 总体合理性	• 所有的相关账户都是合理的,看起来无重大错报
1. 存在或发生	2. 真实性	• 所有的负债与所有者权益账户、交易及账户中的变动都已经过恰当授权
2. 完整性	3. 完整性	• 所有应付的票据、长期债务、融资租赁及所有的权益性账户都已经确认并包含在财务报表中 • 所有的资产负债表表外负债(如经营租赁)都已经确认并已在财务报告中列示或披露
3. 权利和义务	4. 义务	• 所有的负债账户表示的都是被审计单位应付的义务,所有的所有者权益账户表示的都是所有者在被审计单位中拥有的权利 • 所有的条款、指令、承诺事项以及其他与负债或所有者权益相关的事项都已经确认并处理
4. 估价或分摊	5. 估价	• 所有的应付票据、长期负债、融资租赁债务以及所有的所有者权益账户的估价恰当
	6. 截止	• 所有的负债与所有者权益交易都已记录在恰当的会计期间
	7. 机械准确性	• 利息、折价、溢价、股利及其他与负债或所有者权益相关的交易及账户的计算准确
5. 列报与披露	8. 披露	• 所有的应付票据、长期负债、融资租赁债务以及所有的所有者权益账户的表述及披露恰当 • 利息、折价、溢价、股利及其他与负债或所有者权益相关的交易和账户的表述及披露恰当 • 所有的条款、指令、承诺事项及其他与负债或所有者权益相关的事项都已做适当披露
	9. 分类	• 所有的应付票据、长期负债、融资租赁债务以及所有的所有者权益账户的分类恰当 • 利息、折价、溢价、股利及其他与负债或所有者权益相关的交易和账户的分类恰当

第二节　筹资循环内部控制的控制测试

一、筹资循环的内容和特点

(一) 筹资循环涉及的主要内容

1. 债务

一般来说,债务的发生和收回交易数量相对较少,但是通常都伴有广泛的支持性凭证,譬如证监会的文档以及股东和董事会的债券发行授权。下面是一些常见活动的特定控制程序:记录、发生、收回和利息。

所有的长期债务,譬如债券和贷款,都应当经过董事会的授权。授权应当专门记录在董事会的会议记录中,清晰地指出最大的债务以及被授权协商每一交易的高级管理人员的名字。

债务工具(譬如贷款协议)通常包含限制性的条款,如果债务人违反了该条款,可能会导致债务立刻到期。例如,如果债务人的流动比率低于预定的水平(比方说1),那么限制性条款可能会导致贷款到期。不过,即使债务人违反了限制性条款,如果债权人不调查的话也不可能发现。因此,债权人经常会要求债务人提供注册会计师对合同条款的合规性审计报告。

所有的债务证券都应当在详细的记录中加以说明,这些记录常被称为债券或票据登记簿。维护这些登记簿的员工应当不负责保管、发行或赎回长期债务。应当由一位独立的员工定期调节登记簿与总分类账。一位得到授权的员工应当依据每一债务工具的条款来计算利息费用。

2. 所有者权益

所有与权益证券相关的交易,包括发行、收回和股利发放等都应当由董事会正式授权并记录。有些交易还需要根据法律法规由股东会批准。所有发行和收回的价格及数量都应当经过董事会批准。

很多公司利用独立的登记人和过户代理人(例如,投资银行家)来增强对权益证券的控制,以确保证券被适当发行、记录和过户。但是,在一些小公司里,详细的权益证券记录由内部的员工进行维护,这种情况下内部控制必须特别有效,因为证券可以很容易地转化为现金。一个公司应当制定充分的程序和政策以确保达到证监会所有适用的要求,并且没有违反证券法和证券交易的相关规章。

长期债务的利息必须依据流通的债务情况进行支付,而股票的股利则不同,只有当董事会宣告股利之后才需要支付。单个股东的现金股利应当根据股东分类账中的记录日期信息进行计算,并且从特定的银行账户中支付。

(二) 筹资循环的特点

(1) 影响账户余额的交易相对较少,但是每个交易的金额经常是很重大的。例如,大多数公司都不会频繁发行债券,但是每次债券发行的数额通常都很大。因此,注册会计师应核实整个年度中发生的每笔交易,作为核实资产负债表余额的一部分。在审计工作底稿中包括每个相关账户的期初余额并且记录该年度中发生的每笔交易。

（2）涉及筹资的任何单个交易通常都是重大的。因此，单个债务交易的遗漏或不正确的记录可能就会对财务报表产生重大影响。所以，对债务进行审计的首要重点就是债务的完整性和准确性。

（3）被审计单位与股票、债券或类似凭证的持有人之间存在法律关系。在对筹资循环中的交易和余额进行审计时，注册会计师必须注意确定那些影响财务报表的重大法律要求都已经得到了适当的满足并且在报表上做了充分的表述和披露。

（4）利息和股利的数额与债务和所有者权益之间存在着直接的关联。在对有利息的债务进行审计时，最好同时核实相关的利息费用和应付利息。同样的，在对所有者权益进行审计时，最好同时核实宣告的股利和应付股利。

二、了解和确认控制程序

注册会计师应当了解和确认系统的控制目标、考虑潜在的错误或舞弊并且确定管理层预防或检查潜在重大错误或舞弊所使用的控制程序（见表 12-2），然后据此设计对筹资循环的控制测试。

表 12-2　了解和确认筹资循环的控制程序

控制目标	可能发生的错误或舞弊的类型	控制程序
交易授权和执行 • 债务和权益的资金来源应当依据管理层的标准得到授权 • 债务和权益的调整（例如，债务展期经协商后的调整、股票增发的调整）应当依据管理层的标准得到授权	以不利的条款或成本或者在过多限制性约定的情况下取得资金，导致不经济的筹资方式 做出未经授权或不正确的调整，导致违反贷款协议和账户错报等	确立取得资金的政策 确立批准债务和权益调整的政策 预先编号和控制调整表格 对于超过预定金额的调整，要求特别授权
记录 • 债务和权益交易应当以正确的数额记录在适当的期间并且适当分类	明细记录可能不正确，导致不正确的账户余额和错报的财务报表	确立处理和记录的程序 定期复核董事会会议记录中与股利、长期债务和资金交易等相关的指示 为利息和贷款支付到期日编制时间表
资产保护 • 应当将能接触与债务和权益相关记录和表格的人限制为管理层授权的人员	记录可能丢失或被盗，导致报告不正确的账面价值 表格可能被用于销售证券和盗用现金收入，导致资产被盗用以及错报的财务报表	建立对表格和记录的实物保护；将重要的表格预先编号 由独立于证券保护、会计和现金职能的管理人员说明所有未发行、已发行和收回的证券

三、对相关的内部控制实施测试

注册会计师应当考虑企业的内部控制作为评估控制风险的基础。但是，在有些情况下，注册会计师可能会得出结论，认为债务和权益交易的数量不足以证明实施控制测试的成本是适当的或者能将控制风险降至低于最大值。在这些情况下，注册会计师获取的对内部控制的了解至少应当足以计划审计工作、省略控制测试并且设计对账户余额的实质性测试。简而言之，就是注册会计师只依赖实质性测试。

如果一个企业的筹资（如债券、股票的发行等）由独立的管理人（如经纪人或承销商）负责，那么注册会计师对内部控制的测试将主要包括了解交易如何被授权以及管理人的文档如何被记录到总分类账中。因此，当使用独立管理人时，交易的执行（证券的购买、出售、发行和收回）和资产的保护对于注册会计师来说就不是那么重要了，因为它们是由独立的外部方处理的。相反，如果证券是由内部的管理人员负责，那么注册会计师应当关注交易授权、执行、记录以及资产保护的控制程序，因为企业筹资交易的所有方面都在内部处理，并且不适当的职责分离可能会导致舞弊。

在实务中，注册会计师不经常使用流程图来记录企业的债务和权益的控制制度和会计系统，而是更多地使用调查问卷来确认缺陷，使用描述性文字来记录相关的程序。表 12-3 和表 12-4 就是债务和权益的调查问卷示例。

表 12-3　调查问卷：债务

问题	回答	备注
1. 是否所有的长期债务和其他借款都经过了董事会的授权？ 2. 是否有管理人员负责确定遵循了所有的债务协定？ 3. 未发行的债券和票据是否已经预先连续编号，并且由一位独立于记录职能的管理人员负责控制？ 4. 是否所有收回的债务工具都被注销或销毁？ 5. 是否为各种债务类别维持了充分详细的债券和票据登记簿以及总分类账？ 6. 利息的支付和应计利息是否定期重新计算？		
编制人： 日期：		

表 12-4　调查问卷：权益

问题	回答	备注
1. 是否所有的股票发行和股利发放都经过了董事会的授权？ 2. 未发行的股票是否采取了充分的保护措施？ 3. 独立的登记人和过户代理人是否得到了董事会的授权？ 4. 是否为各种股票类别维护了详细的股票记录，譬如股东分类账、过户日记账、证书控制记录和总分类账控制账户？ 5. 详细的股票记录是否由独立于证券保管的管理人员进行维护？ 6. 库存股是否得到了适当的控制和说明？ 7. 是否确立了程序以确保企业遵循了证券交易规定和相关法律？ 8. 股利支付和应计股利是否定期重新计算？		
编制人： 日期：		

不同公司之间的筹资渠道差异很大，因此，不同审计业务的控制测试也各不相同。不过，在很多审计中，注册会计师都重点关注筹资的相关手续是否齐全、筹资用途是否恰当。表 12-5 是一些典型的测试。

表 12-5　筹资测试示例

控制测试：筹资
1. 取得并审阅筹资相关的董事会记录、法律文件并核对实际准备的各种文件。 2. 测试筹资相关的各类款项： a. 对于抽取的相关费用账户与执行部门的执行报告进行核对，同时与现金循环中付款记录的结果进行核对； b. 对于相关的所有收款记录进行核查。 3. 复核筹资用于确定目的的相关文件，以确定筹资的使用有相应的控制措施使其用于规定的通途。

第三节　对筹资循环的实质性测试

对各种类型的筹资交易及账户执行实质性测试的一个较为理想的方法是编制账户分析工作底稿，即编制一份清单，列明关于签署的票据、发行的债务或流通在外的权益性证券在当期的期初金额、当期增加额、减少额以及期末流通在外的金额。如果没有经常性的变动，这份清单通常可以连年继续编制下去。该清单既可以合并关于筹资组合的所有信息，也可以将这些信息单独汇总列示。注册会计师应将该清单与账户记录进行比较，调整其总额与总分类账记录保持一致。该清单也可用于支持其他审计测试。

一、分析程序

对负债与所有者权益账户执行的最基础的分析程序是已付股利与已付债券利息的合理性测试，前者由股利宣告日的流通股数乘以每股股利得到，后者由流通在外的债券金额乘以债券票面利率得到。在测试年末应付利息时，分析程序尤其有用。此外，注册会计师可将账户余额与预算数、前期数、由期中执行的实质性测试推导出的期末数以及其他适当的基础数据相比较，分析其变动情况，并结合其他财务信息和注册会计师自身对企业的了解来评价其合理性。

二、测试范围

有许多因素影响实质性测试的范围，其中最重要的通常是控制风险的评估水平、账户余额的性质及其重要性水平以及账户余额间的相关程度。同样，某些测试本身的性质——如向登记人确证流通股数的测试——就不存在测试范围的问题。尽管记录负债与所有者权益交易不要求很高的职业判断能力，但由于这些证券通常都是易于转让且交易额非常重大，因此对测试的要求也相应更为严格。

三、长期借款(包括相关利息)的实质性测试

(一)具体审计目标

长期借款的具体审计目标按照一般审计目标分别阐述,如表12-6所示。注册会计师应当获取旨在实现这些具体目标的充分证据。

表12-6 长期借款的项目审计目标

• 完整性、准确性、截止、权利与义务	所有长期借款都已记入财务报表 长期借款金额已准确地予以确定、汇总并记录 长期借款的所有变化都已记入正确的会计期间 利息费用及应计利息都已记入正确的会计期间 财务报表中报告的金额与会计记录一致 长期借款属于被审计单位的义务 与贷款协议相关的全部条款、要求及限制都已得到遵守
• 真实性	只有有效的长期借款才被记入财务报表
• 估价	长期借款列示的金额适当地确认了发行或赎回溢价或折价
• 列报与披露	长期借款及相关利息已在财务报表中正确地予以分类、描述及披露

(二)实质性测试

注册会计师应当考虑在中期的某一天实施这一节讨论的部分程序,将其作为早期实质性测试的一部分。长期借款审计策略应当具体说明在中期的某一天实施哪些程序,并且预期是否有必要在资产负债表日重复这些程序或扩大其实施范围。

1. 完整性、准确性、截止、权利与义务

同时讨论完整性、准确性、截止、权利与义务的审计目标,是因为通过直接向贷款人或者登记机构那里获得函证,一般是实现这些目标的最有效方式。注册会计师应当确保将函证程序应用于一个完整的负债对象总体。为此,注册会计师通常应当从会计期初的负债及本期承担的新负债的对象总体中选取项目。

注册会计师可以从经营复核、对会议记录和法定账簿的复核以及通过下列方式识别新的负债:识别与新借款或利息支出相关的成本,如发行成本;检查本期签订的贷款协议;详细检查媒体报告、发行文件及有关潜在负债的其他证据。

(1)直接确认

注册会计师应当要求确认下列内容:实质性测试日的余额;本期偿还的本金;本期支付的利息;实质性测试日的应计利息;有关贷款抵押的详细内容;偿还条款。

如果贷款人为银行,注册会计师应当使用标准银行询证函。其他情况下,应当遵循“应收账款”部分所述的有关函证程序的指南。对于债券或信用债的未结算余额的函证,可以从登记机构那里获得。

如果债券或信用债由被审计单位而不是独立登记机构监管,注册会计师应当实施下列测试:查明尚未结算的余额总额与被审计单位登记表上的余额明细表核对相符;测试明细表的合计数;直接确认应付贷款人的余额。

(2) 实施替代程序

如果不能获得有关余额的函证,注册会计师应当实施替代程序。这些程序通常包括将贷款余额与已签署的相关证明文件进行核对、测试查明本期偿还的款项符合贷款协议条款,如果已识别出某项与付款有关的舞弊风险,则检查退回的支票。注册会计师还应当查明本期已正确支付利息。

(3) 检查外汇

如果长期借款以外币列示,注册会计师应当查明外币借款已按正确的汇率换算为本位币。

(4) 检查利息金额

注册会计师通常应当结合针对负债的工作实施针对长期借款利息及应付利息的工作。所需要的证据可以从询证函的回复中所包含的信息或通过下列程序获得:对照贷款协议中确定的利率对各项贷款利息合计数进行重新计算;实施分析程序(如根据已知利率和尚未结算的债务确定对利息费用总额的预期);详细测试。

(5) 与会计记录核对相符

注册会计师应当获取有关总分类账中的长期借款余额及利息余额与财务报表核对相符的保证,方法是通过试算平衡表将总分类账户余额与财务报表进行核对。

(6) 遵守借款条款及借款权利

被审计单位的借款权利可能在贷款协议条款、债券信托契约或组织大纲及章程中予以限定。这些限制通常以借款或利息支出总额度以及像抵押贷款与未设抵押贷款之比率这样的指标来表示。注册会计师应当查明已遵守这些限制条款。注册会计师可能需要单独出具有关遵守贷款合约的报告,这种情况下有关该报告的工作应当结合有关财务报表的工作进行。

注册会计师应当查明偿还的贷款及利息支出是根据协议条款进行的。另外,如果对负债设立了抵押,查明有关抵押的详细内容已正确记入支出登记簿也很重要。如果支出登记簿中无记录,注册会计师可能有必要要求查询公司所在地的文件来查明负债是否已设抵押。

如果注册会计师遇到以从资产负债表中去除长期借款为目的的"资产负债表表外融资"计划,则要考虑这是否可能导致超出被审计单位的借款权利。

2. 真实性

如果对长期借款余额的确认令人满意,那么这将提供有关该项负债在资产负债表日存在以及未被高估的适当证据。因此,注册会计师通常将从对选定余额的函证中获得充分保证。但是,如果未被选取的已入账负债的余额重大,则可能需要选取更多的余额进行函证。

3. 估价

对于已发行的或将要赎回的长期借款,注册会计师应当查明溢价或折价已正确地予以计算并适当地入账核算。注册会计师应当通过将发行或赎回条款与原始单据或者询证函的回复进行验证来做到这一点。对于复杂的资本发行(如高折价、可转换、无息或与指数挂钩的债券),应查阅现行的会计准则及指南。

4. 列报与披露

在审计结束时,注册会计师一般通过复核财务报表并考虑会计准则中所述的事项,从而实现列报与披露目标。还有一点重要的是,注册会计师应当对需要披露的事项以及能够在外勤工作中更有效地予以识别的事项保持警觉。这些事项包括:

(1) 抵押借款及所给予抵押的性质。

(2) 债务中应在 12 个月内支付的部分。

(3) 被审计单位能够重新发行的已赎回债券。

(4) 被审计单位为了减少资产负债表中已披露的长期负债而可能达成的"资产负债表表外融资"安排。注册会计师在遇到这样的安排时,有必要确定是否应当将其作为长期借款的组成部分予以核算。注册会计师在处理这些事项时应当与业务经理协商。

四、所有者权益的实质性测试

(一) 具体审计目标

股本、公积及股利的具体审计目标按照一般审计目标分别阐述如表 12-7。注册会计师应当获取旨在实现这些具体目标的充分证据。

表 12-7　所有者权益的项目审计目标

• 完整性、准确性、真实性、估价	已核定或分配股本的所有变更都已正确地予以核算 公积的所有增减变动都已正确地予以核算,并且应当作为公积增减变动的项目都已包含在内 全部股利都已经过审批并正确地予以核算 已核定股本符合公司设立章程,已分配股本与股票登记簿一致 全部股利都已正确地予以计算 记入公积的金额以及公积之间的增减变动根据相关决议、会议记录或其他授权证明正确地进行 财务报表中报告的金额与会计记录一致 所反映的与股本和公积相关的全部金额都已正确地予以估价 股票按名义价值或公允价值发行的账务核算采用了适当的会计政策
• 截止	股本及公积的增减变动已在正确的会计期间里予以核算
• 权利与义务	与股本、公积和股利相关的权利与义务已正确地予以识别
• 列报与披露	股本、公积和股利已在财务报表中正确地予以分类、描述及披露

(二) 实质性测试

注册会计师应当考虑在中期的某一天实施这一节讨论的部分程序,将其作为早期实质性测试的一部分。有时,主要根据对控制效果的评估,可能有必要在资产负债表日重复这些程序或扩大其实施范围。股本、公积及股利审计策略应当具体说明在中期的某一天实施哪些程序,并且预期是否有必要在资产负债表日重复这些程序或扩大其实施范围。

1. 会议记录与法定记录

(1) 会议记录

作为经营复核的一部分,注册会计师应当阅读董事会和管理层会议记录,因为这些通常是有关被审计单位经营活动信息的有价值的来源。会议记录还将提供有关被审计单位授权情况的审计证据。例如，下列事项通常应当由董事会授权并正确地予以记录：董事的薪酬；董事或管理人员拥有权益的合同或交易安排；足以对经营活动产生重大影响的各项大额交易（如大型资本项目）；影响财务报表的不同观点（如董事对财产的估价）；将通常由董事保留的权利授权给委员会；异常交易或事项，特别是难以确定其公允价值的那些交易；对集团公司的持续支持；中期及拟支付的年终股利；中期报表及重要公告。

对会议记录的复核，应当作为资产负债表日后事项程序的组成部分而予以更新。

（2）法定记录

对于新被审计单位，注册会计师应阅读公司登记机构保存的公司记录，以确保前任注册会计师的辞聘通知已存档。在以后的年份，注册会计师应考虑是否进一步复核公司的文件。在有些情况下这可能是必要的，例如，对公司资产收费存在着不确定性；怀疑由于疏忽或故意不将文件存档或将不正确的文件存档。

（3）将上一期财务报表备案

注册会计师应当询问是否在规定的期限内将一份上一期的财务报表送交公司登记机构备案。公司的董事将承担延期向公司登记机构送交财务报表的处罚责任。

（4）抵押及费用登记簿

注册会计师应当检查该登记簿，以确定本年度是否设立了抵押或支付了费用。这对实现长期借款完整性目标是必要的。抵押或支出的发生也应当记入被审计单位的会议记录。

（5）董事及秘书登记簿

注册会计师应当检查该登记簿，注意有关的变化并询问所有变化的报告书是否已送交公司登记机构备案。

注册会计师应当对照有关会议记录查明关于董事或秘书的全部任命、辞职或撤职事项都已恰当地登记。

注册会计师应当查明被审计单位遵守了公司法关于最低董事人数限制的规定，在适当的情况下查明有关年龄限制的规定也得以遵守。

（6）其他登记簿

注册会计师应当检查有关董事在公司或集团股票及债券中权益的登记簿以及在公司股本中单个重大权益的登记簿，以便确定其中包含必要的信息以及这些信息是最新的。

（7）董事的任职合同

注册会计师应当查明被审计单位遵守了使董事的任职合同便于相关各方查看的规定。

2. 股本、公积及股利的实质性测试

（1）完整性、准确性、真实性、估价

① 对股本增减变动的调节与复核

注册会计师应当获得一份有关将资产负债表日每一类股本的数量和价值等数据与上期期末数据进行调节的分析说明。

注册会计师应当根据业务复核和对会议记录的检查（这两项工作可能指出要求或导致变更股本的事项，如发行股票以资助某项收购交易、发行配股、催缴只部分缴纳款项的投资人、某类股票的转换或赎回以及作为股票期权计划的组成部分而发行的股票)来复核上述分析说明。

② 独立确认

如果由独立登记机构保存股票登记簿,通常有可能从该登记机构获得对所有变更情况的确认(以及有关董事持股及未领取股利的详细内容)。但是,注册会计师首先应当考虑是否有必要询问有关该登记机构内部控制系统的情况。某些独立机构附属于大银行,在这种情况下,一般可以假设其控制职能是令人满意的。但是,在有些情况下,可能有必要向这类登记机构询问,例如,函证与被审计单位的记录有很大出入,而后续调查表明差异是由登记机构的错误所致的情况。

③ 直接测试

如果注册会计师不依赖来自独立登记机构的确认,则应当直接检查股本的增减变动。由于变动的次数一般比较少,而且每项变动影响都很大,所以检查所有变动事项一般是适当的。但是,如果有许多小的变动,则抽样检查一些项目即可。

④ 股票发行与认购

对于股票发行,注册会计师应当实施下列程序:将发行业务与有关文件(如会议记录及招股证明书)进行核对,并记录发行原因;核对资金确已收到;将已核定股本的变更与公司章程进行核对。

对股票发行的审核,注册会计师还应当考虑下列事项:被审计公司按非现金方式发行股票的情况下,注册会计师应当验证已确定了股票的公允价值;溢价发行股票时,注册会计师应当查明相当于溢价合计金额或价值的总数已转入股票溢价或公积金账户。

对于股票认购的审核,注册会计师应当实施下列程序:确保符合公司章程的规定;将认购业务与诸如会议记录这样的证明文件进行核对;将已认购股票的总价值与开具给登记在册的持股人的支票清单进行核对。

⑤ 与主要记录核对相符

注册会计师应将所报告的已核定股本与公司设立章程进行核对;应将实收资本与股票登记簿进行核对(或者检查被审计单位的核对结果),以确保股票登记簿余额平衡并测试其合计数;资产负债表日的已发行股本总额应当与总分类账进行核对。

⑥ 公积的增减变动

注册会计师应当获得对期初与期末资产负债表的公积的核对,以核实:股票溢价或公积金账户;重估公积金额;损益账户;其他公积(如任意公积等)。

只有某些类型的交易才可以作为公积的增减变动来处理。因此,注册会计师应当查明核对表中反映的项目属于这些类型的范畴,并且还应当考虑损益表中的项目是否应当作为公积的增减变动予以恰当的处理。

关于股票溢价账户,注册会计师应当通过重新计算来确认本期股票溢价账户的增减变动。如果股票溢价账户金额减少,除检查该账户的余额外,注册会计师还应当检查其使用情况,以确保该账户只用于下列目的:支付全额付款的配股;冲销开办费;冲销股票或债券发行费用;冲销股票或债券发行所支付的佣金或给予的折价;计提债券赎回应支付的溢价。

通过损益表，注册会计师应当针对本期的增减变动实施下列程序：将已付和应付股利总额与会议记录、发行在外股票数量和相关时间的股利级别以及现金付款记录进行核对；确保已为每项已付或应付股利记录了合适的所得税并且有充分的可分配利润用以支付股利；检查上一年度的调整并复核其会计处理。

关于其他公积，注册会计师应将本期的增减变动与会议记录及其他证明文件进行核对，以确保有关分录符合具体情况。

⑦ 低值或负值公积

如果公积数额较低或为负值，注册会计师应当考虑是否存在下列情况：已违反有关信用债或类似契约的规定；公司在资不抵债时继续经营；拟订的分配方案可能是不合法的。

⑧ 股利

关于已付股利，审计工作应当包含本期已付和宣布发放的股利。注册会计师应当通过重新计算证实股利金额，并且应当查明中期股利经过了董事会的批准且期末股利已由公司在股东大会上以书面决议的方式批准。

如果由独立登记机构发放股利，并且注册会计师对该机构的独立性及支付能力感到满意，则可以依赖针对被审计单位支付给登记机构的款项总额所做的检查，而且一般没有必要测试支付给股东的每笔具体款项。

如果由被审计单位自己向股东发放股利，注册会计师应当通过将所持股份与股票登记簿进行核对、检查股利的计算并检查作为付款证明的收回的认股证书或支票等方式来抽样测试所付款项。

关于应计股利，如果资产负债表日已宣布发放但尚未分配股利，注册会计师应当重新计算以检查应计数。另外，为了确保股利负债总额的完整性，注册会计师必须检查所支付的由上期转入的应计股利款项的有效性。

⑨ 与会计记录核对相符

注册会计师应当查明总分类账中的股本、公积及股利金额与财务报表核对相符，方法是通过试算平衡表将总分类账户余额与财务报表进行核对。

（2）截止

注册会计师应当获得有关已核定或交纳的股本增减变动已记入正确会计期间的充分证据。这一目标只有在接近资产负债表日发行股票时才是相关的，并且通常将从上面所述的有关股票发行的工作中予以实现。

有关公积及股利截止目标的保证将从注册会计师实施的与完整性、准确性和存在目标有关的工作中获得。

（3）权利与义务

注册会计师应当复核会议记录、相关各方的决议以及其他证明文件，从而获得充分证据。项目主管应当与业务经理和业务合伙人讨论复杂的资本发行结果。

（4）列报与披露

在审计结束时，注册会计师一般通过复核财务报表并考虑会计准则中的相关要求，从而实现列报与披露目标。还有一点重要的是，注册会计师应当对需要披露的事项以及能够在外勤工作中更有效地予以识别的事项保持警觉。这些事项包括：

① 有关任何一人(董事除外)拥有某一上市公司任何一种有表决权资本名义价值的3%或以上权益的详细内容;

② 有关尚未付款的应缴股本的详细内容;

③ 可分配公积的数额;

④ 有关滞后发放累积固定股利的详细内容。

第四节　投资循环的审计目标

投资循环中相关账户的审计目标以及相对应的管理层认定如表12-8所示。

表12-8　投资循环的审计目标

管理层认定	一般审计目标	投资循环相关账户的项目审计目标
	1. 总体合理性	• 所有的相关账户都是合理的,看起来无重大错报
1. 存在或发生	2. 真实性	• 已记录的投资在资产负债表日均存在 • 已记录的投资交易表示的是在财务报表期间内真实发生的投资的取得或处置交易 • 已记录的投资收益,包括已实现的利得和损失,表示财务报表期间真实发生的收益或损失
2. 完整性	3. 完整性	• 被审计单位在资产负债表日持有的所有投资都已反映在财务报表中 • 财务报告期间应确认的所有投资收益,包括利得和损失,都已反映在报表中;应计投资收益表示的是所有在资产负债表日已实现但尚未收到的投资收益金额
3. 权利和义务	4. 权利	• 被审计单位对投资拥有法定所有权 • 所有与投资有关的抵押或留置权都已披露
4. 估价或分摊	5. 估价	• 被审计单位对特定类型的投资所采用的会计政策符合公认会计准则 • 财务报表中投资的价值与会计准则的要求一致 • 所有应确认的投资收益,包括已实现的和未实现的利得与损失都已被确认
	6. 截止	• 投资交易和投资收益被记录在适当的会计期间
	7. 机械准确性	• 期末持有的投资和会计期间发生的投资交易都是以正确的价格为基础而准确计算的 • 投资收益,包括已实现的和未实现的利得与损失,在财务报表上反映准确
5. 列报与披露	8. 披露	• 所有与投资和投资收益有关的披露要求都已完成 • 作为抵押物的投资或其他受限制的投资都已适当披露
	9. 分类	• 投资分类适当

第五节 投资循环内部控制的控制测试

一、投资循环主要业务活动及相关凭证和记录

投资循环处理短期和长期的投资，将资源投入其他私人部门或公共部门的权益和债务证券，其目的就是使闲置资金的回报率最大化。简而言之，投资循环处理的交易就是将内部的资源转化为外部的投资，而在需要的时候再将投资转化为现金，用于内部的营运资金需求或者其他的投资。与投资相关的主要职能和控制包括：保管、记录、估价、购买、出售和收入等。

（一）保管、记录和估价

一般来说，一个企业所投资的证券由内部的管理人员或者独立的外部保管人（譬如股票经纪公司）来保管。如果证券由内部维护，那么至少要有两位管理人员同时负责，从而降低未经授权出售证券的可能性。内部维护的证券应当由不负责保管且不能接触证券的员工在不事先通知的情况下定期清点。

维护所持有证券的详细记录以及编制相关信息（譬如证券号码和数量）应当由独立于保管职能的员工负责。不论证券是由外部的保管人还是内部的管理人员保管，详细的记录都能够提供一定的控制。如果是由外部维护，那么保管人应当至少每月编制一次证券清单并寄给企业，与内部记录进行调节。

（二）购买、出售和收入

购买和出售短期或长期证券的所有交易都应当得到董事会或投资委员会的授权。记录的购买价格和出售价格应当定期与公布的报价进行比较，以确保记录的交易价格是准确的。

债务和权益证券的收益形式分别为利息和股利，并且在出售的时候实现利得或遭受损失。股利收入应当在宣告的时候确认，利息收入在赚得的时候作为应计项目，而利得和损失则在证券被销售时记录。记录的收益、利得和损失应当由不负责保管、购买或出售证券的员工定期重新计算。

二、了解和确认控制程序

注册会计师应当了解和确认系统的控制目标、考虑潜在的错误或舞弊，并且确定管理层预防或检查潜在重大错误或舞弊所使用的控制程序（见表 12-9），然后据此设计对投资循环的控制测试。

表 12-9 了解和确认投资循环的控制程序

控制目标	可能发生的错误或舞弊的类型	控制程序
交易授权和执行		
• 投资交易(易于销售的证券、长期债务和权益投资)应当依据管理层的授权	投资交易违反了公司政策(例如,投资组合中包括的债务工具超出了董事会允许的限度),导致更高的投资风险	确立选择和批准投资交易的政策 编制已授权的投资清单
• 投资(例如,账面价值的调整)的调整应当依据管理层的标准得到授权	做出未经授权或不正确的调整,导致账户错报和违反贷款协议	确立批准投资调整的政策;预先编号和控制调整表格;对于超过预定金额的调整,要求特别授权
记录		
• 投资交易应当以正确的数额记录在适当的期间并且适当分类	明细记录可能不正确,导致不正确的账户余额和错报的财务报表	确立处理和记录的程序 定期复核董事会会议记录中的相关指示
资产保护		
• 应当将能接触证券的人限制为管理层授权的人员	证券可能丢失、被盗、损坏或被盗用,导致资产被盗用以及错报的账户	确立对投资证券的实物保护(如保险箱),或者将它们交由独立方(例如经纪人)保管 将批准投资与会计及证券保管职能相分离
• 应当将能接触投资相关记录和表格的人限制为管理层授权的人员	记录可能丢失或被盗,导致报告不正确的账面价值 表格可能被用于销售证券和盗用现金收入,导致资产被盗用以及错报的财务报表	建立对表格和记录的实物保护 将重要的表格预先编号

三、对相关的内部控制实施测试

注册会计师应当考虑企业的内部控制并将其作为评估控制风险的基础。但是,在有些情况下,注册会计师可能会得出结论,认为投资交易的数量不足以证明实施控制测试的成本是适当的或者能将控制风险降至低于最大值。在这些情况下,注册会计师获取的对内部控制的了解至少应当足以计划审计工作、省略控制测试并且设计对账户余额的实质性测试。简而言之,就是注册会计师只依赖实质性测试。

如果一个企业的投资由独立的保管人负责,那么注册会计师对系统的审核将主要包括了解交易如何被授权以及保管人的文档如何被记录到总分类账中。因此,当使用保管人时,交易的执行(证券的购买和出售)和资产的保护对于注册会计师来说就不是那么重要了,因为它们是由独立的外部方处理的。相反,如果证券是由内部的管理人员负责,那么注册会计师应当关注交易授权、执行、记录以及资产保护的控制程序。

在实务中,注册会计师不经常使用流程图来记录企业的投资会计系统,而是更多地使用调查问卷来确认缺陷,使用描述性文字来记录相关的程序。表 12-10 是投资的调查问卷示例。

表 12-10　调查问卷：投资

问题	回答	备注
保管、记录和估价 1. 证券和其他投资工具是否由独立的保管人保管？如果不是，那么它们是否得到充分的保护（例如，锁在保险箱里）？ 2. 是否至少有两位管理人员同时负责内部持有的证券？ 3. 证券的详细记录是否由一位独立于保管职能的管理人员负责？ 4. 投资清单是否定期与投资记录进行调节？ 5. 审核和报告证券价值的变动这一职能是否由独立的管理人员负责？ 6. 是否为各种投资类别准备了充分详细的投资记录和总分类账控制账户？		
购买、出售和收入 1. 投资证券的购买和出售是否得到了董事会或投资委员会的授权？ 2. 经纪人、保管人或其他中介是否得到了董事会的授权或者由董事会指定？ 3. 经纪人的建议是否迅速地与购买和出售授权进行了比较？ 4. 是否进行了独立的核查以确定购买或出售的价格是公平和客观的？ 5. 投资收益（例如，利息、股利）是否定期重新计算和证实？		
编制人： 日期：		

各公司的投资情况差异很大，有的有大量的直接投资，有的则偏重于间接投资。因此，不同审计业务的控制测试也各不相同。不过，在很多审计中，注册会计师都重点关注投资的相关手续是否齐全、投资风险是否得到了控制。表 12-11 是一些典型的测试。

表 12-11　投资测试示例

控制测试：投资
1. 取得并审阅投资相关的董事会记录、法律文件并核对实际准备的各种文件。 2. 测试投资相关的各类款项： a. 对于抽取的相关费用账户与执行部门的执行报告进行核对，同时与现金循环中对付款记录的结果进行核对； b. 对于相关的所有付款记录进行核查。 3. 复核投资风险评估的相关文件，以确定投资活动有相应的控制措施使其符合规定的范围。

第六节　投资循环的实质性测试

一、具体审计目标

投资循环的具体审计目标按照七个一般审计目标分别阐述，如表 12-12 所示。注册会计师应当获取旨在实现这些具体目标的充分证据。

表 12-12　投资循环的具体审计目标

• 完整性	所有投资都已记入财务报表 被审计单位享有的投资收入已全部入账
• 准确性	账面价值已根据所持有投资的正确细节准确地予以计算 投资收入已在财务报表中正确地予以确定、汇总和记录 处置利得和亏损已在财务报表中正确地予以确定、汇总和记录 财务报表中报告的金额与会计记录一致
• 真实性、权利与义务	已记录的投资代表真正的相应企业的权利 被审计单位享有全部可确认的投资以及因投资产生的一切权利(包括认股权与发行配股) 所有与所有权相关的债务(如法律费用)都已得到确认
• 截止	所有购入和售出的投资以及全部投资收入都已在正确的会计期间予以核算
• 估价	受永久减值影响的固定资产投资已按适当的金额予以减记 为所有账面价值超过可变现净值的流动资产投资计提了准备
• 列报与披露	投资已在财务报表中予以正确的分类、描述及披露

二、实质性测试

注册会计师应当考虑在中期的某一天实施本节讨论的部分程序,将其作为早期实质性测试的一部分。投资的审计策略应当具体说明在中期的某一天实施哪些程序,并且预期是否有必要在资产负债表日重复这些程序或扩大其实施范围。在投资的审计程序中应当叙述针对间隔期实施的程序。

通常应当重复或扩大其实施范围的程序包括:通过评估舞弊和错误风险以及控制职能的有效性,确认间隔期的重大错报风险较低;复核间隔期的控制账户以识别异常项目;检查资产负债表日的产权证明;将投资明细表与投资登记簿进行核对,以获取有关该明细表与年末投资控制账户一致的保证;测试若干项目的账面价值,以确认年末余额的准确性。

如果上一段所述的审计工作表明间隔期的重大错报风险不低,注册会计师应扩大这些程序的范围,而且还应实施特别测试以回应所识别的风险。因此,如果注册会计师识别出安全保管职能中的缺陷,就有必要实施额外测试,以确认资产负债表日投资的存在性。如果注册会计师在制定投资的审计策略时识别出与投资相关的重大错报风险,通常出于效率原因,不应当针对受风险影响的审计目标实施早期实质性测试。

(一) 完整性

1. 投资

注册会计师一般将从与其他目标,尤其是与存在和权利与义务相关的工作中获取有关投资完整性目标的充分保证。但是,如果注册会计师得出结论认为需要获取进一步的保证,则应当实施特别测试,如扩大函证程序范围以便包含被审计单位的已知股票经纪人,或者复核董事会和管理委员会的会议记录。

2. 投资收入

(1) 重新计算合计数

重新计算合计数是指诸如贷款、债券、固定利率优先股和政府债券等固定利息投资收入审计的一种有效方法。注册会计师应使用本金和已知利率重新计算总收入。

（2）实施分析程序

实施分析程序可以以投资组合（或未偿还贷款）的平均已入账收入与以前年度和预算之间的比较为依据。或者，注册会计师可通过将平均收入应用于所持有投资的平均市场价值来确定估计数。

（3）进行详细测试

注册会计师应当根据所选取用于测试存在和权利与义务目标的投资样本实施详细测试。

对于每一个投资样本，注册会计师都应当查明已核算全部相关收入。对于固定利息投资，可参阅具体日期做到这一点。关于权益，应将股利与证券交易所目录（如果为上市公司），或者有关公司的财务报表（如果为非上市公司）进行核对。

这一部分所讨论的程序还应当提供与准确性、存在、截止和列报与披露等特定审计目标相关的部分保证。

（二）准确性

1. 保证的来源

注册会计师将从其他目标的审计工作中获取与准确性目标相关的保证。例如，为验证投资存在和所有权而实施的工作应当提供有关这些投资已准确入账的次要保证。但是，检查下列内容是必要的：控制账户的调节；投资的账面价值；对子公司和联营公司投资的分类；外币计算表；财务报表中的金额与会计记录一致。

2. 控制账户的调节

如果总分类账户中设有投资控制账户，注册会计师应通过实施下列步骤检查控制账户与各项投资余额合计数之间的调节：将合计数与总分类账进行核对；用各项余额对投资分类账（或类似记录）进行测试；检查调节增加额；调查调节中的对冲、调整和异常分录；检查原始单据并复核期后对调节项目的清理。

如果被审计单位不能将控制账户与基本余额的合计数进行调节，或者这样做有难度，注册会计师应考虑有关记录是否可靠。任何被审计单位不能调节控制账户或者严重并反复推迟调节工作的情况都应当提请业务经理注意。

3. 账面价值

（1）会计政策

作为业务复核的一部分，注册会计师应当复核被审计单位确定投资账面价值的会计政策，其中应当包括查明这些政策符合相关法律及会计准则、适合于具体情况并且一贯坚持应用。

（2）验证成本

投资是由上期转入的余额加上增加额再减去处置额组成的。除新被审计单位外，上期转入的余额已在以前年度审计过，因此，本期的审计工作可以限定为对增加额和处置额成本的测试。为此，注册会计师可以使用被选取用于测试存在和权利与义务目标的那些项目。

(3) 增加额

注册会计师应检查增加额的原始单据(如经纪人合同单),以确定交易经过正式授权和批准,并将购入额与投资分类账或类似的详细记录进行核对。另外,确认购入额符合被审计单位的投资政策也很重要。

注册会计师还应当查明所报告的全部资本变更(如发行红股或配股和资本返还)都已根据本期持有的证券予以记录。

(4) 处置额

注册会计师应当检查诸如经纪人合同单等原始单据,以确保处置交易经过授权和批准。处置额应当与投资分类账或类似的详细记录进行核对。处置利得或亏损的正确计算和记录也应当予以检查。如果出售的只是部分投资,注册会计师应查明未出售余额的记录正确。

如果有可能依赖最初签订合同单的经纪人的独立性,则一般没有必要调查出售价格。但是,如果对经纪人的独立性有疑问,或者投资是非上市交易的,则应考虑出售价格是否合理。如果有必要,注册会计师应查询官方的证券交易所目录(如果是上市交易的投资),或者查询已审计财务报表或类似公司的市盈率(如果是场外交易的投资)。

在公司将子公司或联营公司出售给集团的其他公司时,注册会计师应考虑这样做是否可能是为了“实现”利润以供分配。如果似乎是这种情况,注册会计师应当通知业务经理或业务合伙人。

(5) 以评估值估价的投资

注册会计师可通过从期末余额中抽样的方法来检查以评估值估价的投资,并应实施下列程序:

① 上市交易的投资。如果投资对象在证券交易所上市交易,注册会计师应检查证券交易所每日公布的市场价值。如果被审计单位自己使用了其中一种确定市场价值的渠道,注册会计师可能考虑使用一种替代方法,以便进一步核对不准确的地方。注册会计师还应当做出特别安排,以测试在海外证券交易所上市交易的证券的市场价值。如果不能在国内得到可靠的信息来源,则注册会计师有必要考虑从有关国家的代理事务所或其他专业公司那里获得对挂牌交易价格的确认。

② 场外交易的投资。对于非上市交易的投资,由董事会估定的价值往往是以那些使用专家的报告或者是以类似公司的主要净资产或市盈率为依据做出的估价。注册会计师应当与被审计单位讨论估价基础、复核可得到的财务报表并检查董事所依赖的专家的报告。注册会计师可能需要向具有这种估价经验的专家咨询。其目的是得出估价是否是根据所有相关因素以合理的标准为依据做出的结论。

4. 子公司和联营公司的分类

注册会计师通常应当通过查阅被投资人的财务报表来查明被审计单位在子公司和联营公司的持股比例是正确的。另外,有必要确保作为子公司或联营公司处理的投资已根据会计准则和相关法律予以分类。

5. 外汇

如果投资以外币估价,则有必要检查外币折算为本位币的准确性。注册会计师应确保投资已根据被审计单位阐述的会计政策按期末汇率或历史汇率折算为本位币。

6. 与会计记录核对相符

注册会计师应当查明总分类账中的投资和投资收入余额与财务报表核对相符，方法是将总分类账户与试算平衡表、再与财务报表进行核对。

(三) 真实性、权利与义务

1. 检查或函证

对投资的存在和所有权的主要实质性测试是检查产权证书，或者向第三方（通常为独立、可靠的授权托管人）函证，询问他们是否代表被审计单位持有这些文件。注册会计师应获取对贷款的直接函证。

(1) 时间

函证和检查程序可以作为早期实质性测试的一部分，也可以在资产负债表日实施。

在资产负债表日以前已检查产权证书的情况下，如果由于缺乏控制而使重大错报风险很高，注册会计师应当安排将这些证书放在密封的信封内。如果密封未被开启，那么就没有必要在资产负债表日检查这些证书。同样，以后的年份也没有必要进行检查，尽管注册会计师仍然会进行定期检查。为了确保密封无法在注册会计师不知情的情况下被开启并替换，应在上面做明显标记（如在密封处签名）。

(2) 选取测试项目

测试项目的选取通常应按下列方法中的一种进行：

第一，从期初余额和本期增加额中选取。该样本也可用于测试增加额和处置利得或亏损，并测试投资收入。所选取的项目应查询至年末目录或某项处置交易。如果被审计单位设有投资分类账，通常应当从中选取样本。

第二，从期末余额中选取。这一选样方法适合于存在和权利与义务目标，但不可能对处置利得或亏损以及投资收入的完整性进行测试。因此，这种情况下，注册会计师应确认合适的替补对象总体并从中抽样。

如果是从以投资的购买成本为依据的投资记录中选取项目，注册会计师应考虑在该样本中包含那些市场价比成本高得多的投资。

(3) 检查产权证书

审计工作应包括下列一个或多个步骤：

第一，检查证书或付款凭证，以确定其是真正的产权证书（如认股权证或配股通知书），并且该证书或凭证是完整而有序的；如果是经过注册的，则是以被审计单位或某一授权代理人的名义登记的（见下面第四点）。

第二，如果被检查的证书是临时性的（如转让收据），则做好后续工作并在正式证书发布后且可以得到的情况下对其进行检查。

第三，对于无记名付款凭证，应查明上面粘贴了即将到期的息票。注册会计师应在工作底稿中记录该息票的日期或其他可识别特征（如编号）。

第四，如果证券以代理人的名义持有，则应检查已签名的无记名转让书和信托证书，并在工作底稿中记录代理人的姓名。如果代理人为被审计单位控制的公司，注册会计师应确保投资是代表被审计单位而不是第三方持有的。

(4) 向第三方函证

如果产权证书由被审计单位的独立结算银行或其他大银行所持有,银行函证应当说明投资是以谁的名义登记的,并且持有投资是为了保管而不具有留置权(或者因为其他目的而持有)。如果银行函证不能具体说明所持有的投资不具有留置权或者是因为其他什么目的而持有,则注册会计师应当从银行那里获得大意如此的书面函证。如果银行持有的是以代理人名义登记的产权证书,则银行函证应当说明该银行也持有已签名的无记名转让书和信托声明。

如果产权证书是由除结算银行或其他大银行或者独立于被审计单位的类似机构或那些其常规交易包括持有证券的其他独立机构(如股票经纪人或律师)以外的其他有关机构持有的,则注册会计师一般不应依赖函证,因为持有证券并非这些机构经营业务的正常组成部分。因此,除非投资是由这样的第三方针对将于资产负债表日结算的某项交易所持有(见下一段),否则,注册会计师应要求被审计单位取得产权证书以便对其进行检查,或者将这些证书置于可获取函证的大银行或类似独立机构保管之下。如果没有这样做,注册会计师应在被审计单位的同意下检查存放于该第三方的相关文件。

如果由经纪人持有的投资与需要在资产负债表日结算的购买或销售交易有关,则有可能依赖从该经纪人那里获得函证以表明该产权证书是代表被审计单位持有的。但是,这种情况下,注册会计师应查明后来已交还证券(通过检查认股权证或来自被审计单位银行的存款凭证),或者后来收到的出售收入(通过将现金收入与银行对账单进行核对并检查合同单)。

2. 抵押资产

为了确定投资是否已被作为(被审计单位或第三方的)负债的担保物或抵押品,注册会计师应询问被审计单位的管理层并复核董事会会议记录、贷款协议和其他有关文件。

3. 贷款

通过从已入账余额中选取项目,注册会计师应当实施“应收账款”中所述的程序,以便从贷款人那里获得直接函证。

对于本年度发生的贷款,注册会计师应当确保贷款经过正确授权,检查贷款协议以确认利率和还款条件,取得并检查有关抵押品的详细内容。

(四) 截止

注册会计师通常将从针对完整性、准确性、存在和权利与义务目标实施的工作中获得有关截止目标的充分保证。例如,针对增加额和处置额的工作,也可以提供有关投资购买和出售以及投资收入已记入适当期间的证据。如果被审计单位投资交易活跃,注册会计师可能需要设计特别测试,以获得与截止目标相关的保证。

(五) 估价

1. 减值

被审计单位可能将投资划分为固定资产或流动资产,并且减值的处理因此也不一样。对于固定资产投资,通常应当确认需要计提准备的永久减值。对于以成本估价的流动资产投资,应使用相同程序,但注册会计师还应当查明已为减值(永久的或暂时的)计提了准备,以便流动资产按成本和可变现净值孰低估价。

可以使用的替代程序有两种:一是选择各项投资并具体查询其现状及前景;二是根据在经营复核中获得的对被审计单位的基本了解复核投资组合,并与具备一定知识和级别的管理人员讨论投资组合。

2. 上市交易的投资

对于以成本估价的上市交易的投资,市场价值的大幅度下降可能表明永久减值。但是,如果股票市场较小或不活跃,或者如果交易活动已中止,则市场价值可能不是一项合适的指标。这种情况下,注册会计师可能需要实施与场外交易的投资相关的程序。

3. 场外交易的投资

场外交易的投资应当参照可以得到的全部信息(如近期的财务报表、独立会计师或投资顾问的报告以及被投资人编制的经营预测及预算)予以检查。注册会计师应考虑投资的可交易性,如果是海外投资,应考虑对资金汇回国内的限制。

管理层常常不愿意承认投资价值的明显降低是永久性的,尤其是在被审计单位承诺继续给予被投资人某种形式的支持的情况下。尽管重要的是应认识到有关永久减值的决策涉及判断,但注册会计师不应当接受管理层不现实的乐观态度。因此,如果某项重大投资似乎已经减值,并且可能有必要大幅度地减记该项投资,则注册会计师应当通知业务经理或业务合伙人。

对于重大的场外交易投资,工作底稿应包含有关其最新一期财务报表中列示的投资净资产的汇总说明,加上近年来所获得利润和所宣布发放股利的详细情况,以及已用于评估投资价值的其他信息。

4. 对子公司的投资

确定是否应当对子公司的减值计提准备的相关因素包括:(1) 子公司购入后的亏损;(2) 可能需要针对母公司的投资(包括应偿还母公司的贷款)计提准备的、明显资不抵债的子公司;(3) 母公司所占基本净资产的份额低于投资账面价值的子公司。

因此,注册会计师应当复核子公司的财务报表(以及现金流预测等其他相关信息)并考虑是否应当计提准备。

5. 贷款

针对贷款实施的工作应当与前面所述大致相当。注册会计师尤其应当:

(1) 复核借款人的财务报表;

(2) 查明借款协议正得到遵守,并且正在及时还款;

(3) 确定是否正在及时支付利息,不能支付利息可能表明贷款的可回收性有疑问;

(4) 考虑其他因素(如外币贷款的汇款问题)是否对贷款的可回收性造成影响;

(5) 查明贷款担保是否有效,以及担保物的价值是否足以弥补贷款;

(6) 与管理层讨论贷款的可回收性。

6. 转回准备

如果某项投资在以前年度被减记,并且减记的理由已不再适用,则注册会计师应查明已取消所计提的准备。

（六）列报与披露

为了协助实现列报与披露目标，注册会计师应在审计结束时复核财务报表并考虑会计准则中叙述的事项。还有一点重要的是，注册会计师应当对需要披露的以及能够在外勤工作中更有效地予以识别的事项保持警觉。这些事项包括：

（1）投资作为固定资产或流动资产的正确分类；

（2）单独披露对子公司和联营公司的投资；

（3）对投资或投资收入实现的限制（如外汇管制）；

（4）应当作为或有负债披露的未收缴资本；

（5）可能需要作为或有负债披露的股票购买期权；

（6）需要单独予以披露的来源于集团公司的收入、固定资产投资和流动资产投资；

（7）超过证券交易所价值的上市交易投资的市场价值（通常，如果证券交易价格反映的是持有少量股份的价值，而被审计单位持有大量股份）。

本章提要

1. 筹资循环的四个特点对于该循环相关账户的审计影响很大，第一，影响账户余额的交易相对较少，但是每个交易的数额经常是很重大的；第二，单个交易被排除的话其影响可能就是重大的；第三，被审计单位与股票、债券或类似凭证的持有人之间存在法律关系；第四，利息和股利的数额与债务和所有者权益之间存在着直接的关联。

2. 如果一个企业的筹资（例如债券、股票的发行等）由独立的管理人（例如经纪人或承销商）负责，那么注册会计师对系统的审核将主要包括了解交易如何被授权以及管理人的文档如何被记录到总分类账中。在实务中，注册会计师不经常使用流程图来记录企业的债务和权益会计系统，而是更多地使用调查问卷来确认缺陷，使用描述性文字来记录相关的程序。

3. 注册会计师可以确认系统的控制目标、考虑潜在的错误或舞弊并且确定管理层预防或检查潜在重大错误或舞弊所使用的控制程序，然后据此设计对筹资循环的控制测试。对各种类型的筹资交易及账户执行实质性测试的一个较为理想的方法是编制账户分析工作底稿，即编制一份清单，注册会计师应将该清单与账户记录进行比较，调整其总额与总分类账记录保持一致。该清单也可用于支持其他审计测试。

4. 投资循环处理短期和长期的投资，将资源投入其他私人部门或公共部门的权益和债务证券，其目的就是使闲置资金的回报率最大化。简而言之，投资循环处理的交易就是将内部的资源转化为外部的投资，而在需要的时候再将投资转化为现金，用于内部的营运资金需求或者其他的投资。与投资相关的主要职能和控制包括保管、记录、估价、购买、出售和收入等。

5. 如果一个企业的投资由独立的保管人负责，那么注册会计师对系统的审核将主要包括了解交易如何被授权以及保管人的文档如何被记录到总分类账中。相反，如果证券是由内部的管理人员负责，那么注册会计师应当关注交易授权、执行、记录以及资产保护的控制程序。在实务中，注册会计师不经常使用流程图来记录企业的投资会计系统，而是更多地使用调查问卷来确认缺陷，使用描述性文字来记录相关的程序。

6. 投资的审计策略应当具体说明在中期的某一天实施哪些程序，并且预期是否有必要在资产负债表日重复这些程序或扩大其实施范围。如果审计工作表明间隔期的重大错报风险不低，则注册会计师应扩大这些程序的范围，还应实施特别测试以回应所识别的风险。

练习与思考

1. 什么是限制性的债务协议？

2. 简要描述注册会计师可用于测试长期债务和利息费用的程序。

3. 注册会计师在审计股东权益和长期债务时，为什么常常是主要依赖实质性测试或者完全依赖实质性测试？

4. 注册会计师如何核实记录的股东权益余额？

5. 注册会计师如何测试每股收益？为什么要测试每股收益？

6. 在对A公司2014年财务报表的审计中，你了解到下列与债务和权益有关的控制或程序，要求：针对每一个控制程序，指出该控制程序可以预防或发现的潜在错误或舞弊，以及控制程序的控制目标。

(1) 选择债务或权益筹资的政策已经确立。

(2) 每月准备或更新支付的利息和贷款的还款金额。

(3) 所有未发行的证券都由独立于现金职能的人员维护并定期检查。

7. 下面是从内部控制调查问卷中选出的与债务和权益交易有关的问题。如果回答为"是"，那么表明该项控制良好；如果回答是"否"，则表明系统存在潜在的缺陷。要求：假定每个问题的回答都是"是"，为每个问题设计测试，提供有说服力的证据来证明控制是可靠的。

(1) 是否所有的长期债务和其他借款都经过了董事会的授权？

(2) 是否有一位管理人员负责确定所有的债务协议都被遵守？

(3) 未发行的债券和票据是否被预先连续编号，并且由一位独立于记录职能的人员控制？

(4) 利息的支付和应计利息是否定期重新计算？

(5) 股利的支付和应计股利是否定期重新计算？

8. 下列条款是从债券发行契约中节选的。虽然债券的到期日是2018年，但是违反条款就会使债务提前到期，要求：为该条款设计审计程序，并说明你认为必要的披露。

"债务人公司应当在任何时候都保持流动比率达到2∶1，如果未能达到这一比率，那么该年度向高层管理人员发放的奖金要限制在25万元以内。"

9. 你负责审计C公司2012年的财务报表。2012年11月1日，该公司从银行借了50万元用于扩建厂房。协议中规定本金和利息在五年内分次偿还，而现有的厂房就作为该项贷款的抵押。由于未能取得新的建筑场地，厂房扩建直到2012年12月31日还没有动工。为了利用借到的资金，管理层决定将其投资到股票和债券中。2012年12月16日，这50万元被投资到证券中，要求：审计长期债务时的审计目标是什么？编制针对长期借款协议的审计方案。

10. 注册会计师如何测试财务报表中记录的投资的存在性？

11. 注册会计师如何测试投资证券的估价？

12. 为什么注册会计师通常要检查投资的市场报价？

13. 注册会计师可以使用什么程序来确定是否所有的投资交易都被记录？

14. 权益证券投资的未实现损益应当如何进行处理？

15. 在对A公司2012年财务报表的审计中，你了解到下列与投资有关的控制或程序，要求：针对每一个控制程序，指出该控制程序可以预防或发现的潜在错误或舞弊，以及控制程序的控制目标。

(1) 2012年6月15日，董事会确立了选择债务和权益投资的标准。

(2) 所有内部持有的证券都被放在财务主管办公室里防火的保险箱内。

16. 下面是从内部控制调查问卷中选出的与投资交易有关的问题。这些问题涉及投资的保管、记录和估价，以及取得、出售和收益。如果问题的回答为"是"，那么表明该项控制良好；如果回答是"否"，则表明系统存在潜在的缺陷。要求:假定每个问题的回答都是“是”,为每个问题设计测试,提供有说服力的证据来证明控制是可靠的。

(1) 证券的详细记录是否由一位独立于保管职能的管理人员负责维护?

(2) 投资的清单是否定期与投资记录进行调节?

(3) 投资证券的购买和出售是否得到董事会或投资委员会的授权?

(4) 是否将经纪人的建议与已记录的购买及出售授权及时进行了比较?

(5) 是否进行了独立的检查以确定购买或出售的价格是否公平和客观?

(6) 投资收益是否定期重新计算和核实?

17. 在对 B 公司的财务报表进行审计时,马丽考虑是否要在资产负债表日或其他时间检查该公司持有的证券。B 公司持有的证券包括无记名债券(存放在财务主管办公室的保险柜内)以及其他一些股票和债券(存在商业银行的保险箱内)。这些债券和股票对于 B 公司的财务报表来说都是重要的。要求:

(1) 马丽在考虑是否在资产负债表日(而不是其他时间)检查这些证券时应当考虑哪些因素?

(2) 假定马丽计划让一位审计助理在资产负债表日检查 B 公司办公室和商业银行里存放的证券。对于该项检查以及要包括在工作底稿中的证据,马丽应当给予审计助理什么指示?

(3) 假定马丽认为让审计助理在资产负债表日检查证券是不实际的,那么她可以使用哪些替代程序来确保 B 公司在资产负债表日确实持有这些证券?

18. 你负责审计 D 公司 2012 年的财务报表。2011 年的财务报表也是你审计的。下面是 2012 年 12 月 31 日的试算平衡表部分账户余额。

项目	借方(贷方)余额
投资(成本法):DA 公司普通股	322 000
投资(权益法):DB 公司普通股	284 000
普通股	(480 000)
资本公积	(800 000)
留存收益	(100 500)
股利收入	(3 750)
利息收入	(47 450)
权益投资的收益	(40 000)

同时,你取得了下列数据:

(1) DA 公司的普通股购于 2011 年 9 月 21 日。该股票作为应付票据的担保,由银行持有。D 公司对 DA 公司的投资大约占 DA 公司全部流通股的 1%。

(2) D 公司对 DB 公司的投资占 DB 公司流通股的 40%。DB 公司由其他审计师审计。

(3) D 公司在 2012 年没有购买或出售其他权益投资。

要求:

对于 DA 公司的普通股、DB 公司的普通股以及股利收入三项,讨论你应当取得的证据类型,以及你应当实施的审计程序。

19. 王波负责审计 E 公司 2012 年的财务报表,他正在审计长期投资的证券。E 公司的记录表明该公司持有各种无记名债券以及 EA 公司流通股的 25%。王波取得了充分的证据,认为 E 公司能对 EA 公司施加重大影响。E 公司持有的各种证券放在了两个地方:近期取得的证券放在了公司的保险箱内,由财务主管保管;所有其他证券都放在了银行的保险箱内。要求:对这些长期投资的证券进行审计的目标是什么?王波在审计 E 公司的长期投资证券时应当实施哪些审计程序?

案例分析

案例一

注册会计师李文审计华联公司2012年度财务报表,发现华联公司2012年1月以库存商品一批、专利权一项、设备一台对红光公司投资,华联公司持股10万股,所占比例为10%。上述资产的有关资料如下:库存商品账面价值为20万元,计税价格为30万元,增值税税率为17%,消费税税率为10%;专利权账面价值为10万元,已提减值准备1万元,计税价格为12万元,营业税税率为5%;设备的账面价值为20万元,已提折旧2万元,已计提减值准备1万元。

华联公司采用成本法核算该长期投资,其具体会计处理如下:

1. 2月1日投资时:

借:长期股权投资——红光公司 547 000

累计折旧 20 000

固定资产减值准备 10 000

无形资产减值准备 10 000

贷:固定资产 200 000

无形资产 100 000

库存商品 200 000

应交税费——应交增值税(销项税额) (30万×17%)51 000

——应交消费税 (30万×10%)30 000

——应交营业税 (12万×5%)6 000

2. 7月2日,红光公司宣告分红,每股红利为0.1元时:

借:应收股利 10 000

贷:长期股权投资——红光公司 10 000

8月15日收到红利时:

借:银行存款 10 000

贷:应收股利 10 000

3. 2012年12月31日,红光公司股票的市值为52万元,长期股权投资与市值的差额为547 000 - 10 000 - 520 000 = 17 000(元),华联公司提取长期投资减值准备的会计处理为:

借:投资收益 17 000

贷:长期投资减值准备 17 000

要求:讨论注册会计师李文是否应确认华联公司的会计处理。

案例二

注册会计师李文审计联化公司2012年度财务报表,了解到联化公司2011年4月1日以现金480万元购买H公司100万股股票,占H公司股权比例的10%;2011年5月25日收到H公司5月1日派发的现金股利5万元。2011年年末该股权的市值为430万元,联化公司据此计提减值准备55万元。2012年5月1日,H公司宣告分红,每10股红利为2元,实际发放日为5月25日。2012年7月1日,联化公司又从证券市场上购买了100万股H公司的股票,共支付了银行存款440万元。这样,其持股比例增加到20%,联化公司对H公司具有重大影响力。

李文通过检查联化公司提供的H公司经审计的财务报表,了解到H公司2011年实现税后净利润为300万元,其中1—3月80万元,4—12月220万元。采用权益法核算时,投资最初以初始投资成本计量,投资企业的初始投资成本与应享有被投资单位所有者权益份额之间的差额,作为股权投资差额处理,按一定期限平均摊销，计入损益。

要求：讨论注册会计师李文是否应确认联化公司的会计处理。

小组讨论

从审计方法和程序的角度看企业的筹资与投资业务有哪些共同点。

第十三章

货币资金与特殊项目的审计

本章目的

货币资金包括库存现金和存放于金融机构口的、可随时动用而不限其使用目的的存款。货币资金通常包含在多个业务循环中。除了存货和仓储循环外，货币资金是每个循环的组成部分。一般情况下，管理层应采取措施以保证交易被记录及交易后货币资金的安全。由于货币资金流动性最强，可转换性最高，不但存在着舞弊的潜在可能，也可能出现错误，因而职务分离、监督控制、及时进行银行余额调节等工作尤其重要。本章重点讲述货币资金审计和现金流量表审计问题，然后简要讨论若干特殊项目的审计。

引例

银行存款审计

近年来,注册会计师在实践中发现个别单位采取银行存款收支不入账、利用未达账项造假问题较为突出,主要表现在:

1. 同期银行存款收支不入账,转移企业收入、挪用企业资金

某单位在两年时间中,银行存款有42笔营业收入×××万元未填制收款凭证和登记银行日记账,其中×××万元以银行转账截留、转移至“小金库”,其中××万元被财务负责人挪用,私自短期借出。

2. 利用未达账项人为调节利润

(1) 某单位一下属企业,在银行存款余额调节表“银行已收,企业未收”中有13笔×××万元未达账项发生在年末,经逐笔核实后,是该企业当期收到的营业收入款,未按规定确认营业收入,人为调节利润。

(2) 某单位在调节表“企业已付,银行未付”中有1笔3个月的长期未达账项××万元,经核实后,该单位财务负责人承认是为了降低当期利润,虚列实际并未发生的费用。

上述问题引起了注册会计师的特别重视,他们从以下两个方面,对银行存款收支发生额及期末余额的审计方法进行了认真的思考和积极的探索。

1. 将银行存款收支记录完整性与期末余额的真实性审计相结合

过去审计银行存款是否及时、准确、完整入账,主要采用抽取一定量的收、付款凭证,与银行存款日记账、银行对账单的记录进行核对的方法,检查它们相互之间是否正确、相符。这种类似于随机抽样审计的方法,不能科学地抽取样本,无法预测、控制抽样风险,查出错误与舞弊的偶然性太大。如果运用随机抽样审计方法,又受注册会计师素质参差不齐的制约,而且抽样本身的固有误差也会给审计带来一定的风险。详查法仅适用于企业规模不大、业务不多的单位,如果企业机构大、业务繁多,此方法又受审计时间、审计成本的制约。鉴于此注册会计师以银行存款余额调节表为蓝本,针对上述在银行存款方面的造假特征,设计了“银行存款抽查表”,对银行存款收支记录完整性、期末余额真实性一并审计。运用此表,可以按月、季会计期间进行抽查,也能以连续的若干月份进行抽查。

对于长期的未达账项,要逐笔检查未达时间跨度、未达金额、未达原因等内容,看其是否存在利用未达账项的四种形态隐匿或虚计收入、少计或虚计成本以达到“调节”利润的目的(年末此类问题尤为突出)。最后根据审计结果,做出客观公正的审计结论。

2. 抽样法和详查法相结合

企业机构庞大、银行收支业务量大,或出现了前述不符事项,或企业的内部控制制度不健全,或未能得到有效执行,以及注册会计师的专业判断认为必要时,应把抽审的会计期间适当向前后延伸,甚至及时修改审计方案,调整审计力量进行全面详查。

实际工作中,对银行存款的审计方法很多,甚至在对其他项目的真实性、完整性、合法性进行审计时,也能查出上述在银行存款方面的错误与舞弊。利用“银行存款抽查表”对

银行存款进行审计，最大特点是简单易行，能被不同层次的注册会计师广泛掌握和应用，节约审计时间和审计成本，降低和减少审计风险。

第一节 货币资金循环的审计目标

货币资金相关账户的审计目标以及相对应的管理层认定如表13-1所示。

表13-1 货币资金循环的审计目标

管理层认定	一般审计目标	货币资金相关账户的项目审计目标
	1. 总体合理性	• 所有的相关账户都是合理的，看起来无重大错报
1. 存在或发生	2. 真实性	• 记录的现金和现金等价物以及银行存款均存在 • 记录的货币资金收支确实在报告期内发生
2. 完整性	3. 完整性	• 资产负债表日所有货币资金都已包括在财务报表中 • 会计期间内发生的所有货币资金收支都已记录
3. 权利和义务	4. 所有权	• 被审计单位对货币资金享有法定所有权
4. 估价或分摊	5. 估价	• 所有货币资金组成项目都可转换为报告的金额，如库存外币或国外外币存款的金额报告恰当
	6. 截止	• 货币资金收支与银行存款转账都记录在恰当的期间内
	7. 机械准确性	• 期末库存现金和现金等价物的金额记录准确 • 货币资金收入和支出项目记录准确
5. 列报与披露	8. 披露	• 货币资金使用限制已恰当表述并披露 • 抵押担保的现金等价物或使用受限的现金等价物已恰当表述并披露
	9. 分类	• 货币资金分类适当

第二节 货币资金循环的主要业务活动及相关控制

对货币资金余额的审计可以是最后一个报表项目，因为货币资金余额的审计证据主要依赖于其他循环的测试结果。例如，如果采购和支付循环中对内部控制的了解以及控制测试和实质性测试的结果让注册会计师认为将控制风险评估为低是适当的，那么注册会计师就可以减少货币资金余额的详细测试。但是，如果注册会计师得出结论，认为评估的控制风险较高，那么可能就需要进行范围更广泛的年末测试。

也就是说，本部分的讨论建立在如下假定基础上：通过适当的风险评估和在其他审计部分执行的测试，对于从顾客那里取得现金收入、向供应商支付现金、现金管理及其他现金交易的存在与发生、完整性和准确性，注册会计师已将相关的审计风险降到适当的低水平。本部分关于实质性测试的讨论集中于对货币资金期末余额的审计上。

一、货币资金内部控制一般应包括的内容

货币资金是企业流动性最强的资产，为了保证货币资金的安全完整，保证货币资金核

算与管理的正确性、合规性，企业必须建立健全各项内部控制。良好的货币资金内部控制一般应包括以下内容：(1) 适当的职责分离；(2) 货币资金的收付要经过适当人员的审核和批准；(3) 货币资金的收付要有合理的凭据支持，并且及时、准确地入账；(4) 控制现金坐支，当日收入现金应及时送存银行；(5) 按月盘点现金，编制银行存款余额调节表，做到账实相符；(6) 建立内部监督制度，加强对货币资金收支的内部审计。

货币资金的内部控制可以分为收款内部控制、付款内部控制和现金管理控制三个部分。实际上，货币资金的内部控制与其他交易循环是紧密相关的。下面我们讨论一下货币资金与其他交易循环之间的关联。

二、货币资金与其他交易循环

简要地讨论一下货币资金与其他交易循环之间的关联能够起到两个作用：首先，清晰地表明各种交易循环的测试对于货币资金审计的重要性；其次，能帮助进一步理解不同交易循环的结合情况。货币资金账户在几乎所有报表项目的审计中都被认为是重大的。货币资金账户中的现金流入和流出数量经常大于财务报表中的其他账户。此外，货币资金被挪用的可能性也要高于其他类型的资产。

在对货币资金进行审计时，重要的一点就是要区分以下两项：(1) 证实被审计单位对银行对账单余额与总分类账余额的调节；(2) 证实总分类账中记录的货币资金是否正确反映了该年度中发生的所有涉及货币资金的交易。

证实被审计单位对银行对账单余额与总分类账余额的调节相对比较容易，在这一过程中可能发现的错报有如下类型：(1) 被审计单位在资产负债表日之后收到的现金被记录为当年收取的现金；(2) 接近年末时收到的现金在当月存入银行，但在银行余额调节时作为在途存款；(3) 偿付应付票据的支付已被银行直接借记银行存款余额，但是没有记入被审计单位的记录中。

整个审计中有一个重要的部分是要证实货币资金交易是否被适当记录。例如，下列每一个错报最终都会导致不适当的货币资金支付或者不能收到货币资金，但是它们通常都无法在对银行调节的审计过程中被发现：(1) 未能向某个顾客开具账单；(2) 向顾客开具账单的价格低于公司政策所要求的价格；(3) 在从顾客处收到的现金被记录之前中途拦截并盗用，并将其作为坏账处理；(4) 对于卖主的发票进行了重复支付；(5) 对尚未收到的原材料进行支付；(6) 向员工支付的款项超过了他实际工作时间应得的工资；(7) 向相关方支付的利息高于现行利率。

如果这些错报在审计中被发现，那么一定是通过前面章节中讨论的控制测试和实质性测试发现的。前三个错报可能在销货及收款循环的审计中发现，接下来的两个错报可能在采购及付款循环的审计中发现，而最后两个错报则分别对应人力资源及工资循环和筹资循环。因此，对货币资金内部控制的了解以及相应的控制测试请分别参照对应的交易循环，这里就不再赘述。

三、现金管理

在会计审计实务中有时使用的“现金”一词是指它的广义概念，这里的“现金”实际上是货币资金的同义语。现金管理亦即货币资金管理,它的一个主要工具是现金预测与预算,其目标是尽可能精确地安排借款和短期投资所需现金的金额和时间。这就需要准确地计算每日现金余额、转账额、承诺额以及现金等价物与短期投资的到期日,从而有效地控制现金。现金管理者应仔细检查预算差异报告,若该管理者独立于现金处理和会计记录职能,该项检查就会成为一项有效的监督活动。

良好的现金管理要求如下控制:(1) 评估不同现金等价物和短期投资的风险和收益。(2) 做好实际投资决策。由于复杂的金融工具日渐增多,现金投资期可短至一夜或长至数月,许多单位的理财职能日显复杂。与这些工具相关的风险与收益差别极大且难以理解和分析。为了做出信息含量高的投资决策,同时也为应用恰当的会计计量和披露原则,管理层必须了解这些风险和收益。(3) 现金管理还包括谁来授权和执行现金管理事项。有时交易是自动开始的,如将现金投资到货币市场;有时由现金管理者来决定,而有时则需要更高层的授权。

有效现金管理的另一目标是使收入能尽快地进入管理控制中,这取决于快速而准确的业务处理,包括每日将现金存入银行、“保险箱”系统、电汇、单向存款账户等。有效现金管理还需要对处理中的票据予以密切关注,使支付过程有时间规划,现金资源得以有效使用。

四、风险因素与重要性

由于现金的高流动性和可转换性,其被盗风险大于其他任何资产项目。因而,注册会计师十分关注相关控制(尤其是与资产保护和职责分离有关的控制)对重大错报风险的影响。

对注册会计师来说,未能检查出现金短缺是非常麻烦的。尤其是在涉及重大舞弊时,如果原告认为考虑恰当的风险因素、实施通用的审计程序后,注册会计师遵照测试计划就理应发现现金短缺,那么往往就会产生诉讼。现金短缺可能导致资产负债表上列示了并不存在的资产,例如现金偷盗没有被发现,现金账户没有减少相应的金额。

对于从顾客处取得的收入和向供应商的支付,针对截止认定实施的审计目标对于防止营运资金账户的期末粉饰是十分重要的。将存款转账记录于错误的会计期间也可能预示着现金被盗用。

关于重要性,注册会计师应考虑现金交易的次数和金额、存放地和所有现金基金、银行存款、现金等价物和其他可兑现的资产的总量和价值。注册会计师应调查被审计单位的现金和证券/票据中是否含有其他组织如工会的财产,或者被审计单位的财产是否有未记入到账户中的,如无人领取的工资和员工储蓄等。这些信息将反映被审计单位现金账户的真实数额,有助于注册会计师对被审计单位财务状况的重要性做出评估。

第三节 对货币资金循环的实质性测试

一、银行存款及现金余额的具体审计目标

银行存款和现金余额的具体审计目标按照七个一般审计目标分别阐述,如表 13-2 所

示。注册会计师应当获取旨在实现这些具体目标的充分证据。

表 13-2 银行存款和现金余额的具体审计目标

• 完整性	所有银行存款及现金余额都已记入财务报表
• 准确性	银行存款及现金余额已准确地予以确认、汇总及记录 财务报表中报告的金额与会计记录一致
• 真实性	银行存款及现金余额在资产负债表日确实存在
• 截止	银行存款及现金业务已记入正确的会计期间 银行存款及现金余额没有因为粉饰报表而受到歪曲
• 估价	已为可收回性有疑问的银行存款余额计提了适当准备
• 权利与义务	客户拥有现金及银行存款,而透支额和短期借款表示客户在资产负债表日的义务
• 列报与披露	银行存款及现金余额已在财务报表中正确地予以分类、描述及披露

二、实质性测试

注册会计师应考虑在中期的某一天实施这一节讨论的部分程序,将其作为早期实质性测试的一部分。有时根据对控制效果的评估,可能有必要在资产负债表日重复这些程序或扩大其实施范围。银行存款和现金余额审计策略应当具体说明在中期的某一天实施哪些程序,并且预期是否有必要在资产负债表日重复这些程序或扩大其实施范围。银行存款及现金余额审计程序应当说明针对间隔期所实施的程序。

(一)完整性

注册会计师主要应当根据在经营复核中获得的对经营情况的了解,得出所需要的有关所有银行存款及现金余额已予以确认并核算的保证。注册会计师尤其应当考虑银行账户的数目是否是正常经营所需。经营规模的扩大(如新的分支机构开张)可能表明有新账户。

另外,下列程序可能是适当的:

(1)复核上一个资产负债表日的余额清单并询问有关变更情况;

(2)详细检查银行函证、现金账簿、银行对账单以及董事会会议记录,以查找有关当期开立账户的证据;

(3)查询外币账户,尤其是频繁发生海外业务的被审计单位的外币账户;

(4)调查被审计单位是否已单独开立备用金和工资银行账户并且这些账户是否已全部予以核算。

(二)准确性

1. 银行存款余额调节表

对被审计单位银行存款余额调节表的详细检查通常应当能够提供有关银行存款及现金业务已准确处理的充分保证。这项工作也应当提供有关截止目标的保证。注册会计师通常应当检查从银行获得的进行余额函证的那一天的银行存款余额调节表。

注册会计师应当实施下列工作:将调节表中的余额与银行存款总分类账、银行函证及银行对账单进行核对;测试调节表中的增加额以及未出示支票和未到账款项清单中的增加额;在实质性测试日以前将银行存款记录中的分录与银行对账单或调节表进行核对;调查并验证其他应调节的项目。

(1) 银行存款记录中的分录

注册会计师应当在实质性测试日前从记入某一期间(根据审计策略而定)银行存款记录的收入和支出款项中选取项目,并且应当确保所选取的项目在实质性测试日以前记入银行对账单,或者作为未结算支票和未到账款项(如果适当的话)列入银行存款余额调节表。

(2) 银行存款余额调节表中的未达账项

除非银行存款余额调节表中的未达账项已在上一段描述的工作中充分的涉及,否则,注册会计师应当实施下列程序:将银行存款余额调节表中记录的未出示支票和未到账款项与银行存款记录和银行对账单进行核对。查明在实质性测试日以前记入银行存款记录的项目,以及在实质性测试日以后记入银行对账单的项目。

注册会计师在确定这些项目是否已在上一段所述的工作中充分涉及时,应当注意现金短缺可能通过高估未到账款项而被掩盖的情形。在调节的项目较少时,一般应当对调节项目全部予以测试。

注册会计师应当查明未到账款项的付款日不应迟于调节日,并且应当对异常推迟在银行对账单中记录这些存款的情况进行调查。这种推迟记录可能是因被审计单位未清理现金收入记录以及将资产负债表日后收到的款项包含其中等造成的。

注册会计师应当查明,在针对债权人调节事项的工作中识别的、没有在调节日记入债权人对账单的向债权人支出的大额款项,与未结算支票清单进行了核对。另外,查明已对有关差异进行了调查(因为这些差异可能造成对需要调节项目正确性的疑问),这一点也很重要。

注册会计师应当复核自实质性测试日以来银行仍未予结算的所有大额(尤其是大额整数)未出示支票的详细清单,并且应当将其与原始单据进行核对并与客户讨论这些款项为什么没有结清。对于实施该项工作时仍未结清的未结算支票,注册会计师应当获得有关大额项目或异常项目的解释,调查已超过6个月的未结算支票并考虑是否应当将这些款项加回银行存款余额。

注册会计师还应当详细检查实质性测试日以后某一期间的银行对账单中是否有拒付支票并调查这些项目。

(3) 调节方面的问题

如果被审计单位不定期进行银行存款余额调节,或者调节银行账户有困难,则注册会计师应当考虑有关记录是否可靠。注册会计师应当通知业务经理有关被审计单位不能定期、正确地进行银行存款余额调节或者严重并反复推迟这样做的情况,而且业务合伙人应当确定是否应当在重大审计事项汇总中报告该事项。

(4) 中期调节的后续处理

如果在早期实质性测试中对银行存款余额调节表进行了详细检查,就可能有必要在资产负债表日实施下列追加程序:将调节表中记录的余额与银行存款记录、银行对账单和银行函证进行核对;检查调节表中的增加额;确定包含于早期实质性测试日所测试的调节表中的未达账项已得到清理。

2．外汇

注册会计师应当查明所有以外币列示的银行存款余额都已根据适当的汇率折算为本位币。

3．舞弊风险

注册会计师如果识别出与付款相关的舞弊风险，则应当获取已付款支票（或银行保留的存根联）并查明收款人与现金记录中记录的收款人一致并且支票尚未被更改或背书，从而验证这些付款。如果以其他方式（如银行转账）付款，注册会计师应当检查原始单据，以查明转账款项已记入正确的账户。

4．与会计记录核对相符

注册会计师应当将总分类账中的银行存款和现金余额与财务报表进行核对以取得充分证据，通常的方法是通过试算平衡表核查这些金额。

（三）真实性

注册会计师一般应通过向客户的银行直接进行函证的方式获得有关已入账银行存款及现金余额存在的充分保证。如果出于某种原因决定不对某项余额进行函证，则应在审计策略中说明这些原因。

1．确认余额

注册会计师应当考虑是否有必要在资产负债表日确认余额，而不论对这些余额的确认是否被作为早期实质性测试的一部分。除了对具有良好控制职能的银行业企业实施审计的特殊情况外，余额确认应当包括被审计单位在审计期内任意时间开立账户（包括工资和股利账户）的所有银行，即使该账户已在资产负债表日结平注销。这应当通过识别可能的未入账银行借款和或有负债来完成。

致银行的信函应当说明：① 询证函中公司的名称；② 注册会计师是否要求提供标准信息，如果不是，要求提供什么样的补充信息；③ 提供这些信息的日期；④ 联系人的姓名及电话号码。

表 13-3 列示的是财政部、中国人民银行制定的运用于审计的银行询证函参考格式。

2．有关接收函证的程序

注册会计师在收到银行询证函的回复时应当实施下列程序：

（1）查明银行已全面回答了银行询证函中的所有问题。重要的是应确保所有相关事项都已披露。另外，注册会计师应当考虑回函中报告的所有事项的影响程度并确保银行的答复是特别针对询证函中的每一个要点的。如果需要提供补充信息或修订后的信息，只依赖通过电话或被审计单位获得的信息是不够的。注册会计师应当要求银行以书面方式直接向注册会计师确认。

（2）如果一项确认提供了有关某项余额或者注册会计师并不知情的其他信息的详细内容（如与以前发生的未知或有负债有关的），则应提请被审计单位和业务经理注意该事项。

表 13-3 银行询证函

银行询证函 编号：

________（银行）：

本公司聘请的________会计师事务所正在对本公司的会计报表进行审计，按照中国注册会计师独立审计准则的要求，应当询证本公司与贵行的存款、借款往来等事项。下列数据出自本公司账簿记录，如与贵行记录相符，请在本函下端“数据证明无误”处签章证明；如有不符，请在“数据不符”处列明不符金额。有关询证费用可直接从本公司________账户中收款，回函请直接寄至________会计师（审计）事务所。

通信地址：

邮编： 电话： 传真：

截至 年 月 日止，本公司银行存款、借款账户余额等列示如下：

1．银行存款

账户名称

银行账号

币别

利率

余额

备注

2．银行借款

银行账号

币种

余额

借款日期

还款日期

利率

借款条件

备注

3．其他事项

（公司签章）（日期）

结论：1．数据证明无误

（银行签章）（日期）

2．数据不符，请列明不符金额

（银行签章）（日期）

3．现金余额

许多企业的现金余额数目都不大，注册会计师可以根据对错报风险的评价，决定不对这些余额实施实质性测试。但重要的是应记住，由于现金是一个敏感的领域，被审计单位可能期望注册会计师盘点现金余额并报告现金系统中的不足之处。如果对被审计单位的预期有疑问，而且项目主管注册会计师不打算盘点现金或复核有关系统，则应当在制定审计策略阶段与业务合伙人或经理讨论该事项。

4．现金盘点

现金盘点应当在不事先通知的情况下进行。为了防止现金在账户之间的转移以掩盖差异,注册会计师可能需要同时盘点某一场所的全部现金资金。为了避免将现金短缺归咎于注册会计师的可能性,应当在监管人在场的情况下盘点现金,坚持要求该监管人等到盘点结束再离开,并且要求其在所盘点金额的记录上签字,以确认接受审计结果。注册会计师应当将所盘点金额与总分类账和备用金记录进行核对。

现金常常包括支付给董事或员工的现金支票。但是,现金短缺往往通过在现金资金中包含虚假、伪造或无价值的支票及借据的方式进行掩盖。因此,注册会计师应实施下列程序:

(1) 仔细检查支票并确保支票是最近开具的而且没有过期;

(2) 查明这些支票随后存入银行并予以结算;

(3) 查明借据的签发是否得到授权,并测试查明这些借据是否随后得到偿还。

如果付款凭证作为备用金余额的组成部分,注册会计师应当实施下列程序:

(1) 查明这些凭证是真实的,而且尚未被用于作为以前付款的证明;

(2) 查明这些凭证表示近期的支出并已记入现金付款记录;

(3) 如果这些凭证尚未予以记录,查明其事后被记录。

注册会计师还应当通过事后检查付款单存根,来查明在现金资金中发现的未送交银行的现金收入能够迅速送交银行,以及开具的用以补足现金资金的上一张支票已记入备用金记录。

(四) 截止

注册会计师通常应当从针对银行存款余额调节表的工作中获取所需要的有关银行存款及现金余额截止的大多数保证。但是,如果已确认粉饰报表的风险,则应考虑下列额外测试。

1. 粉饰报表

与粉饰报表相关的行为可能是有争议的。因此,注册会计师应当在与被审计单位讨论以前向业务经理报告他们的疑虑。

最常用的粉饰银行存款余额的方法如下:将资产负债表日后收到的款项记入本期;利用临近年末的银行借款额度替代存款额,以此提高流动资金比率,在资金转移到集团其他公司的情况下,这一点尤其难以查出;在资产负债表日以前将支票寄给债权人,但在下一期才将其记入现金账簿;在资产负债表日以前将支票记入现金账簿,但在下一期才将其寄给收款人。

2. 资金转移

注册会计师应当确认临近资产负债表日发生的重大资金转账,其中包括:由被审计单位在同一银行或不同银行开立的两个或两个以上的账户;被审计单位的银行账户之一和由被审计单位保存记录的另一个公司的银行账户。

对于这样的资金转移,注册会计师应当查明:相关收入及支出在同一会计期间记入会计记录;同一会计期间银行未予以反映的这类项目出现在适当的银行存款余额调节表中。

3. 未到账款项

注册会计师应当复核会计记录,以查找证据确定存款中是否包含实际上于资产负债表日后收到的款项。如果识别出这类项目,应当考虑编制转回分录的必要性。

4. 未结算的支票

注册会计师应当复核会计记录中记载的未结算支票的签发日与支票随后在银行出示日之间的间隔,并确定该期间是否比预期的要长。如果银行存款余额调节表中未出示的支票看似可能在资产负债表日后才由被审计单位签发,则有必要确定这些支票的签发是否被推迟,以及考虑是否需要编制转回分录。

(五) 估价

如果将余额存入有声望的大银行,则注册会计师应当不必质疑其可收回性。但是,如果将款项存入一家小银行或某一声誉不确定的机构,则应当考虑余额的可收回性。

如果有大量存入其他国家或以外币表示的余额,注册会计师应当确定是否有资金转移方面的限制,从而影响资产的价值,或者由于其他原因,而应当在财务报表中予以披露。

注册会计师应当复核贷款协议、会议记录或其他相关证明文件,以确定是否存在对银行存款余额或现金的可获得性或使用方面的限制。

(六) 权利与义务

权利与义务目标通常应当通过前面所述的函证程序来实现。但是,如果注册会计师已识别出以被审计单位名义开立的银行账户中可能包括他人财产的风险,则可能有必要实施下列程序:

(1) 复核银行对账单或支票,以确保其以被审计单位的名义开具;

(2) 阅读与银行之间的往来信函;

(3) 从银行那里获得有关可疑信托账户状况的特别函证。

(七) 列报与披露

在审计结束时,注册会计师一般通过复核财务报表并考虑会计准则的要求,实现列报与披露目标。尤其重要的一点是,注册会计师应当对需要披露或重新分类的事项以及能够在外勤工作中更有效地予以识别的事项保持警觉。这些事项包括:

(1) 应当作为应付款项分类的透支和其他负债;

(2) 从中提取资金或者向国内汇款可能受到限制的银行账户;

(3) 有抵消权的银行账户;

(4) 不存在抵消权时对余额进行抵消;

(5) 存在粉饰报表行为;

(6) 设立抵押的透支和借款;

(7) 存在集团层面的银行安排;

(8) 使用受限的现金;

(9) 或有负债,如拒付票据、担保及未清算的远期外汇合同。

第四节　现金流量表审计

注册会计师审计现金流量表的目的主要在于:确定现金及现金等价物确认和计量的合理性、一贯性;确定经济交易事项分类的合规性;确定现金流量表的内容和性质的真实性,列报的数额是否完整、正确、合理;确定现金流量表有关项目数额与其他报表及附注的钩稽关系是否正确;确定现金流量表各项目的列报与披露是否恰当。相应地,注册会计师对现金流量表的主要审计程序概括如下。

一、向被审计单位管理层询问了解基本情况

通过了解客户的基本情况,确定对财务报表具有重大影响的事项、交易和实务,以便在审计过程中采取适当的审计程序,获取充分、适当的审计证据。其中重点关注被审计单位以前年度委托审计的情况,尤其是上年现金流量表的审计情况和审计意见。对以前年度审计报告中涉及的问题,在本年度现金流量表审计中应予以重点关注。

二、向被审计单位管理层索取编制现金流量表的基础资料

注册会计师向被审计单位索取的相关资料包括:(1) 上年度的现金流量表以及被审计年度和上年度的资产负债表、利润表和利润分配表;(2) 被审计单位编制现金流量表的工作底稿以及调整分录等资料;(3) 按现金流量项目设置的多栏式现金日记账和银行存款日记账;(4) 其他相关的总分类账户和明细分类账户资料;(5) 不涉及现金收支的投资和筹资活动的相关资料。

注册会计师索取的这些资料是获得审计证据的重要依据。同时,注册会计师应向被审计单位索取书面声明书。被审计单位在书面声明书中应保证已按照会计准则和现行会计制度的有关规定,对所有需揭示的事项均已做了充分的揭示,所有的会计记录均已提供给注册会计师。这一方面明确了被审计单位的会计责任,另一方面保护了注册会计师自己。

在获取资料的基础上,注册会计师应当:

(1) 复核加计是否正确。

(2) 将基础资料中的有关数据与财务报表及附注、总分类账、明细账、审计工作底稿等核对相符,并进行详细分析,检查数额是否正确、完整,现金流量分类是否合理。

(3) 根据审计调整分录,对基础资料的相关数额做相应调整。

(4) 检查对现金及现金等价物的界定是否符合规定,界定范围在前后会计期间是否保持一致。

(5) 检查现金流量表编制方法:关注现金流量表编制过程中,对有关特殊事项的处理是否正确,如以净资产或非货币性资产对外投资;收购其他公司时,权益性投资所支付的现金是否已扣除被收购公司在被收购日所持有的现金;处置子公司时,处置投资所收到的现金是否已扣除被处置子公司在被收购日所持有的现金;以承担债务的形式购置资产;融资租赁固定资产;债务重组;非货币性交易等。

三、运用分析程序,对现金流量表的几个主要项目进行审计

(1) 销售商品和提供劳务收到的现金。注册会计师可以根据“销售商品、提供劳务收到的现金”项目分析评价企业的销售状况和长期资产管理效益。与本企业和同行业的利润表对照,计算企业的销售收现率(经营现金流量净额/销售收入),如果销售额较大,且

收现率高，则说明企业产品销路好，资金回笼快，应收账款、存货等短期资产占用少，资金周转较灵活。分析时要结合利润表、资产负债表，注意表与表之间所反映的信息是否相互印证。

（2）收到的其他与经营活动有关的现金。若收到的财政贴息或拨款与购建固定资产直接相关，则应列作“收到的其他与投资活动有关的现金”较妥。

（3）购买商品和接受劳务支付的现金。注册会计师可以根据“购买商品、接受劳务支付的现金”项目分析企业在成本费用方面节约现金的能力。分析时，应比较企业当期商品采购、应付账款明细账。采购环节的付现率越低，说明企业商业信用越好，节约现金的能力越强，企业应该有足够的现金用于日常支付，分析判断货币资金收支情况的合理性。

（4）支付给员工以及为员工支付的现金。本项目可以根据企业员工人数及年人均工资实施分析程序，如果有重大差异，则必须查明原因做出处理。

（5）支付的其他与经营活动有关的现金。审核时应注意本项目是否大大低于管理费用和营业费用的合计数，如存在异常情况，应查明原因做出处理。

（6）从“投资活动产生的现金流量”项目分析企业对外投资或内部长期投资是否合理、有效。如“购买债券、购建固定资产、无形资产支付的现金流出小计”比上期大幅度增加，说明企业投资规模扩大。注册会计师要根据资产负债状况、市场情况分析企业是否过度扩张，这种扩张是否会造成现在或将来财务状况恶化，综合分析判断企业投资决策是否存在重大失误。

（7）从“筹资活动产生的现金流量”项目了解企业当期的主要筹资活动，分析企业的资金成本变化。如“筹资活动产生现金流量净额”是负数，说明本期偿还债务大于举债，资金成本将下降，分析时要对照企业的财务费用账目进行，注意分析结果与账目是否相符，并查找不相符的原因。

（8）将某一类业务活动的现金净流量和现金净流量总计进行比较，了解各类现金净流量的比重，以判断各类业务活动的现金净流量是否出现异常。

（9）根据相关经济指标变动分析对现金流量的影响。一般来说，企业库存商品减少，销售收入将会增加，从而引起经营性现金流入的增加。

（10）比较各年现金流量的波动情况，了解其变动趋势是否正常，查明异常现象和重大波动的原因，以核实客户的现金流量是否存在漏记、虚记的现象。

对分析程序发现的异常变动项目，注册会计师应重新考虑所采用的方法，必要时应追加适当的程序，以获取相应的证据。

四、采用审阅、核对和复算等方法，对相关项目进行审核

1. 检查以下各项：

（1）主表与补充资料的“现金及现金等价物净增加额”是否一致。

（2）主表与补充资料的“经营活动产生的现金流量金额”的钩稽关系是否合理，复算将净利润调节为经营活动的现金流量的数据，检查是否与主表中的经营活动产生的现金流量净额相等。

（3）补充资料中货币资金的期末、期初余额与资产负债表的钩稽关系是否合理。

（4）主表中经营活动、投资活动和筹资活动三类业务产生的现金流量净额以及汇率变动对现金的影响额之和是否与现金及现金等价物净增加额的数据相等。

（5）现金流量表有关数据与审计后财务报表及附注的钩稽关系是否合理。

（6）各类业务的现金流入小计与现金流出小计的差额是否与相应的现金流量净额相等。

（7）是否存在金额异常的现金流量表项目，并做追查调整。

2．检查现金流量表补充资料中的项目：

（1）预提费用的增加（减：减少）= 经营性预提费用（期末 - 期初）。注意预提利息不属于经营活动（已包括在财务费用中），在此应予剔除。

（2）处置固定资产、无形资产和其他长期资产的损失（减：收益）和固定资产报废损失。在审核时应注意这两个项目的区别，如果固定资产的处理经过“固定资产清理”科目核算，则该收益和损失应列示于“处置固定资产、无形资产和其他长期资产的损失”；如果固定资产的处理经过“待处理固定资产净损失”科目核算，则该收益或损失应在“固定资产报废损失”中列示。

（3）财务费用 = 利息支出 + 筹资活动支付的金融机构手续费 - 汇率变动对现金的影响额 + 筹资活动（如外币借款等）产生的汇兑损失（减：收益）。

（4）投资损失（减：收益）。审核时应注意本项目应剔除计提的各项投资准备，因投资准备已在计提的资产减值准备中反映。

（5）存货的减少（减：增加）。注意在建工程领用存货和用存货换入固定资产等不属于经营活动范畴的，应予以剔除。

（6）不涉及现金收支的投资和筹资活动各项目金额是否正确、合理、完整。

3．通过审阅有关账户记录，检查大额的不涉及现金收支的投资和筹资活动，如了解被审计单位是否发生债转股业务，是否存在一年内到期的可转换公司债，是否存在不涉及现金的大额的调账事项等。这些重大的投资和筹资活动，虽不涉及当期现金的流入和流出，但对被审计单位的财务状况和未来的现金流量将产生重大的影响。

4．检查被审计单位的现金流量表是否存在错报项目，重点抽查一些容易混淆的项目。检查“在建工程”账户，了解在建工程人员的工资和奖金是否误入“支付给职工以及为职工支付的现金”项目；检查“财务费用”账户，了解企业发生的财务费用是否分别归属于经营活动和筹资活动；检查“投资收益”等账户，了解收回债权性投资时取得的投资收益与收回权益性投资时收回的投资收益在填列时是否混淆。

5．检查现金流量表各项目的披露是否恰当。应当注意，按照《企业会计准则》的规定，对于不涉及当期现金收支，但影响企业财务状况或可能在未来影响企业现金流量的重大投资、筹资活动，也应在财务报表附注中加以说明，如企业以承担债务的形式购置资产等。对一些准则、制度没有明确规定的特殊项目，提请企业在财务报表附注中充分披露，以利于财务报表使用者正确理解企业的现金流量信息。

第五节　若干特殊项目的审计

一、首次接受委托时对期初余额的审计

所谓首次接受委托，是指注册会计师在被审计单位上期财务报表未经审计或上期财务报表由前任注册会计师审计的情况下接受的审计业务。对首次接受委托业务，注册会计师应当获取充分、适当的审计证据以确定：(1) 期初余额不存在对本期财务报表产生重大影响的错报；(2) 上期期末余额已正确结转至本期，或在适当的情况下已做出重新表述；(3) 被审计单位一贯运用恰当的会计政策，或对会计政策的变更做出正确的会计处理和恰当的列报。

期初余额是指期初已存在的账户余额。期初余额以上期期末余额为基础，反映了以前期间的交易和上期采用的会计政策的结果。在确定有关期初余额的审计证据的充分性和适当性时，注册会计师应当考虑下列事项：(1) 被审计单位运用的会计政策；(2) 上期财务报表是否经过审计，如果经过审计，审计报告是否为非标准审计报告；(3) 账户的性质和本期财务报表中的重大错报风险；(4) 期初余额对于本期财务报表的重要程度。

注册会计师应当考虑期初余额是否反映上期运用恰当会计政策的结果，以及这些会计政策是否在本期财务报表中得到一贯运用。当会计政策发生变更时，注册会计师应当考虑这些变更是否恰当、会计处理是否正确、列报是否恰当。

如果上期财务报表由前任注册会计师审计，注册会计师应当考虑通过查阅前任注册会计师的工作底稿获取有关期初余额的充分、适当的审计证据，并考虑前任注册会计师的独立性和专业胜任能力。

如果实施相关审计程序后无法获取有关期初余额的充分、适当的审计证据，注册会计师应当出具保留意见或无法表示意见的审计报告。

如果期初余额存在对本期财务报表产生重大影响的错报，注册会计师应当告知管理层；如果上期财务报表由前任注册会计师审计，注册会计师还应当考虑提请管理层告知前任注册会计师。如果错报的影响未能得到正确的会计处理和恰当的列报，注册会计师应当出具保留意见或否定意见的审计报告。

如果与期初余额相关的会计政策未能在本期得到一贯运用，并且会计政策的变更未能得到正确的会计处理和恰当的列报，注册会计师应当出具保留意见或否定意见的审计报告。

如果前任注册会计师对上期财务报表出具了非标准审计报告，注册会计师应当考虑该审计报告对本期财务报表的影响。如果导致出具非标准审计报告的事项对本期财务报表仍然相关和重大，注册会计师应当对本期财务报表出具非标准审计报告。

二、会计估计的审计

这里讲的会计估计与适用会计准则和相关会计制度时的相应概念一致。会计估计通常是被审计单位在不确定的情况下做出的，发生重大错报的可能性较大，注册会计师应当

按照审计准则的规定，确定会计估计的重大错报风险是否属于特别风险。

(一) 针对会计估计的重大错报风险实施的审计程序

注册会计师应当设计和实施进一步审计程序，获取充分、适当的审计证据，以判断特定环境下的会计估计是否合理，并在必要时是否得以充分披露。注册会计师对被审计单位及其环境的了解，包括对管理层做出会计估计的程序和方法以及相关控制活动的了解，有助于识别和评估会计估计的重大错报风险。

在审计会计估计时，注册会计师应当采用下列一种或多种审计程序：(1) 复核和测试管理层做出会计估计的过程；(2) 运用独立估计与管理层做出的会计估计进行比较；(3) 复核能够证实会计估计合理性的期后事项。

(二) 复核和测试管理层做出会计估计的过程

在复核和测试管理层做出会计估计的过程时，注册会计师应当按照下列步骤实施审计程序：(1) 评价会计估计依据的数据，考虑会计估计依据的假设；(2) 测试会计估计的计算过程；(3) 如有可能，将以前期间做出的会计估计与其实际结果进行比较；(4) 考虑管理层对会计估计的批准程序。

注册会计师应当评价会计估计依据的数据的准确性、完整性和相关性。当利用被审计单位生成的信息时，注册会计师应当核对该信息是否与会计信息系统处理的数据相一致。注册会计师应当考虑从被审计单位外部获取与会计估计相关的审计证据，应当评价被审计单位是否对收集的数据进行恰当的分析，并将其作为确定会计估计的合理基础。注册会计师应当评价被审计单位在做出会计估计时使用的主要假设是否具有合理的依据。

在评价特定会计估计依据的假设时，注册会计师应当考虑下列事项：(1) 根据以前期间的实际结果，判断这些假设是否合理；(2) 这些假设是否与其他会计估计依据的假设一致；(3) 这些假设是否与管理层合理可行的计划一致。

注册会计师应当根据了解到的被审计单位以前期间的财务成果、所处行业的惯例以及管理层向注册会计师披露的未来计划，复核管理层在做出会计估计时使用的会计估计公式的持续适当性。注册会计师应当对管理层做出会计估计的计算过程实施审计程序。实施审计程序的性质、时间和范围取决于下列因素：(1) 评估的重大错报风险，该风险受会计估计计算的复杂性的影响；(2) 注册会计师对管理层会计估计程序和方法的了解与评价；(3) 会计估计在财务报表中的重要性。

(三) 运用独立估计

注册会计师可以自行做出独立估计或从其他渠道获取独立估计，并与管理层做出的会计估计进行比较。当运用独立估计时，注册会计师应当评价独立估计依据的数据、假设和使用的公式，并针对计算过程实施审计程序。

(四) 复核期后事项

资产负债表日后至审计完成之前发生的交易或事项，可能为注册会计师审计会计估计提供审计证据。注册会计师对这些交易或事项的复核可能减少甚至取代对管理层形成会计估计过程的复核和实施的其他审计程序，或取代在评估会计估计合理性时运用的独立估计。

（五）评价审计程序的结果

注册会计师应当根据对被审计单位及其环境的了解，对会计估计的合理性以及会计估计是否与审计过程中获取的其他审计证据相一致做出最终评价。如果依据审计证据得出的估计结果与包括在财务报表中的估计金额存在差异，注册会计师应当确定是否需要调整该项差异。

如果认为该项差异不合理，注册会计师应当提请管理层予以调整。如果管理层拒绝调整，注册会计师应当将该项差异视为一项错报，并连同所有其他错报一并考虑，以评价对财务报表的影响是否重大。

如果认为被接受的各项差异合理但均偏向一个方向，以致各项差异的累积数可能对财务报表产生重大影响，注册会计师应当从整体上评价会计估计的合理性。

三、关联方及其交易的审计

（一）相应概念和审计程序

这里的关联方和关联方交易与适用会计准则和相关会计制度对的相应概念一致。注册会计师应当实施审计程序，就管理层是否按照适用的会计准则和相关会计制度的规定识别、披露关联方和关联方交易，获取充分、适当的审计证据。注册会计师在了解被审计单位及其环境的过程中，需要识别可能导致与关联方和关联方交易有关的重大错报风险的交易和事项。

可能说明存在未披露关联方交易可能性的特定风险指标的例子有：(1) 舞弊风险评估说明存在重大舞弊的可能性；(2) 公司结构复杂，对所有权或股东身份的披露有限制；(3) 不能对发生重大公司间交易的所有实体实施审计；(4) 某些业务异常复杂；(5) 于年末或接近年末发生的独特而复杂的交易存在很难解决的“实质重于形式”的问题；(6) 某些交易或者缺乏明显的合乎逻辑的经营目的、具有不正常条款（如异常价格、利率、担保及偿还计划），或者以异常的方式处理；(7) 与某些客户或供应商之间有重要交易（从数量或金额上讲），但没有明显的商业理由；(8) 存在未入账的交易，如无偿接受或提供管理服务。

注册会计师应当复核由治理层和管理层提供的所有已知关联方名称的信息，并针对信息的完整性实施下列审计程序：

(1) 复核以前年度工作底稿，确认已识别的关联方名称；

(2) 复核被审计单位识别关联方的程序；

(3) 询问治理层和关键管理人员是否与其他单位存在隶属关系；

(4) 复核投资者记录以确定主要投资者的名称，在适当情况下，从股权登记机构获取主要投资者的名单；

(5) 查阅股东会和董事会的会议纪要，以及其他相关的法定记录；

(6) 询问其他注册会计师或前任注册会计师所知悉的其他关联方；

(7) 复核被审计单位向监管机构报送的所得税申报表和其他信息。

注册会计师应当就下列事项向管理层获取书面声明:提供的关于识别关联方信息的完整性;在财务报表中关联方和关联方交易披露的充分性。

(二) 关联方交易的识别

注册会计师应当复核由治理层和管理层提供的关联方交易的信息,并对其他重要的关联方交易保持警惕。在了解被审计单位内部控制时,注册会计师应当考虑与关联方交易授权和记录相关的控制活动的适当性。

在审计过程中,注册会计师应当对显得异常的交易保持警惕,考虑是否存在以前尚未识别出的关联方。这些交易主要包括:(1) 价格、利率、担保和付款等条件异常的交易;(2) 商业理由明显不合乎逻辑的交易;(3) 实质与形式不符的交易;(4) 处理方式异常的交易;(5) 与某些顾客或供货商进行的大量或重大交易;(6) 未予记录的交易。

在审计过程中,注册会计师实施的下列审计程序可能识别出关联方交易的存在:

(1) 执行交易和余额的细节测试;

(2) 查阅股东会和董事会的会议纪要;

(3) 复核大额或异常的交易、账户余额的会计记录,特别关注接近报告期末或在报告期末确认的交易;

(4) 复核对债权债务关系的询证函回函以及来自银行的询证函回函,以发现担保关系和其他关联方交易;

(5) 复核投资交易。

(三) 检查已识别的关联方交易

在检查已识别的关联方交易时,注册会计师应当获取充分、适当的审计证据,以确定这些交易是否已得到恰当记录和充分披露。关联方关系的性质可能导致与关联方交易有关的审计证据有限,注册会计师应当考虑实施下列审计程序:

(1) 向关联方函证交易的条件和金额;

(2) 检查关联方拥有的信息;

(3) 向与交易相关的人员和机构(如银行、律师、担保人或代理商等)函证或与之讨论相关信息。

(四) 审计结论和报告

注册会计师应当按照适用的会计准则和相关会计制度的规定,确定被审计单位对关联方关系的披露是否充分。如果无法就关联方和关联方交易获取充分、适当的审计证据,或关联方和关联方交易的披露不充分,注册会计师应当出具恰当的非无保留意见的审计报告。

四、持续经营假设的审计

(一) 管理责任与审计责任

持续经营假设是指被审计单位在编制财务报表时,假定其经营活动在可预见的将来会继续下去,不拟也不必终止经营或破产清算,可以在正常的经营过程中变现资产、清偿债务。可预见的将来通常是指资产负债表日后十二个月。在计划和实施审计程序以及评价其结果时，注册会计师应当考虑管理层在编制财务报表时运用持续经营假设的适当性。

根据适用的会计准则和相关会计制度的规定评估被审计单位的持续经营能力是管理层的责任。管理层对持续经营能力的评估涉及在特定时点对事项或情况的未来结果做出判断，这些事项或情况的未来结果具有固有的不确定性。注册会计师的责任是考虑管理层在编制财务报表时运用持续经营假设的适当性，并考虑是否存在需要在财务报表中披露的有关持续经营能力的重大不确定性。

（二）导致对持续经营假设产生重大疑虑的事项或情况

被审计单位在财务、经营以及其他方面存在的某些事项或情况可能导致经营风险，这些事项或情况单独或连同其他事项或情况可能导致对持续经营假设产生重大疑虑。

1. 被审计单位在财务方面存在的可能导致对持续经营假设产生重大疑虑的事项或情况主要包括：(1) 无法偿还即将到期且难以展期的借款；(2) 无法继续履行重大借款合同中的有关条款；(3) 过度依赖短期借款筹资；(4) 存在大额的逾期未缴税金；(5) 累计经营性亏损数额巨大；(6) 资不抵债；(7) 无法获得供应商的正常商业信用；(8) 难以获得开发必要新产品或进行必要投资所需资金；(9) 营运资金出现负数；(10) 经营活动产生的现金流量净额为负数；(11) 存在大量长期未作处理的不良资产；(12) 大股东长期占用巨额资金；(13) 重要子公司无法持续经营且未进行处理；(14) 存在因对外巨额担保等或有事项引发的或有负债。

2. 被审计单位在经营方面存在的可能导致对持续经营假设产生重大疑虑的事项或情况主要包括：(1) 关键管理人员离职且无人替代；(2) 主导产品不符合国家产业政策；(3) 失去主要市场、特许权或主要供应商；(4) 人力资源或重要原材料短缺。

3. 被审计单位在其他方面存在的可能导致对持续经营假设产生重大疑虑的事项或情况主要包括：(1) 严重违反有关法律法规或政策；(2) 异常原因导致停工、停产；(3) 有关法律法规或政策的变化可能造成重大不利影响；(4) 经营期限即将到期且无意继续经营；(5) 投资者未履行协议、合同、章程规定的义务，并有可能造成重大不利影响；(6) 因自然灾害、战争等不可抗力因素遭受严重损失。

（三）计划审计工作与实施风险评估程序

在了解被审计单位时，注册会计师应当考虑是否存在可能导致对持续经营能力产生重大疑虑的事项或情况以及相关经营风险。在整个审计过程中，注册会计师应当始终关注可能导致对持续经营能力产生重大疑虑的事项或情况以及相关经营风险。如果识别出这些事项或情况，应当实施进一步审计程序，此外注册会计师还应当考虑其是否影响评估的重大错报风险。

在实施风险评估程序时，注册会计师应当考虑与持续经营假设相关的事项或情况，以便及时与管理层讨论并复核其针对已识别的持续经营问题制订的应对计划。如果管理层已对持续经营能力做出初步评估，注册会计师应当复核该初步评估，以确定管理层是否识别出前述的事项或情况，并复核管理层提出的应对计划。如果管理层没有对持续经营能力做出初步评估，注册会计师应当与管理层讨论运用持续经营假设的理由，询问是否存在前述的事项或情况，并提请管理层对持续经营能力做出评估。

注册会计师应当考虑在实施风险评估程序时识别出的事项或情况对重大错报风险评估的影响,及其对进一步审计程序的性质、时间和范围的影响。

(四)评价管理层对持续经营能力做出的评估

管理层对持续经营能力的评估是注册会计师考虑持续经营假设的一个重要组成部分。注册会计师应当评价管理层对持续经营能力做出的评估,应当确定管理层评估持续经营能力涵盖的期间是否符合适用的会计准则和相关会计制度的规定。如果管理层评估持续经营能力涵盖的期间少于自资产负债表日起的12个月,注册会计师应当提请管理层将其延伸至自资产负债表日起的12个月。

在评价管理层做出的评估时,注册会计师应当考虑管理层做出评估的过程、依据的假设以及应对计划。注册会计师应当考虑管理层做出的评估是否已考虑所有相关信息,其中包括注册会计师实施审计程序获取的信息。

如果被审计单位具有良好的盈利记录并很容易获得外部资金支持,管理层可能无须详细分析就能对持续经营能力做出评估。在此情况下,注册会计师通常无须实施详细的审计程序,就可对管理层做出评估的适当性得出结论。

(五)超出管理层评估期间的事项或情况

注册会计师应当询问管理层是否知悉超出评估期间的、可能导致对持续经营能力产生重大疑虑的事项或情况以及相关经营风险。注册会计师应当注意可能存在管理层现已知悉的、在评估期间以后将会发生的事项或情况,这些事项或情况可能对注册会计师考虑管理层运用持续经营假设编制财务报表的适当性产生重大影响。

在考虑超出管理层评估期间的事项或情况时,注册会计师应当确定这些事项或情况对持续经营能力的影响。如果影响重大,注册会计师应当考虑采取进一步措施。注册会计师应当考虑提请管理层确定这些事项或情况对评估持续经营能力的潜在影响。

除实施询问程序外,注册会计师没有责任设计其他审计程序,以测试是否存在超出评估期间的、可能导致对持续经营能力产生重大疑虑的事项或情况。

(六)进一步审计程序

当识别出可能导致对持续经营能力产生重大疑虑的事项或情况时,注册会计师应当实施下列进一步审计程序:

(1)复核管理层依据持续经营能力评估结果提出的应对计划;

(2)通过实施必要的审计程序,包括考虑管理层提出的应对计划和其他缓解措施的效果,获取充分、适当的审计证据,以确认是否存在与此类事项或情况相关的重大不确定性;

(3)向管理层获取有关应对计划的书面声明。

注册会计师应当询问管理层的应对计划,包括是否准备变卖资产、借款或债务重组、削减或延缓开支以及获得新的投资等。注册会计师还应当对管理层做出持续经营能力评估后发生的事实或可获得的信息予以考虑。

注册会计师应当实施必要的审计程序,获取充分、适当的审计证据,以判断管理层提出的应对计划是否可行,以及应对计划的结果是否能够改善持续经营能力。注册会计师应当考虑实施的相关审计程序主要包括：

（1）与管理层分析和讨论现金流量预测、盈利预测以及其他相关预测；

（2）与管理层分析和讨论最近的中期财务报表；

（3）复核债券和借款协议条款并确定是否存在违约情况；

（4）阅读股东会会议、董事会会议以及相关委员会会议有关财务困境的记录；

（5）向被审计单位的律师询问是否存在针对被审计单位的诉讼或索赔，并向其询问管理层对诉讼或索赔结果及其财务影响的估计是否合理；

（6）确认财务支持协议的存在性、合法性和可行性，并对提供财务支持的关联方或第三方的财务能力做出评价；

（7）考虑被审计单位准备如何处理尚未履行的客户订单；

（8）复核期后事项并考虑其是否可能改善或影响持续经营能力。

如果现金流量分析对考虑事项或情况的未来结果是重要的，注册会计师应当实施下列审计程序：

（1）考虑被审计单位生成相关信息的信息系统的可靠性；

（2）考虑管理层做出现金流量预测所依赖的假设是否存在充分的依据；

（3）将最近若干期间的预测性财务信息与实际结果进行比较；

（4）将本期的预测性财务信息与截至目前的实际结果进行比较。

（七）审计结论与报告

注册会计师应当根据获取的审计证据，确定可能导致对持续经营能力产生重大疑虑的事项或情况是否存在重大不确定性。如果认为被审计单位在编制财务报表时运用持续经营假设是适当的，但可能导致对持续经营能力产生重大疑虑的事项或情况存在重大不确定性，则注册会计师应当考虑：(1) 财务报表是否已充分描述导致对持续经营能力产生重大疑虑的主要事项或情况，以及管理层针对这些事项或情况提出的应对计划；(2) 财务报表是否已清楚指明可能导致对持续经营能力产生重大疑虑的事项或情况存在重大不确定性，被审计单位可能无法在正常的经营过程中变现资产、清偿债务。

如果财务报表已做出充分披露，注册会计师应当出具无保留意见的审计报告，并在审计意见段之后增加强调事项段，强调可能导致对持续经营能力产生重大疑虑的事项或情况存在重大不确定性的事实，并提醒财务报表使用者注意财务报表附注中对有关事项的披露。

在极端情况下，如同时存在多项重大不确定性，注册会计师应当考虑出具无法表示意见的审计报告，而不是在审计意见段之后增加强调事项段。如果财务报表未能做出充分披露，注册会计师应当出具保留意见或否定意见的审计报告。

审计报告应当具体提及可能导致对持续经营能力产生重大疑虑的事项或情况存在重大不确定性的事实，并指明财务报表未对该事实做出披露。如果判断被审计单位将不能持续经营，但财务报表仍然按照持续经营假设编制，则注册会计师应当出具否定意见的审计报告。

如果管理层认为编制财务报表时运用持续经营假设不再适当，则选用其他基础编制财务报表。在这种情况下，注册会计师应当实施补充的审计程序。如果认为管理层选用的其他编制基础是适当的，且财务报表已做出充分披露，则注册会计师可以出具无保留意见的审计报告，并考虑在审计意见段之后增加强调事项段，提醒财务报表使用者关注管理层选用的其他编制基础。

如果被审计单位存在前述的情形，注册会计师应当提请管理层对持续经营能力做出评估，或将评估期间延伸至自资产负债表日起的12个月。如果管理层拒绝注册会计师的要求，注册会计师应当将其视为审计范围受到限制，考虑出具保留意见或无法表示意见的审计报告。

如果管理层在资产负债表日后严重拖延对财务报表的签署或批准，注册会计师应当考虑拖延签署或批准的原因。当拖延原因涉及与管理层评估持续经营能力有关的事项或情况时，注册会计师应当考虑是否有必要实施追加的审计程序，以及是否存在重大不确定性。

五、期后事项的审计

（一）期后事项的影响和审计程序

期后事项是指资产负债表日至审计报告日之间发生的事项以及审计报告日后发现的事实。注册会计师应当考虑期后事项对财务报表和审计报告的影响。下列两类期后事项可能对财务报表和审计报告产生影响：(1) 资产负债表日后调整事项，是指对资产负债表日已经存在的情况提供了新的或进一步证据的事项；(2) 资产负债表日后非调整事项，是指表明资产负债表日后发生的情况的事项。

注册会计师应当实施必要的审计程序，获取充分、适当的审计证据，以确定截至审计报告日发生的、需要在财务报表中调整或披露的事项是否均已得到识别。注册会计师应当尽量在接近审计报告日时，实施旨在识别需要在财务报表中调整或披露事项的审计程序。这些程序包括：

(1) 复核被审计单位管理层建立的用于确保识别期后事项的程序；

(2) 查阅股东会、董事会及其专门委员会在资产负债表日后举行的会议的纪要，并在不能获取会议纪要时询问会议讨论的事项；

(3) 查阅最近的中期财务报表，如认为必要和适当，还应当查阅预算、现金流量预测及其他相关管理报告；

(4) 向被审计单位律师或法律顾问询问有关诉讼和索赔事项；

(5) 向管理层询问是否发生可能影响财务报表的期后事项。

在向管理层询问可能影响财务报表的期后事项时，注册会计师询问的内容主要包括：(1) 根据初步或尚无定论的数据做出会计处理的项目的现状；(2) 是否发生新的担保、借款或承诺；(3) 是否出售或购进资产，或者计划出售或购进资产；(4) 是否已发行或计划发行新的股票或债券，是否已签订或计划签订合并或清算协议；(5) 资产是否被政府征用或因不可抗力而遭受损失；(6) 在风险领域和或有事项方面是否有新进展；(7) 是否已做出或考虑做出异常的会计调整；(8) 是否已发生或可能发生影响会计政策适当性的事项。

如果被审计单位的分支机构、子公司等组成部分的财务信息由其他注册会计师审计，注册会计师应当考虑其他注册会计师对资产负债表日后事项所实施的审计程序，并考虑是否需要向其告知计划的审计报告日。

如果知悉对财务报表有重大影响的期后事项,注册会计师应当考虑这些事项在财务报表中是否得到恰当的会计处理并予以充分披露。

（二）审计报告日后至财务报表报出日前发现的事实

在审计报告日后,注册会计师没有责任针对财务报表实施审计程序或进行专门查询。在审计报告日至财务报表报出日期间,管理层有责任告知注册会计师可能影响财务报表的事实。所谓财务报表报出日,是指被审计单位对外披露已审计财务报表的日期。

在审计报告日后至财务报表报出日前,如果知悉可能对财务报表产生重大影响的事实,注册会计师应当考虑是否需要修改财务报表,并与管理层讨论,同时根据具体情况采取适当措施。如果管理层修改了财务报表,注册会计师应当根据具体情况实施必要的审计程序,并针对修改后的财务报表出具新的审计报告。

新的审计报告日期不应早于董事会或类似机构批准修改后的财务报表的日期。如果注册会计师认为应当修改财务报表而管理层没有修改,并且审计报告尚未提交给被审计单位,注册会计师应当按照审计准则的规定,出具保留意见或否定意见的审计报告。

如果注册会计师认为应当修改财务报表而管理层没有修改,并且审计报告已提交给被审计单位,注册会计师应当通知治理层不要将财务报表和审计报告向第三方报出。

如果财务报表仍被报出,注册会计师应当采取措施防止财务报表使用者信赖该审计报告;采取的措施取决于自身的权利和义务以及征询的法律意见。

（三）财务报表报出后发现的事实

在财务报表报出后,注册会计师没有义务针对财务报表做出查询。在财务报表报出后,如果知悉在审计报告日已存在的、可能导致修改审计报告的事实,注册会计师应当考虑是否需要修改财务报表,并与管理层讨论,同时根据具体情况采取适当措施。

如果管理层修改了财务报表,注册会计师应当根据具体情况实施必要的审计程序,复核管理层采取的措施能否确保所有收到原财务报表和审计报告的人士了解这一情况,并针对修改后的财务报表出具新的审计报告。

新的审计报告应当增加强调事项段,提请财务报表使用者注意财务报表附注中对修改原财务报表原因的详细说明,以及注册会计师出具的原审计报告。新的审计报告日期不应早于董事会或类似机构批准修改后的财务报表的日期。相应地,注册会计师应当将有关审计程序延伸至新的审计报告日。

如果管理层既没有采取必要措施确保所有收到原财务报表和审计报告的人士了解这一情况,又没有在注册会计师认为需要修改的情况下修改财务报表,注册会计师应当采取措施防止财务报表使用者信赖该审计报告,并将拟采取的措施通知治理层;采取的措施取决于自身的权利和义务以及征询的法律意见。

如果临近公布下一期财务报表,且能够在下一期财务报表中进行充分披露,注册会计师应当根据法律法规的规定确定是否仍有必要提请被审计单位修改财务报表,并出具新的审计报告。

本章提要

1. 货币资金是企业流动性最强的资产，为了保证货币资金的安全完整，保证货币资金核算与管理的正确性、合规性，企业必须建立健全各项内部控制。货币资金的内部控制可以分为收款内部控制、付款内部控制和现金管理控制三个部分。实际上，货币资金的内部控制与其他交易循环是紧密相关的。

2. 由于现金的高流动性和可转换性，其被盗风险大于其他任何资产项目。因而，注册会计师十分关注相关控制（尤其是与资产保护和职责分离有关的控制）对重大错报风险的影响。关于重要性，注册会计师应考虑现金交易的次数和金额、存放地和所有现金基金、银行存款、现金等价物和其他可兑现的资产的总量和价值。

3. 注册会计师对银行存款余额审计应当实施的主要工作包括：(1) 将调节表中的余额与总分类账（或者适当的话，与现金记录）、银行函证及银行对账单进行核对；(2) 测试调节表中的增加额以及未出示支票和未到账款项清单中的增加额；(3) 在实质性测试日以前将现金记录中的分录与银行对账单或调节表进行核对；(4) 将银行存款余额调节表中记录的未出示支票和未到账款项与现金记录和银行对账单进行核对；(5) 调查并验证其他应调节的项目。

4. 审计现金流量表的目的主要在于：确定现金及现金等价物确认和计量的合理性、一贯性；确定经济交易事项分类的合规性；确定现金流量表的内容和性质的真实性，列报的数额是否完整、正确、合理；确定现金流量表有关项目数额与其他报表及附注的钩稽关系是否正确；确定现金流量表各项目的列报与披露是否恰当。

5. 本章还讲解了若干特殊项目的审计，包括首次接受委托时对期初余额的审计、会计估计的审计、关联方及其交易的审计、持续经营假设的审计、期后事项的审计。

练习与思考

1. 概述货币资金循环的审计目标。
2. 货币资金内部控制一般包括哪些内容？
3. 货币资金循环与其他业务循环之间的关系如何？
4. 在货币资金完整性审计中应实施哪些程序？
5. 注册会计师对银行存款余额审计应当实施的主要工作包括哪些？
6. 注册会计师在收到银行询证函的回复时应当实施哪些程序？
7. 注册会计师审计现金流量表的主要目的和主要程序是什么？
8. 首次接受委托时对期初余额的审计从哪几方面进行？
9. 对被审计单位会计估计的审计从哪几方面进行？
10. 对被审计单位关联方及其交易的审计从哪几方面进行？
11. 为什么要对被审计单位的持续经营假设进行审计？如何计划和实施相应的审计程序？
12. 什么是期后事项的审计？应实施哪些相应的审计程序？

案例分析

甲公司属于国有控股企业，公司章程规定最高权力机构是股东大会，执行机构是董事会，另外还设有职工代表大会以及各职能部门、分公司等。公司内部组织机构和相应的内部控制制度及业务活动的某些情况如下：

（1）单独设立出纳岗位。公司主管财务的副总经理的妻子担任出纳员，并兼管满足行政部门需要的日常业务，包括亲自办理取款、购买、报销等手续。支票等票据由专门的会计人员保管，支取款项的印章都由主管财务的副总经理亲自保管。

（2）材料采购等由供应部经理审批、专门采购员实施。根据规定，各项费用由主管财务的副总经理签字都可报销。主管财务的副总经理经常通过电话指示保管支票的会计员为采购员所采购的货物支付货款。

（3）销售部除进行业务谈判、负责产品销售以外，还被授权负责销售过程中的信用管理，所售产品的发货由相对独立的仓储部门负责，收款业务则由财务部门负责。销售部门对大额销售业务需报经主管销售的副总经理审批；对一般非大额销售业务，销售部可自主定价、签署销售合同。

（4）公司董事会确定的证券投资计划由财务部经理负责实施。财务部经理根据公司董事会的投资计划和个人的投资经验，在公开市场上选择购买合适的证券，所购买的证券和相关的文件由财务部经理在银行开设保险柜储存。

要求：分析企业内部会计控制方面存在什么问题，并说明应该如何修正。

小组讨论

如何将货币资金审计和现金流量表审计结合起来？

主要参考书目

1. 中华人民共和国财政部批准发布,《中国注册会计师审计准则》,2010 年。

2. 中国注册会计师协会,《审计》,经济科学出版社 2012 年版。

3. Arens, ElderandBeasley. *Auditing and Assurance Services:An Integrated Approach*. 14th edition. Pearson Education, Inc. 2012.

4. Knechel, Salterio and Ballou. *Auditing: Assurance & Risk*, 3rd edition. 东北财经大学出版社,2011 年版。

5. Messier, Glover and Prawitt. *Auditing and Assurance Services: A Systematic Approach*. 4th edition. McGraw-Hill Irwin, 2006.

教师反馈及教辅申请表

北京大学出版社以“教材优先、学术为本、创建一流”为目标，主要为广大高等院校师生服务。为更有针对性地为广大教师服务，提升教学质量，在您确认将本书作为指定教材后，请您填好以下表格并经系主任签字盖章后寄回，我们将免费向您提供相应教辅资料。

<table>
<tr><td>书号/书名/作者</td><td colspan="3"></td></tr>
<tr><td>您的姓名</td><td colspan="3"></td></tr>
<tr><td>校/院/系</td><td colspan="3"></td></tr>
<tr><td>您所讲授的课程名称</td><td colspan="3"></td></tr>
<tr><td>每学期学生人数</td><td>______人 ______年级</td><td>学时</td><td></td></tr>
<tr><td>您准备何时用此书授课</td><td colspan="3"></td></tr>
<tr><td>您的联系地址</td><td colspan="3"></td></tr>
<tr><td>邮政编码</td><td></td><td>联系电话
（必填）</td><td></td></tr>
<tr><td>E-mail（必填）</td><td></td><td>QQ</td><td></td></tr>
<tr><td colspan="3">您对本书的建议：</td><td>系主任签字

盖章</td></tr>
</table>

我们的联系方式：

北京大学出版社经济与管理图书事业部

北京市海淀区成府路 205 号，100871

联 系 人：徐　冰

电　　话：010-62767312 / 62757146

传　　真：010-62556201

电子邮件：em@pup.cn　　xubingjn@yahoo.com.cn

网　　址：http://www.pup.cn

微　　博：北大出版社经管图书，http://weibo.com/pupem

PEKING UNIVERSITY PRESS · 1902 ·